BUDAPEST

BARBARA REITER | MICHAEL WISTUBA

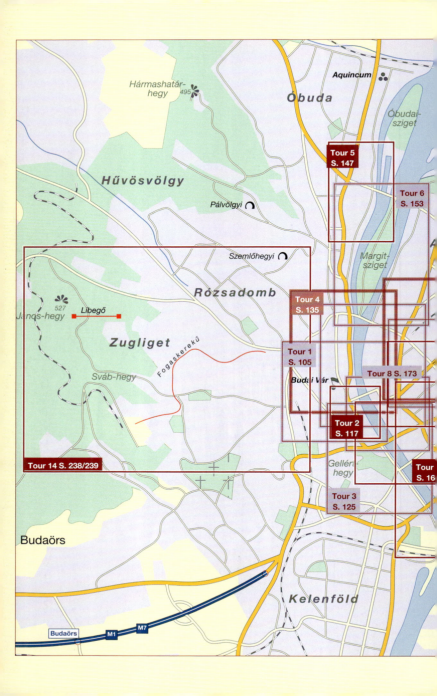

Hintergründe & Infos

Tour 1
Budaer Burgviertel

Tour 2
Budaer Burgpalast

Tour 3
Tabán/Gellértberg

Tour 4
Wasserstadt

Tour 5
Óbuda/Aquincum

Tour 6
Margareteninsel

Tour 7
Südliche Innenstadt/Kleiner Ring

Tour 8
Nördliche Innenstadt/Donaukorso

Tour 9
Leopoldstadt

Tour 10
Andrássy út

Tour 11
Heldenplatz/Stadtwäldchen

Tour 12
Elisabethstadt/Jüdisches Viertel

Tour 13
Josefstadt/Franzenstadt

Tour 14
Budaer Berge

Außerhalb des Zentrums & Ausflüge
Süden Budas • Osten von Pest •
Königsschloss Gödöllő • Szentendre

Unterwegs mit Barbara Reiter und Michael Wistuba

Die liebsten unter den Großstädten Europas sind uns Wien, Paris und Budapest. Wien ist unser Heimathafen, nach Paris schaffen wir es alle zwei Jahre. Wie gut, dass Budapest, das „Paris des Ostens", nur einen Katzensprung von uns entfernt ist. Steigen wir früh um 6 Uhr in den Zug, sind wir zum Frühstück dort. Und spätestens, wenn wir uns in einem der Kaffeehäuser niedergelassen haben, sind wir wieder dem Charme der Stadt verfallen. Fast königlich fühlen wir uns in diesem edlen Ambiente, genehmigen uns ein lukullisches Morgenmahl zu bezahlbaren Preisen. Gestärkt wandeln wir dann durch Pest die Boulevards entlang, vorbei an Platanen und Prachtfassaden, an Terrassen-Cafés und durch Fußgängerzonen, die Jahr für Jahr länger werden. Immer wieder entdecken wir hier Neues, freuen uns über Altbekanntes und fühlen uns an manchem Straßeneck wirklich nach Paris versetzt.

Nachmittags zieht es uns nach Buda, rauf auf den Burgberg, um mit der Sonne im Rücken den Traumblick auf Donau, Kettenbrücke und Parlament zu genießen – jedes Mal aufs Neue fasziniert von diesem Panorama. Meist bleiben wir über Nacht in der Stadt, denn das abendlich beleuchtete Budapest ist schwer zu toppen, manchmal reisen wir noch am selben Tag zurück. Doch lang dauert es nicht, bis einer sagt: „Wollen wir nicht mal wieder runterfahren?"

Impressum

Text und Recherche: Barbara Reiter, Michael Wistuba **Lektorat:** Horst Christoph **Redaktion und Layout:** Jana Dillner **Karten:** Judit Ladik, Michaela Nitzsche, Gábor Sztrecska, Astrid Wölfel **Fotos:** Barbara Reiter, Michael Wistuba **Covergestaltung:** Karl Serwotka **Covermotive:** oben: Blick in die Kuppel der Stephansbasilika, unten: Kettenbrücke und Palais Gresham

4. KOMPLETT ÜBERARBEITETE UND AKTUALISIERTE AUFLAGE 2014

Inhalt

Budapest – Hintergründe & Infos

Orientierung in der Stadt 16
Buda 16
Donaubrücken und Donauinseln 17
Pest 17

Stadtgeschichte 20
Von den Anfängen bis zur
  Landnahme (1.–9. Jh.) 20
Zeit der Árpáden (10.–13. Jh.) 21
Mittelalterliche Königsresidenz
  (14./15. Jh.) 21
Türkenherrschaft und Habsburger
  (15.–18. Jh.) 22
Reformen und Revolution
  (19. Jh.) 24
Vom „Ausgleich" 1867 zur
  Millionenmetropole 24
Erster und Zweiter Weltkrieg
  (1914–1945) 25
Die Volksrepublik Ungarn
  (1949–1989) 26
Nach der Wende, EU und
  „nationale Revolution" 28

Architektur und Kunst 29
Römerzeit, Romanik, Gotik 29
Renaissance und Türkenzeit 29
Barock 30
Klassizismus und Romantik 30
Historismus 31
Ungarischer Jugendstil 32
Die Moderne 33

Ankommen in Budapest 34
Mit dem Flugzeug 34
Mit der Bahn 35
Mit dem Bus 36
Mit eigenem Fahrzeug 37
Mit dem Schiff 38

Unterwegs in Budapest 39
Betriebszeiten, Fahrpläne,
  Fahrkarten 39
Mit der Metro 40
Mit Bus und Tram 41
Mit dem Linienschiff 41
Mit den HÉV-Vorortlinien 41
Sonstige Bahnen 42
Mit dem Taxi 42
Mit eigenem Auto 42
Mit dem Fahrrad 43
Zu Fuß 44
Stadtrundfahrten 44

Übernachten 46
Tipps rund um die Buchung 46
Hotels, Pensionen und
  Appartements 47
Die Unterkünfte nach Stadtteilen 48
Hostels und Herbergen 54
Privatunterkünfte 54
Camping 55

Essen und Trinken 56
Kulinarischer Tagesablauf 56
Lokale 57

Ungarische Spezialitäten 62
Vorspeisen und Suppen 62
Hauptgerichte 62
Zwischenmahlzeit 63
Süßspeisen und Desserts 63

Getränke 64
Wein und Sekt 64
Tokajer 65
Schnaps und Likör 65
Bier 65
Kaffee und Alkoholfreies 66

Inhalt

Kultur & Co.	67
Oper, Musical, Tanz	67
Klassische Musik	68
Kammer- und Kirchenmusik	69
Folklore	69
Theater	70
Konzerthallen	70
Kinos	72
Budapest rund ums Jahr	74
Nachtleben	76
Cafés, Pubs, Jazzclubs, (Disko- und Sport-)Bars	77
Clubs und Diskotheken	80
Schwules und lesbisches Nachtleben (LGBT)	81
Kasinos	81
Einkaufen	82
Einkaufsstraßen	82
Märkte	83
Shopping Malls	84
Baden, Sport und Freizeit	86
Budapests Bäder	86
Sport aktiv und zum Zuschauen	89

Wissenswertes von A bis Z	90
Adressen	90
Ärztliche Versorgung	90
Behinderte Menschen	91
Diplomatische Vertretungen	91
Dokumente	92
Drogen	92
Feiertage	92
Geld	92
Haustiere	93
Information	93
Internet und WLAN	94
Kinder	94
Klima und Reisezeit	94
Kriminalität	95
Literatur	95
Museen	97
Notruf	97
Öffnungszeiten	97
Post	97
Rauchen	98
Sprache	98
Strom	98
Telefonieren	98
Toiletten	99
Zeit	99
Zeitungen/Zeitschriften	99
Zoll	99

Was haben Sie entdeckt?

Haben Sie ein Restaurant mit hervorragender Küche entdeckt, ein freundliches Hotel, ein neues Museum? Wenn Sie Ergänzungen, neue Infos oder konkrete Verbesserungsvorschläge haben, lassen Sie es uns bitte wissen.

Schreiben Sie an: Barbara Reiter, Michael Wistuba, Stichwort „Budapest" | c/o Michael Müller Verlag GmbH | Gerberei 19, D – 91054 Erlangen | reiter_barbara@michael-mueller-verlag.de

Inhalt

Budapest – Stadttouren und Ausflüge

Tour 1	Budaer Burgviertel	102
Tour 2	Um den Budaer Burgpalast	114
Tour 3	Tabán und Gellértberg (Gellérthegy)	122
Tour 4	Wasserstadt (Víziváros)	132
Tour 5	Óbuda und Aquincum	142
Tour 6	Margareteninsel (Margitsziget)	150
Tour 7	Südliche Innenstadt (Belváros) und Kleiner Ring (Kiskörút)	158
Tour 8	Nördliche Innenstadt (Belváros) und Donaukorso	170
Tour 9	Leopoldstadt (Lipótváros)	180
Tour 10	Entlang der Andrássy út durch die Theresienstadt (Terézváros)	194
Tour 11	Heldenplatz (Hősök tere) und Stadtwäldchen (Városliget)	208
Tour 12	Elisabethstadt (Erzsébetváros) und Jüdisches Viertel	218
Tour 13	Josefstadt (Józsefváros) und Franzenstadt (Ferencváros)	228
Tour 14	In die Budaer Berge (Budai-Hegység)	236
Ausflüge außerhalb des Zentrums		244
Ausflüge in die Umgebung		249

Etwas Ungarisch _____ 252

Register _____ 260

Inhalt

Kartenverzeichnis

Stadtbezirke		19
Tour 1	Budaer Burgviertel	105
Tour 2	Um den Budaer Burgpalast	117
Tour 3	Tabán und Gellértberg	125
Tour 4	Wasserstadt	135
Tour 5	Óbuda	147
Tour 6	Margareteninsel	153
Tour 7	Südliche Innenstadt und kleiner Ring	161
Tour 8	Nördliche Innenstadt und Donaukorso	173
Tour 9	Leopoldstadt	183
Tour 10	Entlang der Andrássy út durch die Theresienstadt	196
Tour 11	Heldenplatz und Stadtwäldchen	211
Tour 12	Elisabethstadt und Jüdisches Viertel	221
Tour 13	Josefstadt und Franzenstadt	231
Tour 14	Budaer Berge	238/239
Ausflug	Im Osten von Pest	246

Zeichenerklärung für die Karten und Pläne

Inhalt

Alles im Kasten

Budapest in Zahlen	18
Das Welterbe der verschwundenen Bibliotheca Corviniana	23
Stadtrundfahrt mit Tram und Bus	41
Trinksitten auf Ungarisch	66
Neues Kino aus Tradition	73
Hungarika	85
Baderegeln und Kleiderordnung	88
Ein Hallo erobert die Welt	110
Der Turul – der Vogel der Nation	119
Ignác Fülöp Semmelweis (1818–1865) – „Retter der Mütter"	127
Wer kann den Ungarn das Wasser reichen?	154
Nationalsymbol Stephanskrone	189
Franz (Ferenc) Liszt (1811–1886)	201
Gundel – die Wiedergeburt eines Gourmet-Tempels	215
Wie der Coach nach Kutschdorf kam	216
Raoul Wallenberg, Carl Lutz, Angelo Rotta: drei „Gerechte unter den Völkern"	223

Vielen Dank!

Ganz besonders herzlicher Dank an alle Leser und Leserinnen, die mit ihren Tipps und Anregungen geholfen haben, das Buch weiter zu verbessern!

 Mit dem grünen Blatt haben unsere Autoren Betriebe hervorgehoben, die sich bemühen, regionalen und nachhaltig erzeugten Produkten den Vorzug zu geben.

Budapest: Die Vorschau

Alte Pracht in neuem Glanz

Wer Budapest zuletzt vor 20 Jahren gesehen hat, wird staunen: Die einst rußgeschwärzten Fassaden sind auf Hochglanz poliert. Zugeparkte Plätze sind Grünanlagen und Gastgärten gewichen, auf öden Industrieflächen entstanden neue Stadtviertel, und zu alteingesessenen Kaffee- und Gasthäusern gesellten sich Designerrestaurants mit internationaler Küche. Kurz: Ungarns Metropole hat sich seit den 1990ern tief gewandelt – ein Wandel, der dem alten Reiz der Stadt wenig anhaben konnte.

Trotz aller Veränderungen ist Budapest authentisch geblieben. Zum einen, weil die Erneuerung noch nicht flächendeckend um sich greift und manche Fassade immer noch bröckelt. Zum anderen, weil Budapest bemüht ist, die historischen Stadtteile nicht zu reinen Touristenghettos oder exklusiven Wohnvierteln zu stylen – es wird behutsam renoviert, um den einzigartigen Charme der Stadt zu erhalten. Diesen verdankt sie neben ihren architektonischen Schönheiten und der Lage an der Donau auch den Thermalquellen, den Kaffeehäusern, den verträumten Hinterhöfen, dem vielen Grün, dem reichen Kulturleben und einem prallen Festkalender. Davon lassen sich immer mehr begeistern – 2012 zählte Budapest 7,3 Millionen Gästeübernachtungen.

Die wahre Donaumetropole

„Donaumetropole" – diesen Beinamen verdient Budapest allein. Weder in Wien noch in Belgrad, nur hier fließt die „schöne blaue Donau" breit und behäbig mitten durch die Stadt und bildet mit dem hügeligen West- und dem brettflachen Ostufer eine einzigartige Fluss-Landschaft. Die Stadtplaner taten ein Übriges dazu: Über Jahrhunderte schmückten sie die flussnahen Seiten

„Paris des Ostens mit k. u. k.-Charme"

mit monumentalen Prachtbauten und legten ansehnliche Brücken über das Wasser. So entstand jenes berühmte Donaupanorama, dessen Anblick von den Anhöhen Budas stets aufs Neue verzückt und nicht umsonst zum UNESCO-Weltkulturerbe zählt.

Belle Epoque und Jugendstil

Architektonisch ist Budapest vor allem ein Ausflug in die Gründerzeit und den Jugendstil. Es war das späte 19. und das frühe 20. Jahrhundert, eine Ära aufkeimenden Nationalbewusstseins, die der Stadt den Stempel aufdrückte. Am schönsten zeigt sich die Belle Epoque am Prachtboulevard Andrássy út, der durch seine harmonische Ganzheit das Auge erfreut und nach aufwendiger Sanierung in neuem Glanz erstrahlt. Aber auch Ödön Lechners Jugendstilbauten, die mit buntem Keramikdekor für farbige Tupfer im Stadtbild sorgen, ziehen staunende Blicke auf sich. Wer es sich leisten kann, in einem der restaurierten Gründerzeit- und Jugendstilpaläste der neuen First-Class-Hotels zu logieren, kann den Glanz dieser Zeiten hautnah erleben.

Kultur pur – El Greco und der Zigeunerbaron

Die Hauptstadt Ungarns ist *das* kulturelle Zentrum des Landes. Die über 60 Museen zeigen neben römischen Mosaiken und mittelalterlichen Flügelaltären als besondere Highlights Werke von Raffael, El Greco und Georg Baselitz. Zu den Publikumslieblingen zählen das prächtig restaurierte Museum der Schönen Künste, das schon für seinen Bau sehenswerte Kunstgewerbemuseum und das Ludwig-Museum im neu angelegten Pester Kulturbezirk. Auch das Musik- und Theaterleben begeistert mit erster Qualität. Zahllose Veranstaltungen von Oper, Operette, klassischem Konzert bis Ballett locken allabendlich die Besucher in

Budapest: Die Vorschau

die traditionsreichen Häuser am „Pester Broadway", in die modernen Säle des Palasts der Künste – oder im Sommer unter den Sternenhimmel. Und auch Cineasten und Freunde von Klezmer, Volkstanz oder „Zigeunermusik" werden in Budapest bestens unterhalten.

Wo sich die Szene trifft

Stets größer wird das Angebot an Bars, Clubs, Diskos und anderen Lokalen, wo man die Nacht zum Tag macht. Waren in den 1990ern die Ausgehgebiete noch auf die Innenstadt beschränkt, sind sie heute weiträumig über die Stadt verteilt. Freunde verrauchter Pubs werden ebenso fündig wie Jazzliebhaber und Fans cooler Technotempel. Besonders angesagt sind die *Kerts* – mit Livemusik beschallte Sommergärten an den Donauufern oder in abbruchreifen Hinterhöfen. Zu den fast schon traditionellen Szenemeilen um den Liszt Ferenc tér und in der Ráday utca ist das Judenviertel neu hinzugekommen sowie die Gegend um die Petőfi-Brücke, wo ein ausgemusterter Schleppkahn zur heißen Location avancierte. Heißer noch geht es in den Clubs auf der Óbudainsel zu, dort erreicht die Ausgelassenheit den jährlichen Siedepunkt beim siebentägigen Sziget-Festival.

Grüne Oasen, historische Badetempel

Budapest ist eine grüne Stadt. Ein Meer von Platanen lockert die Straßenzüge auf, schmückt die Donauufer und innerstädtischen Plätze. Dichter Laubwald bedeckt den Gellértberg und die Budaer Berge am westlichen Stadtrand. Die „Klassiker" unter den Parkanlagen sind das Stadtwäldchen und die Margareteninsel. Dort sorgt, wenn sich die trocken-schwüle Sommerhitze über die Stadt legt, das große Palatinus-Strandbad bei Budapestern und Touristen für Abkühlung. Badewannenwarm und heilsam dagegen

„Klezmer, Thermen, Technotempel"

ist das Wasser in den berühmten Thermalbädern, die mit original türkischen Dampfbädern, schlossähnlichen Anlagen aus dem frühen 20. Jahrhundert und neuzeitlichen Thermenhotels den Planschspaß erhöhen.

Denkmäler neu und verbraucht

Was wäre Budapest ohne seine Denkmäler? Die Stadt liebt ihre Freiheitskämpfer, ihre Helden, Helfer und Freunde. Eine Gedenktafel reicht da meist nicht, mindestens eine Büste muss es sein, am besten ein überlebensgroßes Standbild. So gibt es in Budapest kaum einen Platz ohne Denkmal, Scharen von Büsten schmücken die Margareteninsel, Statuen in Reih und Glied den Heldenplatz. Und weil in der turbulenten Geschichte Ungarns der einst Hochgeschätzte schnell zur *Persona non grata* werden konnte, fand die denkmalverliebte Stadt auch für dieses Problem eine Lösung: Die Statuen der ausgemusterten Helden wurden eingesammelt und in einem Skulpturenfriedhof endgelagert.

Romantik bei Tag, Romantik bei Nacht

Händchen haltend durch die verwunschenen Gassen des Burgviertels flanieren, im Stadtwäldchen über den See rudern, in einem von Monarchie-Flair umwehten Kaffeehaus plaudern oder eine Schifffahrt auf der Donau wagen – das „Paris des Ostens" ist auch eine Stadt der Verliebten. Nach dem Dinner bei Kerzenlicht und Pianomusik folgt das Pflichtprogramm: eng umschlungen den Donaukorso entlangschlendern. Wen dann die Lichter der Kettenbrücke und der illuminierte Burghügel immer noch nicht mit romantischen Gefühlen übermannen (bzw. überfrauen), dem hilft vielleicht der Gedanke an die Suite im Vier-Sterne-Hotel, die man sich in Budapest noch leisten kann …

Das Parlament am Donauufer – ein ungarisches Wahrzeichen

Hintergründe & Infos

Orientierung in der Stadt	→ S. 16	Kultur & Co.	→ S. 67
Stadtgeschichte	→ S. 20	Budapest rund ums Jahr	→ S. 74
Architektur und Kunst	→ S. 29	Nachtleben	→ S. 76
Ankommen in Budapest	→ S. 34	Einkaufen	→ S. 82
Unterwegs in Budapest	→ S. 39	Baden, Sport und Freizeit	→ S. 86
Übernachten	→ S. 46	Wissenswertes von A bis Z	→ S. 90
Essen und Trinken	→ S. 56		

Orientierung in der Stadt

Budapest, die Hauptstadt Ungarns, liegt etwa in der Mitte der nördlichen Landeshälfte, dort, wo das Transdanubische Mittelgebirge in die schier endlos weite ungarische Tiefebene übergeht. Wichtigster Orientierungspunkt in Budapest ist die **Donau**. Sie fließt in Nord-Süd-Richtung rund 28 km durch das Stadtgebiet und teilt es in zwei ungleiche Hälften. Das flächenmäßig kleinere **Buda** am westlichen, rechten Donau-Ufer ist hügelig und grün, mit mittelalterlich-barocken Stadtteilen und Villenvierteln. Nahezu doppelt so groß ist **Pest** am östlichen Ufer: Pest ist flach und großstädtisch, geprägt von Gründerzeit- und Jugendstilbauten, breiten Boulevards, großen Parkanlagen und ausgedehnten Plattenbausiedlungen am Stadtrand. Bis ins 19. Jahrhundert waren Buda und Pest selbstständige Städte, erst 1873 wurden sie, gemeinsam mit Óbuda im nördlichen Teil Budas, zu einer Stadt vereinigt.

Buda

Der I. Bezirk und Budas historisch bedeutendster Teil ist der Burgberg, auf dem sich das mittelalterliche **Burgviertel** mit der Matthiaskirche, die berühmte Fischerbastei (→ Tour 1) sowie der gewaltige **Burgpalast** mit seinen Museen befinden (→ Tour 2). Südlich davon, am Fuß des Burgbergs, erstrecken sich die Reste des alten Stadtteils **Tabán**, dann steigt der **Gellértberg** (→ Tour 3) an, ein noch höherer Hügel, der mit steiler, bewaldeter Flanke zur Donau hin abbricht. Der von den Sowjets mit einem riesigen Denkmal markierte Gipfel ist für seine fabelhafte Aussicht bekannt. Nordöstlich des Burgbergs zieht sich die **Wasserstadt** (→ Tour 4) das Donauufer entlang, ein altes Stadtviertel, das mehr mit Authentizität als mit touristischen Highlights aufwartet. Weit im Norden Budas trifft man schließlich auf **Óbuda** (→ Tour 5), die eigentliche Keimzelle Budapests, die heute vorstädtischen Charakter hat. Von einer früheren Römersiedlung sind ebenfalls noch Reste erhalten, die meisten in **Aquincum**, nördlich vom Zentrum Óbudas. Nach Westen hin wird Buda von den Ausläufern eines Mittelgebirges eingefasst, den **Budaer Bergen**, die ein beliebtes Villenviertel und Naherholungsgebiet sind. Die Berge steigen gleich westlich des Burgbergs allmählich an und gipfeln im 529 m hohen *Johannesberg (János-hegy)*, von dessen Aussichtsturm man einen schönen Rundblick genießt (→ Tour 14).

Donaubrücken und Donauinseln

Mit 300 bis 600 m Breite fließt die Donau durch Budapest. Zwei Autobahn-, sieben Straßen- und zwei Bahnbrücken sorgen im Stadtgebiet für die Verbindung von Ost nach West. Vier der Straßenbrücken sind Teil des einzigartigen Donaupanoramas, das die UNESCO zum Weltkulturerbe erklärt hat. Von Nord nach Süd sind das die Margaretenbrücke *(Margit híd)* mit dem berühmten Knick, die für ihre Festbeleuchtung bekannte Kettenbrücke *(Széchenyi lánchíd)*, die elegante, weiße Elisabethbrücke *(Erzsébet híd)* und die grüne Freiheitsbrücke *(Szabadság híd)*, eine der schönsten Brücken Europas. In der Donau liegen drei Inseln, die Óbuda-Insel im Norden, die Csepel-Insel im Süden und in der Mitte die 2½ km lange **Margareteninsel** – eine riesige, innenstadtnahe Parkanlage und deshalb überaus beliebt (→ Tour 6).

Pest

„Downtown Budapest", das Geschäftszentrum der Hauptstadt, liegt heute im V. Bezirk von Pest; es erstreckt sich am östlichen Donauufer zwischen Margareten- und Freiheitsbrücke und zerfällt in die beiden historischen Stadtteile – Innenstadt (Belváros) im Süden und Leopoldstadt (Lipótváros) im Norden, die etwa auf Höhe Kettenbrücke aneinandergrenzen. Die **Innenstadt** (→ Touren 7 und 8), das ältere Stadtviertel, war bis ins 18. Jh. von einer Stadtmauer umschlossen, deren früheren Verlauf der bogenförmige **Kleine Ring (Kiskörút)** nachzeichnet. Mitten durch Belváros und parallel zur Donau ziehen sich Budapests bekannteste Einkaufsstraßen, die *Váci utca* und die neue *Fő utca*. In der nördlich anschließenden, von Bank- und Amtsgebäuden geprägten **Leopoldstadt** (→ Tour 9) erhebt sich das monumentale Parlamentsgebäude, eines der Wahrzeichen Ungarns.

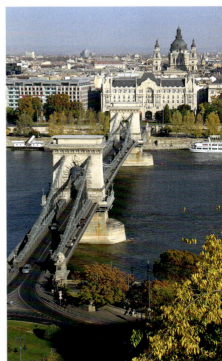

Die Kettenbrücke – Teil des UNESCO-Weltkulturerbes

Die Leopoldstadt war eine der fünf Pester Vorstädte, die nach Habsburgerkaisern benannt sind und sich in einem Halbkreis um die Belváros reihen: Südöstlich der Leopoldstadt (Lipótváros) folgt die **Theresienstadt (Terézváros)**, der VI. Bezirk. Ihn durchquert Budapests schönster Boulevard, die von Prachtbauten gesäumte **Andrássy út** (→ Tour 10). Sie beginnt am Kleinen Ring, streift das Lokalviertel am Liszt Ferenc tér sowie das Theaterviertel an der Nagymező utca und mündet auf dem repräsentativen **Heldenplatz (Hősök tere)**, an den sich die große Parkanlage des **Stadtwäldchens (Városliget)** mit allerlei Vergnügungsangeboten anschließt (→ Tour 11). Südlich von Terézváros liegt die **Elisabethstadt (Erzsébetváros)**, der VII. Bezirk. Hier befindet sich das Jüdische Viertel mit einer der größten Synagogen der Welt (→ Tour 12). Südlich bis zur Donau hin folgen **Josefstadt (Józsefváros)** (VIII. Bezirk) und **Franzenstadt (Ferencváros)** (IX. Bezirk). Diese traditionellen Arbeiterbezirke wurden in den letzten Jahren durch aufwendige Sanierung enorm aufgewertet (→ Tour 13).

Parallel zum Kleinen Ring verläuft weiter östlich der **Große Ring (Nagy-**

Budapest in Zahlen

Fläche/Höhe: Budapest („Budapescht" ausgesprochen) breitet sich auf 525 Quadratkilometern aus, wovon 173 km² auf Buda und 352 km² auf Pest entfallen. Die Höhe an der Donau beträgt 96 m, die höchste Erhebung im Stadtgebiet ist der János-hegy in den Budaer Bergen mit 527 m ü. M.

Einwohner: 2013 lebten rund 1,74 Mio. Menschen in Budapest. Das sind etwa 300.000 weniger als 1990, reicht aber trotzdem noch für einen Platz unter den zehn größten Städten der EU. Zum Vergleich: In Berlin leben etwa doppelt so viele Menschen, in Wien annähernd gleich viele. Gemessen an der ungarischen Gesamtbevölkerung von 10 Millionen, wohnt jeder Sechste in der Hauptstadt.

Die wichtigsten ethnischen Minderheiten in Budapest sind rund 80.000 Juden, die vor allem in Erzsébetváros und Újlipótváros wohnen, ca. 100.000 Roma (Cigány), die vorwiegend in Józsefváros leben, sowie ca. 85.000 Ungarndeutsche.

Verwaltung: Verwaltungstechnisch ist die Stadt in 23 Bezirke eingeteilt, die (relativ) autonom von je einem Magistrat mit Bürgermeister verwaltet werden und über ein eigenes Bezirksparlament verfügen. An der Spitze der Gesamtstadt steht der Senat, Stadtoberhaupt ist der Oberbürgermeister. 2010 löste István Tarlós vom rechtskonservativen FIDESZ den seit 1990 amtierenden Liberalen Gábor Demszky in dieser Funktion ab.

Religion: Eifrige Kirchgänger sind die Budapester nicht. Rund 55 % sind katholisch, 20 % protestantisch, wovon 4/5 Anhänger der Reformierten Kirche und 1/5 Lutheraner sind. Der Rest teilt sich in Serbisch- und Griechisch-Orthodoxe, Juden und andere religiöse Gruppen.

Im Vergleich zu anderen Ländern des früheren Ostblocks ist die ungarische Atheistenfraktion mit rund 15 % relativ gering.

körút) in einem weiten, 4 km langen Bogen durch Pest, von der Margaretenbrücke im Norden bis zur Petőfi-Brücke im Süden. Der Große Ring entstand Ende des 19. Jh. an Stelle eines zugeschütteten Donauarms und ist von einer Reihe bedeutender Jahrhundertwendebauten gesäumt. Der erste Abschnitt ist der St.-Stephansring *(Szt. István körút)* an der Nordgrenze von Lipótváros. Hier trifft man auf das prächtige Lustspieltheater *(Vígszínház)*. Beim imposanten Westbahnhof beginnt der Theresienring *(Teréz körút)*, es folgen der Elisabethring *(Erzsébet körút)* mit den Prachthotels Corinthia Royal und Boscolo New York Palace, der Josefsring *(József körút)* mit dem nahen Kunstgewerbemuseum und schließlich der Franzensring *(Ferenc körút)*. Die vier letzten Ringabschnitte tragen jeweils den Namen des Bezirks, den sie durchschneiden. Weiter östlich gibt es noch einen dritten, touristisch wenig interessanten Ring, der die Rákóczi-Brücke im Süden mit der Árpád-Brücke im Norden verbindet und am internationalen Busbahnhof Népliget und an der Rückseite des Stadtwäldchens vorbeiführt. Weil ausgehend vom Kleinen Ring breite Radialstraßen aus der Stadt führen, breiten sich die Pester Straßen spinnwebenartig nach Osten aus.

Aquincum: Reste der einstigen Römerstadt

Stadtgeschichte

Kaum eine europäische Metropole wurde in ihrer Geschichte so geplagt wie Ungarns Hauptstadt: ein Mongolensturm im 13. Jahrhundert, 150 Jahre Türkenherrschaft, 170 Jahre Fremdherrschaft des kaiserlichen Wien, Frontstadt im 2. Weltkrieg, 45 Jahre Staatssozialismus, dazwischen Schauplatz sozialer Aufstände und politischer Revolten … Kein Wunder, dass in Budapest Freiheitskämpfer überall in der Stadt mit Denkmälern bedacht sind.

Von den Anfängen bis zur Landnahme (1.–9. Jh.)

Archäologische Funde belegen, dass der geschützte Bereich zwischen rechtem Donauufer und den Budaer Bergen schon in der Steinzeit (10.000 v. Chr.) bewohnt war. Im 4. Jh. v. Chr. siedelten sich Kelten an und nannten das Gebiet *Ak Ink* (deutsch: *viel Wasser*). Den Namen nutzten die Römer, die im 1. Jh. v. Chr. bis hier an das westliche Donauufer vorgedrungen waren, für ihr neues Militärlager *Aquincum*, das sich im heutigen Óbuda befand und später um eine Zivilstadt erweitert wurde. Nach der Teilung der römischen Provinz Pannonien 106 n. Chr. wurde Aquincum Hauptstadt von *Pannonia Inferior* („Nieder-Pannonien"), 194 erhielt sie den Rang einer *Colonia* und damit das Recht zur Selbstverwaltung. Die 40.000 Einwohner zählende Stadt verfügte über zwei Amphitheater und lebte vom florierenden Handel und einem hoch entwickelten Handwerk. Ende des 3. Jh. bauten die Römer auch am östlichen Donauufer Befestigungen (neben der heutigen Elisabeth-Brücke) und nannten sie *Contra-Aquincum* – die Keimzelle für das spätere Pest.

Nach dem Rückzug der Römer gelangte das Gebiet um Budapest ab 404 im Zuge der Völkerwanderung zum Hunnenreich. Bald darauf kamen die Ostgoten, dann die Langobarden, die 568 durch die Awaren abgelöst wurden. Beide Donauufer blieben dabei stets besiedelt. Um 896 zog aus der Gegend um den Ural das nomadische Reitervolk der **Ungarn (Magyaren)** gen Westen. Sieben magyarische Stämme überrollten, angeführt von ihren Fürsten, das gesamte Pannonische Becken und setzten sich im späteren Óbuda und auf der südlichen Donauinsel Csepel fest. Die Zeit wird als **Landnahme** bezeichnet, 896 gilt den Ungarn als Geburtsjahr ihres Landes.

Zeit der Árpáden (10.–13. Jh.)

Oberster Heerführer der sieben Magyarenstämme (→ Millenniumsdenkmal S. 212) war Großfürst **Árpád**, nach dem die nachfolgende Herrscherdynastie benannt ist. Árpádenkönig **Géza** (972–997) gelang es, die Macht der Stammesfürsten zu zentralisieren und das Christentum ins Land zu holen. Sein Sohn **Stephan I.** *(der Heilige – Szent István)* wurde im Jahr 1000 zum ersten ungarischen König gekrönt. Reste seiner rechten Hand werden bis heute in der Budapester Stephansbasilika als Reliquie verehrt. Nach dem Tod des Königs kam es zu Aufständen unter der heidnischen Bevölkerung; dabei starb Bischof Gerhard *(Gellért)* 1046 auf dem später nach ihm benannten Budaer Berg den Märtyrertod.

Während der Königssitz zur Zeit der Árpáden in Esztergom am Donauknie lag, entwickelten sich Buda (das heutige Óbuda) und Pest (im Bereich des Donauübergangs bei der Elisabethbrücke) zu Zentren des Südosteuropahandels, den zunächst die moslemischen Kaufleute beherrschten. Um 1220 kamen vermehrt deutsche Händler nach Pest. Die wirtschaftliche Blütezeit wurde 1241 durch den Ansturm der **Mongolen** jäh unterbrochen, die beide Siedlungen bis auf die Grundmauern niederbrannten. Um gegen weitere Angriffe gewappnet zu sein, ließ König **Béla IV.** (1235–70) auf dem damals unbewohnten Hügelplateau am rechten Donauufer (heutiger Burgberg) eine Festung und eine ummauerte Stadt anlegen, die auf der Anhöhe mehr Schutz bot und die Kontrolle des Donauübergangs ermöglichte. Er nannte sie Buda (auf Deutsch Ofen), aus dem ursprünglichen Buda wurde Alt-Buda *(Óbuda)*. Besiedelt wurde der Budaer Burgberg mit Ungarn, aus Pest kamen Deutsche. Beide Einwanderergruppen errichteten eigene Pfarrkirchen, die einen die Magdalenenkirche, die anderen die Liebfrauenkirche (heute Matthiaskirche). Juden spielten im aufblühenden Wirtschaftsleben Budas ebenfalls eine wichtige Rolle. Auch Pest wurde wieder aufgebaut und erhielt 1244 das Stadtrecht, das 1255 auch Buda zuteilwurde.

Mittelalterliche Königsresidenz (14./15. Jh.)

Die Streitigkeiten um die ungarische Thronfolge nach dem Aussterben der Árpáden 1301 entschied **Károly Robert von Anjou** (1308–42) für sich. Sein Sohn **Lajos I. Nagy** verlegte den Königssitz nach Buda und ließ im Südteil der Stadt einen neuen befestigten Palast erbauen. **Sigismund** *(Zsigmond)* **von Luxemburg** (1387–1437), der eine Anjou geheiratet und so den ungarischen Thron bestiegen hatte, erweiterte den Palast, ließ steingemauerte Basteien um Buda anlegen und eine erste Pontonbrücke über die Donau errichten. Pest stand als bescheidene Markt- und Handelsstadt ganz im Schatten des prosperierenden Buda, dessen Oberschicht von deutschen Patriziern beherrscht war. Die fünf Jahrzehnte unter König Sigismund brachten eine kulturelle Blüte, doch waren sie auch gezeichnet vom Vormarsch des osmanisch-türkischen Reiches Richtung Westen. Dem König, seit 1433 auch

Kaiser des Heiligen Römischen Reichs, gelang es nicht, diesen zu stoppen.

Erst Reichsverweser und General **János Hunyadi** konnte 20 Jahre später die Türken 1456 in Belgrad besiegen und ihre Invasion – zumindest für 70 Jahre – aufhalten. Mit Hunyadis Sohn **Matthias Corvinus** *(Mátyás Hunyadi)*, der 1458 zum König gewählt wurde, begann ein goldenes Zeitalter. Buda wurde zu einem Zentrum der Renaissance (→ Kasten, S. 23), der Burgpalast prachtvoll ausgebaut und die in Buda ansässigen Juden rechtlich bessergestellt.

Nach der schicksalhaften **Schlacht bei Mohács 1526** im heutigen Südwestungarn, in der die ungarische Armee eine vernichtende Niederlage erlitten hatte und ihr Anführer König Ludwig *(Lajos)* II. Jagiello bei der Flucht ertrunken war, drangen die siegreichen Osmanen unter Sultan Süleyman II. in Buda ein, plünderten die Schatzkammern, steckten die Stadt in Brand und verließen sie wieder. Erst 1541 wurden Buda, Pest und Óbuda endgültig von den Türken besetzt, in deren Hand sie nun 145 Jahre bleiben sollten.

Türkenherrschaft und Habsburger (15.–18. Jh.)

Mit Beginn der Türkenherrschaft war der Großteil der Ungarn und Deutschen aus der Stadt geflohen – das Leben in Buda trug fortan orientalische Züge. Aus gotischen Kirchtürmen wurden Minarette, und über den Straßen flatterte der türkische Halbmond. Türkische Bäder wurden gebaut, die Befestigungsanlagen verstärkt, und die Juden durften sich niederlassen und wirtschaftlich tätig werden. Während Buda zur Hauptstadt einer osmanisch-türkischen Provinz und von einem *Pascha*, einem Statthalter des Sultans, regiert wurde, konnte Pest seinen Charakter als ungarische Handelsstadt weitgehend bewahren. Türkische Gewohnheiten wie Kaffeetrinken und Rauchen verbreiteten sich allmählich auch hier unter den wenigen noch ansässigen Ungarn.

Nach einem erfolglosen türkischen Angriff auf Wien 1683 versuchten die kaiserlichen Truppen, zunächst ebenfalls erfolglos, Buda zurückzuerobern. Erst **1686** gelang dies einer europäischen Armee unter dem Kommando von **Karl V. von Lothringen** nach wochenlanger Belagerung. Buda und Pest waren zerstört, die türkenfreundlichen Juden waren vertrieben, die Einwohnerzahl sank auf unter 1000 (!) und verringerte sich noch, als 1689 die Pest erstmals an der Donau wütete.

Seit König Ludwig II. in der Schlacht von Móhacs gefallen war ohne einen Nachfolger zu hinterlassen, sahen sich die Habsburger als die rechtmäßigen ungarischen Thronerben, zumal der spätere Kaiser Ferdinand I. von Habsburg mit Ludwigs Schwester verheiratet gewesen war. Aus Dankbarkeit für die Befreiung von den Osmanen verzichtete Ungarn auf das Recht zur Königs-

Was vom Mittelalter übrig blieb – Bastei des Burgpalastes

Das Welterbe der verschwundenen Bibliotheca Corviniana

Zur Zeit der Renaissance war Budapest ein Zentrum des Wissens. König Matthias Corvinus (1443–90) und seine kunstsinnige Frau Beatrix von Neapel hatten eine Büchersammlung zusammengetragen, die europaweit bekannt war und in ihrem Umfang nur von der Bibliothek des Vatikans übertroffen wurde. Diese im Budaer Burgpalast untergebrachte Bibliotheca Corviniana umfasste mehr als 3000 kostbare bemalte Handschriften, darunter die sog. Corvinen, die mit Wappen und Gold verziert und in Leder gebunden im Auftrag der Herrscherfamilie angefertigt worden waren. Nach dem Tod des Königs 1490 und der türkischen Invasion 1541 ging die wertvolle Sammlung großteils verloren. Nur 200 dieser Corvinen blieben bis heute erhalten, allerdings sind sie in 50 europäische und US-amerikanische Bibliotheken verstreut. Die meisten befinden sich in der Széchényi-Nationalbibliothek in Budapest, der Österreichischen Nationalbibliothek Wien und der Biblioteca Estense in Modena. Die Bayerische Staatsbibliothek in München bewahrt acht, die Herzog August Bibliothek in Wolfenbüttel neun Corvinen. 2005 wurde die Bibliotheca Corviniana in die UNESCO-Liste des „Weltdokumentenerbes" aufgenommen.

wahl und wurde **Teil der Habsburgermonarchie**, womit eine neue Willkürherrschaft begann. Das Land wurde von Truppen besetzt, die Gegenreformation rigoros durchgezogen und die Steuern erhöht. Zum Wiederaufbau von Buda und Pest wurden deutsche Siedler geschickt, dennoch ging es nur schleppend voran. Aus dem noch immer von den Osmanen besetzten Serbien kamen Flüchtlinge und ließen sich an beiden Donauufern nieder. Buda wurde eine Weinbauernstadt, während sich in Pest alles um die Viehzucht drehte. Der Kaiser residierte in Wien, der Adel in Pressburg *(Pozsony)*, dem heutigen Bratislava, das seit 1541 Hauptstadt des nicht türkisch besetzten Ungarns war. Als Statthalter des Kaisers fungierte hier der sogenannte *Palatin nádor*. 1703–11 kam es unter dem siebenbürgischen Fürst **Ferenc II. Rákóczi** (1676–1735) zum ersten bewaffneten Aufstand gegen die Habsburger, der aber erfolglos blieb. Trotzdem gilt Rákóczi bis heute als Nationalheld, der in Straßennamen und Denkmälern (z. B. vor dem Budapester Parlament) geehrt wird.

Erst ab dem zweiten Drittel des 18. Jh. kam es in Buda und Pest zu reger Bautätigkeit und einem wirtschaftlichen Aufschwung. Die Pester Vororte wurden wieder aufgebaut, 1766 eine Schiffsbrücke über die Donau errichtet. Kaiserin **Maria Theresia** (1740–80) veranlasste die Erweiterung des Budaer Burgpalasts und brachte 1777 die Universität darin unter, die sie aus Oberungarn hierher verlegte. Durch Zuwanderung von Serben (Raizen), Griechen und Armeniern zählten Buda und Pest zusammen bald 45.000 Einwohner. Den Juden blieb es verboten, sich hier niederzulassen, sie durften sich nur außerhalb der Stadtmauern auf Ländereien des Adels ansiedeln, etwa auf dem Landgut der Zichys in Óbuda.

Mit Kaiser **Joseph II.** (1780–90) kam ein Aufklärer und radikaler Reformer an die Macht. Er ließ nicht nur die Leibeigenschaft abschaffen und 1781 mit dem Toleranzpatent die freie Religionsausübung gewähren, er löste auch „entbehrliche" Klöster auf (wie jenes der Pauliner in Pest und das der Karmeliter in Buda) und führte in Ungarn Deutsch als Amtssprache ein. 1784 machte er

Buda an Stelle von Pressburg wieder zur Hauptstadt, wichtige Behörden und der *Palatin nádor* hatten fortan hier ihren Sitz. Die Universität verlegte er im selben Jahr von Buda nach Pest, das bald zum geistigen Mittelpunkt des Landes wurde – und sich erneut zu einem bedeutenden Handelszentrum entwickelte, in dem wichtige Märkte und Messen stattfanden.

Reformen und Revolution (19. Jh.)

Der Ausdehnung von Pest standen nun die alten Stadtmauern im Wege, die 1788–1808 abgerissen wurden – *Palatin nádor* **Erzherzog Joseph** (1776–1847), ein Sohn Kaiser Leopolds II. und einer der wenigen bei den Ungarn beliebten Habsburger (→ Denkmal S. 182), berief eine Verschönerungskommission ein, die Pest planmäßig erweitern sollte. Dabei entstand der heutige Stadtteil Lipótváros, die Leopoldstadt (→ Tour 9).

Ab 1825 begann in Ungarn eine **Reformperiode**, die auch Buda und Pest massiv veränderte. Federführend war **István Graf Széchenyi** (1791–1860), ein reicher Großgrundbesitzer, der von seinen Reisen nach England moderne Ideen mitbrachte. Schon sein Vater Ferenc hatte 1802 als Zeichen für die Vision eines modernen ungarischen Nationalstaats die Nationalbibliothek und das Nationalmuseum gegründet. Sohn István schlug den Bau der Kettenbrücke als ersten festen Donauübergang zwischen Buda und Pest vor, gründete die Akademie der Wissenschaften, ließ eine erste Eisenbahnlinie zwischen Pest und Vác anlegen und sorgte nach dem verheerenden **Hochwasser von 1838**, das die Hälfte aller Gebäude in Pest zerstört hatte, für die Regulierung der Donau. Er förderte den Bau einer Schiffswerft in Óbuda, den Ausbau der Dampfschifffahrt auf der Donau und die Ansiedlung von ersten Industriebetrieben im Süden Pests. Neu im Stadtbild Pests war auch ein Judenviertel, das nun nach dem Fall der Zuzugsbeschränkungen entstehen konnte.

Mitte der 1840er-Jahre nahm die Reformbewegung unter dem Juristen **Lajos Kossuth** (1802–94), der offen gegen Habsburg opponierte, radikale Züge an. Als der junge Dichter **Sándor Petőfi** am *15. März 1848* (heute Nationalfeiertag) auf der Freitreppe des Nationalmuseums seine verbotenen Verse *Nemzeti Dal* (Nationallied) verteilte, brach die bürgerliche **Revolution** aus. Im ersten Schrecken machte der Kaiser in Wien Zugeständnisse und billigte die Bestellung von **Lajos Batthyány** (1806–49) zum ersten ungarischen Ministerpräsidenten. Doch unter dem neuen Kaiser **Franz Joseph I.** *(Ferenc József)* wendete sich das Blatt im Dezember 1848. Die kaiserliche Armee marschierte in Ungarn ein, und im April 1849 war die Revolution mit Hilfe russischer Truppen endgültig niedergeschlagen. Sándor Petőfi starb auf dem Schlachtfeld, Lajos Batthyány wurde in Pest hingerichtet, Lajos Kossuth musste ins Exil. Im heutigen Budapest sind den drei ungarischen Nationalhelden große Plätze und imposante Denkmäler gewidmet.

Vom „Ausgleich" 1867 zur Millionenmetropole

Nach 1849 verschärften die Habsburger ihre Repressionen und errichteten zur besseren Kontrolle der widerspenstigen Bürgerstadt am Gellértberg eine große Zitadelle. Erst der **Österreichisch-Ungarische Ausgleich 1867** entspannte die Lage etwas: Durch außenpolitische Niederlagen geschwächt, war Kaiser Franz Joseph zu Zugeständnissen gezwungen und Ungarn wurde selbstständiger, gleichberechtigter Teil der Habsburgermonarchie, der kaiserlich-königliche (k. u. k.) Doppelmonarchie Österreich-Ungarn. „Juristischer Vater" dieses Ausgleichs war der gewiefte Taktiker **Ferenc Deák** (1803–76), dem in Budapest deshalb Platz und Denkmal gewidmet sind. Als erster Ministerpräsident wurde **Graf Gyula Andrássy** (1823–90) vereidigt, Kaiser Franz Joseph I. und seine Frau Elisabeth *(Erzsébet)* bzw. Sisi, die am Zustandekommen des Ausgleichs großen Anteil gehabt haben soll, wurden in der Budaer Matthiaskirche zu König und Königin von Ungarn gekrönt – als Krönungsgeschenk erhielten sie Schloss Gödöllő (→ S. 249). Was jetzt noch fehlte, war eine Hauptstadt, die der Kaiserstadt Wien ebenbürtig war. Als erster Schritt wurden 1873 Buda, Pest und Óbuda zu Budapest vereinigt und brachten es damit auf insgesamt 310.000 Einwohner. Die folgenden Jahrzehnte in der Stadt waren von einem wirtschaftlichen Boom und enormer Bautätigkeit geprägt. So hielt ab 1870 die Eisen- und Maschinenindustrie auf der Csepel-Insel Einzug, später folgte die Elektroindustrie. Im Hinblick auf die **Millenniumsfeier 1896**, als Ungarn ein halbes Jahr lang den 1000. Jahrestag der Landnahme zelebrierte, veränderte Pest sein Gesicht völlig: Der Große und Kleine Ring wurden angelegt, die drei, heute nach Andrássy, Kossuth und Rákóczi benannten Radialstraßen trassiert, der Heldenplatz gebaut und die erste Untergrundbahn des europäischen Kontinents eröffnet. Neue Brücken verbanden bald die Donauufer, ein monumentales Parlamentsgebäude wuchs in die Breite, die Anzahl der Häuser verdoppelte sich, während sich die Zahl ihrer Stockwerke vervierfachte. Zur Jahrhundertwende hatte Budapest bereits 730.000 Einwohner, und noch vor dem Ersten Weltkrieg war die Millionengrenze erreicht.

In bewegter Pose: Nationalpoet Sándor Petőfi in Belváros

Erster und Zweiter Weltkrieg (1914–1945)

Mit der Niederlage im **Ersten Weltkrieg** (1914–18) brach die österreichisch-ungarische Monarchie zusammen. Ungarn wurde im November 1918 Republik und **Mihály Graf Károlyi** (1875–1955) erster Ministerpräsident; doch schon im März 1919 musste die Regierung zurücktreten. Auch die nun von Sozialdemokraten und Kommunisten gebildete **Räterepublik** unter Führung von Béla Kun hielt nur kurz: 133 Tage. Am 1. März 1920 wurde die Monarchie wieder formal eingeführt und mangels König – der letzte Habsburger Karl IV. war im Schweizer Exil – der frühere k. u. k. Admiral **Miklós Horthy** (1868–1957) zum Reichsverweser bestellt. Der **Friedensvertrag von Versailles-Trianon** (1920) bescherte Ungarn den größten Gebietsverlust aller Verliererstaaten: Zwei Drittel des Territoriums und der Bevölkerung fielen an Rumänien und Serbien, die damalige Tschechoslowakei und Österreich. Rund drei Millionen Magyaren lebten fortan als Minderheiten außerhalb der ungarischen Staatsgrenzen. Dieses „Trianon"-Trauma hat Ungarn bis heute nicht überwunden.

In Budapest stieg die Einwohnerzahl in den 1920/30er Jahren weiter an. Flüchtlinge und die Landbevölkerung drängten in die Stadt. Neue Vororte und Wohnsiedlungen entstanden, das Armenviertel Tabán zwischen Burgberg und Gellért-Berg wurde abgerissen und die ersten Villen in den Budaer Bergen angelegt. Buda und die Kettenbrücke erhielten ihre Festbeleuchtung. Das konservative Horthy-Regime war gekennzeichnet von sozialen Spannungen und Terror gegenüber den Anhängern der Räterepublik, also Kommunisten, Sozialisten und Juden. Diese nationalistische, antisemitische Stimmung verschärfte sich, als die Wahlen 1935 einen deutlichen Rechtsruck brachten. Oberstes außenpolitisches Ziel war seit 1920 die Revision des Vertrags von Trianon und die Rückgewinnung der abgetretenen Gebiete. Zu diesem Zweck näherte sich Ungarn Mitte der 1930er-Jahre Hitler-Deutschland an und erhielt mit dessen Hilfe – durch Verträge und militärische Besetzung – Teile Siebenbürgens, der Slowakei und Kroatiens zurück. Der Preis dafür war hoch: Ungarn musste 1941 an der Seite des Deutschen Reichs in den **Zweiten Weltkrieg** eintreten. Nach großen Verlusten an der Ostfront nahm die ungarische Führung 1944 Geheimverhandlungen mit den Alliierten auf. Als Hitler davon Wind bekam, ließ er im März 1944 Ungarn von deutschen Truppen besetzen. Adolf Eichmann bezog am Budaer Schwabenberg Quartier, die Gestapo im Pester Hotel Astoria. Horthy und seine Parteigänger wurden verhaftet und eine neue Regierung unter den ungarischen Faschisten, den **Pfeilkreuzlern** eingesetzt. Vergleichsweise spät begann nun in Ungarn die systematische Deportation und Ermordung der Juden. In Budapest wurden zwei Ghettos eingerichtet: eines im traditionellen Judenviertel in der Elisabethstadt und ein kleineres, internationales Ghetto in der Neu-Leopoldstadt.

Ab Sommer 1944 fielen die ersten alliierten Bomben auf Budapest, begehrte Ziele waren die Bezirke Angyalföld und Zugló, wo sich Munitionsfabriken befanden. Im Dezember rückte die sowjetische Armee von Osten vor. Die Belagerung dauerte mehrere Wochen, rund zwei Drittel Budapests wurden dabei zerstört. Als die Front an das Pester Donauufer vordrang, sprengten die Nazi-Truppen beim Rückzug alle Donaubrücken. Im April **1945** war Budapest endgültig erobert. Die Bevölkerungszahl hatte sich von über 1,2 Mio. auf 830.000 verringert, 300.000 Budapester waren durch die Kriegsschäden obdachlos geworden. Die ersten Wahlen im November 1945 führten zu einer konservativ dominierten Mehrparteienregierung. Der Wiederaufbau in der Hauptstadt ging recht zügig voran und konzentrierte sich in erster Linie auf die Linderung der Wohnungsnot und die Wiederherstellung der Industrieanlagen.

Die Volksrepublik Ungarn (1949–1989)

Mit der sogenannten *Salami-Taktik* gelang es der Kommunistischen Partei (MKP) scheibchenweise, die demokratische Ordnung zu demontieren und Machteinfluss zu erlangen, bis Ungarn schließlich 1949 in eine **Volksrepublik** nach sowjetischem Vorbild umgewandelt wurde. **Mátyás Rákosi** (1892–1971) kam als stalinistischer Diktator ans Ruder. Banken und Industrie wurden verstaatlicht, Einparteiensystem und Planwirtschaft eingeführt. Politische Feinde verfingen sich im Netzwerk der **Geheimpolizei ÁVH** (später ÁVO), deren ehemaliges Hauptquartier an der Andrássy út heute das „Haus des Terrors" (→ S. 200) beherbergt.

1949 kam es durch die Eingemeindung von sieben Städten und 16 Gemeinden zur Vergrößerung des Stadtgebiets von 10 auf 22 Bezirke (heute 23 durch Teilung des 20. Bezirks). Budapests Einwohnerzahl stieg auf 1,6 Mio., an der Peripherie der Metropole entstanden

Die Volksrepublik Ungarn (1949–1989)

2600 Stahlpfeiler erinnern an das Jahr 1956 (→ Tour 11)

große Plattenbauviertel. Nach Stalins Tod 1953 wurde der als liberal geltende Kommunist **Imre Nagy** (1896–1958) Ministerpräsident, doch schon 1955 von Rákosi wieder entmachtet. Die Diktatur ging weiter, Ungarn trat dem Warschauer Pakt bei und die Unzufriedenheit der Bevölkerung stieg.

Eine Studentendemonstration am 23. Oktober **1956**, die bei der Technischen Universität in Budapest ihren Ausgang nahm, wuchs sich unerwartet zum **Volksaufstand** aus. Als die Geheimpolizei ÁVO vor dem Pester Rundfunkgebäude in die Menge schoss, kam es zum bewaffneten Kampf, Stalins Statue am Aufmarschgelände (heute Felvonulási tér) wurde gestürzt, das sowjetische Wappen aus den ungarischen Fahnen geschnitten. Der Partei blieb nichts übrig, als Imre Nagy erneut zum Ministerpräsident zu ernennen. Nagy bildete eine Mehrparteien-Regierung und erklärte Ungarns Austritt aus dem Warschauer Pakt. Wenige Tage später, am 4. November, rückten sowjetische Truppen an und begannen, den Aufstand mit 6000 Panzern blutig niederzuschlagen. Die Kämpfe dauerten sieben Tage, 6000 Menschen wurden getötet, das Budapester Stadtzentrum verwüstet. 200.000 Ungarn flüchteten über die österreichische Grenze in den Westen. Die Sowjets setzten eine neue Regierung unter **János Kádár** (1912–89) ein, die 26.000 Freiheitskämpfer verhaften und 300 von ihnen hinrichten ließ, darunter auch Imre Nagy 1958.

Die 1960/70er-Jahre standen in Budapest ganz im Zeichen der Stadtentwicklung: Das Burgviertel und der Königspalast wurden wieder errichtet, die Elisabethbrücke erneuert, die Árpád-Brücke gebaut, der Pester Donaukorso angelegt, neue Wohnviertel erschlossen und eine neue Metrolinie eröffnet. Als János Kádár marktwirtschaftliche und demokratische Elemente in der Planwirtschaft allmählich zuließ (sogenannter *Gulaschkommunismus*), erreichte Ungarn den höchsten Lebensstandard im Ostblock, was dem Land den Beinamen „fröhlichste Baracke im sozialistischen Lager" eintrug. Nach Budapest kamen wieder Touristen aus dem Westen, für die protzige Hotelkästen an das Pester Donauufer gestellt wurden. 1987 wurden der Burgberg und das Donaupanorama von der UNESCO zum **Weltkulturerbe** erklärt. Nachdem sich Kádár in den 1980ern weiteren Reformschritten widersetzt hatte, musste er 1988 auf Druck der eigenen Sozialistischen Arbeiterpartei (MSZSP) den Sessel räumen. Der Demokratisierungsprozess schritt voran. Oppositionsgruppen und unabhängige Gewerkschaften wurden gebildet, die Helden des Aufstands 1956, unter ihnen Imre Nagy, rehabilitiert und in Ehrengräbern am Neuen Friedhof in Kőbanya (→ S. 247) beigesetzt. Im Sommer 1989 fiel schließlich der Eiserne Vorhang an der ungarisch-österreichischen Grenze, deutsche Flüchtlinge aus der DDR konnten in den Westen ausreisen. Am 23. Oktober 1989, dem 33. Jahrestag des Aufstands von 1956, wurde die demokratische Republik Ungarn proklamiert.

Nach der Wende, EU und „nationale Revolution"

Erwartungsgemäß gewannen die konservativen und liberalen Parteien Ungarisches Demokratisches Forum (MDF) und Bund Freier Demokraten (SZDSZ) die ersten freien Wahlen 1990 – weit abgeschlagen blieb die Sozialistische Partei (MZSP), der Nachfolger der Arbeiterpartei. Erster Ministerpräsident wurde **József Antall** (1932–93). **Gábor Demszky** vom SZDZS gewann 1990 die Kommunalwahlen in Budapest und war als Oberbürgermeister bis zu den Wahlen 2010 im Amt. Der Übergang in die freie Marktwirtschaft brachte hohe Arbeitslosigkeit und steigende Inflation mit sich, was der Sozialistischen Partei (MZSP) zum Sieg bei den Parlamentswahlen 1994 verhalf. Konfrontiert mit einem harten Sparpaket, das Ungarn auf EU-Kurs bringen sollte, steigender Inflation und einem dramatischen Rückgang der öffentlichen Sicherheit, schickten die Wähler 1998 die linksliberale Koalition wieder in die Opposition. Neuer Premier wurde **Viktor Orbán**, Führer des rechtskonservativen FIDESZ – der Beitritt Ungarns 1999 zur **NATO** und die 1000-Jahr-Feier der Krönung Stephans I. im Jahr 2000 fielen in seine Regierungszeit. Nach hartem Wahlkampf unterlag Orbán 2002 knapp zugunsten einer Neuauflage der links-liberalen Koalition aus MZSP und SZDSZ, mit **Péter Medgyessy** als Regierungschef. Ebenfalls 2002 wurde die Andrássy út in Budapest zum Weltkulturerbe erklärt. Der **Beitritt Ungarns zur EU** erfolgte 2004. Nach dem Rücktritt von Medgyessy übernahm der Unternehmer **Ferenc Gyurcsány** von der MSZP, einer der reichsten Männer Ungarns, sein Amt und behielt es auch nach den Wahlen im April 2006. Gyurcsány verordnete seinen Landsleuten ein rigoroses Sparpaket: Energie, Alkohol und Lebensmittel wurden empfindlich teurer, die Umsatzsteuer auf 20 % erhöht und eine Solidaritätssteuer für Reiche eingeführt. Die weltweite Wirtschaftskrise trieb Ungarn im Herbst 2008 an den Rand des Staatsbankrotts. Der Forint verlor ein Viertel seines Werts und die EU, der Internationale Währungsfonds IWF und die Weltbank mussten mit einem Notkredit von 20 Mrd. Euro aushelfen. Die Parlamentswahlen im April 2010 gewann wie erwartet der FIDESZ. Mit seinem christdemokratischen Anhängsel KDNP errang er sogar eine Zweidrittelmehrheit im Parlament, die er unter der rechtspopulistischen Führung von Ministerpräsident **Viktor Orbán** für einen radikalen gesellschaftlichen Umbau Ungarns nutzte: Das Land erhielt eine neue, nationalkonservative Verfassung, ausländische Konzerne wurden mit Sondersteuern belastet, Grund- und Bürgerrechte ausgehöhlt, die Medienfreiheit beschnitten, reihenweise Straßen und Plätze umbenannt und FIDESZ-Getreue mit wichtigen Ämtern bedacht – vom Staatspräsidenten über Staatsanwälte bis zu Theater- und Museumsdirektoren. Auch Budapests Oberbürgermeister ist ein Mann des FIDESZ. Prognosen zufolge werden Orbán und der FIDESZ auch nach den Parlamentswahlen im April 2014 weiter an der Macht bleiben.

Eine Perle des späten Jugendstils: das Gellért

Architektur und Kunst

Was in Budapest an Baukunst ins Auge springt, ist meist nicht älter als 180 Jahre. Historismus und Jugendstil prägen das Stadtbild, dazwischen finden sich ein paar Barockkirchen und Kuppeln aus der Osmanenzeit. Werke früherer Baustile haben die Zeitläufte nicht überlebt.

Römerzeit, Romanik, Gotik

Von der Römerstadt *Aquincum* sind in Óbuda noch bemerkenswerte Reste zweier Amphitheater sowie die Grundmauern von Thermen und Wohngebäuden erhalten. Kaum der Rede wert ist das Ruinenfeld von *Contra Aquincum* unter Glasflächen vor der Innerstädtischen Pfarrkirche in Belváros. Viel interessanter sind da die Grabsteine im Nationalmuseum und die reiche Sammlung an Funden im Archäologischen Museum Aquincum.

An mittelalterlicher Bausubstanz blieb nur weniges im Original erhalten: gotische Sitznischen in den Hauseingängen der Úri utca im Budaer Burgviertel, das gotische Marienportal und der Unterbau des Béla-Turms an der Matthiaskirche sowie der hochgotische Hallenchor in der Innerstädtischen Pfarrkirche in Pest. Nur ein Nachbau ist das romanische Säulenportal an der Kapelle von Schloss Vajdahunyad im Stadtwäldchen – das Original ist im westungarischen Ják zu sehen. Einen wahren Schatz an gotischer Malerei und Plastik aber hütet die Ungarische Nationalgalerie im Burgpalast.

Renaissance und Türkenzeit

Italienische Künstler brachten unter König Matthias Corvinus und seiner aus Neapel stammenden, zweiten Gemahlin Beatrix im späten 15. Jh. die Renaissance an den Budaer Hof. Doch nach der Erstürmung der Stadt durch die Türken 1541 blieb von diesen Werken wenig übrig. Ähnlich erging es den Bauten, die die Osmanen in den folgenden 150 Jahren in Buda und Pest errichteten – sie wurden bei der Rückeroberung der Stadt zum großen Teil zerstört. Immerhin blieben die überkuppelten Räume im Rudas-, Király- und Veli Bej-Bad sowie das Grab des Gül Baba als schöne und wegen ihrer nördlichen Lage einzigartige Beispiele osmanischer Baukunst erhalten. Zudem ist in der Innerstädtischen Pfarrkirche in Belváros, die den Türken als Moschee diente, auch ein Mihrab (Gebetsnische) zu entdecken.

Barock

Nachdem sich die Habsburger nach der Vertreibung der Türken (1686) Ungarn einverleibt und den folgenden Rákóczi-Aufstand (1711) niedergeworfen hatten, konnte der Barock in Budapest endlich Fuß fassen. Unter dem Eindruck der Gegenreformation entstanden Mitte des 18. Jh. prächtige Sakralbauten, wie die Universitätskirche in Belváros und die St.-Anna-Kirche in der Wasserstadt (Víziváros) mit ihren schönen Doppelturmfassaden. Barockfassaden gibt es auch im Budaer Burgviertel, etwa am Palais Erdődy, zu sehen. Die Baumeister kamen nahezu alle von auswärts, etwa *Matthäus (Máté) Nepauer* aus Wien, *Georg (György) Paur* aus der Oberpfalz sowie der bedeutendste – der Hildebrandt-Schüler *Andreas Mayerhoffer* (1690–1771) – aus Salzburg. Letzterer schuf auch das Palais Péterffy in Belváros und Schloss Gödöllő.

Die Bildhauer und Maler der Barockzeit stammten meist aus Österreich und Italien. *Johann Bergl* stattete die Universitätskirche aus, *Carlo Bebo* die St.-Anna-Kirche. Dagegen wurden die Kanzeln und Altäre in den Ordenskirchen, wie in der Franziskanerkirche, oft von Laienbrüdern geschaffen. Einen umfassenden Überblick über die ungarische Malerei des Barock mit ihren Landschaftsgemälden, Stillleben, Allegorien und Porträts bietet die Ungarische Nationalgalerie.

Klassizismus und Romantik

Der in der ersten Hälfte des 19. Jh. vorherrschende **Klassizismus** wird oft als erster ungarischer Nationalstil gesehen. Mit seinen schlichten Formen bildete er einen Gegenpol zu den barocken Schnörkeln, die als „typisch habsburgisch" galten. Führender Architekt dieser Zeit war *Mihály Pollack* (1753–1835), der 1806 das Palais Sándor am Burgberg schuf, 1808 die Evangelische Kirche am Deák tér und um 1840 sein Hauptwerk, das Nationalmuseum am Kleinen Ring. *József Hild* (1789–1876) begann den Bau der Stephansbasilika und errichtete einige Stadtpalais. Eine Meisterleistung des Klassizismus war 1839–49 der Bau der Kettenbrücke über die Donau, der ersten festen Verbindung zwischen Buda und Pest, nach Plänen des Engländers *William T. Clark* (1783–1852).

Nach dem Scheitern der Revolution 1848 wurde in Budapest die Frage der nationalen Identität, ein typischer Zug der **Romantik**, immer lauter. Dies zeigte sich auch in der Baukunst, in der bis

Barocke Pracht am Portal der Universitätskirche

1870 die orientalischen Formen als Hinweis auf die östliche Herkunft der Magyaren dominierten. Beste Beispiele sind die Große Synagoge und die Pester Redoute (Vigadó). An beiden Gebäuden war *Frigyes Feszl* (1821–84) maßgeblich beteiligt, bei ersterem als Innenarchitekt, bei letzterem als Baumeister. Die Orthodoxe Synagoge von *Otto Wagner* zählt ebenfalls zu dieser Stilepoche.

Zu den Malern des frühen 19. Jh. gehört *Miklós Barabás* (1810–98), Ungarns bedeutendster Porträtist, sowie der Landschaftsmaler *Károly Markó* (1791–1860). Ihre Werke hängen in der Nationalgalerie.

Historismus

Ab dem letzten Drittel des 19. Jh. war die dominierende Kunstrichtung in Budapest der Historismus, der auf alle klassisch gewordenen Baustile zurückgriff. Die Gebäude aus dieser Zeit geben der Stadt bis heute ihr Gepräge. Auftraggeber waren die öffentliche Hand und das Großbürgertum, die in monumentalen Prunkbauten die Bedeutung der Nation bzw. ihren Reichtum zur Schau stellen und die Kaiserstadt Wien an Pracht übertreffen wollten.

Wichtigster Architekt war *Miklós Ybl* (1814–91), der für die Entwürfe zur Oper, zum Burggartenbasar und zum Hauptzollamt, für die Fertigstellung der Stephansbasilika, die Stadtpaläste hinter dem Nationalmuseum und die Erweiterung des Budaer Burgpalasts Formen der Neorenaissance wählte. Von ihm stammt auch der Plan für den Prachtboulevard Andrássy út. Das Parlament, Budapests größtes historisches Bauwerk, schuf *Imre Steindl* (1839–1902). *Frigyes Schulek* (1841–1919) regotisierte die Matthiaskirche und errichtete ein Wahrzeichen der Stadt: die neoromanische Fischerbastei. *Samu Pecz* (1854–1922) bevorzugte bunte Keramikdächer, wie die Reformierte Kirche in Víziváros, die Zentrale Markthalle und das Nationalarchiv zeigen. Den Heldenplatz mit seinen beiden Museen entwarf der aus Galizien stammende *Albert Schickedanz* (1846–1915). Zur eklektischen Spätphase des Historismus, die ein echter Stilmix kennzeichnet, zählen der Justizpalast (heute Ethnographisches Museum) und das Palais New York, beide von *Alajos Hauszmann* (1847–1926). Hauszmann vollendete auch den Ausbau des Burgpalastes. Das aus Kopien zusammengewürfelte Schloss Vajdahunyad im Stadtwäldchen plante *Ignác Alpár* (1855–1922), der sich sonst als Spezialist für Bankgebäude einen Namen machte.

Das Parlament – Historismus in seiner schönsten Form

Mindestens so prächtig wie die Fassaden ist auch die Innenausstattung der Gebäude. Die meisten der Fresken malten der Deutsch-Ungar *Károly Lotz* (1833–1904), *Mór Than* (1828–99) und *Bertalan Székely* (1835–1910) – und am prächtigsten gerieten ihre Werke im Parlament, in der Oper und in der Matthiaskirche. Székely schuf darüber hinaus auch monumentale Schlachtengemälde, ebenso sein Kollege *Gyula Benczúr* (1844–1920); bestaunen kann man ihre Arbeiten in der Nationalgalerie im Burgpalast. Weitere Räume sind dort dem Maler *Mihály Munkácsy* (1844–1900) gewidmet, der es als Einziger zu internationalen Ruhm brachte.

Nach Studien in Wien und München hatte er sich in Paris niedergelassen und, beeinflusst von Gustave Courbets Realismus, historische und biblische Großgemälde geschaffen – sein monumentales Wandbild „Die Landnahme" (1896) schmückt das Budapester Parlament. Munkácsys Zeitgenossen *László Paál* (1846–79) und *Pál Szinyei Merse* (1845–1920) waren die Wegbereiter des ungarischen Impressionismus. Das Ölbild „Picknick im Mai" (1873) von Szinyei Merse gilt als Ungarns bekanntestes Gemälde und ist ebenfalls in der Ungarischen Nationalgalerie zu sehen.

Viele Plastiken auf den Plätzen der Stadt sind Werke des späten 19. Jh. Meistbeschäftigter Bildhauer war *Alajos Stróbl* (1856–1926), der etwa den Matthiasbrunnen im Burgpalast, die Statuen von Jokaí und Arany, die von Erkel und Liszt an der Oper, die Stephansstatue auf der Fischerbastei und das Kossuth-Mausoleum im Kerepesi-Friedhof entwarf. *György Zala* (1858–1937) schuf die Statuen für das Millenniumsdenkmal am Heldenplatz und das Elisabeth-Denkmal in Buda.

Ungarischer Jugendstil

Als Gegenbewegung zum auf Nachahmung reduzierten Historismus etablierte sich Ende des 19. Jh. der Jugendstil, der in Ungarn eigene Formen entwickelte und heute als *der* Nationalstil des Landes gilt. Folkloristische Motive, indisch-orientalische Muster und die Verwendung bunter Majolika-Fliesen für Dächer und Fassaden, die dafür eigens von der Keramik-Manufaktur Zsolnay im südwestungarischen Pécs hergestellt wurden, sind seine typischen Kennzeichen. Vater des ungarischen Jugendstils war der Architekt *Ödön Lechner* (1845–1914), seine Hauptwerke sind in Budapest zu sehen: das Kunstgewerbemuseum mit grüner Kuppel (1896), das Geologische Institut mit blauem Keramikdach (1899) und die gelb-grün gedeckte Postsparkasse (1901). Auch die Ladislauskirche in Kőbanya (1890), das Haus in der Váci utca 11, eine Villa hinter

Bilderbuchbeispiel ungarischen Jugendstils – das Geologische Institut

dem Stadtwäldchen (1905) und das Schmidl-Mausoleum am Jüdischen Friedhof (1903) stammen von ihm. Ebenfalls zum Jugendstil zählen das Palais Gresham (1907) sowie Eingangstor und Elefantenhaus im Zoo (1911). Prächtige Interieurs haben sich in der Franz-Liszt-Musikakademie, im Gellért-Bad und im Geschäftslokal „Philanthia" (Váci u. 9) erhalten. Bei dieser Fülle an Jugendstilobjekten steht Budapest in einer Reihe mit Städten wie Brüssel, Wien und Barcelona.

Bedeutende Maler dieser Zeit waren *József Rippl-Rónai* (1861–1927), dessen dekorativ-flächige Werke (u. a. „Dame im weißen Tupfenkleid", 1899) in der Nationalgalerie zu bestaunen sind, sowie *Tivadar Csontváry Kosztka* (1861–1927), dessen naive, teils abstrakte Gemälde künstlerisch kaum einzuordnen sind.

Die Moderne

Mit Ödön Lechners begabtestem Schüler *Béla Lajta* (1875–1920) kündigte sich in der ungarischen Baukunst die Moderne an. Exemplarisch seien zwei von Lajtas Bauten genannt: das Neue Theater von 1909 und das Rózsavölgyi-Haus am Servita tér 5 (1912). Ab den 1930ern verbreitete sich der **Bauhausstil** in der Stadt, es entstanden bemerkenswerte Kirchen und Wohnhausanlagen wie die Madach-Häuser am Deák tér, die Wohnblocks entlang der Pozsonyi út und die Villenmustersiedlung im Budaer Stadtteil Pasarét. Die Architektur des **Sozialistischen Realismus** hinterließ ihre Spuren vor allem in gesichtslosen Plattenbausiedlungen in den Randbezirken Kőbanya, Újpest, Óbuda und Kelenföld. Am Pester Donauufer wurde eine unattraktive Hotelzeile hochgezogen, am Burgberg 1976 das umstrittene Hotel Hilton errichtet.

Als Gegenbewegung etablierte sich in den 1970ern die **Organische Architektur**. Anstelle des Zweckbaus steht die organische Verbindung der Gebäude mit der Umgebung im Vordergrund, etwa durch lokale Baumaterialien oder dem Umfeld angepasste Oberflächengestaltung – Mensch und Natur dienen als Inspirationsquelle. Hauptvertreter und berühmtester Architekt dieser Strömung war *Imre Makovecz* (1935–2011), dessen Werke vorwiegend in den ländlichen Regionen Ungarns zu finden sind. In Budapest schuf er 1975 das Innere der Aufbahrungshalle am Farkasréti-Friedhof. Nach 1989 war *József Finta* (geb. 1935), ein Vertreter der **Postmoderne**, am aktivsten – er zeichnet für das Westend City Center, das Hotel Kempinski und das Bank Center verantwortlich. Markante Gebäude aus den **2000er-Jahren** sind der funktionale Palast der Künste, das benachbarte Nationaltheater, das Büro- und Geschäftshaus von *Jean-Paul Viguier* am Vörösmarty tér und das walförmige Kulturzentrum CET von *Kas Oosterhuis* am Donauufer.

Zwei bekannte ungarische **Bildhauer** des 20. Jh. sind mit ihren Werken aus Metall in Budapest stark präsent. *Imre Varga* (geb. 1923) gestaltete das Holocaust-Denkmal, die „Frauen mit Schirm" in Óbuda, das Wallenberg-Denkmal, das Kodály-Denkmal am Burgberg sowie die Statue beim Bartók-Haus; weitere Werke sind in der Imre-Varga-Sammlung in Óbuda zu sehen. *László Marton* (1925–2008) schuf die Liszt-Figur am Liszt Ferenc tér, die „Kleine Königstochter" am Donaukorso und das Attila-József-Denkmal beim Parlament. Eine Wiederbelebung alten **Keramikhandwerks** in modernen Formen gelang *Margit Kovács* (1902–77), der in Szentendre ein Museum gewidmet ist. Ungarns berühmtester **Maler** des 20. Jh. war *Victor Vasarely* (1908–97), der seit 1930 in Paris lebte und zum Begründer der Op-Art wurde; einen guten Überblick über sein Œuvre gibt das Museum in Óbuda.

Keleti pályaudvar – am Ostbahnhof kommen die Züge aus dem Westen an

Ankommen in Budapest

Ungarns Hauptstadt liegt nah. Von München nach Budapest ist es kaum weiter als nach Hamburg, von Nürnberg genauso weit wie nach Paris, von Zürich sind es 1000 und von Wien nurmehr 280 km in die einst königliche Schwesterstadt.

Mit dem Flugzeug

Sicher die schnellste Lösung und manchmal auch die günstigste. Zahlreiche Airlines fliegen Budapest direkt an, die Flugzeit ab Berlin und Zürich liegt um die 90 Minuten, ab München sind es 70 Minuten.

Direktflüge mehrmals täglich bieten an: *Lufthansa* (www.lufthansa.com) ab München, Düsseldorf, Frankfurt/M. und Hamburg, *Austrian* (www.aua.com) ab Wien und *Swiss* (www.swiss.com) ab Zürich. Die günstigsten Tarife für Hin- und Rückflug kosten rund 170 €, reguläre Tickets ab 360 € aufwärts.

Von den Billig-Airlines fliegen *Air Berlin* (www.airberlin.com) ab Berlin-Tegel, *Germanwings* (www.germanwings.com) ab Köln-Bonn, Hamburg und Stuttgart, *Wizz Air* (www.wizzair.com) ab Dortmund und Genf sowie *Easy Jet* (www.easyjet.com) ab Berlin-Schönefeld, Genf und Basel täglich direkt nach Budapest (Stand 2013). Die Preise pendeln zwischen 100 und 250 € (Hin-/Rückflug), gebucht wird über die Airline-Websites oder in (Online-) Reisebüros wie *www.expedia.de* oder *www.cheaptickets.de*.

Die besten Preisvergleiche bieten www.swoodoo.com, www.checkfelix.com, www.idealo.de und www.billig-fliegervergleich.de.

Flughafen in Budapest

Der internationale *Budapest Liszt Ferenc Flughafen* (vormals *Flughafen Ferihegy*, Code BUD) liegt in den östli-

Ankommen in Budapest

chen Außenbezirken, 25 km von der Innenstadt entfernt. Für den Weg vom Flughafen ins Stadtzentrum gibt es folgende Möglichkeiten:

AirportShuttle Minibus: Klimatisiertes Sammeltaxi für 8 bis 10 Passagiere, verkehrt zwischen Flughafen und allen Budapester Adressen. Man bucht seine Fahrt direkt am AirportShuttle-Minibus-Schalter (Wartezeit bis Abfahrt ca. 15 Min.) oder bis spätestens 24 Std. vor Abflug telefonisch (✆ +36 (1) 2968555) bzw. online. Tickets: einfach 3200 Ft, hin/zurück 5500 Ft, ab 2 Pers. deutlich günstiger; Fahrten bis in die Budaer Berge sind teurer; Euros werden akzeptiert (Banknoten nur bis 100 €/Rückgeld in Forint). www.airportshuttle.hu/de.

Bus 200E (Reptéri busz): Die Schnellbuslinie verbindet den Flughafen via Ferihegy Bahnhof/Vasútállomás (an der Bahnlinie Nyugati pu. ↔ Ostungarn) mit der Endstation Kőbánya–Kispest der Budapester Metro 3 (Ⓜ 3 blau); von 5 bis 23 Uhr alle 8–15 Min., Fahrzeit 22 Min.

Für die Busfahrt genügt ein Einzelfahrschein der BKV (→ Unterwegs in Budapest), erhältlich am Flughafen im Postamt, am Zeitungskiosk oder am Fahrkartenautomaten. Für die Weiterfahrt mit der Metro benötigt man einen neuen Einzelfahrschein.

Főtaxi: offizielles Airport-Taxi, der Maximaltarif zu Zielen innerhalb Budapests beträgt 6500 Ft oder 24 €. Vor der Fahrt muss man sich beim Főtaxi-Stand am jeweiligen Terminal einen Voucher besorgen. ✆ +36 (1) 2222222. www.fotaxi.eu.

Call Center Flughafen: ✆ +36 (1) 2967000. www.bud.hu.

Mit der Bahn

Budapest ist an das europäische Schienennetz bestens angebunden. Züge aus West- und Süddeutschland sowie aus der Schweiz fahren über Wien. Wer aus Nord- und Ostdeutschland anreist, gelangt über Prag und Bratislava in die ungarische Hauptstadt.

Direktverbindungen nach Budapest gibt es **tagsüber** 2x tägl. mit *EC Hungaria* von Berlin Hbf. (Fahrzeit ca. 12 Std.) via Dresden, 1x davon mit Start in Hamburg (14 Std.), mit dem *RJ (Railjet)* 4x tägl. von München (7½ Std.) und 1x tägl. von Zürich (11¼ Std.). Ab Wien (ung. *Bécs*) fahren 9x tägl. Direktzüge *(RJ* und *EN)* nach Budapest (3 Std. Fahrzeit), ab Graz 1x tägl. (5¾ Std.). Aus Deutschland und der Schweiz bietet sich auch eine **Fahrt über Nacht** an: *EuroNight-Züge* mit Schlaf-, Liege- und Sitzwagen gibt es 1x tägl. ab Berlin Hbf. (*EN 477 Metropol*, 14½ Std.) via Dresden, ab München (*EN 463 Kálmán Imre*, 9¼ Std.) und ab Zürich (*EN 467 Wiener Walzer*, 12 Std.). Der *EN 491 Hans Albers* fährt 1x tägl. von Hamburg via Hannover bis Wien (12¼ Std.).

Ein normales Bahnticket zweiter Klasse nach Budapest ist meist teurer als ein günstiger Flug (z. B. einfache Fahrt ab Köln ca. 200 €). Wer eines der zahlreichen Angebote von Deutscher Bahn, ÖBB und SBB nutzt (Stand 2013), kann aber zu sehr günstigen Preisen mit dem Zug anreisen:

Europa-Spezial Ungarn (DB): Kontingentierter Sondertarif der Deutschen Bahn (ab 39 €/Fahrt) mit Zugbindung und besonderen Stornobedingungen, erhältlich bis 3 Tage vor Reiseantritt. Stark nachgefragt, rechtzeitig (ab 91 Tage vor dem Reisetag) buchen. Kinder/Enkel bis 15 Jahre reisen gratis mit. Online buchbar auf www.db.de.

Spar-Night (DB): Sehr günstiges, kontingentiertes Angebot für Nachtzüge (z. B. EN 477 ab Berlin). Wer rechtzeitig bucht, zahlt für den Sitzplatz 29 €, im Liegewagen 39 € und im Schlafwagen ab 59 € pro Fahrt. Online-Buchung auf www.db.de möglich.

Plan + Spar Ungarn (SBB): Angebot der Schweizer Bundesbahnen, das den Normalpreis (hin/zurück) um 25 % reduziert – bei Kauf ab 90 bis 3 Tage vor Abreise, mit Wochenendbindung, obligatorischer Platzreservierung und besonderen Umtauschkonditionen. Inhaber eines SBB-Halbtax-Abos oder GAs erhalten zusätzlich Rabatt. Kinder/Enkel bis 16 Jahre müssen nur die Reservierung zahlen und reisen sonst gratis mit. Auch online buchbar auf www.sbb.ch.

SparSchiene Ungarn (ÖBB): Wien–Budapest für nur 19 €! Allerdings kontingentiertes Angebot mit Zugbindung, keine Sitzplatzreservierung und besondere

Erstattungsbestimmungen. Kinder/Enkel bis 15 Jahre reisen gratis mit. Kann bis 6 Monate im Voraus gekauft werden und ist für Kurzentschlossene meist nicht mehr erhältlich. Online buchbar auf www.oebb.at.

Information: Die Ungarischen Staatsbahnen *(Magyar Államvasutak)*, bekannt unter ihrem Kürzel MÁV-START, bieten auf www.mav-start.hu (Fahrplan-)Infos in Deutsch.

Bahnhöfe in Budapest

Die Stadt verfügt über drei große, stark modernisierungsbedürftige Bahnhöfe (*pályaudvar*, abgekürzt pu.). Internationale Züge aus dem Westen und Norden kommen nahezu alle am **Keleti pályaudvar** (Ostbahnhof) an, einer Stahlkonstruktion aus dem 19. Jh. Vom **Nyugati pályaudvar** (Westbahnhof), dessen imposante eiserne Halle vom Pariser Büro Eiffel (das mit dem Turm!) gebaut wurde, verkehren die Züge Richtung Osten und in den Süden Ungarns. Der **Déli pályaudvar** (Südbahnhof) dient dem Verkehr Richtung Plattensee und Kroatien. Der moderne Betonklotz liegt in Buda, Ost- und Westbahnhof liegen in Pest.

Klein- und organisierte Kriminalität und illegale Taxifahrer beherrschen leider auch die Budapester Bahnhöfe. Man sollte daher sein Gepäck niemals unbeaufsichtigt lassen und nicht länger als nötig verweilen. In direkter Nachbarschaft aller drei Bahnhöfe gibt es Metro-Stationen (Ⓜ) und damit eine direkte Anbindung ans hauptstädtische Verkehrsnetz.

Keleti pályaudvar (Ostbahnhof) → Karte S. 246, VIII., Kerepesi u. 2–4. Internationaler Ticketschalter beim nördlichen Eingang Thököly út (tägl. 3–24 Uhr, akzeptiert Euro), Gepäckaufbewahrung *(Csomagmegőrző)* 3.30–23 Uhr, zusätzlich gibt es auch Schließfächer. Metro 2 (Ⓜ 2 rot) Keleti pu., Bus 7, 7E, 178.

Nyugati pályaudvar (Westbahnhof) → Karte S. 183, VI., Teréz krt. 55. Internat. Fahrkartenschalter 7.30–19 Uhr, Gepäckaufbewahrung 3.30–24 Uhr. Metro 3 (Ⓜ 3 blau) Nyugati pu., Ⓣ 4, 6.

Déli pályaudvar (Südbahnhof) → Karte S. 105, I., Krisztina körút 37/a. Internat. Fahrkartenschalter 7–18 Uhr. Metro 2 (Ⓜ 2 rot) Déli pu., Bus 7, Ⓣ 18, 59, 61.

Mit dem Bus

Die weniger bekannte Alternative zur Bahn – und deutlich preiswerter, bei langer Fahrzeit aber anstrengender. Der internationale Busverband **Eurolines**, dem in Ungarn *Volánbusz*, in Deutschland die *Deutsche Touring* und in Österreich *Blaguss Reisen* und *WESTbus* angehören, und das ungarische Unternehmen **OrangeWays** bieten fahrplanmäßige Busverbindungen nach Budapest an: 1–4x pro Woche von rund 20 deutschen Großstädten, 5x täglich ab Wien (Fahrzeit 3¼ Std.).

Die Preise für Hin- und Rückfahrt liegen bei *Eurolines* zwischen 175 € (z. B. ab Hamburg) und 44 € (ab Wien),

Fahrkartenschalter im Nyugati pályaudvar

OrangeWays ist um die Hälfte billiger, ist aber für Verfrühungen (!) und Verspätungen bekannt. Preisermäßigung gibt es für Kinder unter 4 Jahren (80 %), unter 12 J. (50 %), Studierende und Senioren über 60 J. (je 10 %) sowie Frühbucher (20–30 Tage vor Abfahrt). Ein Handgepäck und ein Gepäckstück werden bei *Eurolines* kostenlos befördert, bei *Orangeways* zahlt man 1 € pro Gepäck. Ankunftsstation der Busse ist der Budapester Busbahnhof **Népliget** im südlichen Teil von Pest (Ⓜ 3 blau Népliget).

Busbahnhof Népliget → Karte S. 246, Int. Ticketverkauf Mo–Fr 6–19, Sa/So 6–16 Uhr und online unter www.volanbusz.hu (in Englisch). Auskunft (Mo–Fr 8–16 Uhr) unter ✆ +36 (1) 2198079. IX., Üllői út 131. Metro 3 (Ⓜ 3 blau) Népliget, Ⓣ 1.

Deutsche Touring GmbH, Informationen im Service-Center Am Römerhof 17, 60486 Frankfurt/M., ✆ +4969 7903501 (Mo–Fr 8–20, Sa 9–17 Uhr), Ticketverkauf in den DTG-Ticket-Centern in 12 deutschen Großstädten, in den Reisezentren der Deutschen Bahn und online unter www. touring.de.

Blaguss Reisen/Eurolines Austria, Ticketverkauf am Vienna International Busterminal VIB (U 3-Station Erdberg), 1030 Wien, Erdbergstr. 200 A, ✆ 0043 1 7982900 (tägl. 6.30–21 Uhr); in ausgewählten Reisebüros und online unter www.eurolines.at.

OrangeWays, fährt zurzeit von Berlin (ZOB am Funkturm), Dresden (Hbf., Bayrische Straße), München (ZOB) und Wien (Praterstern/Nordbahnstr. 50) nach Budapest. Fahrkarten kauft man online, Verkauf in Budapest in der IX., Üllői út 129, Ⓜ 3 blau Népliget, Ⓣ 1. ✆ +36 (30) 8309696 (tägl. 9–18 Uhr), www.orangeways.com.

Mit eigenem Fahrzeug

Wegen flächendeckender Parkgebühren und häufig vorkommender Autodiebstähle bzw. -aufbrüche ist die Anreise mit dem eigenen Fahrzeug wenig empfehlenswert. Von **Westdeutschland** und der **Schweiz** führen die Wege nach Budapest über Österreich. Man benutzt ab Wien die Ostautobahn A 4 (E 60), die hinter Nickelsdorf-Hegyeshalom zur ungarischen Autobahn M 1 (E 60) wird und geradewegs nach Budapest führt. Aus dem **Norden** und **Osten Deutschlands** bietet sich auch die Anreise via Dresden, auf der tschechischen Autobahn D 8 (E 55) weiter nach Prag, dann über die D 1 (E 65) bis Brno/Brünn, die slowakische Autobahn D 2 (E 65) über Bratislava/Pressburg bis Rajka, wo die ungarischen Autobahnen M 15 und M 1 anschließen.

Der kürzeste, nicht unbedingt schnellste Weg für Reisende aus dem **Süden Österreichs** führt auf der Südautobahn A 2 (E 59) bis Ilz/Fürstenfeld und weiter entlang der B 319 nach Heiligenkreuz-Rábafüzes. Auf ungarischer Seite führt die E 66 auf der Nationalstraße 8 weiter bis Székesfehérvár, von wo man das letzte Stück bis Budapest auf der Autobahn M 7 zurücklegt.

Autobahngebühren

Vignette Österreich: Pkw: 10-Tages-Vignette 8,50 €, 2-Monats-Vignette 24,80 €, Jahresvignette 82,70 €. Motorräder: 10-Tages-Vignette 4,90 €, 2-Monats-Vignette 12,40 €, Jahresvignette 32,90 €. Vignette Tschechien: Pkw: 10-Tages-Vignette 310 Tschech. Kronen (12,40 €), 1 Monat 440 CZK (7,70 €), ganzes Jahr 1500 CZK (606 €). Vignette Slowakei: Pkw: 7-Tages-Vignette 7 €, 1 Monat 14 €, ganzes Jahr 50 €. In beiden Ländern keine Vignettenpflicht für Motorräder.

E-Vignette (E-Matrica) Ungarn: Mautpflicht auf allen Autobahnen außer dem Ring um Budapest (M 0). Es handelt sich um eine elektronische Vignette, die man nicht mehr aufkleben, sondern den Beleg ein Jahr lang aufbewahren muss. Pkw/Motorräder: 10-Tages-Vignette 2975 Ft, ein Monat 4780 Ft, ganzes Jahr 42.980 Ft.

Jahresvignetten gelten jeweils von 1. 1. bis zum 31. 1. des darauffolgenden Jahres. Erhältlich sind die Vignetten bei den Automobilclubs, an grenznahen Tankstellen und in Postämtern. Preise: Stand 2014.

> Aktuelle Infos zu Ungarns Autobahnen auf Deutsch unter www.autobahn.hu.

Verkehrsvorschriften

Licht am Tag: In Tschechien und der Slowakei muss auf allen Straßen ganzjährig mit Abblendlicht gefahren werden, in Ungarn nur außerhalb von Ortschaften.

Höchstgeschwindigkeit in Ungarn: Autobahn 130 km/h, Schnellstraße 110 km/h, Landstraße 90 km/h, Ortsgebiet 50 km/h.

Promillegrenze: Österreich 0,5; Tschechien, Slowakei und Ungarn 0,0 Promille.

Telefonieren während der Fahrt nur mit Freisprechanlage.

Strafen: Zu schnelles Fahren, Alkohol am Steuer, Überfahren roter Ampeln und Verletzung der Gurtpflicht werden in Ungarn mit bis zu 300.000 Ft (ca. 1100 €) bestraft. Kann man nicht sofort zahlen, wird das Auto beschlagnahmt.

Pannenhilfe (deutschsprachig): ☏ +36 (1) 3451723.

Mit dem Schiff

Von Ende April bis Ende September verkehren auf der Donau zwischen **Wien und Budapest** 2x pro Woche Tragflügelboote. Fahrzeit stromabwärts 5½ Std., stromaufwärts 6½ Std. Die einfache Fahrt kostet 99-109 €, das Return-Ticket 125 €. Studierende mit Ausweis erhalten 25 % Rabatt, Kinder (2–12 J.) zahlen die Hälfte, der Fahrradtransport kostet 25 € je Fahrt.

In Wien legt das Schiff beim Schifffahrtszentrum an der Reichsbrücke ab (U 1 Vorgartenstraße), Anlegestelle in Budapest ist die Internationale Schiffsstation *(Nemzetközi Hajóállomás)* (V., Belgrád rakpart) am Pester Ufer zwischen Elisabeth- *(Erzsébet híd)* und Freiheitsbrücke *(Szabadság híd)*.

Info/Buchung: Eine Fahrkarte ist schriftlich bzw. online zu reservieren bei **MAHART** in Budapest, V., Belgrád rakpart (Mo 9-17 Uhr), ☏ +36 (1)4844013, www.mahartpassnave.hu oder bei der **DDSG** im Schifffahrtszentrum 1020 Wien, Handelskai 265 (Mo-Fr 9–18, Sa/So 10–16 Uhr), ☏ +43 (1)58880, www.ddsg-blue-danube.at.

Mit dem Tragflügelboot von Wien direkt nach Budapest

Unterwegs in Budapest

Das Netz der öffentlichen Verkehrsmittel ist mit 200 Buslinien, 15 Trolleybus-, 30 Tram-, drei Metro- und drei Schiffslinien sehr gut ausgebaut. Der Transport ist schnell und trotz der enormen Preissteigerungen der letzten Jahre noch immer etwas billiger als in Berlin oder Wien.

Rund 1,4 Milliarden Fahrgäste werden alljährlich von den Budapester Verkehrsbetrieben **BKV** befördert. Aufgrund des dichten Netzes soll kein Punkt in der Stadt mehr als 500 m von der nächsten Haltestelle entfernt sein. Neben Metro (Ⓜ), Tram (Ⓣ) und Bus kommen im Stadtgebiet noch Linienschiffe, die HÉV-Vorortbahn sowie Seil- und Zahnradbahnen (s. u.) zum Einsatz.

Betriebszeiten, Fahrpläne, Fahrkarten

Metro, Bus, Trolley-Bus, Straßenbahn und die HÉV-Vorortbahn fahren tägl. von 4.15 bis ca. 23.30 Uhr. In der Innenstadt und auf den Hauptstrecken wird ein Takt von meist nur wenigen Minuten eingehalten. Ab 23.30 Uhr übernehmen 37 Nachtbuslinien die Beförderung – zusätzlich zur Tram Nr. 6, die den Großen Ring entlangfährt.

Fahrpläne des gesamten öffentlichen Verkehrsnetzes hängen im Eingangsbereich der Metrostationen. In den gängigen Stadtplänen sind Metro-, Tram- und Buslinien meist eingetragen, auch auf *Google Maps* sind alle Linien mit Fahrplänen abrufbar. Eine Online-Fahrplanauskunft bietet auch www.bkv.hu (auch auf Deutsch). Wichtige Fahrplan-Vokabeln enthält der kurze Sprachführer am Ende dieses Buchs.

Fahrkarten *(Jegyek)* kauft man am besten an Ticketschaltern *(Pénztár*, tägl. 6–20 Uhr*)* und Fahrkartenautomaten (engl. Menüführung), die es allerdings nur in größeren Metrostationen gibt. Man erhält sie auch in Tabakläden oder Zeitungskiosken. Kinder unter 6 Jahren und

Tram Nr. 4: Stadtrundfahrt am Großen Ring

EU-Bürger über 65 Jahre (Ausweis genügt) fahren gratis. Stand der Preise: 2013.

Einzelfahrschein *(Vonaljegy):* Gilt für die gesamte Länge einer Metro-, Bus-, Tram- oder Zahnradbahnfahrt sowie für eine Fahrt mit der Vorortbahn HÉV innerhalb der Stadtgrenzen – jeweils für die Dauer von 60 Min. (in Nachtbussen 90 Min.). Bei jedem Umsteigen (außer innerhalb des Metro-Netzes) muss ein neuer Fahrschein gelöst werden. Die Fahrscheine sind bei der Metro vor Fahrtantritt bzw. in den Bussen und Straßenbahnen an den Automaten im

Wageninneren zu entwerten. Bei den älteren Entwertern muss man die Karte von oben einführen und den schwarzen Schacht zu sich ziehen. Einzelfahrscheine kosten 450 Ft, im Vorverkauf 350 Ft, noch günstiger sind sie im 10er-Block (3000 Ft).

Umsteigeticket *(Átszállójegy):* Gilt für eine Fahrt inklusive einmaligem Umsteigen. Es muss zu Beginn der Fahrt und nach dem Umsteigen entwertet werden und kostet 530 Ft.

Metro-Kurzstrecken-Ticket *(Métroszakaszjegy):* Es gilt innerhalb des Metronetzes bis 3 Stationen und für die Dauer von 30 Min., Umsteigen ist erlaubt. Preis: 300 Ft.

24-Stunden-Karte *(24 órás jegy):* Sie gilt 24 Std. ab dem eingetragenen Zeitpunkt für Fahrten mit Metro, Bus, Tram, Zahnradbahn, HÉV und Linienschiff. Der Preis von 1650 Ft lohnt erst, wenn man mindestens fünf Fahrten plant.

24-Stunden-Gruppen-Karte *(csoportos 24 órás jegy):* Sie gilt 24 Std. ab dem eingetragenen Zeitpunkt, kostet 3100 Ft und kann von bis zu 5 Personen gemeinsam genutzt werden. Sie lohnt sich somit bereits ab 2 Personen.

72-Stunden-Karte *(72 órás jegy):* Gilt 72 Std. ab dem eingetragenen Zeitpunkt und kostet 4150 Ft.

7-Tage-Karte *(Hetijegy):* Die nicht übertragbare Karte gilt 7 Kalendertage ab dem eingetragenen Datum, muss nicht entwertet werden und kostet 4950 Ft.

14-Tage-Budapest-Fahrkarte/Budapest-Monatskarte: Diese Zeitkarten sind nicht übertragbar. Preis 7000 bzw. 10.500 Ft.

Budapest Card: Mit ihr ist die Benutzung der Verkehrsmittel kostenlos (s. u.).

Schwarzfahren: Die Fahrscheine werden fast immer von Kontrolleuren an den Metroein- und -ausgängen und sehr häufig in Straßenbahnen überprüft – deshalb die Fahrkarte stets bis zum Ende der Fahrt aufbewahren. Wird ein Schwarzfahrer erwischt, ist eine Geldbuße von 16.000 Ft fällig.

BKV-Kundencenter: Auskünfte, Fahrpläne, Fundbüro Mo–Do 8–17, Fr 8–15 Uhr. VII., Akácfa u. 18, ✆ +36 (1) 2584636. Metro 2 (Ⓜ2 rot) Blaha Lujza tér.

Budapest Card

Die Karte gewährt freie Fahrt mit öffentlichen Verkehrsmitteln, je eine kostenlose Stadtführung (engl.) in Buda und Pest, freien Eintritt in das Lukács-Bad und in sieben große Museen sowie 10–50 % Ermäßigung bei weiteren Sehenswürdigkeiten, Stadt- und Donaurundfahrten, in Bädern und Restaurants. Die Card ist in drei Varianten erhältlich, als 24-Std.-Karte für 4500 Ft (ca. 15 €), als 48-Std.-Karte für 7500 Ft (ca. 25 €) und als 72-Std.-Karte 8900 Ft (ca. 30 €); bei Online-Bestellung unter www.budapest-card.com erhält man 5 % Rabatt. Erhältlich ist die Card auch in Touristbüros, Reisebüros, Hotels und an größeren Metro-Stationen. Der Kauf lohnt nur, wenn man mindestens zwei bis drei Museen besucht.

Mit der Metro

Die drei Metrolinien **M 1, M 2, M 3** mit insgesamt 33 km Strecke treffen sich an der Station **Deák Ferenc tér** in der Pester Innenstadt. An der M 4 entlang der Strecke der Buslinie 7 zwischen Kelenföld im Süden von Buda und dem Keleti pályaudvar (Ostbahnhof) in Pest wird seit 2004 gebaut. Ein erster Abschnitt soll 2015 mit fahrerlosen U-Bahnen in Betrieb gehen (www.metro4.hu).

Metro 1 (gelb): Diese nostalgische Linie (*Kisföldalatti*, „kleine U-Bahn") verbindet den Vörösmarty tér in der Pester Innenstadt mit dem Nordwestrand des Stadtwäldchens und verläuft größteils direkt unter der Andrássy út. Sie ist die älteste Untergrundbahn des europäischen Kontinents (nur die Londoner ist älter) und hat ein eigenes, kleines Museum am Deák tér (→ S. 186).

Metro 2 (rot): Die generalsanierte Linie verbindet Buda mit Pest. Sie beginnt beim Südbahnhof (Déli pu.), quert die Donau unterirdisch und führt via Ostbahnhof (Keleti pu.) bis zum Örs vezér tere.

Metro 3 (blau): Sie durchfährt Pest in Nord-Süd-Richtung von Újpest-Központ über Kálvin tér bis Kőbanya/Kispest.

Mit Bus und Tram

Das dichte Liniennetz der Busse durchzieht die ganze Stadt. Die normalen **Busse** *(Busz)* sind (dunkel-)blau, rund ein Viertel der Flotte bereits topmoderne Mercedes-Busse. Nummern mit Zusatz „E" für *Expressz* halten nur an größeren Verkehrsknotenpunkten. Die **Trolleybusse** *(Trolibusz)* sind rot und mit Nummern von 70 aufwärts gekennzeichnet – 1949 gingen sie an Stalins 70. Geburtstag erstmals in Betrieb. Die **Nachtbusse** *(Éjszakai Busz)* tragen 900-er Nummern und können mit üblichen Tickets ohne Zuschlag benutzt werden. Sie verkehren alle 20–60 Minuten.

Die gelben **Straßenbahnen** *(Villamos)* sind meist schneller als Busse und vor allem auf Hauptstrecken unterwegs. Die modernen Niederflurzüge von Siemens auf den Ringlinien 4 und 6 gehören mit ihren 54 Metern zu den längsten Straßenbahngarnituren der Welt. Ringline 6 fährt als einzige Straßenbahn auch die Nacht durch (im Viertelstundentakt).

Mit dem Linienschiff

Seit 2012 gehören zum BKV-Netz auch die drei Schiffslinien **D 11**, **D 12** und **D 13** *(Hajójárat)*, die die Strecke zwischen Újpest im Norden und Rákóczy-Brücke im Süden auf der Donau zurücklegen. Dazwischen steuern sie bis zu 13 Anlegestellen an, acht in Pest (z. B. Jászai Mari tér/Margaretenbrücke und Petőfi tér/Elisabethbrücke), drei in Buda (z. B. Batthyányi tér) und Sa/So auch eine auf der Óbudainsel und zwei auf der Margareteninsel. Die Schiffe – zugegeben recht alte Modelle – fahren während der Stoßzeiten alle 30, sonst alle 60–90 Minuten.

Der an Bord erhältliche Einzelfahrschein kostet 750 Ft (inkl. Fahrradtransport), 24-/72-Std.-, 7-Tage- und Monatskarten der BKV sind gültig. www.bphajojarat.hu.

Mit den HÉV-Vorortlinien

Die vier HÉV-Linien **H 5**, **H 6**, **H 7**, **H 8/9** verbinden Budapest mit seinen ringsum gelegenen Vororten. Sie werden vorwiegend von Tagespendlern benutzt, Touristen gelangen mit den grünen Bahnen zu den Ausflugszielen vor den Toren der Stadt: vom **Batthyány tér** (Ⓜ 2 rot) alle 10–20 Minuten via Óbuda und

---

Stadtrundfahrt mit Tram und Bus

Einige schöne Routen lassen sich mit Straßenbahnen und öffentlichen Bussen zu Stadtrundfahrten kombinieren:

Tram 2 fährt das aussichtsreiche Pester Donauufer entlang vom Palast der Künste im Süden bis auf Höhe der Margaretenbrücke. Dort kann man in Tram 4 oder 6 umsteigen, mit der es am Großen Ring entlang und über die Petőfi-Brücke mit schönem Stadtpanorama in den Süden Budas geht. An der Endstation wechselt man in Tram 18, die vorbei am Gellért-Platz an der Rückseite des Burgbergs zum Széll Kálmán tér (Metro 2) bringt. Hier kann man in den Bus 16 umsteigen, mit dem es hinauf durch das Burgviertel geht und über die Kettenbrücke hinüber nach Pest zum Deák tér (Metro 1, 2, 3). Von hier fährt man mit den Tramlinien 47 oder 49 am Kleinen Ring entlang und über die Freiheitsbrücke wieder zum Gellért-Platz, von wo es mit Tram 19 oder 41 bis zum Batthyány tér (Metro 2) geht.

Aquincum nach Szentendre, von **Örs vezér tere** (Ⓜ 2 rot) vorbei am Hungaroring zum Schloss Gödöllő.

Innerhalb der Stadtgrenzen gelten auch bei der HÉV die üblichen Fahrscheine, jenseits davon sind Anschlusskarten *(Kiegészító HÉV-menetjegy)* zu lösen. Sie kosten 250 Ft für 10 km, 310 Ft für 10 km.

Sonstige Bahnen

Budapest verfügt über weitere reizvolle Nahverkehrsmittel, die bei den jeweiligen Stadttouren erläutert werden. So bringt eine Standseilbahn auf den Burgberg (→ Tour 2), Zahnradbahn, Sessellift und Kindereisenbahn verbinden die Stadt mit den Budaer Bergen (→ Tour 14).

Mit dem Taxi

Ab Mitte 2015 sollen Budapests Taxis einen einheitlich schwarz-gelben Fuhrpark haben, bis dahin gilt: Die offiziellen Taxis tragen ein gelbes Nummernschild und eine gelbe Taxi-Leuchte auf dem Dach – darauf sollte man achten, denn illegale Betreiber, sog. Hyänen, verlangen unverschämt hohe Preise. Überhaupt empfiehlt sich, den Fahrpreis bereits vor dem Einsteigen zu vereinbaren, oder darauf zu bestehen, dass der Taxameter eingeschaltet wird. Am besten ist es, so wie die Budapester, ein Taxi telefonisch vorzubestellen und nicht eines auf der Straße anzuhalten! In den Call-Centern der unten genannten Taxi-Betreiber wird auch deutsch oder englisch gesprochen:

Der Fahrpreis setzt sich aus Grundgebühr (450 Ft), Kilometergeld (280 Ft/km) und Wartegebühr (60 Ft/Min.) zusammen und ist nicht gerade günstig.

Taxiruf: ✆ +36 (1); City Taxi ✆ 2111111, www.citytaxi.hu; Főtaxi ✆ 2222222, www.fotaxi.hu; Rádió Taxi ✆ 7777777, www.radiotaxi.hu; 6x6 Taxi ✆ 6666666, www.6x6taxi.hu.

Mit eigenem Auto

Zum Horrortrip kann es für den werden, der als Ortsunkundiger mit dem eigenen Fahrzeug durch Budapest unterwegs ist: ein verwirrendes Einbahnstraßensystem, die trennende Donau zwischen Pest und Buda, zahllose Schlaglöcher, kaum Parkplätze, Chaos in der Rushhour, viele Baustellen und die berühmt-berüchtigte undisziplinierte Fahrweise der Ungarn können einem den Nerv rauben. Spätestens 2016 kommt noch eine **City-Maut** hinzu.

Parken

Aus Sicherheitsgründen sollte man sein Fahrzeug in Budapest in einem Parkhaus oder einer Parkgarage abstellen (ca. 300 Ft/Std.). An den Metro-3-Stationen Kőbánya-Kispest und Újpest-Városkapu gibt es bewachte **P+R-Parkplätze**. Zudem verfügen viele Hotels über bewachte Parkflächen oder –garagen. Nahezu in der gesamten Innenstadt sind Parkgebühren zu zahlen.

Mit der Zahnradbahn in die Budaer Berge

Gebührenpflichtige Parkplätze: Sie sind an Parkverbotstafeln mit der Aufschrift *Fizető* zu erkennen. Mo–Fr 8–18/20 Uhr und meist auch Sa 8–12 Uhr ist eine Gebühr je nach Parkzone von 175–525 Ft/Std. zu bezahlen. Die kürzeste Parkdauer *(Minimális díj)* sind 15 Min., die maximale *(Maximum)* 3–4 Stunden. Den Parkschein, den man hinter die Windschutzscheibe legt, erhält man am Automaten (Menüführung meist auch in Englisch und Deutsch), den man je nach geplanter Parkdauer mit Münzen zu 10, 20, 50, 100, 200 Ft füttert (kein Retourgeld!).

Falschparken/Parkzeitüberschreitung: Für falsch parkende Ausländer gibt es keine Milde. Parkstrafen betragen bis zu 20.000 Ft. Falschparker finden ihr Fahrzeug häufig mit einer Radkralle wieder – ein mehrsprachiges Informationsblatt an der Scheibe erläutert, wie man diese gegen eine Geldstrafe wieder loswird.

Mietwagen

Für den Stadtverkehr ist ein Mietwagen ebenso wenig ratsam wie das eigene Fahrzeug. Wer dennoch einen benötigt, sollte ihn am besten gleich zu Hause buchen. Einen guten Preisvergleich bietet *www.autovermietung.de*.

Grundvoraussetzung für das Mieten sind ein Mindestalter von 21 Jahren und der einjährige Besitz des Führerscheins. Die Kaution ist per Kreditkarte zu hinterlegen. Ein Kleinwagen kostet ab 36 € pro Tag.

Fox Autorent, das von einem Deutschen 1988 gegründete Unternehmen gilt mit seinem flexiblen Service und günstigen Preisen als bester Autovermieter Ungarns. Nach Vorbestellung (per Telefon oder online) wird das Leihauto kostenlos an die gewünschte Adresse geliefert und wieder abgeholt. Innenstadtbüro hinter dem Corinthia Hotel, V., Hársfa u. 53–55, ein weiteres Büro gibt es am Flughafen. ✆ +36 (1) 3829000. www.fox-autorent.hu.

Sixt, u. a. am Flughafen-Terminal, tägl. 7.45–22 Uhr, ✆ +36 (1) 2960158. www.sixt.com.

Hertz, u. a. am Flughafen-Terminal, tägl. 8–22 Uhr, ✆ +36 (1) 2967171; im Marriott Hotel, V., Apaczai Csere Janos u. 4, Mo–Fr 8–17, Sa 8–13 Uhr, ✆ +36 (30) 3374456. www.hertz.com.

„Slow down" auf der Margaretenbrücke

Avis, u. a. am Flughafen-Terminal, tägl. 8–21 Uhr, ✆ +36 (1) 2966421; im Bank Center, V., Arany Janos u. 26, tägl. 7–18 Uhr, ✆ +36 (1) 3184240. www.avis.de.

Mit dem Fahrrad

In den frühen 2000er-Jahren war Radfahren in Budapest lebensgefährlich. Mittlerweile hat sich viel getan, vor allem dank der *Critical-Mass*-Demos 2004–2013, bei denen Zehntausende für eine radfahrergerechtere Infrastruktur durch die Stadt radelten: Die Zahl der RadlerInnen hat sich verzehnfacht, neue Radfahrstreifen entlang von Hauptverkehrsstraßen wurden geschaffen und 2014 soll das öffentliche Fahrradverleihsystem **Budapest Bicikli (Bubi)** mit 74 Stationen an den Start gehen. Budapest kommt inzwischen auf 250 km Radwege, außerdem führt der internationale Donauradweg EuroVelo Nr. 6 mitten durch die Stadt.

Fahrradverleih Budapestbike, unweit der Großen Synagoge, gehört zum Café Szóda, tägl. 9–18 Uhr. Leihräder halbtags 2500 Ft, ganztags 3500 Ft, Tandems 3500 bzw. 5500 Ft. VII., Wesselényi u. 13, ✆ +36 (30) 9445533. www.budapestbike.hu.

Yellow Zebra Bikes, hinter der Staatsoper, tägl. 9–19/20 Uhr. Leihräder ganztags 3500–4700 Ft, ab 3 Tagen 3000–4000 Ft/Tag. VI., Lázár u. 16, ✆ +36 (1) 2693843. www.yellowzebrabikes.com.

Zu Fuß

Wie viele andere Städte lässt sich auch Budapest am schönsten zu Fuß erkunden. Die Stadt ist überschaubar, die Entfernungen halten sich in Grenzen und selbst die Brücken zwischen Buda und Pest sind mit rund 380 m nicht übermäßig lang. Das Burgviertel ist ohnehin verkehrsberuhigt, die Váci utca Fußgängerzone. Wegen der vielen Schlaglöcher und unebenen Stellen ist es ratsam, auf den Weg zu achten. Noch ein Hinweis: Blinken ältere Fußgängerampeln Grün, sollte man sofort stehen bleiben, denn schalten sie unterwegs auf Rot, haben die Autofahrer im selben Moment schon Grün.

Stadtrundfahrten

Das Angebot ist groß – von der Rundfahrt per Bus, Schiff oder Rad, jeweils mit oder ohne Verpflegung. Vieles kann online gebucht werden und jedes Jahr kommen neue Anbieter hinzu.

Rundfahrten mit dem Bus

Klassische Stadtrundfahrten (2 bis 3 Stunden) im klimatisierten Reisebus werden ganzjährig angeboten (5500–7300 Ft; *Cityrama* und *Programcentrum*), ebenso **Hop-on-Hop-off-Touren**, an denen man innerhalb der Geltungsdauer des Tickets (meist 24 Std.) mehrmals zu- und aussteigen kann (5000–6500 Ft, *City Tour Hop on Hop off*, *Programcentrum*); im Sommer kommen auch Cabriobusse zum Einsatz.

Die Erläuterungen sind bei allen Rundfahrten auch auf Deutsch – entweder live oder via Audioguide. Informationen zu den Anbietern erhält man in den Budapestinfo-Büros (→ S. 94), Tickets erhält man in den jeweiligen Büros, online, in Hotels oder Touristbüros. Die Budapest Card gewährt auf Rundfahrten 10–30 % Rabatt.

City Tour Hop on Hop off, VI., Andrássy út 2, tägl. 8.30–18 Uhr, ✆ +36 (1) 3747050. www.citytour.hu. Ⓜ 1 gelb Bajcsy-Zsilinszky út.

Programcentrum, V., Erzsébet tér 9–10 (im Hotel Le Meridien), tägl. 9–17 Uhr, ✆ +36 (1) 3177767, www.programcentrum.hu. Ⓜ 1, 2, 3 Deák tér.

Cityrama, V., Báthory u. 22 (nahe Szabadság tér), ✆ +36 (1) 3024382. www.cityrama.hu. Ⓜ 2 rot Kossuth tér.

Haltestelle der Linienschiffe

Stadtrundfahrten 45

> **Hilfe, hier schwimmt ein Bus!**
> Ziemlich einzigartig (gibt es sonst nur noch in London) ist *RiverRide – The Floating Bus*, ein Amphibienbus, der bei seiner 2-stündigen Budapest-Rundfahrt zuerst durch die Stadt und dann *in* die Donau fährt. Abfahrt 3–4x tägl. ab Széchenyi tér, Tickets (7500 Ft) gibt's online oder in der V., Akadémia utca 1 (tägl. 9–18 Uhr), ✆ +36 (1) 3322555. www.riverride.com.

Rundfahrten mit dem Schiff

Reizvoll sind Schiffstouren auf der Donau. Die wichtigste Anlegestelle befindet sich am Pester Ufer unweit des Vigadó tér (→ Karte S. 173), von wo es üblicherweise stromabwärts bis unterhalb der Freiheitsbrücke und stromaufwärts bis zur/rund um die Margareteninsel geht. Am schönsten sind die Rundfahrten abends, wenn Kettenbrücke, Parlament, Fischerbastei, Burgpalast und Zitadelle beleuchtet sind.

Legenda bietet ganzjährig Rundfahrten auf topmodernen, rundum verglasten Schiffen an: Tagestouren *Duna bella* (Dauer 70 Min.) und *Duna bella plus* (zusätzlich 90 Min. Aufenthalt auf der Margareteninsel, jeweils April–Sept. 4–6x tägl., März/Okt. 3–4x tägl.; Nov.–März 1x tägl. (nur *Duna bella*); Abendfahrten *Danube legend* (Dauer 60 Min.) ; März–Okt. 4x tägl. ab 19.30 bzw. 20.15 Uhr, Nov.–Feb. tägl. 18.30 Uhr. Tickets inkl. Audioguide und 1 Getränk *(bella/Legend)* 4500/5500 Ft, Kind 10–14 J. 2250/2750 Ft, mit Budapest Card 20 % Nachlass. Tickets und Anlegestelle am Vigadó tér (vor Hotel Marriott), ✆ +36 (1) 3172203. www.legenda.hu.

Mahart, Rundfahrten (Dauer 1 Std.) mit der klimatisierten *MS Duna corso* zwischen Margareten- und Petőfi-Brücke; April bis Ende Okt. stündl. ab 10 Uhr, Ticket inkl. Audioguide 2990 Ft, Kind 2–14 J. 1490 Ft; Abendfahrten auf der *MS Rákóczi* (Margareteninsel bis Palast der Künste) mit Livemusik, Tanz und Buffet; Mai bis Ende Sept. Di–Sa 19.30–22 Uhr, April/Okt. nur Sa. Ticket 8000 Ft, Kind 2–14 J. 4000 Ft. Anlegestelle am V., Vigadó tér, ✆ +36 (1) 3181223. www.mahart.info.

City Tour Hop on Hop off (s. o.) bietet ganzjährig auch Hop-on-Hop-off-Rundfahrten mit dem Schiff an. An drei Stellen kann man zu- und aussteigen, das 24 Stunden gültige Ticket kostet 3000 Ft.

Rad- und Segwaytouren

Die oben unter Radverleih genannten Vermieter organisieren von April bis Oktober auch geführte mehrstündige **Radtouren** zu den wichtigsten Sehenswürdigkeiten der Stadt (7000 Ft/Pers.). Am Standort von Yellow Zebra Bikes (s. o.) werden auch Stadtbesichtigungen mit **Segways** angeboten. Wie andernorts ein teures Vergnügen – die zweistündige *Grand Segway Tour* etwa kostet 60 €, macht aber viel Spaß. www.budapestsegwaytours.com.

Sightseeing per Schiff

Luxushotel Boscolo im Palais New York

Übernachten

Das Angebot an Übernachtungsmöglichkeiten ist immens. Von prunkvollen Hotels in historischen Palästen bis zu Campingplätzen an den grünen Stadträndern ist alles vorhanden. Dennoch: Zu den Kulturfestivals, um den Jahreswechsel und wenn die Formel 1 am Hungaroring Station macht, platzt Budapest trotz 40.000 Gästebetten aus den Nähten.

Die Übernachtungspreise in Budapest liegen noch etwas unter dem westeuropäischen Standard. Die Preisskala für ein Doppelzimmer im Hotel mit Dusche/WC und Frühstück beginnt in der Hochsaison bei etwa 50 €, in zentraler Lage liegt sie darüber. Nach oben hin wird die Auswahl ständig größer, denn nahezu alle drei Monate eröffnet in Budapest ein neues, exklusives Luxus-, Apart-, Suiten- oder Boutique-Hotel. Dank Wochenendtarifen, Paket-Angeboten oder Frühbucherrabatten können sich auch weniger Betuchte eine Übernachtung in diesem Vier- oder Fünf-Sterne-Ambiente leisten. Doch im gleichen Maß wie das Angebot in diesen Kategorien steigt, verschwinden die einfachen, billigen Hotels. Sie sind nicht mehr gefragt, weil der Trend zu kürzeren Aufenthalten geht und die Ansprüche an Komfort und Ausstattung steigen – so wurden einige der einst preisgünstigen Innenstadtpensionen in teurere Mittelklassehotels umgewandelt.

Tipps rund um die Buchung

Preise nach Saison und Lage

Die gewählte Reisezeit schlägt sich deutlich im Geldbeutel nieder: Hauptsaison ist von April bis Oktober. Gut 30–50 % niedriger sind die Preise von November bis März. Saftige Zuschläge gibt es zum Jahreswechsel, zu Ostern und zum Formel-1-Wochenende im August.

Entscheidend für den Preis ist auch die Lage der Unterkunft: Im **Pester Zentrum** und somit in der Nähe der Sehenswürdigkeiten und der Ausgehviertel ist es erwartungsgemäß am teuersten. Preiswerter sind die **Budaer Berge**, wo es an heißen Tagen zum Schlafen angenehm sein kann. Dank der guten Bus- und Tramverbindungen ist man von dort in rund 25 Min. im Zentrum.

> **Budapest Winter Invitation**: 2 oder 3 Nächte zahlen und als kostenlose Draufgabe eine Zusatznacht und Ermäßigungen in Thermalbädern oder bei Bootstouren – mit diesem Angebot lockt Budapest seit 2006 sehr erfolgreich Touristen in der Nebensaison, von Mitte November bis Ende März, in die Stadt. Rund 50 Hotels nehmen an dieser Aktion teil, gebucht wird über budapestwinter.gotohungary.com.

Reservierung

Unterkünfte können per Telefon, Fax, Mail oder online gebucht werden. Ratsam ist es, alle wichtigen Details schriftlich zu fixieren. Manche Hotels verlangen eine Anzahlung per Scheck, andere geben sich mit der Kreditkartennummer zufrieden. Häuser ab der Vier-Sterne-Kategorie sind oft sehr günstig, wenn sie als **Pauschalarrangement** (bei eigener Anreise) in einem Reisebüro oder online gebucht werden.

Hotelreservierung im Internet: Neben den gängigen Buchungsportalen (*www.booking.com*, *www.hrs.com*, *www.hotel.de*) sind für Budapest auch die Seiten *www.budapesthotelstart.com* und *www.budapesthotelservice.com* empfehlenswert. Sie lassen sich auch in Deutsch anzeigen.

Frühstück und Parkplatz

Beim Preisvergleich sollte man darauf achten, ob das **Frühstück** im Zimmerpreis enthalten ist, was je nach Hotel unterschiedlich gehandhabt wird. Muss man extra zahlen, ist es oft netter und billiger, auswärts zu frühstücken – Möglichkeiten gibt es genug. Beim Hotelfrühstück handelt es sich in den besseren Häusern meist um ein Buffet, in Drei-Sterne-Hotels kann es aber schon vorkommen, dass man sich mit wässrigem Filterkaffee, Toastscheiben, einer Käse- und einer Wurstsorte und pappsüßem Fruchtsaftkonzentrat bescheiden muss.

Wer, was nicht zu empfehlen ist, mit dem eigenen Fahrzeug anreist, muss für dieses tief in die Tasche greifen: Zwischen 15 und 30 € pro Tag verlangen die Innenstadthotels für **Parkgaragen** oder Parkplätze.

Kinder

Kinder bis 4 Jahre wohnen meist kostenlos. Höher klassifizierte Hotels beherbergen Kinder in Begleitung der Eltern sogar bis 12 oder 16 Jahre kostenlos, manche verrechnen nur das Frühstück.

Hotels, Pensionen und Appartements

Ungarische **Hotels** sind nach einem Fünf-Sterne-System klassifiziert. Wie vielerorts richtet sich die Sternenanzahl nach Ausstattungsdetails und sagt wenig über Aussehen und Alter der Möblierung aus. Vier- und Fünf-Sterne-Hotels bieten jedoch relativ zuverlässig den erwarteten gediegenen Komfort. Alle Zimmer verfügen über Bad, Telefon, TV, Internetanschluss, Minibar und einen entsprechenden Service. Auf das Vorhandensein eines Restaurants darf man sich bei Vier-Sterne-Betrieben allerdings nicht verlassen, oft gibt es nur eine Bar. Hat ein Hotel drei Sterne, so sind die Zimmer jedenfalls mit Dusche, WC und TV ausgestattet – in welcher Qualität auch immer. Sprüht der Brausekopf der Dusche in alle Richtungen und gibt der Fernseher nur unscharfe Bilder von sich, werden trotzdem oft 3 Sterne vergeben. Die Ungarn lieben es übrigens gut beheizt, weshalb man in Zimmern ohne regulierbare Klimaanlage schnell zum Nacktschläfer wird. Da Budapest auf heißen Quellen sitzt, gibt es auch einige Thermalhotels mit umfangreichem Kurangebot.

Eine **Pension** *(Panzió)* ist mit einem Drei-Sterne-Hotel vergleichbar und diesem preislich meist gleichgestellt.

Günstigere Pensionen findet man in den Außenbezirken, dort handelt es sich meist um Familienbetriebe.

Deutlich größer wurde in den letzten Jahren die Auswahl an zentral gelegenen, zeitgemäß ausgestatteten **Appartements**, die entweder von Hotels oder Privatpersonen (dann sehr preisgünstig) angeboten werden. Diese besitzen meist zwei Schlafzimmer und sind mit einer Küche ausgestattet, was für Selbstversorger zu empfehlen ist. In Appartementhotels gibt es üblicherweise Frühstücksservice, mitunter auch Restaurants. Der Preis unterscheidet sich dann wenig von den Hotelzimmertarifen.

Bei der folgenden Hotelauswahl wurde primär auf Lage und Preis-Leistungs-Verhältnis geachtet. Den Kettenhotels, die weltweit ziemlich ähnlich aussehen, wurden individuelle Häuser mit Lokalkolorit vorgezogen.

> **Zimmerpreise:** Die im Buch genannten Preise gelten, falls nicht anders angegeben, für 2 Personen im Doppelzimmer (DZ) mit Bad oder Dusche, WC und *inklusive* Frühstück. Die Preisspannen ergeben sich aus den Saisonzeiten. Nicht berücksichtigt haben wir die Zuschläge zum Jahreswechsel und zum Formel-1-Wochenende, die bis zu 300 % betragen können.

Die Unterkünfte nach Stadtteilen

> Vorwahl nach Budapest: ✆ +36 (1)

Budaer Burgviertel, Tabán, Gellértberg, Wasserstadt

***** **Hilton Budapest** [12] → Karte S. 105. Stadtbildprägender Glas- und Betonbau von 1976, etwas altbacken. 322 elegante, klimatisierte, gut ausgestattete Zimmer mit kostenpflichtigem WLAN, schickes Restaurant „Icon", Sauna, kein Pool. Toll sind die Zimmer mit Donaublick (40 € extra). DZ 170–270 € (Angebote ab 130 €), Suite ab 330 €, Parkplatz 29 €/Tag. I., Hess András tér 1–3, ✆ 8896600. www.hilton.de/budapest. Bus 16A, 16.

**** **Art´otel** [20] → Karte S. 135. Günstig zwischen Donauufer und Corvin tér gelegen und mit viel moderner Kunst dekoriert. 156 Zimmer und 9 Suiten verteilen sich auf vier Barockhäuser und einen modernen Trakt und bieten Blick zur Donau oder zur Fischerbastei. Sauna, Bistrobar, Parkplatz 16 €/Tag. DZ 100–170 €. I., Bem rakpart 16–19, ✆ 4879487. www.artotels.com/budapest. Ⓣ 19, 41 bis Hálasz utca.

**** **Gellért** [6] → Karte S. 125. Altehrwürdiges Jugendstilhotel von 1918 in guter Lage. Historisches Ambiente in der Lobby. 234 Zimmer, aber nur die Superiorzimmer verdienen vier Sterne, die Standardzimmer sind sehr abgewohnt und nicht mehr zeitgemäß. Gutes Frühstücksbuffet. Toll ist, dass für Hotelgäste der Zugang in das berühmte Thermalbad nebenan frei ist. DZ (Standard) 140–180 €, mit Donaublick teurer. Superior 180–220 €. I., Szt. Gellért tér 1, ✆ 8895501. www.danubiushotels.de. Ⓣ 18, 19, 41, 47, 49 Szt. Gellért tér.

*** **Orion** [2] → Karte S. 125. Sehr freundliches, sechsstöckiges Best-Western-Hotel in einer Parallelstraße zur Donau. Von außen wenig einladend, die 30 eher kleinen, klimatisierten Zimmer wurden geschmackvoll renoviert. Sehr sauber, gutes Frühstück, nah bei Tram und Bus. Sauna und WLAN gratis, kein Parkplatz. DZ 70–90 €. I., Döbrentei u. 13, ✆ 3568583. www.bestwestern.hu/orion. Ⓣ 18, 19, 41 Döbrentei tér.

**** **Carlton Hotel Budapest** [25] → Karte S. 135. Sehr gute Lage unweit des Clark-Adam-tér unterhalb der Fischerbastei. 95 moderne Zimmer – am ruhigsten sind die Richtung Innenhof. Freundlicher Service, gutes Frühstück, WLAN gratis. DZ 80–110 €, Tiefgarage 15 €/Tag. I., Apor Péter u. 3, ✆ 2240999. www.carltonhotel.hu. Ⓣ 19/41 bis Clark Ádám tér.

≫ **Unser Tipp:** **** **Castle Garden** [6] → Karte S. 105. Modernes, stilvolles Haus in relativ ruhiger Hanglage unterhalb des Nationalarchivs. Freundliches Personal, 38 saubere Zimmer mit Klimaanlage. Sauna & Whirlpool (5 €/Tag), „Riso Ristorante" mit

Hotels, Pensionen und Appartements 49

schöner Terrasse; WLAN und Nachmittagskaffee gratis. Tiefgarage 10 €/Tag. DZ 75–160 €. I., Lovas út 41, ✆ 2247420. www.castlegarden.hu. Ⓜ 2 rot Széll Kálmán tér, dann Bus 16, 16A. ⋘

**** **Victoria** 23 → Karte S. 135. Geschmackvoll renoviertes Hotel aus den 1990ern am Donauufer – alle 27 Vier-Sterne-Zimmer (klimatisiert) haben Panoramablick auf Fluss, Kettenbrücke und Parlament. Sauna, gutes Frühstück; Nachmittagstee und WLAN gratis. DZ 110–135 €. I., Bem rakpart 11, ✆ 4578080. www.victoria.hu. Ⓣ 19, 41 bis Halász utca.

*** **Burg** 18 → Karte S. 105. Kleines Hotel in Toplage gegenüber der Matthiaskirche. Auf zwei Etagen (kein Lift) verteilen sich 26 etwas altmodische Zimmer mit Du/WC/TV und Klimaanlage. WLAN gratis, keine Hotelparkplätze. Freundliches, mehrsprachiges Team an der Rezeption. DZ 80–115 €. I., Szentháromság tér 7, ✆ 2120269. www.burghotelbudapest.com. Bus 16A, 16.

*** **Charles** 3 → Karte S. 125. Freundlich geführtes Appartementhotel in einem unattraktiven Klotz an einer Hauptverkehrsader zwischen Burg- und Gellértberg. 73 geräumige, moderne Studios mit Kochnische – es gibt auch das gute Restaurant János im Haus. Leider viel Verkehrslärm. WLAN gratis, Parkplatz 8 €/Tag. Standard-Studio 60–80 €, De Luxe (klimatisiert) 70–95 €, Drei-Bett-Studio 80–115 €. I., Hegyalja út 23/Ecke Mészáros utca, ✆ 2129169. www.charleshotel.hu. Bus 8 bis Mészáros utca (hält vor der Tür).

*** **Papillon** 7 → Karte S. 135. Preiswertes freundliches Hotel in ruhiger Lage auf dem Rosenhügel. 34 kleine, saubere Zimmer (teils mit Panoramablick), netter Garten mit Pool, Restaurant/Frühstücksraum leider ohne Tageslicht. DZ 60–75 €. II., Rózsahegy u. 3/b, ✆ 2124750. www.hotelpapillon.hu. Ⓣ 4, 6 bis Mechwart liget, dann noch 10 Min. zu Fuß.

*** **Kalmár Panzio** 7 → Karte S. 125. Freundliche Frühstückspension in einer Grafenvilla von 1900 mit Garten oberhalb des Gellertbads. Historisches Ambiente, 10 individuelle Zimmer mit Parkettboden und Stilmöbeln. Kein Lift, WLAN gratis, Parkplatz 15 €/Tag. DZ 70–110 €. XI., Kelenhegyi út 7, ✆ 2719312. www.kalmarpension.net. Ⓣ 18, 19, 41, 47, 49 Szt. Gellért tér.

⋙ Lesertipp: *** **MTA Vendégháza** 9 → Karte S. 105. Im denkmalgeschützten Gästehaus der Akademie der Wissenschaften

Die Gäste des Gellért-Hotels schwimmen im Gellért-Bad kostenlos

mitten im Burgviertel werden 11 Zimmer mit historischem Flair (Biedermeier- oder Jugendstilmöbel, Parkettböden) und modernen Bädern vermietet. DZ 90–135 €. I., Országház u. 21, ✆ 4578090. www.mtatk.hu/vendeghaz. Bus 16A, 16. ⋘

Budaer Berge, südliches Buda

**** **Belvedere** 8 → Karte S. 238/239. Modernes Hotelhochhaus mit 54 schicken, klimatisierten Zimmern an verkehrsreicher Straße auf dem Weg in die Budaer Berge (Zimmer nach hinten nehmen); man ist dennoch schnell im Zentrum. Kleiner Innenpool mit Aussicht in der obersten Etage, Tiefgarage (9 €/Tag), Restaurant, Bar, Wintergarten. Freundlicher Service. DZ 70–120 €. II., Szilágyi Erzsébet fasor 11/A, ✆ 2021234. www.belvederehotels.hu. Ⓜ 2 Széll Kálmán tér, dann Ⓣ 59 oder 61 bis Nyúl utca.

50 Übernachten

*** **Jagelló Business Hotel** 16 → Karte S. 238/239. Kleines Hotel in grüner Lage in den Budaer Bergen. 26 helle, klimatisierte Zimmer, freundliche Mitarbeiter, WLAN gratis, Parkplatz 15 €/Tag. Bushaltestelle 50 m entfernt. Restaurant im Haus. Gutes Preis-Leistungsverhältnis. DZ 40–60 €. XII., Jagéllo u. 38, ✆ 2482780. www.jagello businesshotel.hu. Ⓜ 3 blau Ferenciek tere, dann Bus 112 bis Sirály utca.

*** **Molnár** 18 → Karte S. 238/239. Freundliches Hotel mit baumbestandenem Garten in den Budaer Bergen, ruhige Lage, 23 etwas altmodische Zimmer. Gute Auswahl beim Frühstück. Restaurant im Haus. WLAN gratis, bewachter Parkplatz. DZ 50–70 €. XII., Fodor u. 143, ✆ 3951872. www. hotel-molnar.hu. Ⓣ 4 bis Újbuda-központ, dann Bus 53 bis Endstation.

*** **Ábel Panzio** 17 → Karte S. 238/239. Freundlich geführte unscheinbare kleine Villa aus den 1920ern mit 10 DZ (einige in der Mansarde), in Gartenlage im Südwesten des Gellértbergs. Tram/Bus in der Nähe. Entspannte Atmosphäre, günstige Preise. DZ 40–60 €. XI., Ábel Jenö u. 9, ✆ 2092537. www.abelpanzio.hu. Ⓜ 2 rot Széll Kálmán tér, dann Ⓣ 61 bis Szüret utca.

*** **Pension Korona** 20 → Karte S. 238/239. Kleine renovierte Pension in den Budaer Bergen (Bus 53 hält direkt davor). 26 nette, auf zwei Gebäude verteilte, etwas hellhörige Zimmer, Garten, Sauna, Restaurant, WLAN und Parkplatz gratis. DZ 40–65 € (Klimaanlage extra). Sehr freundlicher Service, ruhige Lage. XI., Sasadi út 123, ✆ 3191255. www.koronapension.hu. Bus 53 ab Újbudaközpont (Ⓣ 4) bis Nagyszalonta köz.

*** **Beatrix Hotel** 5 → Karte S. 238/239. Familiäre Pension mitten im feinen Wohngebiet der Budaer Berge. Ruhige Lage, 18 etwas altmodische Zimmer mit TV und Minibar, Garten mit Goldfischteich, freundlicher Service, eher älteres Publikum. WLAN und Parkplatz gratis. DZ 50–60 €. II., Széher út 3, ✆ 2750550. www.beatrixhotel.hu. Ⓜ 2 rot Széll Kálmán tér, dann Ⓣ 61 bis Kelemen L. utca.

Óbuda und Margareteninsel

***** **The Aquincum** 8 → Karte S. 147. Vierstöckiges Thermalhotel mit 310 Zimmern nahe dem Budaer Donauufer auf Höhe der Árpádbrücke; zu Fuß eine Stunde ins Zentrum. Die ganze Anlage ist etwas in die Jahre gekommen, punktet aber noch immer mit dem großzügigen Wellnessbereich (für Hotelgäste gratis). DZ 100–140 €. WLAN gratis, Parkplatz 14 €/Tag. III., Árpád fejedelem útja 94, ✆ 4364100. www.aquin cumhotel.com. H 5 Szentélek tér.

**** **Grand Hotel Margitsziget** 2 → Karte S. 153. Elegantes Hotel von 1873 in ruhiger Lage auf der Margareteninsel. Nostalgisches Ambiente, 164 klimatisierte Zimmer. Hallen- und Freibad, Kur- und Wellnessangebote im benachbarten Spa Resort können mitbenutzt werden, die Häuser sind unterirdisch verbunden. WLAN kostenpflichtig, Parkplatz gratis. DZ inkl. Hallenbadnutzung 80–150 € je nach Ausstattung, Frühstück extra (15 €/Pers.!). XIII., Margitsziget, ✆ 8894752. www.danubiushotels.de. Ⓜ 3 blau Árpád híd, dann Bus 26.

****S **Danubius Health Spa Resort Margitsziget** 1 → Karte S. 153. Der neunstöckige Klotz von 1979 mit 267 klimatisierten Zimmern wurde 2001 renoviert und ist mittlerweile wieder in die Jahre gekommen. Toll sind die erholsame Lage und die Wellnesslandschaft. WLAN kostenpflichtig, Parkplatz gratis. DZ inkl. Badnutzung 90–180 €, Frühstück extra (15 €/Pers.!). XIII., Margitsziget, ✆ 8894752. www.danubius hotels.de. Ⓜ 3 blau Árpád híd, dann Bus 26.

*** **Fortuna Szálloda** 7 → Karte S. 153. Mal was Anderes: Wohnen auf dem Schiff. Es liegt am Pester Ufer auf Höhe der Margareteninsel. Die 42 klimatisierten Zimmer (mit WC/Dusche/TV/Minibar) verteilen sich auf zwei Decks, die billigeren sind etwas muffig und abgewohnt. Jedenfalls eine originelle Unterkunft. Restaurant an Bord. DZ 40–650 €. XIII., Szt. István park, Alsó rakpart, ✆ 2888100. www.fortunahajo.hu. Ⓣ 4, 6 Jaszai Mari tér.

Innenstadt, Donaukorso, Leopoldstadt

***** **Kempinski Corvinus** 44 → Karte S. 183. Der zentral gelegene postmoderne Glaspalast von 1992 zählt zu den „Leading Hotels of the World". 335 klimatisierte, geräumige elegante Zimmer, 30 Suiten. Mehrere Gourmetrestaurants, Bar, Spabereich mit sehr kleinem Pool. WLAN gratis. Parkplatz 36 €/Tag. DZ 220–550 € je nach Kategorie, Angebote ab 140 €. Frühstück 28 €/Pers. V., Erzsébét tér 7–8, ✆ 4293777. www.kempinski-budapest.com. Ⓜ 1, 2, 3 Deák tér.

Hotels, Pensionen und Appartements 51

***** **Four Seasons Gresham Palace** ❶ → Karte S. 173. Gediegenes Luxushotel in einem Jugendstilpalast von 1906. Während die Lobby mit ihrer Glaskuppel und die Treppenhäuser den Erwartungen an ein Architekturjuwel gerecht werden, halten die 179 Zimmer (die meisten zum Innenhof) und der moderne Pool im Dachgeschoss nicht mit. Schön sind die Suiten, in denen häufig Staatsgäste absteigen (1000–5000 €/Nacht). DZ ab 335 €, Frühstück extra (32 €/Pers.). V., Széchenyi tér 5–6, ✆ 2686000. www.fourseasons.com/budapest. Ⓣ 2.

***** **Le Meridien** ㊸ → Karte S. 183. Nobelherberge in einem historischen Gebäude von 1918, zentral beim Deák tér. 9 Etagen, 218 sehr elegante Zimmer und Suiten im Art-déco-Stil. Wellnessbereich samt kleinem Pool mit Glasdach. Gratis Internet. DZ ab 160 € (Angebot ab 120 €), Frühstück extra (25 €/Pers.), Parkplatz 35 €. V., Erzsébet tér 9–10, ✆ 4295500. www.lemeridien.com. Ⓜ 1, 2, 3 Deák tér.

***** **Sofitel Chain Bridge** ❷ → Karte S. 173. Von außen abschreckender dunkler Kasten am Donaukorso, innen ganz nett; punktet mit zentraler Lage und Traumblick auf den Burgberg (Aufpreis). 350 klimatisierte Zimmer in warmen Farbtönen, freundlicher Service. Kleiner Innenpool, Lounge, Terrassencafé „Paris Budapest". WLAN gratis. DZ 170–300 € (Angebote ab 120 €), Frühstück lohnt nicht (29 €/Pers.). V., Széchenyi tér 2, ✆ 2661234. www.sofitel.com. Ⓣ 2.

**** **President** ㉕ → Karte S. 183. Boutiquehotel in einem Gründerzeitbau mitten in der Leopoldstadt. 95 eher kleine, modern-elegante Zimmer, Panoramaterrasse auf dem Dach, schöner Wellnessbereich (gegen Aufpreis) mit Pool. WLAN gratis. DZ 110–120 €, Wellness-Packages ab 3 Tagen buchbar. V., Hold u. 5, ✆ 3738200. www.hotelpresident.hu. Ⓜ 2 blau Arany J, utca.

**** **Mercure Budapest City Centre** ⑲ → Karte S. 173. Zentraler geht's nicht; 7-stöckiger Bau mitten in der Fußgängerzone, Café-Bar und Lounge im Haus. Trotz der Lage schläft es sich in den 227 geschmackvoll renovierten, klimatisierten Zimmern sehr ruhig. Die Badezimmer könnten geräumiger sein. WLAN gratis. DZ 140–170 €, Angebote ab 60/70 €, Frühstück extra (17 €/Pers.), Parkhaus 24 €/Tag. V., Váci u. 20, ✆ 4853100. www.accorhotels.com. Ⓜ 1 Vörösmarty tér, Ⓜ 3 blau Ferenciek tere.

*** **NH Budapest** ❺ → Karte S. 183. Modernes und funktionelles Stadthotel in der Nähe des Großen Rings, verkehrsgünstige Lage, viele Lokale rundum. 160 klimatisierte, teils etwas beengte Zimmer. WLAN gratis. DZ 110–140 €, günstige Angebote. Parkplatz 16 €/Tag. XIII., Vígszínház u. 3, ✆ 8140000. www.nh-hotels.com. Ⓣ 4, 6.

*** **Leo Pánzio Hotel** ❺ → Karte S. 161. 14 gemütliche, klimatisierte Zimmer im 3. Stock eines Gründerzeithauses von 1900 mit Innenhof und historischem Fahrstuhl. Ideale Lage direkt am Ferenciek tere. WLAN gratis. Freundlicher Service. DZ 55–75 €. V., Kossuth L. u. 2/a, ✆ 2669041. www.leopanzio.hu. Ⓜ 3 blau Ferenciek tere.

*** **Museum Central** ㉖ → Karte S. 161. 20 klimatisierte, schallisolierte Zimmer mit hoher Decke auf mehreren Etagen in einem Jahrhundertwendehaus gegenüber dem Nationalmuseum. Am besten ohne Frühstück buchen. WLAN gratis. DZ 52–62 €, 3-Bett-Zimmer 62–72 € (keine Kreditkarten). V., Múzeum körút 39 (Klingelcode 10, Eingang im Hinterhof), ✆ 2667868, www.budapestmuseumcentral.com. Ⓜ 3 blau Kálvin tér.

》》》 **Unser Tipp:** Gerlóczy Rooms de Lux ⑮ → Karte S. 173. Tolle Adresse mit 19 geschmackvollen Zimmern samt Parkettböden und hohen Decken in einem schönen Altbau an einem pariserisch anmutenden Platz. Relativ ruhige Lage, gutes Restaurant im Haus, WLAN gratis. DZ 100–120 €. V., Gerlóczy u. 1, ✆ 5014000, www.gerloczy.hu. Ⓜ 3 blau Ferenciek tere. 《《《

*** **Erzsébet City Center** ❸ → Karte S. 161. Gehobenes Drei-Sterne-Hotel in idealer Innenstadtlage, 200 m vom Ferenciek tere entfernt. Aufgrund eines unattraktiven Baus von 1986, die 123 Zimmer sind renoviert und klimatisiert. Freundliche Rezeption, WLAN kostenpflichtig, kein Hotelparkplatz. In Erinnerung an einen Vorgängerbau trägt es den Namen der Kaiserin und ungarischen Königin Sisi. DZ 700–120, Frühstück 10 €/Pers. V., Károlyi u. 11–15, ✆ 8893763. www.danubiushotels.de. Ⓜ 3 blau Ferenciek tere.

*** **Peregrinus** ㉟ → Karte S. 161. Kleines Hotel in einem dreigeschossigen Bau des 19. Jh. in ruhiger Innenstadtlage. 25 nette geräumige Zimmer mit Parkettboden und Minibar, etwas beengte Badezimmer. Nette Innenhofterrasse. WLAN und Fahrrad gratis. DZ 60–95 €. V., Szerb u. 3, ✆ 2664911, www.peregrinushotel.hu. Ⓣ 47, 49.

Übernachten

*** **Butterfly Home** 28 → Karte S. 161. Frühstückspension in frisch renoviertem historischen Bau in einer Fußgängerzone. 5 geräumige klimatisierte Zimmer, moderne Badezimmer, gutes Frühstück, WLAN gratis. DZ 90–105 € (keine Kreditkarten). V., Képíró u. 3, ☎ 2760080. www.butterflyhome.hu. Ⓜ 3 blau Kálvin tér.

Um die Andrássy út, Theresienstadt

***** **Mamaison Hotel Andrássy** 1 → Karte S. 196. Boutiquehotel im Botschafterviertel unweit vom Heldenplatz, einst das Hotel der Kommunistischen Partei. Außen dominiert Bauhausstil, die 68 edel-modernen Zimmer haben alle Balkon. WLAN gratis. DZ 165–350 €, Angebote ab 75 €. Frühstück 17 €/Pers., Parkplatz 16 €/Tag VI., Andrássy út 111, ☎ 4622118. www.andrassyhotel.com. Ⓜ 1 gelb Bajza utca.

**** **Opera Garden** 24 → Karte S. 196. Boutiquehotel in einem Jahrhundertwendebau in der Fußgängerzone unweit der Oper. 35 modern-elegante, saubere, schallisolierte Zimmer und Appartements mit gut ausgestatteter Küche. Sauna, Jacuzzi und Fitnessraum. WLAN gratis. Sehr beengter Frühstücksraum. DZ 90–160 €. VI., Hajós u. 24, ☎ 3019030. www.operagardenhotel.hu. Ⓜ 2 gelb Opera.

»»» **Unser Tipp:** **** **K+K Opera** 48 → Karte S. 196. Beliebtes First-Class-Hotel in zentraler Lage in einer Seitengasse unweit der Oper. Von außen wenig attraktiv, aber sehr freundlicher Service, geschmackvolles Interieur im Retro-Chic. 206 moderne, saubere und komfortable Zimmer. Sauna; WLAN gratis, reichhaltiges Frühstücksbuffet. DZ 140–220 €, Angebote ab 110 €. VI., Révay u. 24, ☎ 2690222. www.kkhotels.hu. Ⓜ 1 gelb Opera. «««

*** **Casati Budapest Hotel** 52 → Karte S. 196. Neu renoviertes Hotel in einem historischen Bau in einer Parallelstraße zur Andrássy út; ruhige Lage. 25 von Künstlern modern designte, klimatisierte Zimmer mit Blick zum efeuumrankten Innenhof. Sehr freundliche Mitarbeiter, bescheidenes Frühstück. WLAN gratis. DZ 100–140 €. VI., Paulay Ede u. 31, ☎ 3431198. www.casatibudapesthotel.com. Ⓜ 1 gelb Opera.

»»» **Unser Tipp:** **Town Hall Apartments** 56 → Karte S. 196. 13 schlicht-moderne, geräumige Appartements in einem Neubau im Judenviertel. Kingsize-Betten, gut ausgestattete Küche und Balkon. Kostenlose Leihräder gegen Reservierung. Supermarkt gleich um die Ecke. WLAN gratis. App. (2 Pers.) 60 €, App. (4 Pers.) 80 €, zahlreiche Angebote. VI., Király u. 30–32, ☎ +36703235049. www.town-hall-apartment-budapest.com. Ⓜ 1 gelb Opera. «««

Übernachten im Bauhausstil

Hotels, Pensionen und Appartements

easyHotel Oktogon 4 → Karte S. 196. Funktionelles Budgethotel in einer renovierten Mietskaserne aus der Gründerzeit unweit der Andrássy út. 59 klimatisierte Minizimmer auf 5 Etagen mit Bett, Badezelle aus Vollplastik und Kleiderhaken (kein Schrank). TV und Reinigung gegen Extragebühr. Sensationeller Preis ab 31 € je Zimmer (1–2 Pers.), je nach Vorausbuchungsfrist. VI., Eötvös u. 25/a. www.easyhotel.com. Ⓜ 1 gelb Oktogon.

Elisabethstadt, Josefstadt, Franzenstadt

***** **Corinthia Grand Hotel Royal** 2 → Karte S. 221. Luxushotel in den Mauern des alten Grand Hotel Royal am Großen Ring – ein Glanzlicht der Stadt. Sehr elegantes Ambiente mit Ballsaal, zwei Restaurants, einem „Szamos Café" und „Bock-Bistro". Luxuriöser Royal Spa rund um das historische Schwimmbad von 1903 (Zutritt ab 16 J.). WLAN frei. 414 Zimmer. DZ 170–250 € (im Internet ab 136 €), die Ambassador-Suite ab 1500 €. Garage 18 €/Ta. VII., Erzsébet krt. 43–49, ☎ 4794000. www.corinthia.com. Ⓣ 4, 6 Király utca.

***** **Boscolo Budapest** 15 → Karte S. 221. Luxushotel mit opulenter Pracht, marmorner Lobby und 105 geräumigen modern-eleganten Zimmern im neobarocken Palais New York am Großen Ring, dessen Herz das legendäre „New York Café" ist. Kleines Designer-Hallenbad, Sauna, Restaurant, WLAN gratis, Parkplatz 20 €/Tag. DZ ab 190 €. VII., Erzsébet krt. 9–11, ☎ 8866111. www.budapest.boscolohotels.com. Ⓜ 2 rot Blaha Lujza tér.

****ˢ **Continental Zara** 27 → Karte S. 221. Nobelherberge rund um die denkmalgeschützten Reste des Jugendstilbads *Hungaria Fürdő*. 272 klimatisierte, teils beengte Zimmer, Wellnessbereich im Dachgeschoss mit Innenpool und Außenpool (nur im Sommer) auf begrünter Terrasse. Restaurant, stilvolles Galerie-Café in der historischen Eingangshalle. WLAN gratis, Parkplatz 18 €/Tag. DZ 130–160 €. VII., Dohány u. 42–44, ☎ 8151070. www.continentalhotelbudapest.com. Ⓜ rot 2 Blaha L. tér.

**** **Nemzeti MGallery** 3 → Karte S. 231. Umfassend saniertes Traditionshotel von 1896. Foyer, Treppenhaus und Restaurant sind noch dem Jugendstil, die 80 klimatisierten Zimmer sind schick-modern. Metro, Tram und Bus vor dem Haus. WLAN gratis, keine Hotelparkplätze. DZ 64–90 € je nach Größe. VIII., József krt. 4, ☎ 4774500. www.mgallery.com. Ⓜ 2 rot Blaha L. tér.

**** **Carat Boutique Hotel** 19 → Karte S. 221. Hinter der historischen Fassade am unteren Ende der Király utca (zentrale Lage) verbergen sich 50 moderne Zimmer rund um einen überdachten Innenhof, in dem gefrühstückt wird. Nach vorne eher laut. Freundlicher Empfang. WLAN gratis. DZ 90–120 €. VI., Király u. 6, ☎ 2354600. www.hotelcarat.hu. Ⓣ 1, 2, 3 Deák tér.

**** **Hotel City Inn** 18 → Karte S. 231. Modernes 6-stöckiges Stadthotel im neuen Viertel Corvin-Promenade in der Josefstadt. Guter Anschluss ins Zentrum, sehr freundlicher Service. 66 eher kleine, aber saubere, modern ausgestattete Zimmer. WLAN gratis, Parkplatz 11 €/Tag. DZ 80–120 €, Angebote ab 70 €. VIII., Futó u. 55, ☎ 3231330. www.cityinn.hu. Ⓜ 3 blau Corvin-negyed.

»› Unser Tipp: **** **Palazzo Zichy** 12 → Karte S. 231. Im neobarocken Palais von 1899 residierte einst Graf Zichy. Eingang, Innenhof und Treppenhaus sind noch historisch, der Rest ist schick und topmodern. 80 Zimmer. Gutes Angebot beim Frühstücksbuffet unter dem Glasdach. WLAN gratis. DZ 130–160 €, Angebote ab 70 €. VIII., Lőrinc pap tér 2, ☎ 2354001. www.hotel-palazzo-zichy.hu. Ⓣ 4, 6. **«‹**

**** **Fraser Residence** 19 → Karte S. 231. Moderner Bau mit 51 Studios bzw. Appartements (eigenes Schlafzimmer, Küche, Waschmaschine, teils Balkon) neben der Corvin Plaza Shopping Mall; 5 Min. zur Metro. Ideal für Familien. Kritikpunkt ist das Gedränge bei Aufzug und Frühstück. Studio (2 Pers.) 60 €, Appartement (2 Pers.) 70 €, 4 Pers. 120 €. Parkplatz 14 €/Tag. VIII., Nagytemplom u. 31, ☎ 2186566. www.frasershospitality.com. Ⓣ 4, 6.

*** **Budapest City Central** 35 → S. 221. In zentraler Lage unweit der Großen Synagoge. 8 nett eingerichtete, großzügige Zimmer mit Klimaanlage, im 1./2. Stock eines heruntergekommenen Wohnblocks mit Innenhof. WLAN gratis. Am besten ohne Frühstück buchen. DZ 55–65 €, 3-Bett-Zimmer 72 €. VII., Karoly krt. 3/A (Klingelcode 102), Zugang vom Innenhof aus. ☎ 3270930. www.budapestcitycentral.com. Ⓜ 2 rot Astoria.

54   Übernachten

*** Baross City Hotel ∎ → Karte S. 231. Preiswerte Unterkunft in guter Lage direkt beim Ostbahnhof (Keleti pu.) mit Metro-Anschluss, in den Obergeschossen eines Altbaus mit schönem Innenhof. 47 moderne, etwas hellhörige Zimmer (1–4 Betten). WLAN gratis, kein Parkplatz. DZ 60–80 €, 4-Bett-Zimmer 95–160 €. VIII., Baross tér 15, ✆ 4613010. www.barosshotel.hu. Ⓜ 2 rot Keleti pu, Bus 7.

»› Lesertipp: *** Kalvin House 43 → Karte S. 161. In den oberen Geschossen eines historischen Gebäudes unweit der Großen Markthalle. Freundlicher Service, individuell eingerichtete Zimmer im Stil des 19. Jh. mit Parkettboden und hoher Decke. WLAN gratis. DZ 50–95 €, 3-Bett-Zimmer 70–115 €. IX., Gönczy Pál u. 6, ✆ 2164365. www.kalvinhouse.hu. Ⓣ 47, 49, Bus 15. ‹«

House Beletage B & B 8 → Karte S. 231. 5 geräumige, bildhübsche, individuell eingerichtete Zimmer mit Bad und TV in einem renovierten Gründerzeithaus; gutes Frühstück, freundlicher Service. WLAN gratis, kein Parkplatz. DZ 70–80 €. VIII., Mária u. 8, ✆ +36 309 448 337. www.housebeletage.hu. Ⓣ 4, 6 Rákóczi tér.

*** Budapest Rooms B & B 7 → Karte S. 231. Frühstückspension für Nichtraucher in einem Jugendstilhaus im Palaisviertel. 10 in Pastellfarben gestaltete Zimmer im IKEA-Stil. Gemeinschaftsküche, Frühstücksbuffet. WLAN gratis, kein Parkplatz. DZ 62 €, Junior-Suite (3/4 Pers.) 74–84 €. VIII., Szentkiralyi u. 15, ✆ 6304743. www.budapestrooms.eu. Bus 7 Uránia.

Im Osten von Pest

**** Danubius Arena ∎ → Karte S. 246. Legendärer preisgünstiger Hotelkasten neben dem Puskas-Stadion und der Sportarena (Metrostation), 1982 gebaut, 2003 renoviert. 379 zweckmäßige Zimmer. Restaurant, Café-Bar, Schwimmbad, Fitnesscenter. Gutes Frühstück. WLAN und Parkplatz kostenpflichtig. DZ 70 €. XIV., Ifjúság útja 1–3, ✆ 8895200. www.danubiushotels.de. Ⓜ 2 rot Puskas F. Stadion.

Hostels und Herbergen

Sehr groß ist in Budapest die Auswahl an Jugendherbergen und Hostels. *Hostelworld*, das größte Buchungsportal für Hostelbetten, listet über 100 Adressen auf, die meisten davon mit recht guten Bewertungen. Für eine Nacht im Schlafsaal muss man mit 6–20 €/Pers. rechnen, ein DZ in einem Hostel kostet 30–50 €. Gebucht werden kann direkt in den Hostels; *www.hostelworld.com* oder *www.hotelbookers.com* verlangen eine Anzahlung von 10 % und Buchungsgebühren; auch *www.booking.com* hat Hostels im Angebot. Hier zwei Tipps:

** Marco Polo Top Hostel 25 → Karte S. 221. Traditionelle, etwas abgewohnte IYHF-Jugendherberge mit 156 Betten im jüdischen Viertel. Zimmer mit 2, 3 und 4 Betten sowie Schlafsäle für 12 Personen. 24-Std.-Rezeption. 11–17 €/Pers. im Schlafsaal (ohne Handtücher), DZ mit Du/WC 34–50 €, Frühstück jeweils inklusive. VII., Nyár u. 6, ✆ 4132555. www.marcopolohostel.com. Ⓜ 2 rot Blaha Lujza tér.

Boomerang Hostel 26 → Karte S. 183. Gute Lage unweit der Stephansbasilika. Nett ausgestattete Schlafsäle mit 4 bis 8 Betten sowie DZ und günstige Appartements in der Umgebung. Gemeinschaftsküche, freundlicher Service, WLAN gratis. 13–15 €/Pers. im Schlafsaal, DZ mit Du/WC 30–55 €. V., Bank u. 7 (Klingelcode 11), ✆ 304792971. www.boomeranghostel.com. Ⓜ 3 blau Arany J. utca.

Privatunterkünfte

Günstige Preise und ein Einblick ins Alltagsleben der Budapester sind die Vorteile einer Privatunterkunft. Das Zimmer ist meist ein Doppelzimmer in einer Wohnung, Bad und WC werden oft mit dem Vermieter geteilt, üblicherweise gibt es kein Frühstück. Privatwohnungen dagegen hat man ganz für sich zur Verfügung. Die Preise richten sich nach Saison, Lage und Ausstattung, üblicherweise zahlt man pro Nacht von 30–50 € (2 Pers.) bis zu 60–70 € (4–6 Pers.). Gebucht wird über Agenturen oder im Internet (s. u.). Zum Teil preisen an den Bahnhöfen Vermieter mit Fotoprospekten ihre Zimmer und Wohnungen an.

IBUSZ, die Abteilung Privatunterkunft ist Mo–Fr 9–17 Uhr geöffnet, man kann auch online anfragen. Mindestmietdauer 4 Nächte, bei kürzerem Aufenthalt Zuschlag von 30 %. Ⓜ 1, 2, 3 Deák F. tér. V., Aranykéz u. 4–6, ✆ 5014910. www.ibusz.hu.

www.budapestrooms.com vermittelt zentral gelegene Privatunterkünfte zur Direktbuchung.

www.wimdu.de und **www.9flats.de** bieten über 500 Privatunterkünfte in Budapest an, die online gebucht und bewertet werden können.

Camping

Sein Zelt darf man in Budapest nur auf Campingplätzen aufstellen. Diese befinden sich am Rande der Stadt, sind aber mit den öffentlichen Verkehrsmitteln gut erreichbar – und im Sommer gut belegt.

Római Fürdő Camping **1** → Karte S. 147. Größter Platz der Stadt, im Norden Richtung Szentendre. Ganzjährig geöffnete, schattige Anlage mit 360 Stellplätzen und 43 Bungalows. Sehr gut ausgestattet mit Swimmingpool, Spielplatz, Minimarkt, Restaurant. 2 Pers., Auto und Zelt zahlen 20 €/Nacht. Bungalow (2 Pers.) 20–60 € je nach Ausstattung. Nebenan das große Romaifürdő-Freibad (→ S. 88). III., Szentendrei út 189, ✆ 3887167. www.romaicamping.hu. H 5 bis Romaifürdő.

Haller Camping **24** → Karte S. 231. Kleiner, zentrumsnaher Platz in einem Park in Pest mit 120 Stellplätzen. Gut ausgestattet mit Gaststätte. 2 Pers., Auto und Zelt ca. 24 €. Geöffnet Mitte Mai bis Ende Sept. IX., Haller u. 27, ✆ 4763418. www.hallercamping.hu. Ⓜ 2 rot Keleti pu., dann Ⓣ 24 bis Balázs Béla utca.

Zugligeti Niche Kemping **7** → Karte S. 238/239. Ganzjährig geöffnete Anlage mit rund 30 Stellplätzen am Waldrand in den Budaer Bergen. Zwei Waggons und eine historische Wartehalle erinnern an die Straßenbahn Nr. 58, die einst hier Endstation hatte. Freundlicher Service. Restaurant. 2 Pers., Auto, Zelt und Frühstück ca. 26 €. XII., Zugligeti út 101, ✆ 2008346. www.campingniche.hu. Ⓜ 2 blau Nyugati pu., dann Bus 291 bis Endstation (Sessellift-Talstation).

Essen und Trinken

Die Zeit, als es in Budapest nur „Borstenvieh und Schweinespeck" gab, ist lange vorbei. In den letzten 15 Jahren hat sich die gastronomische Vielfalt enorm erweitert und reicht heute von klassisch-ungarisch über französisch bis fernöstlich, vom zünftigen Gewölbekeller über den eleganten Speisesaal bis zum schicken Designerlokal.

Seit Jahren vorbei sind allerdings auch die Zeiten, wo man in Budapest die Mahlzeiten fast geschenkt bekam. In Spitzenrestaurants kann man im Vergleich zu anderen westeuropäischen Metropolen noch günstig essen, ansonsten ist der Preisunterschied zu deutschen oder österreichischen Gaststätten nicht mehr groß. Immer seltener werden Touristenlokale, die mit folkloristischem Ambiente und Trachten tragenden Kellnern dem Klischee entsprechen und tadelloses Essen bei etwas gehobenen Preisen anbieten. An ihre Stelle treten puristisch gestylte Restaurant-Bars und neuerdings stimmige Retro-Lokale im Stil der 1960/70/80-er Jahre, die wegen ihrer Preise wiederum fast nur von Touristen besucht werden. Erfreulich ist, dass sich auf der Speisekarte dieser neuen Betriebe neben internationalen Gerichten stets auch ungarische Spezialitäten finden, die oft neu interpretiert oder kreativ verfeinert werden – im Klartext: weniger fett zubereitet sind.

Auch **Vegetarier** müssen in Budapest nicht mehr ausschließlich von Gemüsebeilagen leben: Mittlerweile gibt es ein paar vegetarische Restaurants und auf zahlreichen Speisekarten eine Auswahl vollwertiger, fleischloser Gerichte.

Kulinarischer Tagesablauf

Ein ordentliches Frühstück *(reggeli)* besteht in Ungarn aus Broten mit Salami, Würsten, Schinken, Käse, rohen Paprika und Tomaten, oft gibt es auch Omelettes und gekochte Eier. Dazu trinkt man eine Tasse Tee oder Kaffee. Das Mittagessen *(ebéd)* ist die Hauptmahlzeit des Tages. Sie wird üblicherweise gegen 13 Uhr verspeist und ist meist ein zweigängiges Menü. Abends wird privat oft nur kalt gegessen, etwa Wurst, Käse und eingelegtes Gemüse. Isst man auswärts, kommt ein dreigängiges Menü auf den Tisch. Übliche Zeit für ein Abendessen *(vacsora)* im Restaurant ist 19 bis spätestens 22 Uhr.

Lokale

Étterem und **Vendéglő**, Restaurant und Gasthaus, bieten heimische und/oder internationale Küche und unterscheiden sich nur wenig voneinander – das letztere ist vielleicht etwas preisgünstiger. Die architektonische Bandbreite reicht von stuckverzierten Speisesälen bis zu backsteinroten Kellergewölben, von puristischen Lounges bis zu holzvertäfelten Stuben. **Kisvendéglő** ist ein „kleines" Gasthaus und **Kertvendéglő** ein meist nur im Sommer betriebenes Gartenrestaurant. **Csárda**, die traditionelle ländliche Schänke ist in Budapest meist ein folkloristisches Lokal mit getrocknetem Paprika an den Wänden, das von Reisegruppen heimgesucht wird. Die **Halászcsárda** ist auf Fischgerichte *(halász* = Fischer) spezialisiert. Unter **Söröző** oder **Sörház** versteht man eine von Vormittag bis nachts geöffnete, bodenständige Bierstube, in der in schlichtem Ambiente Bier vom Fass (manchmal auch selbst gebraut) gezapft und ein kleiner Stehimbiss gereicht wird. Mitunter handelt es sich dabei aber um echte Absteigen. Viele Bierstuben bieten auch warme Küche an und sind eigentlich Restaurants. **Borozó** ist eine Weinstube in unterschiedlichster Qualität, die moderne Version ist die **Borbar**. **Bisztró** und **Büfé** sind meist billige Schnellgaststätten oder einfache Snackbuden mit Selbstbedienung. Hier werden die ungarischen Wurstspezialitäten serviert, falls sie nicht durch Hamburger, Döner oder Falafel ersetzt wurden.

Unbedingt einkehren muss man in einem Budapester **Kávéház** (Kaffeehaus). Im 19. Jh. gab es in Budapest noch an die 500, in denen die großen ungarischen Künstler und Denker ihre Tage und Nächte mit Politisieren, Zeitung lesen, Schauen und Sinnieren zubrachten – nach der sozialistischen Ära waren es nur mehr ein Dutzend. Mittlerweile wurden einige wieder eröffnet, wie das Café Central; manche sind teure Touristentreffs geworden, andere schon wegen ihrer nostalgischen Ausstattung sehenswert. Die neu hinzugekommene Generation an Kaffeehäusern entspricht eher dem modernen Typ Café-Bar und serviert meist auch warme Gerichte. **Cukrászda** ist die Café-Konditorei mit herrlicher Patisserie und Eisspezialitäten.

Kesselgulasch modern

Essen und Trinken

Ein (**Esz**)**presszó** ist eher eine Bar, in der neben Kaffee auch gerne Alkohol konsumiert wird. In der Zwischenkriegszeit als Treffpunkt beliebt, ist es heute eine aussterbende Spezies.

> Bei den „Essen & Trinken"-Hinweisen in den Stadtspaziergängen sind die besten und berühmtesten **Kaffeehäuser** und **Konditoreien** als „Kaffeehaustipp" gekennzeichnet.

Platz nehmen/Reservierung: Man kann sich in Ungarn im Restaurant üblicherweise seinen Platz selbst aussuchen, auch Dazusetzen ist üblich. In beliebten Lokalen ist es vor allem abends ratsam, rechtzeitig einen Tisch zu reservieren.

Verständigung im Lokal: In der Mehrzahl der ungarischen Lokale gibt es deutschsprachige Speisekarten, viele KellnerInnen sprechen Deutsch oder Englisch.

Tischmusik: eine ungarische Spezialität, ob im Gourmet-Restaurant oder im Touristenlokal. Mal spielt ein Streichquartett klassische Musik, mal schrammelt die nicht immer ganz echte Zigeunerkapelle – ein Name übrigens, den sie sich selbst gibt. Zuweilen haben auch Jazz und Schlager oder der Mann (seltener die Frau) am Klavier ihren Platz neben den Tischen. Wenn der erste Geiger einer Kapelle sich langsam nähert, sollte man ihn sofort weiterschicken. Kommt man zu spät, wird er, den Bogen fast in der Suppe, mit wehmütigem Lächeln eine sentimentale Roma-Melodie zum Besten geben. Das Trinkgeld, 500 Ft sind üblich, ist selten Dank dafür als vielmehr der Hinweis, endlich zum nächsten Tisch weiter zu ziehen.

Rechnung und Trinkgeld: Am besten ist es, wenn man nur Speisen bestellt, deren Preis man kennt. Trinkgeld wird in Höhe von **10 %** des Rechnungsbetrags erwartet. Es wird bei Zahlung überreicht und nicht auf dem Tisch liegen gelassen. Man sollte aber die Rechnung vor dem Zahlen genau prüfen, denn in fast allen Restaurants ist es mittlerweile Standard, **auf die Endsumme automatisch 10–15 % für Service aufzuschlagen**. Ein entsprechender Hinweis zu diesem Zuschlag muss bereits in der Speisekarte enthalten sein. Zusätzliches Trinkgeld ist dann natürlich nicht mehr nötig. Wechselgeld sollte man ebenfalls sofort genau kontrollieren.

Lieblingsgericht der Autoren: Kalbspörkölt mit Nockerl

Gerlóczy Kavéház in der Belváros

Restauranttipps für jeden Geschmack (Auswahl)

Lokale in *Buda* sind *kursiv* geschrieben.

Ungarisch

21 Magyar Vendéglő	→ Tour 1
Almásy Vendéglő	→ Tour 4
Arany Bárány	→ Tour 8
Aranyszarvas	→ Tour 3
Borkonyha	→ Tour 9
BorLaBor	→ Tour 7
Csarnok Vendéglő	→ Tour 9
Dunacorso	→ Tour 8
Épitesz Pince	→ Tour 13
Fatál	→ Tour 7
Fekete Holló	→ Tour 1
Fortuna	→ Tour 1
Kéhli Vendéglő	→ Tour 5
Kerek Vendeglő	→ Tour 5
Kisbuda Gyöngye	→ Tour 5
Margitkert	→ Tour 4
Mátyás Pince	→ Tour 7
Náncsi Néni	→ Tour 14
Pest-Buda Bistro	→ Tour 1
Régi Sípos Halászkert	→ Tour 5
Rozmaring Kertvendéglő	→ Tour 5
Ruben Étterem	→ Tour 7
Százéves Étterem	→ Tour 8
Tigris	→ Tour 9
Tüköry Söröző-Étterem	→ Tour 9
Új Sípos Halászkert	→ Tour 5
Vörös Postakocsi	→ Tour 7
Zeller Bistro	→ Tour 10
Zsákbamacska	→ Tour 10

Ungarisch/International

Alabárdos	→ Tour 1
Bock Bisztró	→ Tour 12
Café Déryné	→ Tour 1
Café Intenzo	→ Tour 7
Café Kör	→ Tour 9
Pierrot	→ Tour 1
Első Pesti Rétesház	→ Tour 9
Gerbeaud Bisztró	→ Tour 8
Gundel	→ Tour 11
Klassz	→ Tour 10
MÁK Bisztró	→ Tour 9
Menza	→ Tour 10
Múzeum	→ Tour 7
Onyx	→ Tour 8
Remíz	→ Tour 14
Robinson	→ Tour 11
Trófea Grill Restaurant	→ Tour 4
Vadrózsa	→ Tour 14
Vénhajó Étterem	→ Tour 8

Russisch

Arany Kaviár	→ Tour 1

International

Carne di Hall	→ Tour 4
Citadella Panoráma	→ Tour 3
Costes	→ Tour 7
Dunapark	→ Tour 6
Hemingway	→ Tour 3
Karma	→ Tour 10
Kőleves Vendéglő	→ Tour 10
Mosselen Beercafé	→ Tour 9
Pastrami	→ Tour 5
Picard	→ Tour 9
Rivalda	→ Tour 2
Spinoza	→ Tour 12
Spoon	→ Tour 8
Symbol	→ Tour 5

Mediterran

Barca Bianca Trattoria	→ Tour 8
Don Leone	→ Tour 13
Fausto's Étterem	→ Tour 10
Két Szerecsen Bisztró	→ Tour 10
Marcello	→ Tour 3
Millennium da Pippo	→ Tour 10
Okay Italia	→ Tour 9
Pizza Eataliano	→ Tour 4
Pomo d'Oro	→ Tour 9
Soul Café	→ Tour 7
Trattoria Toscana	→ Tour 7

Vegetarisch

Édeni Vegan	→ Tour 4
Falafel	→ Tour 10
Fruccola	→ Tour 8
Govinda	→ Tour 7, 9
Napfényes	→ Tour 10

Indisch/Thai/Indonesisch

Indigo	→ Tour 10
Kashmir	→ Tour 9
Bangkok Thai	→ Tour 7

Französisch/Ungarisch

Borssó Bisztro	→ Tour 7
Café Bouchon	→ Tour 10
Café Vian	→ Tour 10
Csalogány 26	→ Tour 4
Gerlóczy	→ Tour 9

Französisch/Belgisch

Pavillon de Paris	→ Tour 4
Belgian Söröző	→ Tour 4

Griechisch

Taverna Dionysos	→ Tour 7

Spanisch/Tex-Mex

Iguana Bar &Grill	→ Tour 9
Pata negra	→ Tour 7

Jüdisch

Carimama Pizzeria	→ Tour 12
Carmel	→ Tour 12
Fülemüle	→ Tour 13
Hanna	→ Tour 12
Hummus Bar	→ Tour 7, 9
Rosenstein Vendéglő	→ Tour 13

Bayerisch

Haxen Király Étterem	→ Tour 10
Kaltenberg Bierstube	→ Tour 13

Fisch

Ezüstponty	→ Tour 14
Bajai Halászcsárda	→ Tour 14
Horgásztanya	→ Tour 4
Régi Sipos Halászkert	→ Tour 5
Új Sipos Halászkert	→ Tour 5

Eis

Gerbeaud	→ Tour 8
Szamos	→ Tour 8
Gelarto Rosa	→ Tour 9
Fragola	→ Tour 10
Artigiana Gelati	→ Tour 14

Alles bereit für die Gäste im „Goldenen Hirsch" (→ Tour 3)

Paprika, Paprika, Paprika

Ungarische Spezialitäten

Die ungarische Küche ist deftig und hat viele Gemeinsamkeiten mit der Küche ihrer Nachbarn Österreich, Slowakei, Kroatien und Serbien. Typisch ist das Würzen mit Gewürzpaprika, der den Speisen goldrote Farbe und deftigen Geschmack verleiht. Ein Überblick über Speisen (Étlap) und Getränke (Itallap).

Vorspeisen und Suppen

Als erster Gang wird meist Suppe *(Leves)* serviert, etwa Fleischsuppe aus Hühnchen *(Tyúkhúsleves)* oder Rindfleisch *(Húsleves)* mit Gemüse, Fleischstückchen und Nudeln. *Gulyás(leves)* ist in Ungarn ein dicker Gulaschsuppeneintopf mit Rindfleisch und Kartoffeln. Besonders lecker ist die Suppe, wenn sie als Kesselgulasch *(Bogrács gulyás)* über offenem Feuer gekocht wird, wie es einst die Rinderhirten taten (was weltweit unter Gulasch bekannt ist, ist in Ungarn übrigens *Pörkölt* → Hauptgerichte). Die berühmte Fischersuppe *(Halászlé)* wird aus Karpfen- oder Welsfilets zubereitet und mit Gemüse und viel Paprika verfeinert. Üppig ist auch die mit Räucherwurst und Schweinefleisch angereicherte Bohnensuppe *(Jókai Bableves)*. Eine Spezialität ist die kalte Obstsuppe *(Hideg gyümőlcsleves)* aus Sauerkirschen oder Himbeeren. Typische warme Vorspeisen *(Meleg előételek)* sind die *Hortobágyi Palacsinta*, mit Hackfleisch gefüllte Crêpes, panierte Champignonköpfe *(Rántott gomba)*, die auch Vegetariern munden werden, sowie Gerichte aus Gänseleber *(Libamáj), der* ungarischen Delikatesse schlechthin.

Hauptgerichte

Der Hauptgang ist üblicherweise ein Fleisch- oder Fischgericht. Für das berühmte Gulasch, in Ungarn *Pörkölt* genannt, wird gewürfeltes Schweine- *(Sertéspörkölt)*, Rind- *(Marhapörkölt)*, Geflügel- *(Pörkölt csirke)* oder Wildschweinefleisch *(Vaddisznó)* geschmort. Klassische Beilagen sind Nockerl/Spätzle *(Galuska)* oder Eiergerste *(Tarhonya)*. Typisch ungarisch sind auch das Paprikahuhn *(Csirkepaprikás)*, bei dem Hühnerviertel in dicker Paprika-Rahmsoße gedünstet werden, sowie mit einer Mischung aus Hackfleisch, Reis und Wurstbrät gefülltes Gemüse, z. B. Paprikaschoten *(Töltött paprika)* oder Kraut/Weißkohl *(Töltött káposzta)*. *Székely gulyás* ist ein Schweinegulasch mit Sauerkraut, das andernorts unter Szegediner Gulasch bekannt ist. *Tokány* ist dem Pörkölt sehr ähnlich, nur wird das Fleisch in Streifen geschnitten und mit Pfeffer statt mit Paprika gewürzt. Als Salat(garnitur) werden gerne eingelegte Paprika *(Almapaprika)*, Krautsalat *(Káposzta saláta)* oder eine saure Gemüsemischung à la Mixed Pickles *(Csalamádé)* gereicht. Blattsalat *(Fejes saláta)* ist eher selten. Letscho *(Lecsó)*, in Fett gedünstete Paprikaschoten, Zwiebeln und Tomaten, wird als Beilage oder als Hauptgericht mit heißer *Kolbász* (Dauerwurst) serviert – für Vegetarier natürlich ohne.

Ungarns klassischer Speisefisch ist der Zander bzw. Fogosch *(Fogas)* aus dem Plattensee. Aus den Flüssen kommen Wels *(Harcsa)* und Karpfen *(Ponty)*, die paniert oder mit Gewürzpaprika zubereitet werden.

Dobos Torte – Gaumenkitzel Schicht für Schicht

Zwischenmahlzeit

Als kleine – fleischlose – Zwischenmahlzeit am Straßenstand bieten sich gekochte Maiskolben *(Kukorica)* oder *Lángos* an. Diesen in Fett ausgebackenen Hefeteigfladen, der mit Knoblauch gewürzt oder mit Sauerrahm und Käse bestrichen wird, brachten einst die Türken ins Land. Berühmt ist Ungarn für seine Wurstspezialitäten: Die *Szalami* kam vermutlich mit italienischen Gastarbeitern. Weltbekannt ist die Wintersalami *(Téliszalami)*, die früher nur in den kalten Monaten von Oktober bis März hergestellt werden konnte; 100 Tage wird sie geräuchert und erhält durch dreimonatige Reifung den weißen Edelschimmel. Paprikasalami *(Paprikas szalami)* ist eine etwas würzigere Variante. *Debrecziner* sind ebenfalls geräucherte Würste mit Gewürzpaprika, die auch nach langem Kochen noch weich und saftig bleiben. *Hurka* ist eine Blut- oder Leberwurst und *Kolbász* eine pikante (Paprika-)Wurst.

Süßspeisen und Desserts

Ein ungarisches Mahl endet mit einer süßen, kalorienreichen Nachspeise *(Édesség/Desszert)*, etwa einem Strudel aus Blätterteig *(Rétes)*, der mit Äpfeln *(Almás)*, Nüssen *(Diós)*, Mohn *(Mákos)*, Kirschen *(Meggyes)* oder Topfen/Quark *(Túró)* gefüllt ist – oder mit *Palacsinta*, den hauchdünnen süßen Palatschinken mit ähnlichen Füllungen. Am berühmtesten ist die *Gundel-Palacsinta*, die mit Nusscreme gefüllt, mit heißer Schokolade übergossen und (als Touristenspektakel) flambiert wird. Leckere Spezialitäten sind Schomlauer Nocken *(Somlói Galuska)* aus Biskuitstücken, in Rum getränkten Rosinen und Schokoladesoße sowie Topfenknödel/Quarkklöße *(Túrósgombóc)*. Die ungarische Torte ist *Dobos Torta,* bei der sich unterhalb einer goldgelben Karamellglasur fünf bis acht Biskuitschichten mit Schokoladencreme abwechseln. Erstmals kreiert wurde sie 1885 vom Budapester Konditormeister József Dobos. Ähnlich zubereitet wird die *Esterházy Torta* – allerdings aus Nussbiskuitschichten und Vanillecreme. *Rigó Jancsi* ist ein nach einem berühmten Geiger benannter dunkler Biskuitkuchen mit Schokoladenmoussefüllung, die Gerbeaudschnitten *(Zserbó-szelet)* aus der berühmten Konditorei werden mit geriebenen Nüssen gefüllt und mit Schokolade glasiert, die klassische Crèmeschnitte *(Krémes)* besteht aus Vanillecreme zwischen Blätterteigschichten. *Kürtőskalács*, aus Siebenbürgen stammende, mit Zucker und Zimt bestreute Hefeteigrollen, gibt es meist auf Advent- und Jahrmärkten zu verkosten, wo sie idealerweise über offenem Feuer zubereitet werden. Ungarnweit beliebt und von der EU namentlich geschützt ist der *Túró Rudi*, ein mit Topfen/Quark *(Túró)* gefüllter Schokoladenriegel, der in jedem Supermarkt-Kühlregal in rot getupfter Verpackung erhältlich ist.

Getränke

Sekt, Rot- und Weißwein, Tokajer, Bier, Obstbrand, Unicum und Mineralwasser – die Getränkevielfalt Ungarns ist groß.

Wein und Sekt

Dank des günstigen Klimas hat der Weinbau in Ungarn seit Jahrhunderten Tradition. Kooperationen mit österreichischen, italienischen und französischen Winzern trugen dazu bei, dass die Qualität der **Weine**, die aus den 22 ungarischen Anbaugebieten kommen, seit dem Fall des Eisernen Vorhangs enorm gesteigert werden konnte. Namen wie József Bock, Ede und Zsolt Tiffán, Huba und Lászlo Szeremley, Attila Gere, Ferenc Takler, Vilmos Thummerer und der 2005 tragischerweise verunglückte Tibor Gál sind heute über die Grenzen des Landes bekannt. Produziert wird zu 75 % Weißwein *(fehér bor)*, Rotwein *(vörös bor)* ist seltener, dafür berühmter. Die wichtigsten weißen Rebsorten sind trockene, wie *Chardonnay* und *Welschriesling (Olaszrizling),* die halbtrockenen Lindenblättriger *(Harslevelű),* Ruländer/Pinot gris/Grauer Mönch *(Szürkebarát)* und Grüner Sylvaner *(Zöldszilváni)* sowie die aromatischen *Traminer*, *Furmint* und Muskat Ottonel *(Muskotály).* Die wichtigsten Rotweinsorten sind die trockenen Blaufränkischer *(Kékfrankos), Kadarka* (eine rein ungarische Sorte), Blauer Portugieser *(Kékoportó), Cabernet* und *Pinot Noir* sowie der halbtrockene *Merlot*. Die besten, gehaltvollsten Rotweine kommen aus den Gebieten **Villány-Siklós** und **Szekszárd** im Südwesten Ungarns, die besten weißen vom Plattensee, aus **Badacsony** und **Somló**. Der in KP-Zeiten so berühmte und dann zum Massenfusel verkommene Rotwein **Erlauer Stierblut** *(Egri Bikavér),* eine Cuvée aus mindestens drei Rotweinsorten, erhielt in den letzten Jahren durch streng überwachte Kriterien ebenfalls eine „Blutauffrischung".

Sekt aus Ungarns Hauptstadt

Gerne getrunken wird in Ungarn auch Wein mit Sodawasser, in Deutschland Weinschorle, in Österreich G'spritzer und in Ungarn *Fröccs* genannt.

Beim Weinkauf (als Souvenir sehr beliebt!) sollte man übrigens auf die Kategorie am Etikett achten: *Minőségű bor* ist Qualitätswein, *Külőnleges Minőségű bor* Prädikatswein. *Száraz* steht für trocken, *félszáras* für halbtrocken, *félédes* für lieblich und *édes* für süß. Gute Weine bekommt man bereits für etwa 1500 Ft, für Spitzenqualität legt man um die 7500 Ft ab.

Der bekannteste ungarische **Sekt** *(pezsgő)* stammt von der Kellerei **Törley**, die seit 1881 in Budafok im Süden Budapests Schaumweine nach französischer Methode herstellt. Eine weitere Sektmarke ist **Hungária**.

Tokajer

Der edelsüße **Tokajer Ausbruch** *(Tokaji Aszú)* ist Ungarns berühmtester (Weiß-)Wein, den der französische König Louis XIV. einst mit dem Attribut „Wein der Könige, König der Weine" bedachte. Er stammt aus der Gegend um Tokaj im äußersten Osten Ungarns und entsteht dadurch, dass einem Grundwein aus Furmint- oder Harslevelű-Trauben drei bis sechs Bütten *(Puttonyos)* Maische aus edelfaulen Trockenbeeren zugesetzt werden. Je mehr Bütten, desto länger muss der Tokajer im Fass reifen und desto süßer und teurer ist er (bis zu 10.000 Ft). Weniger süß und einer Spätlese vergleichbar ist der **Tokajer Szamorodner**, dem keine Trockenbeeren zugefügt werden – er wird trocken *(száras)* als Aperitif oder süß *(édes)* als Dessertwein angeboten. Ein „gewöhnlicher" Wein ist der **Tokajer furmint**.

Schnaps und Likör

Was wäre Ungarn ohne **Pálinka**? Der berühmte klare Obstbrand wird in mehreren Geschmacksrichtungen angeboten

Ein „kaiserlicher" Digestif

und als Aperitif oder Digestif getrunken. Die bekanntesten dieser Wässerchen sind *Barackpálinka* aus Aprikosen bzw. Marillen und der aus Pflaumen gebrannte *Szilvapálinka*. *Cseresznyepálinka* wird aus Kirschen und *Körtepálinka* aus Birnen destilliert. Am besten sind Pálinkas, die aus sonnenverwöhnten Früchten der südlichen Tiefebene um Kecskemét hergestellt werden.

Ein weiteres Nationalgetränk und ebenfalls gut für die Verdauung, aber nicht jedermanns Geschmack ist **Unicum**. Der Magenbitter wird seit über 200 Jahren von der Familie Zwack nach einem geheimen Rezept aus 40 Kräutern und Wurzeln produziert. Seinen Namen erhielt er von Kaiser Joseph II., der 1790, als ihm sein Leibarzt Dr. Zwack erstmals das Gebräu verabreichte, den Tropfen mit dem Ausruf „Das ist ein Unicum!" kommentiert haben soll. Weitere Details zu dem Getränk erfährt man im Zwack-Museum in der Pester Franzenstadt (→ Tour 13).

Bier

In Ungarn werden auch Biere *(Sör)* gebraut. Von der Budapester Brauerei

Essen und Trinken

> **Trinksitten auf Ungarisch**
>
> Noch heute weigern sich viele Ungarn, mit Biergläsern anzustoßen. Mit Wein ja, mit Bier auf keinen Fall. Schuld daran sind Habsburger Soldaten: Die stießen nach der Revolution 1848/49 mit Gerstensaft an, als ungarische Generäle hingerichtet wurden – für echte Patrioten bis heute eine Beleidigung! Da stampft man lieber mit dem Humpen auf den Tisch, ruft zum Wohl *Egészségedre!* – und kühlt nach diesem Zungenbrecher seine Kehle.

Dreher, X., Kőbanya, stammen *Dreher Classic*, das dunkle bzw. schwarze *Dreher bak* sowie Ungarns süffige Paradebiere *Arany Ászok* und *Kőbányai*. Außerhalb Budapests gebraut werden *Borsodi* und *Soproni*. Daneben werden viele importierte bzw. in Lizenz hergestellte Biere aus dem übrigen Europa angeboten, allen voran die tschechischen Sorten *Budweiser Budvar*, *Pilsner Urquell* und *Staropramen*.

Kaffee und Alkoholfreies

Dank der türkisch-osmanischen Besatzer wurde Kaffee schon früh in Ungarn bekannt. Traditionellerweise wird er als starker, kleiner Espresso *(eszpresszó, kávé* oder *mokka)* getrunken. Ein großer Espresso ist ein *dupla,* mit Milch wird er zum *tejes kávé.* Filterkaffee ist untypisch und meist ein wässriges Gebräu, daher ordert man am besten Cappuccino.

Ungarn besitzt aufgrund seiner idealen hydrogeologischen Voraussetzungen mehr als 500 Mineralwasserbrunnen, an 30 Orten wird das hochwertige Wasser auch in Flaschen abgefüllt. Die beliebtesten Mineralwässer *(ásványvíz)* sind *Theodora* und *NaturAqua*, die beide aus der Plattenseeregion stammen.

Beliebtes alkoholfreies Sommergetränk sind hausgemachte Limonaden *(Házi limonádé)*, die in zahlreichen Frucht-, Gemüse- und Kräutervariationen daherkommen.

Bierstube in Térezváros

Auf dem Pester Broadway: Operettentheater und Moulin Rouge

Kultur & Co.

Budapest ist eine Stadt der Musik: ein renommiertes Opernhaus, ein Operettentheater, Musicalbühnen, Tanztheater, Folkloreensembles sowie einzigartige Konzertsäle versprechen puren Genuss. Dazu kommen über vierzig Schauspielbühnen, historische Kinopaläste, Multiplexkinos und alternative Kulturzentren. Kurzum: ein pralles Angebot.

Bei dieser Fülle hat man die Qual der Wahl. Wer des Ungarischen nicht mächtig ist, wird Theateraufführungen eher außer Acht lassen und sich auf das breit gefächerte Angebot an Musik und Tanz konzentrieren. Da ausländische Filme auch in Originalversion gezeigt werden, steht mitunter auch einem Kinobesuch nichts im Wege, der zudem die Gelegenheit bietet, eines der prächtig renovierten alten Filmtheater von innen zu erleben.

Überblick über das aktuelle Kulturangebot verschafft das mehrsprachige Drei-Monatsheft *Budapest Panorama* (www.budapestpanorama.com), das kostenlos in Budapestinfo-Büros (→ S. 94) und größeren Hotels ausliegt.

Oper, Musical, Tanz

Das Niveau der Aufführungen in Budapest ist von hoher Qualität, hat doch das Land eine lange musikalische Tradition. Als Schöpfer der ungarischen Nationaloper gilt Ferenc Erkel (1810–93), dessen *Bank Bán* und *Laszló Hunyadi* – neben italienischen und deutschen Opernklassikern – regelmäßig auf dem Spielplan steht. Von Béla Bartók (1881–1945), dem weltbekannten Komponisten des 20. Jh., stammen der Einakter *Herzog Blaubarts Burg* und die Ballette *Der wunderbare Mandarin* und *Der hölzerne Prinz,* die zum Standardrepertoire zählen. Berühmt sind auch die Operettenkomponisten Ferenc

(Franz) Lehár (1870–1948) und Imre Kálmán (1882–1953). Lehárs *Lustige Witwe* sowie Kálmáns *Csárdásfürstin* und *Gräfin Mariza* sind bis heute populär.

Opern werden in der Originalsprache gesungen, Operetten mit deutschen, Musicals mit englischen Übertiteln gespielt. Die Saison geht von September bis Juni, Aufführungen beginnen üblicherweise um 19 Uhr. Noch ein Hinweis: Die Ungarn kleiden sich für den Opernbesuch sehr elegant.

> ### Kartenverkauf
> Tickets bekommt man online unter www.jegymester.hu und www.ticketpro.hu, bei der Vorverkaufskette Ticket Express und – meist billiger – an den Kassen der Veranstaltungsorte. Beim Onlinekauf sind Ungarisch-Kenntnisse von Vorteil. Die Preise sind meist niedriger als zuhause: Ein Platz in der Oper kostet 4–40 €, für klassische Konzerte sollte man 4–25 € einplanen.
>
> **Ticket Express** hat 104 Verkaufsstellen in Budapest, z. B. in Reise-/Kartenbüros und in Musik- und Buchläden. Die Hauptfiliale (Mo–Fr 10–18 Uhr) ist hinter der Oper, VI., Dalszínház u. 10, ✆ +36 (30) 3030999. Ⓜ 1 gelb Opera.

Ungarische Staatsoper (Magyar Állami Operaház), eines der schönsten Opernhäuser der Welt (→ S. 199). Oper und Ballett auf internationalem Niveau. Oft ausverkauft. Ticketverkauf im Haus Mo–Sa 11–17 Uhr und unter www.jegymester.hu. VI., Andrássy út 22, ✆ +36 (1) 3530170. www.opera.hu. Ⓜ 1 gelb Opera.

Budapester Operettentheater (Budapesti Operett Színház), schmucker Jugendstilbau im Theaterviertel für die leichte Muse (→ S. 197). Operetten und Musicals, teils in internationalen Koproduktionen und seit 2006 auch das Klezmermusical „Menyasszonytánc (Brauttanz)" mit der Budapest Klezmer Band. Ticketverkauf im Haus Mo–Fr 10–19, Sa/So 13–19 Uhr und unter www.jegy.hu. VI., Nagymező u. 17, ✆ +36 (1) 3124866. www.operettszinhaz.hu. Ⓜ 1 gelb Oktogon.

Thália Theater → S. 197, ensemblefreies Haus gegenüber dem Operettentheater und von diesem mit Operetten, Musicals und Tanz bespielt. Spielstätte des Frühlingsfestivals. VI., Nagymező u. 22–24, ✆ +36 (1) 3310500. www.thalia.hu. Ⓜ 1 gelb Oktogon.

Madách-Theater (Madách Színház), Musicalbühne am Großen Ring (→ S. 222), im Programm etwa „Phantom der Oper" oder „Cats". Kartenverkauf im Haus tägl. 10–18.30 Uhr. VII., Erzsébet krt. 29–33, ✆ +36 (1) 4782041. www.madachszinhaz.hu. Ⓣ 4, 6.

Nationales Tanztheater (Nemzeti Táncszínház), von ungarischem Volkstanz über klassisches bis zeitgenössisches Ballett sowie internationale Gastspiele auf höchstem Niveau. Spielstätten sind das frühere *Burgtheater* auf dem Burgberg (→ S. 118, I., Színház u. 1–3, ✆ +36 (06) 80104455, Kartenverkauf im Haus Mo–Fr 10–17 Uhr oder unter www.jegy.hu) und das *Festivaltheater* im Palast der Künste (→ S. 234). www.dancetheatre.hu.

TRAFÓ Haus für zeitgenössische Kunst, ein Schwerpunkt des Kulturzentrums im alten Industriegebäude (→ S. 232) ist Tanz und Performance auf internationalem Niveau. Kartenverkauf im Haus tägl. 16–20 Uhr oder online. IX., Liliom u. 41, ✆ +36 (1) 2151600. www.trafo.hu. Ⓣ 4, 6.

Klassische Musik

Der wegen seines Jugendstilinterieurs und seiner Akustik berühmteste Konzertsaal Budapests befindet sich im frisch renovierten Bau der Musikakademie, die nach Franz (Ferenc) Liszt (1811–86) benannt ist. Der Klaviervirtuose und Komponist prägte das ungarische Musikleben, später waren es Zoltán Kodály (1882–1967) sowie der schon erwähnte Béla Bártok und sein Zeitgenosse Ernő (Ernst) Dohnányi (1877–1960). Ihre Werke sind aus dem Konzertkalender der Stadt nicht mehr wegzudenken. Dessen Umfang rührt auch daher, dass sich Budapest fast ein Dutzend Symphonieorchester leistet. Die führenden sind das **Budapest Festivalorchester** *(Budapesti Fesztiválzenekar BFO)*, das 1853 von Ferenc Erkel gegründete, in der Staatsoper beheimatete **Budapester Philharmonieorchester** *(Budapesti Filharmóniai Társaság, BPO)* sowie die **Ungarische Nationalphilharmonie** *(Nemzeti Filharmonikus Zenekar)*, die im Palast der Künste ihr Zuhause hat, aber auch andernorts musiziert. Bekannt sind auch das **Orchester des Ungar. Rundfunks** *(MR Szimfonikusok)*, das **Dohnányi-Orchester** *(Dohnányi Zenekar)* und das **Donau-Symphonieorchester** *(Duna Szimfonikus Zenekar)*. Klassische Konzerte beginnen meist um 19/19.30 Uhr. Eine Terminübersicht gibt www.muzsikalendarium.hu (engl.).

Franz-Liszt-Musikakademie (Zeneakadémia), Orchester-, Kammer- und Solistenkonzerte in eindrucksvollem Ambiente (→ S. 200). Nagyterem ist der große, Kisterem der kleine Saal. Ticketverkauf im Haus Mo–Sa 10–19 Uhr. VI., Liszt Ferenc tér 8, ✆ +36 (1) 4624600. www.lisztacademy.hu. Ⓜ 1 gelb Oktogon.

Palast der Künste (Művészetek Palotája MÜPA), der moderne Kulturpalast im Süden Pests (→ S. 234) verfügt über zwei Säle für hochkarätige Orchester- und Solistenkonzerte (inter)nationaler Interpreten: **Nationaler Konzertsaal Béla Bartók** (Bartók Béla Nemzeti Hangversenyterem BBNH) und **Festivaltheater** (Fesztivál Színház). Ticketverkauf im Haus (tägl. 10–18 Uhr) sowie in der Andrássy út 28 (tägl. 11–18 Uhr). IX., Komor Marcell utca 1, ✆ +36 (1) 5553300. www.mupa.hu. Ⓣ 2.

Donaupalast (Duna Palota), in dem neobarocken Saal unweit der Kettenbrücke (→ S. 182) spielt das Donau-Symphonieorchester populäre Klassik. Kartenverkauf Mo–Fr 10–18 Uhr oder unter www.jegymester.hu. V., Zrínyi u. 5, ✆ +36 (1) 2355500. www.dunaszimfonikusok.hu. Ⓣ 2 bis Széchenyi tér.

Kammer- und Kirchenmusik

Kammermusikabende und -matineen in intimem Rahmen gibt es im **Béla-Bartók-Gedenkhaus** *(Bartók Béla Emlékház)* in den Budaer Bergen (→ S. 241) sowie im **Franz-Liszt-Gedenkmuseum** in der Alten Musikakademie auf der An-

Programmtafel am Madách-Theater

drássy út (→ S. 202). Als repräsentative Veranstaltungsorte dienen auch der Zeremoniensaal der Akademie der Wissenschaften (→ S. 176) und der Óbudaer Club *(Óbudai Társaskör, → S. 144)*.

Orgelkonzerte und -festivals sowie Kammermusik gibt es regelmäßig in der akustisch ausgezeichneten Matthiaskirche am Burgberg (→ S. 107), in der Innerstädtischen St. Michaelskirche *(Belvárosi Szent Mihály templom → S. 160)* und in der Stephansbasilika (→ S. 186). Die Veranstaltungen beginnen zwischen 19 und 20 Uhr, Tickets kosten 3500–5000 Ft.

Folklore

Ungarischer Volkstanz und Folkloremusik werden in Budapest in abendfüllenden touristischen Programmen von den drei besten Ensembles des Landes präsentiert, dem **Staatlichen Folkloreensemble** *(Magyar Állami Népi Együettes)*, dem **Donau-** *(Duna Müvésegyüttes,* www.dunatancegyuttes.hu) und dem

Rajkó Folkloreensemble *(Rajkó Művésegyüttes,* www.rajko.hu). Die Truppen wurden in den 1950ern gegründet, bestehen aus jeweils rund 30 Tänzern, einem sog. Zigeunerorchester und einem Volksmusikensemble. Tickets kosten 3300–5600 Ft, Auftrittsorte s. u.

Seit gut 10 Jahren begeistert das 30-köpfige Ensemble **ExperiDance** von Sándor Román mit historischen Tanzshows, die Csárdás mit Modern Dance verbinden – gewissermaßen die ungarische Antwort auf das irische „Lord of the Dance". Seit 2011 ist das neue *RaM Colosseum* (s. u.) sein Zuhause.

Wer unverkitschte, authentische ungarische Volksmusik sucht – live oder auf CD, ist im Fonó Budaer Musikhaus richtig.

In den letzten 20 Jahren hat sich Budapest zu einer Hochburg des **Klezmer** entwickelt, ein gutes Dutzend Bands spielt die schwermütig-beschwingten jüdischen Melodien, vermischt mit Elementen von Jazz, Tango, Dixie und Swing. Pionier war die *Budapest Klezmer Band* (www.budapestklezmerband.hu), andere bekannte Namen sind *Di Naye Kapelye* und *Klezmer R's*. Auftrittsorte sind u. a. das Spinoza Ház (→ S. 220), die Große Synagoge (→ S. 224), das Jüdische Sommerfestival und jenes in der Vajdahunyad-Burg (s. u.).

Haus der Traditionen (Hagyományok Háza), im schönen Konzertsaal der Budaer Redoute/Budai Vigadó (→ S. 137) gestaltet das Staatliche Folkloreensemble rund 100 Abende pro Jahr. Ticketverkauf Mo–Do 12–18, Fr 10–14 Uhr oder online. I., Corvin tér 8, ✆ +36 (1) 2256056. www.heritagehouse.hu. Ⓣ 19, 41.

Donaupalast (Duna Palota), hier treten regelmäßig das Donau-Folklore- und das Rajkó-Ensemble auf. Adresse s. o.

RaM Colosseum, Kulturzentrum mit großer Konzerthalle für die Tanzshows von Experi Dance und Auftritte internationaler Stars (Karte S. 153). Ticketverkauf Mo–Fr 10–18, Sa/So 14–18 Uhr. XIII., Kárpát u. 23-25, ✆ +36 (1) 2225254. www.ramcolosseum.com. Ⓜ 3 blau Dózsa Gy. út.

Fonó Budaer Musikhaus (Fonó Budai Zeneház), in dem Kulturzentrum im Süden Budas spielen Ensembles (z. B. Méta, Sebő) aus Ungarn, Siebenbürgen und der Vojvodina echte Volksmusik. An sog. Tanzhaus- *(Tánchaz-)* Abenden kann man alte Volkstänze erlernen. Karten 800–1200 Ft, Verkauf Mi–Sa ab 18 Uhr und unter www.jegy.hu. XI., Sztregova u. 3, ✆ +36 (1) 2065300. www.fono.hu. Ⓣ 18, 41 oder 47 bis Kalotaszeg utca.

Theater

Nationaltheater (Nemzeti Színház), in dem modernen Bau im Süden Pests (→ S. 234) wird klassisches Sprechtheater in Ungarisch geboten. Nach dem weltoffenen Róbert Alföldi ist seit Juni 2013 ein regierungstreuer Intendant am Werk, das Programm seither „nationaler" ausgerichtet. Kartenverkauf im Haus Mo–Fr 10–18, Sa/So 14–18 Uhr. XI., Bajor Gizi Park 1, ✆ +36 (1) 4766868. www.nemzetiszinhaz.hu. Ⓣ 2.

Katona József Színház, am Ferenciek tere (→ S. 173), gilt als Ungarns renommiertestes Sprechtheater; auch Vorstellungen mit engl. Übertiteln. Kartenverkauf im Haus Mo–Fr 11–19, Sa/So 16–19 Uhr. V., Petőfi Sándor u. 6, ✆ +36 (1) 3174061. www.katonajozsefszinhaz.hu. Ⓜ 3 blau.

Puppentheater (Bábszínház), es zählt zu den größten Puppentheatern Mitteleuropas (→ S. 198) und bringt jährlich 320 Vorstellungen für Groß und Klein auf die Bühne. Gezeigt werden Märchen, Theater, Opern und Ballette (z. B. Zauberflöte, Der hölzerne Prinz, Nussknacker). Tickets 800–1400 Ft. Kartenverkauf im Haus tägl. 9–18 Uhr. VI., Andrássy út 69, ✆ +36 (1) 3422702. www.budapestbabszinhaz.hu. Ⓜ 1 gelb Vörösmarty utca.

Konzerthallen

Internationale Stars treten in Budapest entweder im Palast der Künste (→ Konzerte), im RaM Colosseum (→ Folklore) oder an folgenden Plätzen auf:

Papp László Budapest Arena → Karte S. 246, moderne Halle mit Platz für bis zu 12.500 Zuschauer. Hier waren schon Pink und Robbie Williams zu Gast, daneben finden große Sportwettkämpfe statt. Namensgeber ist Ungarns legendärer Boxer László Papp (1926–2003). XIV., Stéfánia út 2. www.budapestarena.hu. Ⓜ 2 rot Puskas F. Stadion.

Im Palast der Künste

Das Corvin Kino war einmal das größte der Stadt

Budapest Congress & WTC (Budapest Kongresszusi Központ) → Karte S. 238/239, die von József Finta geplante Anlage südwestlich des Burghügels besitzt eine große, moderne Konzerthalle mit guter Akustik. XII., Jagelló út 1–3. www.bcc.hu. Ab Ⓜ 2 Széll Kálmán tér mit Ⓣ 61 bis Csörsz utca.

Kinos

Budapest ist auch eine Stadt der Kinos und Cineasten. Neben den Multiplexkinos *(Multiplexek)* in den Shopping Malls locken fast ein Dutzend Programmkinos *(Művészmozik)* mit anspruchsvollen Arthouse-Filmen in ihre oft stilvollen Säle in historischen Filmtheatern. Auch Touristen nutzen das Angebot gerne, werden doch viele Filme in Originalversion mit ungarischen Untertiteln gezeigt und die Tickets sind mit 650–1350 Ft meist günstiger als zuhause. Darüber hinaus bereichern jährlich zahlreiche Filmfestivals das Celluloidangebot der Stadt.

Die beste Übersicht über Kinos *(mozi)* und Filme in englischer Originalversion bieten die wöchentlichen Programmmagazine *Pesti Est* (ung.; www.est.hu) und *Budapest Funzine* (engl.), die kostenlos in Budapestinfo-Büros, Lokalen und Hotels ausliegen.

Für das Ausfindigmachen von Filmen in ungarischen Kinoprogrammen sind folgende Vokabeln wichtig: *fel(íratos)* kennzeichnet eine Originalversion in Deutsch *(ném.)*, in Amerikanisch *(am.)* oder Englisch *(ang.)*, jeweils mit ungarischen Untertiteln. Achtung: *Szinkronizált (SZ)* oder *magyarul beszélő (MB)* stehen für synchronisierte Filme in Ungarisch.

Uránia Nationales Filmtheater (Nemzeti Filmszínház) → Karte S. 221, das schönste Kino der Stadt mit prächtigem Theaterflair im großen Saal mit 700 Sitzen. VIII., Rákóczi út 21. www.urania-nf.hu. Ⓜ 2 rot Astoria.

Puskin → Karte S. 161, Pester Innenstadtkino von 1926, stilvolles, historisches Interieur. Anspruchsvolle Streifen, Schauplatz von Festivals. V., Kossuth Lajos u. 18. www.puskinmozi.hu. Ⓜ 2 rot Astoria.

Művész → Karte S. 196, eines der größten Programmkinos der Stadt mit fünf Sälen am Großen Ring; internationale Filmwochen, Festivals, avantgardistisches Programm. VI., Teréz krt. 30. www.muveszmozi.hu. Ⓣ 4, 6 oder Ⓜ 3 blau Nyugati pu.

Kinos

Cirko-Gejzír → Karte S. 183, angeblich Europas kleinstes Filmkunstkino mit zwei winzigen Vorführräumen, anspruchsvolles Programm. V., Balassi Bálint u. 15–17, www.cirkogejzir.hu. ⓣ 2 Jászai Mari tér.

Corvin Kino → Karte S. 231, der historische Filmpalast wurde in ein Multiplex umgebaut. Kommerzielles Programm, einiges im englischen Original. VIII., Corvin köz 1. www.corvinmozi.hu. Ⓜ 3 blau Corvin-negyed.

Die Multiplexkinos mit je rund einem Dutzend Sälen sind den gleichnamigen Shopping Malls angeschlossen; einige zeigen auch Arthouse-Filme im Original, etwa: **Cinema City Mammut**, II., Lövőház u. 2–6, ⓣ 4, 6. **MOM Park**, XII., Alkotás út 53, ⓣ 61 ab Ⓜ 2 Széll Kálmán tér und **Aréna**, 17 Säle und ein IMAX-Kino VIII., Kerepesi út 9. Ⓜ 3 rot Baross tér. www.cinemacity.hu.

Neues Kino aus Tradition

Für Furore sorgen in jüngster Zeit die neuen Filme aus Ungarn. Selbst in Low-Budget-Produktionen gelingt es kreativen jungen Filmemachern, die Besucher der Programmkinos mit einer hypnotischen Bildsprache in den Bann zu ziehen und die Juroren bei Filmfestivals zu begeistern.

So feierte Benedek „Bence" Fliegauf (geb. 1974) mehrmals bei der Berlinale Erfolge: 2003 mit „Rengetek – Wildnis", 2004 mit dem Drogenfilm „Dealer" und 2012 mit dem Roma-Drama „Just the Wind". György Pálfi (geb. 1974) gab 2002 mit dem experimentalen Stummfilm „Hukkle – Das Dorf" sein viel beachtetes Kinodebüt, dem 2006 die erfolgreiche Komödie „Taxidermia" folgte. Zurzeit arbeitet er an einem Heldenepos über Miklós Toldi, Ungarns Robin Hood. In dem mehrfach ausgezeichneten Werk „Kontroll" (2003) bannte Nimród Antal (geb. 1973) die Atmosphäre der Budapester Metro auf die Leinwand, seit 2005 versucht er in Hollywood mit Action-Filmen Fuß zu fassen. Kornél Mundruczó (geb. 1975), der auch erfolgreich als Theaterregisseur arbeitet, erhielt 2008 in Cannes den Filmkritikerpreis für „Delta", der von einer tragischen Geschwisterliebe handelt. „Iska's Reise" von Csaba Bollók (geb. 1967), ein sozialkritischer Film über ein Straßenkind, wurde 2007 in Reykjavík ausgezeichnet. Der Nachwuchs zitiert seine Lehrer, wie etwa den 2011 mit dem Großen Preis der Berlinale-Jury ausgezeichnete Meisterregisseur Béla Tarr (geb. 1955), und geht dennoch mutig neue Wege.

Es scheint ganz so, als würde den Ungarn das Cineastische im Blut liegen – hatten sie doch bei vielen berühmten Filmen der Kinogeschichte ihre Finger im Spiel: Michael Curtiz (alias Mihály Kertész 1888–1962) führte Regie bei „Casablanca" (1942), Altmeister István Szábo (geb. 1938) bei „Mephisto" (1981). Sir Alexander Korda (1893–1956), der als Sándor Laszlo Kellner zur Welt kam, produzierte Stummfilme und 1949 „Der Dritte Mann". Regisseur László Benedek (1905–92) schuf 1953 in „The Wild One" mit Marlon Brando das erste Roadmovie der Filmgeschichte.

Die Musik zu „Quo Vadis" (1951) und „Ben Hur" (1959) komponierte Miklós Rózsa (1907–95), die Drehbücher zum Tanzfilm „Flashdance" (1983) und den Erotik-Thriller „Basic Instinct" (1992) schrieb der gebürtige Ungar József Antal „Joe" Eszterhas (geb. 1944). 1981 gewannen Ferenc Rofusz und Kameramann Vilmos Zsigmond je einen Oskar für den Trickfilm „Die Fliege". Festivalbesuchern wird auch Miklós Jancsó (geb. 1921) mit seinen skurrilen Werken ein Begriff sein. Sein viel gerühmtes Alterswerk ist „Gottes Laterne in Budapest" (1999).

Budapest rund ums Jahr

Januar bis März

Tag des Frühjahrsaufstands, 15. März, Feiertag zum Gedenken an die Revolution 1848. Tausende Ungarn in Rot, Weiß und Grün legen Kränze nieder und entzünden Kerzen.

Budapester Frühlingsfestival (Budapesti Tavaszi Fesztivál), in den letzten zwei Märzwochen, größtes und bekanntestes Kulturfestival des Landes mit rund 200 hochkarätigen Veranstaltungen. Oper, Theater, Tanz, Jazz, Ausstellungen, Folklore. www.btf.hu.

Juni bis August

Donaukarneval (Dunakarnevál), Mitte Juni, mehrtägiges multikulturelles Treffen an mehreren Schauplätzen der Innenstadt mit Volkstanz, Blas- und Weltmusik. www.dunakarneval.hu.

》》 Unser Tipp: Sommermusikfestival in der Vajdahunyad-Burg (Vajdahunyadvári Nyári Zenei Fesztivál), Mitte Juli bis Mitte Aug., Klassik, Jazz und Klezmer mit hochkarätigen Künstlern vor der romantischen Kulisse der Burg im Stadtwäldchen. www.vajdahunyad.hu. 《《

Nacht der Museen (Múzeumok Éjszakája), Sa um den 21. Juni, rund 120 Museen und Kultureinrichtungen halten bis Mitternacht offen und bieten spezielle Programme. www.muzej.hu.

Budapester Sommer-Festival (Budapesti Nyári Fesztivál), Mitte Juni bis Ende Aug., Opern, Musicals, Konzerte (Klassik, Swing Jazz und Folk) auf der Freilichtbühne der Margareteninsel *(Margitszigeti szabadtéri színpad)*. Theater und Weltmusik im Freilichttheater im Budaer Városmajor-Park. Tickets unter www.szabadter.hu.

Großer Preis von Ungarn, am 1. Augustwochenende, Formel-1-Rennen auf dem Hungaroring (seit 1986 und noch mindestens bis 2021) → Sport S. 89.

Tanzabende im Karmeliterhof (Táncestek a Karmelita udvarban), Ende Juli bis Mitte Aug., Open-Air-Tanzfestival im Burgviertel, Tango bis Folklore auf höchstem Niveau. www.nemzetitancszinhaz.hu.

Szigetfestival, vom 2. bis 3. Mittwoch im August, berühmtes einwöchiges multikulturelles Festival auf der Werftinsel. Rock, Pop, Weltmusik, Jazz, Heavy Metal, Hip-Hop, Techno, aber auch Theater, Tanz und

Budapester Burgpalast bei Nacht

Klassik auf 60 Bühnen. In der eigens aufgebauten Festivalstadt mitsamt Zeltplätzen und 400.000 Besuchern herrscht eine Woche Dauerdelirium. Die Tickets (45–49 €/Tag, 169–229 €/Woche) sind vergleichsweise billig. www.szigetfest.de.

Festival der Volkskunst (Mesterségek Ünnepe), Mitte Aug., traditioneller authentischer Volkskunstmarkt mit 400 Ausstellern, Volkstanz und Handwerksvorführungen rund um den Budaer Burgpalast. Eintritt 2000 Ft/Tag. www.mestersegekunnepe.hu.

Stephanstag, 20. Aug., Nationalfeiertag; mit Stephansprozession am Vormittag, Konzerten, Bühnen und Märkten am Pester Donauufer und Riesenfeuerwerk ab 21 Uhr auf und zwischen den Donaubrücken. www.augusztus20.kormany.hu.

Jüdisches Sommerfestival (Zsído Nyári Fesztivál), letzte Augustwoche, Klezmer- und Kantorkonzerte, Ausstellungen, Jüdische Buch- und Filmtage und koschere Leckereien. www.jewishfestival.hu.

September/Oktober

Budapester Weinfestival (Budavári Borfesztivál), 4 Tage im September, ungarische Weinregionen laden an ihren Ständen rund um die Budaer Burg zur Verkostung der besten Tropfen, dazu gibt es kulinarische Leckerbissen, Volkstanz, Umzüge und Konzerte. Eintritt 2800 Ft/Tag. www.aborfesztival.hu.

Budapest Design Week (Design Hét), Ende Sept., Anfang Okt., Workshops, Open Studios, Designtouren und -messen sowie zahlreiche Ausstellungen. www.designhet.hu.

Budapest Marathon, Anfang/Mitte Okt., vom Heldenplatz geht es entlang der Donauufer 42 km durch die Stadt. www.budapestmarathon.com.

Dezember

Weihnachtsmarkt (Karácsonyi Vásár) am Vörösmarty tér, 60 Stände präsentieren ab dem 1. Adventsonntag ausschließlich traditionelles Kunsthandwerk aus Ungarn. Die Fassade des Gerbeaud dient als Adventskalender, dazu täglich Volkstanz- und Folkloreaufführungen.

Festkonzert des Budapest Gipsy Symphony Orchestra, 30. Dezember, traditionelles Galakonzert des berühmten 100-köpfigen Orchesters mit exklusiver Weinverkostung im Kongresszentrum. Tickets (58–120 €) unter www.argosart.hu.

Pariser Flair im Café Déryné

Nachleben

Schon im 19. Jahrhundert reiste die bessere Wiener Gesellschaft donauabwärts, um das berühmte Budapester Nachtleben auszukosten. Heute ist es nicht so viel anders: Touristen in Partylaune jetten am Wochenende mit dem Billigflieger aus halb Europa in Ungarns Hauptstadt und machen dort die Nacht zum Tag.

Die Auswahl ist riesig: Über 150 Locations listet die Programmzeitschrift *Pesti Est* wöchentlich auf, in denen man sich nahezu täglich bei Live-Konzerten, Parties und DJ-Lines vergnügen kann. Es sind Cafés, Bars, Pubs, Clubs und Diskotheken und – ganz typisch für Budapest – oft ist ein Lokal alles in einem. Untertags ein Restaurant, Pub oder Café, das dann ab 22 Uhr die im Untergeschoss oder Hinterhöfen gelegenen Tanzflächen beschallt. Getanzt und abgefeiert wird auch in Thermalbädern, Partynights im Wasser finden nahezu wöchentlich statt.

Die größte Dichte an Ausgehmöglichkeiten bietet der Pester Bezirk Theresienstadt *(Terézváros)* beiderseits der Andrássy út mit dem Liszt Ferenc tér und der Nagymező utca sowie der südliche Teil der Innenstadt *(Belváros)* mit der angrenzenden Ráday utca. Etwas alternativer sind die Lokale im Judenviertel. Die Óbuda- bzw. Werftinsel im Norden Budapests ist das „Ibiza" der Stadt mit rund einem Dutzend schick gestylter **Clubs**. Budapest ist auch bekannt für seine **Jazzclubs** (z. B. *Columbus Club, Budapest Jazz Club*), die gute Livemusik und einzigartiges Ambiente bieten. In den Sommermonaten fetten noch zahlreiche **Open-Air-Lokale** das Angebot auf. Auch sie gibt es in allen Varianten, vom Biergarten bis zur Diskothek, oft werden sie auch als **Kert** (Garten) bezeichnet. Vorzugsweise liegen sie außerhalb der Innenstadt *(Belváros)*, denn dort müssen Gastgärten und Terrassen um 24 Uhr schließen. Zu den bekanntesten Open-Air-Lokalen zählen *Zöld Pardon, Holdudvar, Szimpla Kert* und *Ötkert*.

Die Clubs verlangen je nach Lokal und Event Eintrittspreise zwischen 500 und 6000 Ft, manche sind gratis. Bier und Wein sind etwas günstiger, Cocktails und Drinks gleich teuer wie in den westlichen Nachbarländern. Alkohol darf in Ungarn ab einem Alter von 18 Jahren getrunken werden.

> Die besten Veranstaltungshinweise zum Budapester Nachtleben finden sich im Kapitel *Zene* im wöchentlichen Programmmagazin *Pesti Est*, das kostenlos in Lokalen ausliegt. Es ist zwar nur auf Ungarisch erhältlich, doch kommt man mit Hilfe der Wörter *Ajánló* (Tipp), *Jegyár* (Eintritt), *Elővét* (Vorverkauf), *Ingynes* (Eintritt frei) und den Angaben zum Datum (→ S. 252) erstaunlicherweise gut zurecht. *Pesti Est* bedeutet übrigens Pester Abend.

Cafés, Pubs, Jazzclubs, (Disko- und Sport-)Bars

Budaer Burgviertel, Gellértberg, Wasserstadt, Margareteninsel

Oscar American Bar 1 → Karte S. 105. Der US-Filmpreis ist Namensgeber dieser legendären Bar am Rand des Burgviertels, die für ihre Cocktails berühmt ist. Serviert wird auch leichte Küche, von Tapas über Pasta bis Huhn. Mo–Do 17–2, Fr/Sa bis 4 Uhr. I., Ostrom u. 14. www.oscarbar.hu.

Libella Kávéház 9 → Karte S. 125. Typisches, gemütliches Studierendenlokal gegenüber der Technischen Universität beim Szt. Gellért tér. Günstige Preise für Bier und Snacks. Mo–Fr 8–1, Sa 10–1, So 12–1 Uhr. XI., Budafoki út 7. www.libella.info.hu.

Szatyor Bár 10 → Karte S. 125. Schräge bunte Künstlerkneipe mit Cocktails, Snacks, preisgünstiger ungarischer Küche sowie Ausstellungen auf der Galerie. Mo–Fr 12–1, Sa/So 16–1 Uhr. XI., Bartók Béla út 36. www.szatyorbar.blog.hu.

Jam Pub 10 → Karte S. 135. Ein buntes Publikum der Generation Ü 30 trifft sich in diesem klassischen Pub im Erdgeschoss des Mammut-Einkaufszentrums. Livemusik (Pop, Jazz, Disco) meist ab 21 Uhr. Auch das Essen ist tadellos. Mo–Mi 9–4, Do–Sa 9–6 Uhr. II., Lövőház u. 2-6. www.jampub.hu.

Sziget Klub Terasz 8 → Karte S. 153. Open-Air-Bar direkt am Südwestufer der Margareteninsel (Abendsonne!). Neben Bier, Wein, Schnaps und Cocktails gibt es Sandwiches, Salate und Gegrilltes; Partynächte am Wochenende, manchmal Live-Acts. Im Sommer tägl. 12–24, Fr/Sa bis 4 Uhr. XIII., Margitsziget. www.szigetklubterasz.hu.

Innenstadt, Leopoldstadt

Csendes Társ 12 → Karte S. 161, klitzekleine witzige Weinbar mit riesiger Weinkarte, Cocktails, Limonade & Co. Himmlisch sind die Tische draußen am Tor des Károly-Gartens – so pariserisch kann Budapest sein. Nur Bargeld. 10–0 Uhr. V., Magyar u. 18.

Púder Bárszínház és Galéria 40 → Karte S. 161. Künstlerisch gestaltete Ruinenkneipe in der Ráday utca, man sitzt wie mitten in einem Bühnenbild, dazu passt, dass hier auch Theater gespielt wird. Gutes, preisgünstiges Essen, Limonade & Wein, DJ-Nights. Mo–Do 12–1, Fr/Sa 12–2, So 12–2 Uhr. IX., Ráday u. 8, ✆ +36 (1) 2107169. www.puderbar.hu.

Negro 35 → Karte S. 183. Schwarz und Chrom dominieren das Bar-Restaurant an der sonnigsten Ecke vor der Stephansbasilika. Ideal für einen Sundowner, große Auswahl an Cocktails. Gute Musik. Mi–So 12–1, Do–Sa 12–2 Uhr. V., Szt. István tér 11. www.negrobar.hu.

Innio Borbár 37 → Karte S. 183. Beliebte, auf alternativ getrimmte Weinbar im trendigen Shabby-Chic-Look mit guter Musik und großer Weinauswahl. Kleine Speisekarte, günstige Preise, ein paar Tische zum Draußensitzen. So–Do 18–0, Do–Sa 18–2 Uhr. V., Október 6. u. 9. www.innio.hu.

Beckett's Irish Bar 17 → Karte S. 183. Das riesige Lokal an der Ecke mit irischem

Ambiente war einmal *das* In-Lokal, die Zeiten sind aber vorbei. Party-Nights und Live Music am Wochenende, wichtige Sport-Events am Großbildschirm. Mo–Fr 12–1, Sa/So 12–2 Uhr. V., Bajcsy-Zsilinszky út 72. www.becketts.hu.

Columbus Jazzclub 10 → Karte S. 173. Schwer angesagter, gemütlicher Jazzclub auf einem Schiff vor dem Donaukorso. Rund 10 Konzerte namhafter Interpreten pro Monat (jeweils ab etwa 20.30 Uhr, Eintritt ca. 1200 Ft). Das Columbus Pub ist bereits ab 12 Uhr geöffnet. V., Vigadó tér 4. www.columbuspub.hu.

»› Unser Tipp: Budapest Jazz Club 2 → Karte S. 183. Eines der besten Jazzlokale der Stadt, 2012 in ein früheres Kino übersiedelt. Junge Talente und Studenten (meist Mo) sowie arrivierte Jazzer aus Ungarn und der weiten Welt treten hier Mo–So ab 20/21 Uhr auf. Tickets 1200–3000 Ft, oft gratis. Tägl. 10-0 Uhr. XIII., Hollán ernő u. 7. www.bjc.hu. **«‹**

Fat Mo's 25 → Karte S. 161. Bei Touristen und Budapestern (40 plus) beliebter Retroclub im Keller, der ab 21 Uhr beschallt wird (Funk, Blues, R & B). 11 Biere vom Fass, Cocktails, Burger und scharfe Tex-Mex-Küche. Di–Do 18–0, Fr/Sa 18–2 Uhr. V., Nyáry Pál u. 11. www.fatmo.hu.

For Sale Pub 48 → Karte S. 161. Gemütliches Lokal auf zwei Ebenen; große Auswahl an ungarischen Speisen, die in riesigen Portionen auf den Tisch kommen. Originell die Dekoration: Gäste haben sich an Decken und Wänden mit ihren Visitenkarten verewigt; legendär die Entsorgung der Erdnussschalen – man wirft sie auf den Boden. Tägl. 12–3 Uhr. V., Vámház krt. 2, ✆ 2670276.

Andrássy út, Theresienstadt, Josefstadt

Boutiq'bar 57 → Karte S. 196. Schicke Cocktailbar mit riesiger Auswahl an rund 200 Drinks. Beim Mixen sind Profis am Werk. Di–Sa ab 18 Uhr. VI., Paulay Ede u. 5. www.boutiqbar.hu.

Morrison's 50 → Karte S. 196. Kleiner Kellerclub unweit der Oper, der am Wochenende aus den Nähten platzt. Parties, Karaoke und Livemusik (House, Funk, Disco, Pop, Hiphop). Freier Eintritt bis 21 Uhr. Mo/Do–Sa 19–4 Uhr. VI., Révay u. 25. www.morrisons.hu.

Cactus Juice 10 → Karte S. 196. Gemütliches Restaurant-Pub (Kellergeschoss) im Stil des Wilden Westens, das für seine große Whisky-Auswahl bekannt ist. DJ-Nights (Funk). Mo–Do 12–2, Fr–Sa 12–4, So 16–2 Uhr. VI., Jókai tér 8. www.cactusjuice.hu.

Picasso-Point 15 → Karte S. 196. Gemütliches, abgeschabtes Music Pub für Leute jenseits der 25. 4/5-mal pro Monat Livemusik bei freiem Eintritt (Blues, Retro, Jazz). Tägl. 12–1 Uhr. VI., Hajós u. 31. www.picassopoint.hu.

Soho London 9 → Karte S. 196. DJ-Nights und Livemusik (Funk, House, Latin und Pop aus den 1980ern) im Untergeschoss, ebenerdig stärkt man sich im Pub mit Pizza, Pasta und Salaten. Mo–Fr 17–23, Fr/Sa 18–5 Uhr. VI., Nagymező u. 31. www.soho london.hu.

Jazzy Pub Mediterrán 17 → Karte S. 196, im Untergeschoss des Bistros mit der großen Terrasse am Liszt Ferenc tér – der Club des Radiosenders Jazzy. Fr/Sa Abend gibt es daher anspruchsvolle Livemusik (Jazz, Swing, Soul, Latin). Tägl. 22–4 Uhr. VI., Liszt Ferenc tér 10. www.jazzypub.hu.

Instant 22 → Karte S. 196. Alternative Ruinenkneipe, die sich auf drei Geschossen und im Hinterhof eines leer stehenden, verwinkelten Hauses erstreckt. Die Räume

Cafés, Pubs, Jazzclubs, (Disko- und Sport-)Bars

sind kreativ dekoriert – Stühle und Glitzerschweine hängen von der Decke. Im Kellergewölbe wird Electro aufgelegt, die Preise an der Bar sind günstig. Tägl. 16–6 Uhr. VI., Nagymező u. 38. www.instant.co.hu.

Elisabethstadt, Jüdisches Viertel

400 10 → Karte S. 221. Ein Serbe betreibt die beliebte riesige Restaurant-Bar, die, wie der Name verrät, 400 m² groß ist. Balkanküche, Tapas, Snacks, DJs und manchmal auch Livemusik. Mo–Mi/So 11–3, Do–Sa 11–5 Uhr. VII., Kazinczy u. 52/b, www.400bar.hu.

》》 Unser Tipp: Doblo 21 → Karte S. 221. Hübsche Weinbar in einem Ziegelgewölbe mitten im Judenviertel. Top-Auswahl, Top-Beratung. Mo–Fr 8–2, Sa 17–3, So 17–1 Uhr. VII., Dob u. 20, www.budapestwine.com. **《《**

Anker Klub 23 → Karte S. 221. In der aufgelassenen Bankfiliale im Anker-Haus geht allabendlich die Post ab. Underground, Electro, Indie-Rock. Mo–Fr 8–4, Sa/So 10–4 Uhr. VI., Anker köz 1–3.

Alcatraz 31 → Karte S. 221. Die Kellner servieren in Sträflingskleidung, jeden Abend gibt es Livemusik (Salsa, Rock, Jazz, Blues, Swing) ab 21 bzw. 22 Uhr. Sept.–Juni Do–Sa 18–5 Uhr. VII., Nyár u. 1. www.alcatraz.hu.

Gödör Klub 13 → Karte S. 221. Der beliebte Kulturtreffpunkt ist vom Erzsébet tér in das verwaiste Einkaufscenter *Central Passage* gezogen. Weiterhin jeden Abend Konzerte (Rock, Jazz, World Music), Events und Performances, meist ab 21 Uhr. Mo–Fr 10–2, Sa/So 10–4 Uhr. VI., Király u 8-10. www.godorklub.hu.

Szóda 24 → Karte S. 221. Gemütliche Café-Bar im Retro-Design unweit der Großen Synagoge: rote Sofas und Sodaflaschen (daher der Name) als Dekoration. Untertags viel studentisches, abends gemischtes Publikum bis Mitte 40. Im Untergeschoss kleine Tanzfläche (Fr/Sa geöffnet). Mo–Do 12–3, Fr 12–5, Sa 17–5 Uhr. VII., Wesselényi u. 18. www.szoda.com.

Champs Sport Pub 33 → Karte S. 221. Legendärer Treffpunkt für Sportfans unweit der Großen Synagoge – bei 40 Bildschirmen und 3 Giant-Screens verpasst man kein Tor. Cocktail-Bar, After-Work-Parties und Disko Fr/Sa ab 22 Uhr. Gutes Essen, aber nicht ganz billig. Tägl. 12–2 Uhr. VII., Dohány u. 20. www.champs.hu.

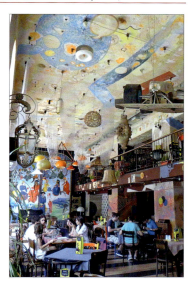

Szatyor Bár – schräge Kneipe in Buda

Old Man's Music Pub 20 → Karte S. 221. Der gemütliche große Keller ist legendär und als Aufreißzone beliebt. Tägl. ab 21 Uhr Livemusik (Rock, Funk, Country, Jazz), anschließend Disko bis 4 Uhr. VII., Akácfa u. 13, ✆ 3227645. www.oldmans.hu.

Szimpla Café 4 → Karte S. 221. Beliebter Treffpunkt der alternativen Szene im Judenviertel, wo man preiswert essen und trinken kann. Im Keller Di/Mi/Do abends Livemusik (Blues, Jazz). Mo–Sa 10–2, So 14–0 Uhr. VII., Kertész u. 48. www.szimpla.hu.

Szimpla Kert 32 → Karte S. 221. Der *Einfache Garten* in einem abbruchreifen Hinterhof, eine Mischung aus Biergarten, Chill-Out-Area und Hausbesetzung, hat mittlerweile Kultstatus. Livemusik (viel Jazz) ab 20.30 Uhr. Preiswert. Tägl. 12–2 Uhr. VII., Kazinczy u. 14. www.szimpla.hu/budapest.

Kuplung 5 → Karte S. 221. Die einstige, kreativ gestaltete Buswerkstätte ist ein beliebter Treffpunkt für Studierende und alternatives Publikum. DJs legen auf, manchmal auch Livemusik. Mo–Sa ab 14, So ab 18 Uhr. VI., Király u. 46 (durch einen Toreingang bis in den Innenhof). www.kuplung.net.

Clubs und Diskotheken

Buda, Óbuda/Werftinsel, Margareteninsel

Rudas Romkert 4 → Karte S. 125. Der im Sommer geöffnete „Ruinengarten" an den nördlichen Außenmauern des Rudasbads, tagsüber ein Biergarten, mutiert ab 22 Uhr zu einem der gefragtesten Open-Air-Clubs der Stadt. Fr/Sa meist rappelvoll. I., Döbrentei tér 9–11. www.rudasromkert.hu.

Magic Bath 1 → Karte S. 135. Von Dezember bis Mai verwandelt sich das Lukács-Bad jeden Samstag ab 21 Uhr zu einer Disco, zwei Tanzflächen, eine davon im Pool, DJs (House, HipHop, Electronic), Bars. Badetrikot nicht vergessen! Eintritt 5000 Ft. XII., Frankel Leó u. 25–29 (Eingang von der Donauseite). www.cinetrip.hu.

Symbol Live Music Club 13 → Karte S. 147. Schicker, schwer angesagter Club (House, HipHop und RnB) im Süden von Óbuda. Zu dem Gebäudeensemble gehören auch ein Sport-Pub, mehrere Restaurants und Bars. Tägl. 21.30–4 Uhr. III., Bécsi út 56. www.symbolbudapest.hu.

White Angel 2 → Karte S. 147. Riesiger Club in einem alten Industriebau zwischen Óbuda und Aquincum mit mehreren Tanzflächen und Sofa-Betten. Mehrere Bars, teure Drinks, strenger Türsteher, schickes, jüngeres Publikum und bekannt gute DJs. Funk, Rock, Rave, Pop. Okt.–Mai Sa ab 22 Uhr. III., Reményi Ede u. 3. www.whiteangel.hu.

Club Studio 4, **Dokk Club** 6 **und Coronita** 5 → Karte S. 147, sind die zurzeit angesagtesten Locations unter den rund 10 Clubs im Süden der Óbuda-Insel. Wer schön, reich und „in" ist, wird vom Türsteher eingelassen. Mehrere Bars, Super DJs, riesige Tanzflächen, Gogos, tolle Bühnenshows. Im Sommer öffnen die Open-Air-Clubs **Dock und Bed Beach** mit Karibikambiente auf Plattformen oder Kähnen im Wasser. Sehr teuer, in der VIP-Area verkehrt internationale Prominenz. Funk, Jazz, House, Techno, Electronic. Meist Do–Sa ab 21 Uhr (ab 24 Uhr ziemlich voll). III., Hajógyári-Sziget.

》》 Unser Tipp: Holdudvar 4 → Karte S. 153. Der „Mondhof" ist ein Open-Air-Club in und um das alte Casinogebäude auf der Margareteninsel. Mai bis Ende Sept. locken hier Mi–Sa ab 22 Uhr DJs mit ihren Sets auf die Tanzfläche. ⓣ 4, 6. www.holdudvar.net. 《《

Innen-/Leopoldstadt, Andrássy út, Theresienstadt, Stadtwäldchen

Könyvtár Klub 7 → Karte S. 161. Mitten am Campus gelegen, bis 16 Uhr ein alkoholfreies Studentencafé, danach ein Pub, ab 21 Uhr DJ, Karaoke, Konzerte (Rock, Jazz, Blues) bei freiem Eintritt. Mo–Mi 8–1.30, Do/Fr 8–3.30, Sa 18–3.30 Uhr. VI., Múzeum krt. 4. www.konyvtarklub.hu.

Ötkert 38 → Karte S. 183. Binnen kürzester Zeit wurde das neue Lokal im Retro-Stil zur beliebten Partylocation, vor allem Dank der zentralen Lage unweit der Stephansbasilika, der Terrasse in der Fußgängerzone und dem Innenhof. Gemischtes Publikum (25 plus); Rock, Jazz, Pop, Electro. Eintritt frei, schnell überfüllt. So–Di 12–24, Mi/Do 12–4, Fr/Sa 12–5 Uhr. V., Zrínyi u. 4.

Mix Club 14 → Karte S. 183. Einer der angesagtesten Clubs der Stadt. Sound und Styling sind erstklassig, Fr/Sa stehen Ungarns Top-DJs an den Turntables. Wer den Dresscode beachtet, kommt am Türsteher vorbei. Mo–Do 12–1, Fr 22–5, Sa 18–5 Uhr. VI., Teréz krt. 55 (Zugang vom Eiffel tér). www.mix3.hu.

Peaches and Cream 16 → Karte S. 196. Einer der wenigen großen schicken Clubs der Innenstadt. House, RnB, Hip Hop, Disco. Mi–So 22–5 Uhr. VI., Nagymező u. 46–48. www.peachesandcream.hu .

Rocktogon 19 → Karte S. 196. Gemütlicher Kellerclub mit Rock, Punk, Ska, Heavy Metal, live oder von der Vinyl-Scheibe. Konzerte Do–Sa ab 20 Uhr, ab 23 Uhr Rock-Disco. Tägl. 18–4 Uhr. VI., Mozsár u. 9. www.rocktogon.hu.

Moulin Rouge 33 → Karte S. 196. Das 1898 eröffnete Revue-Theater mit seinem prächtigen Interieur neben dem Operettentheater dient von Mi bis Sa als beliebter Danceclub (22–5 Uhr). Fr/Sa gibt es Disco- oder Themenpartys mit Eintritt (bis 24 Uhr 1000 Ft, danach 1500 Ft). VI., Nagymező u. 17. www.moulinrouge.hu.

Szecska Sparty 1 → Karte S. 211. Abtanzen in Bikini und Badehose im Thermalwasser unter freiem Himmel ist das Motto jeden Samstagabend (22.30–3 Uhr) von Juni bis Sept. im Széchenyi-Bad. Musik je nach DJ, Lasershows, mehrere Bars, eher junges Partyvolk, sehr laut, sehr voll. Eintritt 6000 Ft. XIV., Állatkerti krt. 9-11. www.szecska.hu.

Josefstadt, Franzenstadt, um die Petőfi- und Rákóczibrücke

Mappa Club [20] → Karte S. 231. Der Club im Untergeschoss des Kulturzentrums im alten Industriegebäude bietet fast täglich ab 21/22 Uhr Events und DJ-Lines (Alternative, Pop, Disco). Juli/Aug. geschlossen. IX., Liliom u. 41. www.mappaclub.com.

Corvintető [4] → Karte S. 231. Schräger Club mit mehreren Bars im 4. Stock des einstigen Corvin-Warenhauses, der sich im Sommer auf die Dachterrasse (tolle Aussicht!) ausbreitet und dann zum Hotspot der Stadt wird. Underground, Indierock, Electro. Tägl. 18–4 Uhr. VIII., Blaha Lujza tér 1-2 (Eingang in der Somogyi Béla utca). www.corvinteto.hu.

A38 Hajó [23] → Karte S. 231. Der einstige ukrainische Schleppkahn am Budaer Donaufer auf Höhe der Petőfi-Brücke ist ein angesagter Treffpunkt. Tägl. ab 21 Uhr Livemusik (Pop, Jazz, World Music, Rock, Electro, teils internationale Stars) und bekannte DJ-Größen. Tägl. 11–4 Uhr. XI., Pázmány Péter sétány. www.a38.hu.

Zöld Pardon [25] → Karte S. 231. Der legendäre, riesige Open-Air-Club ist eine Brücke weitergezogen und nun auf der Budaseite der Rákóczi híd zu finden. Gemischtes Publikum von ganz jung bis Mitte 40. Livemusik (Pop, Electro), bekannte DJs, mehrere Bars. Tägl. 11–4 Uhr. XI., Neumann János u. 2. www.zp.hu.

Schwules und lesbisches Nachtleben (LGBT)

Die Gayszene bietet ein ständig größer werdendes Angebot an Cafés, Bars, Clubs, Saunas und Gay-Parties. Informationen finden sich unter www.budapest.gayguide.net (Englisch) und www.gay.hu (Ungarisch).

Action Gay Bar [23] → Karte S. 161, eine Institution in Budapest. Kleiner, gut besuchter Kellerclub (Nichtraucher) mit großem Angebot: Darkroom, Go-Go-Dancers, Live-Shows jeden Fr 0.45 Uhr (Eintritt). Viel Leder. Laut Leserzuschrift mittlerweile unfreundlich und etwas schmuddelig. Eingangstür mit „A" und Regenbogenfarben gekennzeichnet. Tägl. 21–4 Uhr. Mindestverzehr 1000 Ft. V., Magyar u. 42. www.action.gay.hu.

CoXxx Men's Bar [30] → Karte S. 221. Nach einem Lesertipp die zurzeit wohl beste Adresse der Stadt. Eingang über ein Internet-Café, das Lokal mit cool gestylter Bar und XXL Cruising Area (Dark-Room, Jail) liegt in einem geräumigen Ziegelgewölbe im Keller. Freundlich, sauber, phantasievoll. Tägl. 21–4/5 Uhr. Mindestverzehr (auch, wenn man nur kurz reinschaut). Dohány u. 38/Ecke Nagydiófa utca. www.coxx.hu.

Magnum Gay Szauna [15] → Karte S. 231. Größte Gay-Sauna der Stadt mit Fitness- und Massageräumen, Darkrooms, Bar. Dark & Naked Party (Fr 22 Uhr), Mo–Do 13–24, Fr 13–4, Sa 13 bis So 24 Uhr nonstop. VIII. Csepreghy u. 2/Ecke Mária utca. www.magnumszauna.hu.

Szauna 69 [22] → Karte S. 231. Groß, modern und sauber mit Dampfbad, Sauna, Whirlpool, Darkroom, Massage, Videos, Bar. Mo–Do/So 13–1, Fr 13–2, Sa 13–4 Uhr. Eintritt rund 1800 Ft. IX., Angyal u. 2 (Zutritt durch die Metalltür mit Nr. 69). www.gaysauna.hu.

Kasinos

Wer das Glücksspiel einer heißen Sohle vorzieht, hat in den rund ein Dutzend Budapester Kasinos reichlich Gelegenheit. Die meisten befinden sich in den Luxushotels der Stadt. Mindestalter für den Besuch ist 18 Jahre, gespielt wird in Euro und Ungarischen Forint.

Las Vegas Casino → Karte S. 173, im Gebäude des Sofitel am Donaukorso. Amerikanisches Roulette, Black-Jack, Poker, 65 Spielautomaten. Amerikanische Ambiente, keine Abendkleidung erforderlich. Tägl. 0–24 Uhr. V., Széchenyi tér 2, Eintritt 3000 Ft. www.lasvegascasino.hu. Ⓜ 1 gelb Vörösmarty tér.

Tropicana Casino → Karte S. 173, Ungarns größtes Kasino, gespielt wird in zwangloser Dschungelatmosphäre mit Cocktailbar unter Palmen, sogar die Croupiers tragen Hawaii-Hemden. Amerikanisches Roulette, Black-Jack, Poker, Spielautomaten. V., Vigadó u. 2. Eintritt 3000 Ft. Tägl. 0–24 Uhr. www.tropicana.casino.hu. Ⓜ 1 gelb Vörösmarty tér.

Antiquitäten gibt es beinahe an jeder Ecke

Einkaufen

Seit dem Ende des Sozialismus haben internationale Handelsketten ihre Filialnetze über die Stadt gelegt, zentrumsnahe Shopping Malls haben vielen Traditionsläden den Garaus gemacht. Dafür erstrahlen die alten Markthallen in neuer Pracht und die Läden mit Porzellan, Wein, Design und Volkskunst „made in Hungary" sind schick wie nie zuvor.

Beim Bummel durch die berühmte Váci utca oder eines der zahlreichen neuen Shopping Center sieht man vor allem die internationalen Markengeschäfte, die es fast überall in Europa gibt, deren Produkte in Ungarn aber oft sogar teurer sind. Im Preis günstig ist alles, was in Ungarn hergestellt wird, von Wein über handgemachte Lederschuhe, Design, Holzarbeiten bis Glas und Keramik. Zu finden sind diese Stücke entweder in repräsentativen Shops an prominenter Adresse oder in kleineren Läden in Hinterhöfen und Passagen, die schnell eröffnen und schon bald auch wieder schließen. Zugemacht haben indes nahezu alle der altmodischen, noch vor der Wende gegründeten Warenhausketten *(Áruház)* wie *Luxus* und *Skála*, in denen das staubige Flair des Realsozialismus zu spüren war. Nicht versäumen darf man den Besuch einer der Markthallen, die mit ihrem bunten Warenangebot ein Fest für alle Sinne bieten.

Einkaufsstraßen

Die Pester Fußgängerzone **Váci utca** mit ihren Seitengassen und Passagen ist noch immer die bekannteste Einkaufsadresse der Stadt (→ Touren 7 und 8). Hier findet man internationale Mode, Folklore, Porzellan und Souvenirs (→ Kasten S. 85). Entlang des eleganten Boulevards **Andrássy út** (→ Tour 10) haben sich die Flagshipstores in-

Einkaufen 83

ternationaler Nobelmarken angesiedelt. Weniger exklusiv ist die **Rákóczi út** mit ihren Modegeschäften, in der vor allem die Budapester einkaufen. Ganz das Gegenteil dazu ist die zur „**Fashion Street**" aufgemotzte Deák Ferenc utca (→ Tour 8 „Einkaufen") mit eleganten Shops internationaler Modedesigner. Die Antiquitätenstraße der Stadt ist die **Falk Miksa utca** in der Leopoldstadt (→ Tour 9), wo sich ein Geschäft an das andere reiht. *Antikvitas*-Läden gibt es aber auch im Burgviertel. Buch- und Musikantiquariate konzentrieren sich am **Museumsring** am Rande der Innenstadt (→ Tour 7).

Die einzelnen Geschäfte stellen wir in den jeweiligen Stadttouren vor. Die Öffnungszeiten der meisten Läden sind Mo–Fr 9/10–18/19 sowie Sa bis 13/14 Uhr.

Designerstadt Budapest

Junge ungarische Mode, wie die Lables *Nanushka, Use Unused* und *Je Suis Belle*, sorgt seit einigen Jahren auf internationalen Laufstegen für Furore. Die Show-Rooms der Modeschöpfer, die kleinen Boutiquen junger Designer, der monatliche Designmarkt WAMP (→ Märkte) und zwei Fashion Weeks im Jahr machen Budapest zu einem attraktiven Ziel für Shopping-Lustige auf der Suche nach ausgefallener Mode. Die meisten Läden finden sich im V. und VI. Bezirk (→ Touren 7 und 10).

Märkte

Markthallen

Budapest hat eine große und fünf kleine historische Markthallen *(Vásárcsarnok)*, die 1897 alle am selben Tag eröffnet wurden, um die aus der Mode gekommenen Freiluftmärkte zu ersetzen. Diese schon wegen ihrer Architektur sehenswerten, an Bahnhofshallen erinnernden monumentalen Eisenkonstruktionen sind bis heute mit quirligem Treiben erfüllt, wenn auch teilweise in Form eines Supermarkts. Dazu gesellen sich einige neuere überdachte Wochenmärkte *(piac)*. An Marktständen wird übrigens nicht gehandelt und stets in bar gezahlt.

»» Unser Tipp: Große Markthalle (Központi Vásárcsarnok) → Tour 7, der „Bauch von Budapest" ist eine Sehenswürdigkeit ersten Ranges und daher detailliert in der Tour beschrieben. Mo 6–17, Di–Fr 6–18, Sa 6–15 Uhr. IX., Vámház körút 1–3. Ⓣ 2, 47, 49 oder Ⓜ 3 blau Kálvin tér.

Hold utca Markthalle (Hold utcai Vásárcsarnok) → Tour 9, mitten in der Leopoldstadt gegenüber der Jugendstil-Postsparkasse gelegen, sieht innen wie die kleine Schwester der Großen Markthalle aus. Es gibt weniger Obst- und Gemüsestände, dafür einige Buffets und Bistros für eine günstige Mahlzeit zwischendurch. Mo–Fr 6.30–18, Sa 6.30–17 Uhr. V., Hold u. 13. Ⓜ 2 rot Kossuth tér.

Rákóczi téri Vásárcsarnok → Tour 13, die Markthalle am Rákoczi tér hat, abgesehen von einem SPAR-Supermarkt, ein gutes Angebot an Fleisch, Käse und Fisch. Mo 6–16, Di–Fr 6–18, Sa 6–13 Uhr. VIII., Rákóczi tér 7–9. Ⓣ 4, 6.

Klauzál téri Vásárcsarnok → Tour 12, die alte Markthalle im Zentrum des Judenviertels teilen sich einige wenige Obst- und Gemüsestände, ein beliebtes Grillbuffet und ein großer SPAR-Supermarkt. Mo–Fr 7–21, Sa 7–16, So 8–13 Uhr. VII., Klauzál tér 11 oder Akácfa u. 48. Ⓣ 4, 6.

Batthyány téri Vásárcsarnok → Tour 4, die historische Markthalle im Zentrum der Wasserstadt ist heute ein kleines Einkaufszentrum, mit täglich geöffnetem SPAR-Supermarkt, Bankfilialen und Shops. I., Batthyány tér 5. Ⓜ 2 rot Batthyány tér.

Hunyadi téri Vásárcsarnok → Tour 10, in dieser renovierungsbedürftigen historischen Markthalle sind die Budapester unter sich. Sie punktet mit zusätzlichen Marktständen im Freien (gute Auswahl an Obst und Gemüse) und einer Filiale des Delikatessenladens *Culinaris* (Mo 12–19, Di–Sa 9–19 Uhr). Mo–Fr 7–17/18, Sa 7–14 Uhr. VI., Hunyadi tér. Ⓜ 1 gelb Vörösmarty utca.

Floh- und Designmärkte

Der wohl bekannteste Flohmarkt ist der riesige Ecseri-Markt. Im Unterschied zu den Gemüsemärkten ist Feilschen hier an der Tagesordnung.

Ecseri Gebrauchtwarenmarkt (Használtcikk piac), der weit im Südosten Pests gelegene Markt ist noch immer nach seinem alten innerstädtischen Standort in der Ecseri-Straße benannt. Unzählige Stände reihen sich auf dem wellblechüberdachten Areal, Tand und Trödel gibt es en masse: Möbel, Grammophone, Ansichtskarten, kommunistische Medaillen, Spitzen, Porzellanpuppen, Ikonen und auch Antiquitäten. Sa/So frühmorgens lassen sich die besten Schnäppchen ergattern. Mo–Fr 8–16, Sa 6–15, So 8–13 Uhr. XIX., Nagykőrösi út 156. Ⓣ 2, 4 oder 6 bis Boráros tér, ab dort Bus 54 bis Naszód utca.

Große Markthalle – Konsumkathedrale aus Glas und Eisen

Pecsa Flohmarkt (Bolhapiac) → Karte S. 211, die zentrale Lage im Stadtwäldchen zeichnet diesen Flohmarkt aus, es gibt wenig Altes und viel Ramsch. Sa/So 7–14 Uhr. Zichy Mihály út 14. Ⓜ 1 gelb Széchenyi fürdő.

Bolhapalota → Karte S. 221, im „Flohpalast" hinter dem Anker-Haus kann jeder Regale mieten und seinen Trödel verkaufen, von Beatles-Platten über CDs bis Wehrmachts-Utensilien. Mo–Sa 11–19 Uhr. Anker köz 2–4. Ⓜ 1, 2, 3 Deák tér.

》》 **Unser Tipp:** WAMP Designmarkt **(Wasárnapi Műveszpiac)**, junge Designer und Kunsthandwerker verkaufen ihre Produkte preisgünstig im Sommer auf dem Erzsébet tér (Ⓜ Deák tér) und im Winter in der Großen Halle B im Millénáris-Park (Ⓜ 2 rot Széll Kálmán tér). 1- bis 2-mal monatlich, genaue Daten unter www.wamp.hu. 《《

Lebensmittel

Lebensmittelgeschäfte gibt es im Zentrum Budapests an jeder Ecke. Oft sind es kleine, unscheinbare Läden, bezeichnet mit *Csemege* (Delikatessen) bzw. *Élelmizser* (Lebensmittel) und einem angehängten *Bolt*, *Üzlet* oder *Áruház* für Geschäft. Meist gehören sie zur ungarischen Supermarktkette **CBA**, die zurzeit stark expandiert, oder sind **SPAR**-Märkte des gleichnamigen österreichischen Konzerns. In Lebensmittelgeschäften kann man von Mo bis Fr oft ab 7 Uhr, Sa nachmittags und teilweise auch So vormittags einkaufen.

Shopping Malls

Knapp ein Dutzend wurden seit Mitte der 1990er-Jahre aus dem Boden gestampft, und bei den Budapestern sind sie besonders beliebt. Mit ihren angeschlossenen Restaurants, Clubs und Kinokomplexen haben sie großen Unterhaltungswert und bestechen mit ausgedehnten **Öffnungszeiten**: unter der Woche bis 21 Uhr, sonntags ganztägig. Die meisten Malls sind mit der Metro schnell erreichbar. Zu den interessantesten gehören:

Shopping Malls

WestEnd City Center 4 → Karte S. 183, von Ungarns Stararchitekt József Finta geplanter Bau hinter dem Westbahnhof (Nyugati pu.) mit 400 Markengeschäften, darunter 200 Mode- und viele Drogerieläden, ein Hilton-Hotel, 40 Restaurants und Cafés und ein Multiplex-Kino. Die Dachterrasse dient im Winter als Eislaufplatz. Mo–Sa 10–21, So 10–18 Uhr. VI., Váci út 1–3. www.westend.hu. Ⓜ 3 blau Nyugati pu.

Mammut I und II 10 → Karte S. 135, beliebter zweiteiliger Komplex in Buda – eine Glaspassage verbindet die beiden Gebäudeteile. 330 Shops, darunter Benetton, Hervis und Saturn, 40 Cafés und Restaurants sowie ein Kinocenter. Der Wochenmarkt *Fény utca piac* hat hier ebenfalls Unterschlupf gefunden. Mo–Sa 10–21, So 10–18 Uhr. II. Széna tér und Lövőház u. 2–6. www.mammut.hu. Ⓜ 2 rot bis Széll Kálmán tér oder Ⓣ 4, 6.

Arena Plaza 2 → Karte S. 246. Das Shopping- und Entertainmentcenter auf dem einstigen Areal einer Pferderennbahn hinter dem Ostbahnhof (Keleti pu.) ist das größte Mittelosteuropas. 220 Shops, darunter Peek & Cloppenburg, ein Tesco-Hypermarkt, IMAX- und Multiplex-Kino. Mo–Sa 10–21, So 10–19 Uhr. VIII., Kerepesi út 9, www.arenaplaza.hu. Ⓜ 2 rot Keleti pu., dann noch eine Station mit Trolleybus 80.

Hungarika

Mit diesem sperrigen Begriff umschreiben die Ungarn ihre landestypischen Produkte, die sich auch als Souvenirs eignen. Dazu zählen flüssige Köstlichkeiten wie der feine Tokajer Wein, der feurige Marillenschnaps aus Kecskemét *(Barackpálinka)* und der bittere Kräuterlikör *Unicum* (→ S. 65). Weltberühmt ist die Pick-Salami aus dem südungarischen Szeged, wobei man hier zur paprikalosen, mittelharten Wintersalami *(Téliszalami)* greifen sollte.

Hungarika sind auch die Produkte zweier bekannter Manufakturen: *Herend-Porzellan* fertigt in Mittelungarn seit 1842 feines Tafelgeschirr mit zartem Blumendekor, *Zsolnay* aus Pécs ist für schillernd glasierte Zier- und Gebrauchskeramik bekannt. Nicht jedermanns Geschmack sind die farbenfrohen Stickereien aus dem südungarischen Kalocsa, die Blusen und Tischwäsche zieren. Aus dieser Landesecke kommt auch der berühmte rote Paprika *(Piros Paprika)* – die Schoten kann man frisch, zum Trocknen auf einen Strang gefädelt oder gemahlen in einem Säckchen mitnehmen. Den roten Paprika gibt es in sechs Stufen mit zunehmender Schärfe: extra *(különleges)*, Delikatess *(csemege)*, edelsüß *(édesnemes)*, halbsüß *(félédes)*, Rosen *(rózsa)* und scharf *(csípős)*, wobei

Pick – Ungarns berühmte Salami

scharf eigentlich unessbar und edelsüß am gängigsten ist. Beste Einkaufsquelle für Hungarika ist übrigens die Große Markthalle.

Das Széchenyi-Bad – Badespaß mitten im Stadtwäldchen

Baden, Sport und Freizeit

Budapest bietet zahlreiche Möglichkeiten für sportliche oder entspannte Aktivitäten. Weltberühmt sind die Heil- und Schwimmbäder, die mit Thermalwasser und historischer Architektur locken. Die Grünanlagen in und um die Stadt laden zum Laufen, Wandern und Radfahren ein.

Wer andere oder ausgefallene Sportarten ausüben möchte, erhält entsprechende Informationen in den Budapest-info-Büros (→ S. 94) bzw. in den dort ausliegenden kostenlosen Budapest-Stadtführern.

Budapests Bäder

Auf dem Gebiet der Haupt- und Kurstadt, die sich auch *Bad Budapest* nennen dürfte, sprudeln rund 120 heiße Quellen und versorgen täglich bis zu 40 Bäder mit insgesamt 70.000 m³ Thermalwasser. Schon die Römer wussten das mineralhaltige, heiße Wasser zu schätzen und errichteten die ersten Thermen. Die türkisch-osmanischen Besatzer belebten im 16./17. Jh. die Badekultur aufs Neue und verankerten ihre traditionelle Badehauskultur in der ungarischen Lebensart. Bis heute werden die Bäder der Stadt nicht nur zur Linderung vieler Beschwerden aufgesucht, sondern als soziale Treffpunkte und Orte der Entspannung gesehen. Im frühen 20. Jh., als in Europa der Kurtourismus blühte, kamen repräsentative Badepaläste wie das Széchenyi- und das Gellért-Bad hinzu. Ab den 1930ern entstanden die Strand- und Freibäder, die teilweise auch mit Thermalwasser befüllt werden. 2008 hinzugekommen ist das riesige Erlebnisbad Aquaworld.

Die 12 wichtigsten Thermal- und Strandbäder der Stadt sind im Besitz der *Budapest Gyógyfürdői és Hévízei Zrt.*, einem städtischen Unternehmen, das notorisch unter Geldmangel leidet.

Baden, Sport und Freizeit

Dementsprechend zäh geht auch die Renovierung der Bäder vor sich, mit der diese in punkto Hygiene und Komfort zeitgemäßen Ansprüchen angepasst werden sollen.

Einen Überblick über Zusammensetzung und Heilwirkung der einzelnen Thermalwässer bietet www.heilbaderbudapest.com.

Historische Thermalbäder

Budapests Thermalbäder sind meist täglich ab 6 Uhr bis 20 Uhr geöffnet, Kassenschluss ist immer eine Stunde vorher. Bei allen Thermal- und Strandbädern ist der Eintritt Sa/So und feiertags teurer, für Wellnessangebote zahlt man extra. Einen Überblick über Zusammensetzung und Heilwirkung der einzelnen Thermalwässer bietet www.heilbaderbudapest.com.

»» Unser Tipp: Széchenyi-Bad (Széchenyi gyógyfürdő) → Karte S. 211, neobarocke Palastanlage im Stadtwäldchen (→ Tour 11). Mit seinen 15 Becken zählt es zu den größten Badeanlagen Europas. Es gibt drei Außenpools im prachtvollen Innenhof (26 °C kaltes Schwimm- und zwei 34–38 °C warme halbrunde Entspannungsbecken) sowie 12 kleinere Thermalwasserbecken im Inneren, in stuckverzierten Sälen, die sich in einer Raumflucht aneinanderreihen (20–40 °C, gemischte Nutzung). Durch unscheinbare Glasschiebetüren auf Höhe der beiden Entspannungsbecken gelangt man vom Innenhof zu den Thermalbädern (es geht also immer durchs Freie, selbst bei Schnee). Im „Szecska", wie Budapester das Bad nennen, findet man auch die berühmten Schach spielenden Rentner. Touristen nehmen den Eingang gegenüber dem Großzirkus, hier gibt es mehrsprachige Infos. Tägl. 6–22 Uhr. Tageskarte 4100–4550 Ft, Morgenkarte (6–8 Uhr) bzw. Abendkarte (ab 17 Uhr) 3800–4500 Ft; mit Budapest Card 10 % Nachlass. XIV., Állatkerti krt 11. www.szechenyibad.hu. . Ⓜ 1 gelb Széchenyi fürdő. **«««**

Gellért-Bad (Gellért gyógyfürdő) → Karte S. 125, in Buda am Fuß des Gellértbergs. Eines der schönsten Heilbäder Europas (→ S. 130) dank seiner Jugendstil-Schwimmhalle (eher kühle 26 °C) und der mit Zsolnay-Keramik verzierten, 2008 renovierten Thermalbäder (36–38 °C). Von Mitte Mai bis Okt. gibt es zusätzlich zwei große Außenbecken (26/36 °C) samt Wellenanlage (seit 1927!).

Das Gellért ist das teuerste Thermalbad der Stadt. Tägl. 6–20 Uhr. Tageskarte (Thermal- und Schwimmbad) 4400–4600 Ft, ab 17 Uhr 3200–4300 Ft; mit Budapest Card 10 % Nachlass. XI., Kelenhegyi út 4, www.gellertbad.hu. Ⓣ 18, 19, 41, 47, 49 oder Bus 7.

Rudas-Bad (Rudas gyógyfürdő) → Karte S. 125, 2012 renoviertes Bad am Fuß des Gellértbergs bei der Elisabethbrücke (→ Tour 3) mit einer großen, von zweistöckigen Arkaden gesäumten Schwimmhalle (29°C) und dem noch aus der Türkenzeit stammenden Thermalbad – vier Bassins (16–42°C) mit dem berühmten achteckigen, überkuppelten Becken in der Mitte (36°C). Schwimmbad (immer gemischt) Mo–Mi 6-18, Do–So 6–20 Uhr, Fr/Sa zusätzlich 22–4 Uhr. Thermalbad: gemischt Fr 22–4, Sa 6–20/22–4, So 6–20 Uhr, Herren Mo/Mi–Fr 6–20, Damen Di 6–20 Uhr. Tageskarte (Schwimm- und Thermalbad) 3900–4200 Ft; mit Budapest Card 20 % Nachlass. I., Döbrentei tér 9, ✆ 3561322. www.de.rudasfurdo.com. Ⓣ 18, 19 oder Bus 7, 8 oder 86.

Lukács-Bad (Lukács gyógyfürdő) → Karte S. 135, schön renoviertes, untouristisches Thermalbad im Neoklassizismus-Stil nahe dem Budaer Brückenkopf der Margaretenbrücke (→ Tour 4), keine Geschlechtertrennung. Es gibt eine Trinkhalle am Eingang, einen Schwimmbadbereich mit drei Außenbecken (22, 26 und 33 °C-Erlebnispool mit Sprudel und Wellenkanal) sowie einen Thermalbadflügel (24–40° C). Tägl. 6–20 Uhr. Tageskarte 3500 Ft, Morgenkarte (6-8 Uhr) bzw. Abendkarte (ab 18 Uhr) 2600–3100 Ft; mit Budapest Card frei! II., Frankel Leó út 25–29, www.de.lukacsfurdo.hu. Ⓣ 4, 6, 17.

Veli Bej-Bad (Veli bej fürdő), 2012 stilvoll modernisiertes türkisches Bad (16. Jh.) inmitten eines Krankenhauses neben dem Lukács-Bad (s. o.). Vier kleine Pools (32–40 °C) umgeben auch hier das überkuppelte Mittelbecken (36 °C). Tägl. 6–12, 15–21 Uhr. 3-Std.-Karte 2500 Ft. Mit Budapest Card 30 % Nachlass. II., Árpád fejedelem útja 7. www.irgalmas.hu. Ⓣ 4, 6, 17.

Király-Bad (Király gyógyfürdő) → Karte S. 135, renovierungsbedürftiges, schummeriges Bad aus der Türkenzeit in der Wasserstadt (→ Tour 4). Vier kleine, überkuppelte Thermalbecken (26–40 °C), kein Schwimmbad. Tägl. 9–21 Uhr. Tageskarte 2400 Ft; mit Budapest Card 20 % Nachlass. II., Fő u. 84. Ⓣ 19, Bus 86.

Erlebnisbad

Aquaworld → Karte Umschlag vorne. Moderner Wasserthemenpark am nördlichen Stadtrand; 17 Bassins unter einer Riesenkuppel, darunter Wellen- und Surfbecken sowie 11 Rutschen. Tägl. 6–22 Uhr. Tageskarte 4990–5690 Ft, Kind 3–14 J. 2490–2840 Ft. IV., Ivés út 16. www.aqua-world.hu. Kostenloser Shuttle-Bus ab Heldenplatz (Abfahrt tägl. 9.30, 13.30, 17.30, 19.30 Uhr).

Sommerbäder

Die ungarischen Freibäder *(Strandfürdő)* sind von Juni bis Ende August geöffnet. Die bekanntesten sind:

Palatinus Strandfürdő → Karte S. 153, Budapests größte Freibadanlage mit 8 großen Becken (28–32 °C), Rutschenpark und Wellenpool liegt auf der Margareteninsel. Sie wird mit Thermalwasser gespeist, daher gibt es auch zwei kleine 36 °C heiße Bassins. An Spitzentagen tummeln sich hier bis zu 20.000 Badegäste, zusätzliche Action bieten DJs und Parties. Juni bis Ende Aug. tägl. 9–19/20 Uhr. Tageskarte 2600–3000 Ft, Mo–Do ab 17 Uhr 1900 Ft, Kabine 600 Ft extra; Kind 2–14 J. 1900– 2100 Ft; mit Budapest Card 20 % Nachlass. XIII., Margitsziget. www.de.palatinusstrand.hu. Bus 26 ab Ⓜ 3 blau Nyugati pu.

Római Strandfürdő → Karte Umschlag vorne, Strandbad neben dem Római Fürdő Campingplatz im nördlichen Óbuda. Riesige, grüne Anlage mit alten Bäumen und weiten Wiesen; großes Schwimm-, ein Erlebnis- und ein Kinderbecken (bis 27 °C), 5 Rutschen, Fontänen und Wildwasserbahn. Juni bis Ende Aug. tägl. 9–20 Uhr. Eintritt

Baderegeln und Kleiderordnung

Nicht-Ungarn staunen bisweilen über die archaischen Gepflogenheiten, die sich in manchen Budapester Bädern erhalten haben. Üblicherweise sind diese in Schwimm- und Thermalbäder getrennt: Im *Schwimmbereich*, der immer für beide Geschlechter gleichzeitig zugänglich ist, herrscht strenge Badekappenpflicht und eine vom Bademeister überwachte vorgeschriebene Schwimmrichtung. Die reinen *Thermalbereiche* können hingegen nach Geschlechtern getrennt sein, was etwa im Rudas-Bad zu eigenen Damen- und Herrenbadetagen führt. Mindestens einmal pro Woche ist allerdings Familientag mit gemischter Nutzung.

Die bis zu 42 °C heißen Thermalwasserbecken sind reine Heilbäder, dienen also der Entspannung – es wird nicht geplanscht und nicht geschwommen, und man sollte auch nicht länger als 20 Minuten darin verweilen. Kinder unter 14 J. dürfen sie gleich gar nicht benutzen. Ist man wie im Rudas-Bad geschlechtermäßig unter sich, wird traditionell nackt gebadet – oder man verwendet den dafür ausgehändigten Lendenschurz aus Leinen. Natürlich darf man auch sein privates Badetrikot tragen, das heiße Thermalwasser soll jedoch für den Stoff schädlich sein.

Das legendäre komplizierte Kästchen-Sicherheitssystem in den Budapester Bädern wurde inzwischen durch die sogenannte *Proxy-Watch* ersetzt, ein Chip-Armband, das man an der Kasse erhält. Es muss während des gesamten Aufenthalts im Bad getragen werden und verschließt bzw. öffnet auch Kästchen oder Kabine, indem man es mit dem „Uhrenblatt" an das Schloss oder einen Scanner hält. Fragen an das Personal helfen meist wenig weiter, denn kaum jemand spricht eine Fremdsprache. Ein Besuch in einem historischen Badetempel ist also in jeder Hinsicht ein Erlebnis – ein „Muss" bei jedem Budapest-Aufenthalt. Badebekleidung, Badekappe und Flip-Flops dürfen somit im Reisegepäck Richtung Ungarn nicht fehlen.

2300–2600 Ft, Kabine 600 Ft extra; Kind 2–14 J. 1700–1800 Ft; mit Budapest Card 20 % Nachlass. III., Rozgonyi Piroska út 2. www.de.romaistrand.hu. H 5 und Schiff D 12 bis Római fürdő.

Sport aktiv und zum Zuschauen

Eislaufen

Városligeti Műjégpálya (Kunsteisbahn im Stadtwäldchen) → Karte S. 211, die historische Eislauffläche (im Sommer ein Teich) gehört zu den größten Europas (→ Tour 11) und ist von vielen Werbefotos vertraut. Auch Verleih von Eislaufschuhen. Mitte Nov.–März Mo–Fr 9–13/17–20, Sa/So 10–14/16–20 Uhr. Eintritt für 4 Std. Mo–Do 1200 Ft, Fr/Sa/So 1400 Ft. XIV., Olof Palme sétány 5. www.mujegpalya.hu. Ⓜ 1 gelb Hősök tere.

Laufen, Wandern, Radeln

Beliebte Areale zum Laufen, Joggen oder Walken sind die **Margareteninsel** (→ Tour 6) und das **Stadtwäldchen** (→ Tour 11). Das schönste Wandergebiet in unmittelbarer Stadtnähe sind die **Budaer Berge** (→ Tour 14), die auch viele Mountainbiker nutzen. Als Ausflug für Radfahrer bietet sich der Radweg entlang der Donau nach Szentendre (→ S. 250) an. Radverleih → S. 44.

Fußball

Fußball *(Labdarúgó)* ist die beliebteste Sportart in Ungarn, selbst wenn internationale Erfolge seit Jahrzehnten ausbleiben. In der höchsten Spielklasse, der Nationalen Meisterschaft **NB I.** *(Nemzeti Bajnokság)* spielen 16 Mannschaften, darunter in der Saison 2013/14 die Budapester Vereine Ferencváros, MTK, Újpest und Honvéd. Die wichtigsten Stadien sind:

Puskás-Ferenc-Stadion → Karte S. 246, das frühere Népstadion bietet 68.000 Zuschauern Platz. Hier spielen die Nationalelf und internationale Popstars. XIV., Istvánmezei út 3–5. Ⓜ 2 rot Puskás F. Stadion.

Albert Flórián Stadion → Karte S. 246, Heimstätte der „Grün-Weißen" von Ferenc-

Winterlicher Abendsport: Eislaufen im Stadtwäldchen

város (Franzenstadt) mit 25.000 Plätzen. IX., Üllői út 129. Ⓜ 3 blau Népliget.

Formel 1

Zu den attraktivsten Sportveranstaltungen des Landes zählt der auf dem Hungaroring (19 km nordöstlich von Budapest) jährlich (mindestens bis 2021) am 1. Sonntag im August ausgetragene **Große Preis von Ungarn** der Formel 1. Den Hungaroring erreicht man an Renntagen mit dem Shuttlebus ab Ⓜ 3 blau Árpádhíd oder mit der H 8/9 ab Ⓜ 2 rot Örs vezér tere. Tribünenplätze kosten 100–300 €, Stehplätze 70 €. Für den Campingplatz am Renngelände muss man extra zahlen. Detaillierte Informationen unter www.hungaroring.hu.

Wissenswertes von A bis Z

Adressen

Adressen schreiben sich in Budapest zum Beispiel so: IX., Üllői út 131. II/12. Die römische Ziffer bezeichnet den Bezirk *(kerület)*, es folgen Straßenname, Hausnummer, Stockwerk *(emelet)* und Türnummer. Wird an Stelle der römischen Ziffer für den Bezirk die vierstellige Postleitzahl verwendet, so steht die erste Ziffer (1) für die Stadt Budapest, die zweite und dritte ergeben die Bezirksnummer (z. B. 1128 für den 12. Bezirk).

Abkürzungen

utca (abgekürzt u.) = Straße/Gasse; *út* = (breite) Straße; *körút* (abgekürzt krt.) = Ring; *tér* oder *tere* = Platz; *rakpart* = Kai; *ker.* = Bezirk, *híd* = Brücke; *sétány* = Allee; *köz* = Passage; *hegy* = Berg; *központ* = Zentrum; *kert* = Garten; *udvar* = Hof; *negyed* = Viertel.

Ärztliche Versorgung

Erste Hilfe und Notfallambulanz sind für Ausländer kostenlos. Für weitergehende Behandlungen gilt die **Europäische Krankenversicherungskarte (European Health Insurance Card/EHIC)**, die sich meist auf der Rückseite nationaler Versicherungskarten befindet (soweit bereits eingeführt, sonst erhält man eine „provisorische Ersatzbescheinigung"). Mit ihr sollte es möglich sein, direkt zum Arzt zu gehen, ohne die Kosten vorstrecken zu müssen. Dies funktioniert allerdings nicht problemlos. Ärzte, die nicht im staatlichen Gesundheitssystem arbeiten, akzeptieren die Karte oft nicht. Die Behandlung muss dann bar bezahlt werden, die Kosten werden zu Hause gegen Vorlage einer Quittung von der Krankenkasse zurückerstattet. Der Abschluss einer kurzfristigen privaten **Reisekrankenversicherung** ist daher ratsam, denn sie deckt im Notfall auch einen Heimtransport ab.

Wer zwischen Frühjahr und Herbst Ausflüge in die grüne Umgebung Budapests plant, dem sei eine **Zeckenschutzimpfung** dringend empfohlen.

Apotheken (*Gyógyszertár* oder *Patika*) sind üblicherweise Mo–Fr 8–18/20 und Sa 8–14 Uhr geöffnet. Über Notdienste informiert ein Aushang. Einige Apotheken bieten einen 24-Stunden-Service an. Die meisten Medikamente sind um vieles billiger als in der Heimat, viele dürfen allerdings nur gegen Rezept abgegeben werden.

Ärztlicher Notdienst Falck SOS Hungary (0–24 Uhr), ✆ +36 (1) 2000100.

Zahnärztlicher Notdienst SOS Dental Service (0–24 Uhr), ✆ +36 (1) 2679602.

24-Stunden-Apotheken Teréz Patika, am Großen Ring (Ⓣ 4/6), VI., Teréz körút 41, ✆ +36 (1) 3114439. Déli Gyógyszertár, beim Südbahnhof (Déli pu., Ⓣ 61), XII., Alkotás u. 1/B, ✆ +36 (1) 3554691.

Behinderte Menschen

Bei behindertengerechten Einrichtungen hat Ungarn noch großen Nachholbedarf. Nur neuere Hotels und wenige Budapester Sehenswürdigkeiten sind rollstuhlgerecht ausgestattet, das öffentliche Verkehrssystem ist mit Ausnahme weniger Busse und der neuen Straßenbahngarnituren auf den Linien 4 und 6 kaum benutzbar. Der Ungarische Behindertenverband MEOSZ gibt auf seiner Homepage (Seiten „English Version") entsprechende Informationen.

Information Ung. Behindertenverband **MEOSZ**, III., San Marco u. 76, ✆/✉ +36 (1) 2509013, www.meoszinfo.hu.

Buchtipp Happy mit Handicap in Budapest, 2011, Stadtführer für Rollstuhlfahrer, Bestellung unter http://happymithandicap.jimdo.com.

Diplomatische Vertretungen

Ungarische Botschaft in Deutschland, Unter den Linden 76, 10117 Berlin. Mo–Mi/Fr 9–12, Mi auch 14–16 Uhr. ✆ +49 (0)30-203100. www.mfa.gov.hu/emb/berlin.

In Österreich, Bankgasse 4–6, 1010 Wien. Mo–Mi 8.30–11, Do 13–15 Uhr. ✆ +43 (0)1-53780300. www.mfa.gov.hu/emb/vienna.

In der Schweiz, Muristr. 31, 3006 Bern. Di–Fr 10–12 Uhr. ✆ 004131-3528572. www.mfa.gov.hu/emb/bern.

Deutsche Botschaft in Budapest, I., Úri u. 64–66, 1014 Budapest. Mo–Fr 9–12, Juni–Aug. auch 13.30–15.30 Uhr. ✆ +36 (1) 4883500. www.budapest.diplo.de.

Österreichische Botschaft in Budapest, VI., Benczúr u. 16, 1068 Budapest. Mo–Fr 9–11 Uhr. ✆ +36 (1) 4797010. www.austrian-embassy.hu.

Schweizerische Botschaft in Budapest, XIV., Stefánia út 107, 1143 Budapest. Die Botschaft hat ihre Konsularangelegenheiten nach Wien ausgelagert und eine 24-Std.-Helpline eingerichtet: ✆ +41 800-247365. www.eda.admin.ch/budapest.

Adressen in Budapest – seit 2011 ist vieles neu

Dokumente

Auch innerhalb der EU benötigt jeder Erwachsene und jedes Kind für den Grenzübertritt einen gültigen Personalausweis oder Reisepass. Wer mit dem eigenen Fahrzeug unterwegs ist, muss Führerschein und Fahrzeugschein bei sich haben. Die Mitnahme der internationalen Grünen Versicherungskarte ist zu empfehlen.

Drogen

Einfuhr, Handel, Besitz und bereits der bloße Konsum von Drogen (auch Haschisch und Marihuana) werden in Ungarn mit langjährigen Haftstrafen geahndet.

Feiertage

Arbeitsfreie Feiertage sind 1. Januar (Neujahr), 15. März (Jahrestag der Revolution 1848), Ostern *(húsvét),* 1. Mai (Tag der Arbeit), Pfingstmontag *(pünkösd),* 20. August (Stephanstag zu Ehren des ersten ungarischen Königs), 23. Oktober (Nationalfeiertag, Jahrestag des Volksaufstands 1956 und der Ausrufung der Republik 1989), 1. November (Allerheiligen), 25./26. Dezember (Weihnachten, *Karácsony).* An all diesen Tagen ist arbeitsfrei – Geschäfte, Banken und auch kleinere Museen sind geschlossen.

Geld

Die ungarische Währungseinheit ist der **Forint** (Ft, Währungscode HUF). Es gibt Münzen zu 5, 10, 20, 50, 100 und 200 und Banknoten zu 500, 1000, 2000, 5000, 10.000 und 20.000 Forint. Den rötlichen 500er-Schein schmückt Freiheitskämpfer Ferenc Rákóczi II., den blauen 1000er Renaissance-König Matthias Corvinus (Mátyás király). Der 2000er zeigt Gábor Bethlen, einen Freiheitskämpfer des 17. Jh., oder in der Millenniumsausgabe von 2000 die Stephanskrone. Violett ist der 5000-Ft-Schein mit dem „größten Ungarn" István Széchenyi, rotbraun der 10.000-Ft-Schein mit dem ersten ungarischen König Stephan (Szt. István király). Von der größten Banknote schließlich, dem 20.000er, blickt streng der Jurist Ferenc Deák.

Hotels der höheren Kategorien, einige innerstädtische Supermärkte und Restaurants akzeptieren auch **Euro-Bargeld**; hier sowie in Läden internationaler Ketten kann man auch bargeldlos mit den gängigen **Kreditkarten** (Eurocard/Mastercard, Visa, Diners Club, American Express) und den **EC-/Maestro-Karten** bezahlen. Für kleinere Geschäfte und Gaststuben sollte man immer Bares bei sich haben.

Bezahlt wird mit Königen und Freiheitskämpfern

100 Ft = 0,34 €
1 € = 295 Ft
100 Ft = 0,42 CHF
1 CHF = 239 Ft
Stand: 2013

Information

Geldwechsel ist in Banken, Wechselstuben und an Hotelrezeptionen möglich. **Öffnungszeiten** der Banken sind Mo–Do 8–16 Uhr, Fr 8–15 Uhr. Umtauschquittungen müssen bis zur Ausreise aufbewahrt werden. Der Vergleich aushängender Wechselkurse lohnt sich, da man einen vermeintlich besonders günstigen Kurs manchmal mit höheren Provisionen bezahlt. Ratsam ist es auch, die eingewechselten Forint im Land zu verbrauchen, weil der Rücktausch kostspielig ist. Vom illegalen Tausch auf der Straße raten wir dringend ab – man erhält meist Falschgeld.

Ungarisches Bargeld kann man auch an den zahlreichen **Geldautomaten** mit EC-/Giro-/Maestro- oder Kreditkarte abheben. Aus Sicherheitsgründen sollte man die Automaten in den Vorräumen der Banken nutzen. Der tägliche Höchstbetrag ist üblicherweise 400 € – einige deutsche Banken haben zuletzt das Auslandslimit drastisch reduziert, man muss es dann vor der Abreise entsperren lassen. Das Abheben kostet meist einen Fixbetrag (2–5 €) und Gebühren von 0,75 bis 1,5 %. Mit Kreditkarte kostet das Abheben pro Transaktion 2–4 % des Betrags, mindestens aber 5–7,50 €.

Euro-Reiseschecks können in Wechselstuben und Banken persönlich unter Vorlage der Reisedokumente eingelöst werden. Meist wird eine Bearbeitungsgebühr einbehalten.

Sperrnummern variieren je nach Ausstellungsland:

Bei *Verlust der EC/Maestro-Karte*: ✆ 0049-116116 (D), ✆ 0043-12048800 (A), ✆ 0041-800800488 (CH, Credit Suisse).

Bei *Verlust der Kreditkarte*: ✆ 0049-116116 (D, alle Karten), ✆ 0043-171117770 (A, VISA), ✆ 0043-1717014500 (A, MasterCard), ✆ 0041-442008383 (CH, VISA, MasterCard).

Haustiere

Hunde und Katzen benötigen für Reisen innerhalb der EU einen **EU-Heimtierausweis**. Dieser wird bei Vorliegen einer Kennzeichnung des Tieres durch einen Mikrochip ausgestellt und muss einen Nachweis über eine gültige Tollwutimpfung (mindestens 30 Tage, maximal 12 Monate vor Grenzübertritt) enthalten. Die Einfuhr von **Kampfhunden** (z. B. Bullterrier, Pitbull, nicht jedoch Rottweiler und Dobermann) ist verboten. Hundebesitzer müssen ihre Lieblinge an öffentlichen Plätzen an der Leine, in öffentlichen Verkehrsmitteln mit Maulkorb führen.

Information

Das Ungarische Tourismusamt hält Infos unter **www.gotohungary.com** (auch deutsch) und gebührenfrei unter ✆ **00800-36 000 000** bereit; zudem gibt es Informationsämter in Deutschland und Österreich (das Schweizer Büro wurde geschlossen):

Budapester Touristinfo – mobil unterwegs

Deutschland: Ungarisches Tourismusamt, 10117 Berlin, Wilhelmstr. 61. ✆ +49 (0)30-2431460, www.de.gotohungary..com.
Österreich: 1010 Wien, Opernring 1/Stiege R/707. ✆ +43 (0)1-585201213, www.at.gotohungary.com.

Zweigstellen des Tourismusamts in Budapest sind die **Budapestinfo Büros:**

Budapestinfo Deák Ferenc tér → Karte S. 173, 2 Min. von der zentralen Metrostation entfernt, tägl. 8–20 Uhr. V., Sütő u. 2, ✆ +36 (1) 4388080 (0–24 Uhr). www.budapestinfo.hu. Ⓜ 1, 2, 3 Deák tér.

Budapestinfo Liszt Ferenc tér → Karte S. 196, Mo–Fr 12–18 Uhr. VI., Liszt Ferenc tér 11, ✆ +36 (1) 4388080 (0–24 Uhr). Ⓜ 1 gelb Oktogon.

Auch am **Flughafen** gibt es zwei Budapestinfo Büros: tägl. 10–20/22 Uhr.

Internet und WLAN

In Budapest kann man fast flächendeckend online gehen: Das Gros aller Hotels, Hostels und Campingplätze bietet WLAN/WiFi, viele Bars, Cafés, Shopping-Malls und der Flughafen offerieren es kostenlos. Wer kein mobiles Gerät dabei hat, kann in Internet-Cafés (unten sind zwei zentral gelegene angeführt) surfen.

Private Link, größtes Cybercafé mit 96 Plätzen, tägl. 0–24 Uhr. 700 Ft/Std., billige Nacht- und Sa/So-Tarife. VIII., József körút 52, www.private-link.hu.

Fougou Internet, außerhalb des Großen Rings, tägl. 7–24 Uhr. 200 Ft/Std. VII., Wesselényi u. 57, www.fougou.uw.hu.

Kinder

Für kleine und größere Kinder bietet Budapest eine Reihe an Attraktionen – bei sonnigem wie auch bei Regenwetter. Ein Hauptziel ist das *Stadtwäldchen*, wo es einen großen Park, einen Teich zum Bootfahren, den Zoo und den Großzirkus gibt. Bei Regen lockt in der Südostecke des Parks das *Verkehrsmuseum* mit seinen Lokomotiven und der Modelleisenbahn, aufregend sind die Haie und Rochen im *Tropicarium* und die Experimente im *Palast der Wunder* im Süden von Buda. Viel Spaß bietet ein Ausflug mit der *Zahnradbahn* oder der *Kindereisenbahn* in die Budaer Berge, ein kurzes Vergnügen die Fahrt mit der *Standseilbahn* auf den Burgberg. In bizarre unterirdische Reiche entführen die beiden *Tropfsteinhöhlen* in den Budaer Bergen. Viel Auslauf gibt es auf den weiten Wiesen der *Margareteninsel*, die man am besten mit dem Schiff ansteuert. Dort locken im Sommer auch das riesige Palatinus-Freibad und die bunten Tretautos, mit denen man auf der Insel herumkurven kann.

Klima und Reisezeit

Aufgrund seiner Becken- und Binnenlage hat Budapest ein gemäßigtes Kontinentalklima mit recht ausgeprägten Jahreszeiten, sprich heißen Sommern und kalten Wintern. Die Niederschlagsmengen sind mit durchschnittlich 600 mm im Jahr gering, die jährlichen 2000 Sonnenstunden liegen weit über dem mitteleuropäischen Durchschnitt. Das Frühjahr zieht im April mit einer raschen Erwärmung ein, die Kraft der Sonne sorgt dann bis weit in den Spätherbst für angenehme Temperaturen. Mit dem regenreichen November kündigt sich der Winter an, der im Januar und Februar durch arktische Kaltlufteinbrüche in Budapest ziemlich frostig (bis −15 °C) werden kann. Dicke Fellohrenmützen finden dann bei Touristen reißenden Absatz. Mitunter bleibt für einige Tage eine Schneedecke von wenigen Zentimetern liegen, was üblicherweise zu einem gewaltigen Verkehrschaos führt.

Die beste **Reisezeit** sind die sonnenreichen Monate von Mitte/Ende April, wenn bei mildem Frühlingswetter die Budaer Berge wieder grünen und die Parkbäume blühen, bis in den traumhaften goldenen Herbst Ende Oktober/Anfang November. Im Juli kann es in Budapest unerträglich heiß und stickig werden – eine Stadtbesichtigung wird

Budapest

	Ø Lufttemperatur (Min./Max. in °C)		Ø Tage mit Niederschlag	Ø Stunden mit Sonnenschein
Jan.	-2	3	7	2
Febr.	-1	6	6	3
März	3	12	6	4
April	7	17	6	6
Mai	12	23	8	7
Juni	14	26	8	8
Juli	16	28	6	9
Aug.	15	27	6	8
Sept.	12	23	5	7
Okt.	8	17	5	5
Nov.	3	8	7	2
Dez.	-1	4	8	2
Jahr	7,1	16,1	6,5	5,3

dann zur Qual. Mitte August, wenn die Formel 1 in Budapest gastiert, ist die Stadt komplett ausgebucht, die Übernachtungspreise sind dann um das Zwei- bis Dreifache erhöht. Ab November wird es ruhig. Die Touristen kommen wieder zu den Weihnachtsfeiertagen und über den Jahreswechsel, der in Budapest meist mit Galadinners gefeiert wird.

Internetwetter: www.met.hu (ung.), www.meteoprog.hu (engl.).

Kriminalität

Die Situation unterscheidet sich wenig von der in anderen europäischen Großstädten. Wer die üblichen Vorsichtsmaßnahmen beachtet und spätabends einsame und düstere Ecken meidet, wird kaum Probleme haben. Die größten Gefahren sind Taschen-, Trick- und Autodiebstahl. Im Gedränge, etwa in Bussen, Straßenbahnen und an U-Bahn-Schaltern, in Einkaufszentren oder touristischen Treffpunkten (z. B. Große Markthalle, Heldenplatz, Burgviertel, Váci utca) sollte man besonders auf seine Wertsachen achten. Ratsam ist es auch, sein Fahrzeug, vor allem wenn es sich um neue Fabrikate von Mercedes, BMW, Audi oder Geländewägen handelt, ausschließlich auf bewachten Parkplätzen abzustellen und nichts Wertvolles (auch keine Autopapiere) im Wagen liegen zu lassen.

Sein Geld los ist, wer auf der Straße illegal Geld wechselt oder sich zu einem Glücksspiel (z. B. Hütchenspiel) hinreißen lässt. In beiden Fällen sind Betrüger am Werk, die Falschgeld anbieten bzw. mit falschen Mitspielern operieren. Gewarnt wird in Budapest auch vor illegalen Taxis, denen das gelbe Nummernschild und das gelbe Taxi-Zeichen fehlen und die horrende Fahrpreise verlangen (→ S. 42).

Allein reisende Männer sollten sich auch vor sogenannten „Konsummädchen" in Acht nehmen. Diese jungen, attraktiven Frauen fordern mit Charme zu einem gemeinsamen Lokalbesuch auf. Allerdings wollen sie eingeladen werden – wobei dem Rechnungsbetrag mehrere Nullen angehängt werden und dieser rigoros mit mafiaähnlichen Methoden eingetrieben wird.

Literatur

Ungarische Autoren haben seit Jahren einen festen Platz auf den internationalen Bestsellerlisten. In ihren Büchern geht es meist um Kommunismus, Nazi-Zeit und Tod. Ein paar Tipps:

Wissenswertes von A bis Z

Geschichte György Dalos, *Ungarn in der Nussschale. Geschichte meines Landes*, Beck 2005. Der in Berlin lebende Ungar lädt zu einem empfehlenswerten Ausflug in die Vergangenheit seiner Heimat ein.

Paul Lendvai, *Die Ungarn – Eine tausendjährige Geschichte*, Goldmann 2001. Das viel gelobte Standardwerk des ungarisch-österreichischen Star-Journalisten zeichnet ein einfühlsames Porträt des „einsamsten Volkes in Europa".

Paul Lendvai, *Mein verspieltes Land: Ungarn im Umbruch*, Ecowin 2010. Lendvais jüngstes, von ungarischen Medien heftig attackiertes Werk analysiert die Entwicklung Ungarns von 1989 bis zum aktuellen Rechtsruck unter Viktor Orbán.

Georg Kövary, *Ein Ungar kommt selten allein – Der Magyarenspiegel aufpoliert*, Starks-Sture 2009. Kövary gibt mit viel Humor und Selbstironie Einblicke in seine Heimat.

Belletristik György Konrád, *Sonnenfinsternis auf dem Berg*, Suhrkamp 2005. Der autobiografische Roman eines der führenden Intellektuellen Ungarns ist eine beeindruckende Ungarn-Studie in der zweiten Hälfte des 20. Jh.

Sándor Márai, *Die Glut* (2011) und *Das Vermächtnis der Eszter* (2003), beide Piper Verlag. Die Wiederentdeckung des 1989 verstorbenen Márai für den deutschsprachigen Markt begann mit diesen beiden Romanen, in denen es um Wiedersehenserlebnisse vor der Kulisse des untergehenden Habsburgerreiches geht. 2011 erschien *Befreiung* über das brutale Kriegsende 1945 in Budapest.

Imre Kertész, *Roman eines Schicksallosen*, Rowohlt 2009. Dem Nobelpreisträger von 2002 gelang mit diesem Buch, in dem er in autobiografischen Zügen den Gang eines Teenagers ins KZ beschreibt, die Entmystifizierung von Auschwitz.

Péter Nádas, *Parallelgeschichten*, rororo 2013. In seinem vielfach ausgezeichneten Opus magnum erzählt Nádas auf über 1700 Seiten die Geschichte einer ungarischen und einer deutschen Familie von 1914 bis 1989 anhand scheinbar zusammenhangloser Episoden, zu denen auch ein fast 100 Seiten langer Liebesakt zählt …

Péter Esterházy, *Harmonia Caelestis* (2003), und *Verbesserte Ausgabe* (2004), beide Berlin Verlag. Der Budapester Adelsspross setzte in der 900-seitigen Familienchronik seinem Vater zunächst ein literarisches Denkmal. In der verbesserten Ausgabe berücksichtigte er auch dessen Spitzeltätigkeit nach 1956, die erst kurz zuvor bekannt wurde.

Juli in Budapest: die Stadt kühlt sich ab im Palatinus-Strandbad

Hugo Hartung, *Ich denke oft an Piroschka*, Ullstein 2002. Mit der zuckersüßen Romanze im Ungarn der 1920er-Jahre traf der Münchner Autor mit der Erstausgabe 1954 den Nerv der Zeit. Der darauf basierende Filmklassiker mit Liselotte Pulver prägte das Ungarn-Bild der Deutschen für Jahrzehnte.

Viktor Iró, *Tödliche Rückkehr: Kommissar Perlinger ermittelt*, Piper 2010. Irós Romandebüt ist ein spannender Politkrimi um eine Leiche im Lukács-Bad und besticht mit detailreichen Beobachtungen von Budapest und seinen Bewohnern.

Antal Szerb, *Reise im Mondlicht* (2011) und *Die Pendragon-Legende* (2008), beide dtv. Der 1945 im KZ umgekommene Szerb wurde wie Márai für das deutschsprachige Publikum wiederentdeckt. In seinen Romanen erweist er sich als famoser Erzähler voll Witz und Ironie.

Museen

Den Kulturinteressierten bietet Ungarns Hauptstadt über 60 Museen, darunter international renommierte Leckerbissen wie das *Museum der Schönen Künste* am Heldenplatz und die *Nationalgalerie* im Burgpalast. Die meisten Museen und Ausstellungen sind **montags geschlossen** und sonst von 10 bis 18 Uhr geöffnet. In der Nebensaison (November bis März) schließen einige bereits um 16 Uhr. Kleinere Sammlungen sind oft nur einzelne Tage geöffnet.

Der Eintritt in die großen Museen kostet 6–12 €, Kinder, Studierende bis 26 J. und Rentner ab 62/65 J. genießen meist 50 % Ermäßigung, über 70 J. gibt es sogar häufig freien Eintritt. Die großen Museen haben ihre Exponate auch in Englisch und/oder Deutsch beschriftet oder bieten mehrsprachige Führer und Audioguides an. Das Museumspersonal spricht meist nur Ungarisch. Wer in den Museen fotografieren möchte, muss an der Kasse eine Lizenz erwerben, die bis zu 2500 Ft kostet.

Ein Verzeichnis aller in diesem Reiseführer beschriebenen Museen finden Sie im Register am Ende des Buchs.

Ungarns Post ist rot

Notruf

Zentraler Notruf ✆ 112

Polizei *(Rendőrség)* ✆ 107

Rettung/Notarzt *(Mentők)* ✆ 104

Feuerwehr *(Tűzoltók)* ✆ 105

Pannenhilfe ✆ 188 bzw. ✆ 01-3451755

Öffnungszeiten

Die Öffnungszeiten von Banken, Museen und Postämtern sind in diesem Kapitel unter den Rubriken „Geld", „Museen" und „Post" angeführt. Im Kapitel „Einkaufen" (→ S. 83) finden sich die Öffnungszeiten der Läden, die der Bäder im Kapitel „Baden, Sport und Freizeit" (→ S. 87).

Post

Die ungarische Post *(Magyar Posta)* hält ihre Ämter in der Hauptstadt Mo–Fr 8–18 Uhr offen. Länger geöffnet haben die Postämter beim Westbahnhof *(Nyugati pályaudvar*, VI., Teréz körút 51, Mo–Fr 7–20, Sa 8–18 Uhr) und beim

Ostbahnhof *(Keleti pályaudvar,* VIII., Baross tér 11, Mo–Fr 7–21, Sa 8–14 Uhr).

Das **Porto** für Postkarten und Briefe (bis 20 g) in Länder innerhalb Europas kostet 235 (Non-Priority) bzw. 260 Ft (Priority), in außereuropäische Länder 270 bzw. 300 Ft (Stand 2013). **Briefmarken** kauft man am besten in einer Tabaktrafik *(trafik),* in Postämtern steht man meist lange in der Warteschlange. Die ungarischen **Briefkästen** sind rot und mit einem Posthorn geschmückt.

Rauchen

Seit 2012 gilt in Ungarn ein strenges Rauchverbot. In Restaurants, Bars, Theatern, am Arbeitsplatz, in öffentlichen Verkehrsmitteln, an Haltestellen sowie auf Spielplätzen darf nicht mehr geraucht werden, selbst baulich getrennte Raucherbereiche sind nicht zulässig. Vom Rauchverbot ausgenommen sind Gartenlokale und Open-Air-Veranstaltungen. No Smoking heißt auf Ungarisch *Tilos a dohányzás*. Seit Mitte 2013 sind Zigaretten und Tabakwaren nicht mehr in lizensierten Nationalen Tabakläden *(Nemzeti Dohánybolt)* erhältlich, für Unter-18-Jährige ist der Eintritt verboten.

Sprache

Ungarisch gehört zur finno-ugrischen Sprachfamilie und hat mit den anderen indoeuropäischen Sprachfamilien (romanisch, slawisch, germanisch) keinerlei Gemeinsamkeiten. Ungarisch zu lernen ist deshalb überaus mühsam; dem Deutschsprachigen macht schon die unterschiedliche Aussprache der Konsonanten und Vokale Probleme. Doch für eine Budapest-Reise muss man nicht Ungarisch lernen. In Geschäften, Restaurants und Hotels wird perfektes Verkaufs- oder Speisekartendeutsch gesprochen, und unter den jüngeren Ungarn ist Englisch weit verbreitet. Hinweise, um zumindest die Namen der Straßen und Sehenswürdigkeiten halbwegs korrekt auszusprechen, gibt am Ende des Buchs unser Sprachführer „Etwas Ungarisch".

Strom

Die Netzspannung in Ungarn beträgt 220 Volt, Adapter sind nicht erforderlich.

Telefonieren

Mobil telefonieren ist in Ungarn problemlos möglich, aber teuer. Den Markt teilen sich die drei Anbieter T-Mobile, Telenor und Vodafone. Roaming-Tarife in der EU betragen ab Juli 2014 für abgehende Anrufe max. 0,228 €, für ankommende max. 0,06 €/Minute. Eine günstige Alternative sind internationale **Prepaid CallingCards**. Dabei wählt man sich von jedem beliebigen Telefon (Festnetz oder mobil) mit der auf der Karte angegebenen Zugangsnummer und einem freigerubbelten PIN-Code in ein Netz mit günstigen Tarifen ein.

Öffentliche Telefonzellen funktionieren mit Forint-Münzen (20, 50, 100 Ft), oft auch mit Euro-/Centmünzen (50 Ct, 1 oder 2 Euro) oder mit Telefonkarten *(Telefonkártya)* für 1000 oder 2000 Ft, die man in Touristbüros und auf Postämtern erhält. Bei **Ferngesprächen innerhalb Ungarns** wählt man zuerst die 06, wartet den Signalton ab und wählt dann die Vorwahl- und Rufnummer des Teilnehmers. Die Vorwahl für Budapest ist 1. **Bei Gesprächen von Ungarn ins Ausland** wartet man nach der 00 das Freizeichen ab, bevor man mit der Vorwahlnummer des Landes fortsetzt. Am günstigsten ist Telefonieren von 19 bis 7 Uhr, an Wochenenden und Feiertagen.

Internationale Vorwahlen: nach Deutschland: 0049, nach Österreich: 0043, in die Schweiz: 0041. Immer gilt: Die Null der Ortsvorwahl entfällt.

> **Vorwahl nach Budapest:**
> ab Deutschland, Österreich und der Schweiz jeweils 0036-1; innerhalb Ungarns 06-1.

Toiletten

Öffentliche WCs sind in Budapest rar, kostenpflichtig und lassen in punkto Sauberkeit zu wünschen übrig. Wenn es mal drängt, am besten die Gemächer eines besseren Hotels, Restaurants oder Einkaufscenters aufsuchen.

Toilettenbezeichnung: Női oder Nők (Damen), Férfi oder Férfiak (Herren).

Zeit

Auch in Ungarn gilt die Mitteleuropäische Zeit (MEZ). Beginn und Ende der Sommerzeit decken sich mit der in Deutschland, Österreich und der Schweiz.

Zeitungen/Zeitschriften

In Budapest erscheinen zwei deutschsprachige Wochenblätter mit Aktuellem zu Politik, Wirtschaft, Sport und Kultur: die *Budapester Zeitung* (www.budapester.hu) und der traditionsreiche *Pester Lloyd* (www.pesterlloyd.net), Letzterer seit 2009 nur noch als Online-Zeitung.

Internationale Presse gibt es in Bahnhöfen, an Zeitungskiosken in der Innenstadt sowie in großen Hotels.

Die meistgelesenen ungarischen Tageszeitungen sind die Boulevardblätter *Blikk* (das ungarische Schwesterblatt des Schweizer *Blick*) und *Metropol*, die kostenlose U-Bahn-Zeitung. Bei den Qualitätsblättern hat das frühere Organ der Kommunistischen Partei, die heute unabhängige, linke *Népszabadság* (Volksfreiheit), die Nase vorn, gefolgt von der rechtskonservativen *Magyar Nemzet* (Ungarische Nation), der liberal-konservativen *Magyar Hírlap* (Ungarische Presse) und der ebenfalls linken *Népszava* (Volksstimme).

Neu seit 2013: „Nationale Tabakläden"

Zoll

Innerhalb der EU dürfen Waren für den privaten Gebrauch ohne Mengenbeschränkung aus- und eingeführt werden. Als Richtmengen pro Person gelten: 10 l Spirituosen, 90 l Wein (davon max. 60 l Schaumwein) und 110 l Bier; 800 Stück Zigaretten, 400 Zigarillos 200 Zigarren.

Für Reisende aus Nicht-EU-Ländern gelten diese Obergrenzen: 2 l Wein, 1 l Spirituosen (bis 22 % Vol.), 200 Zigaretten, 50 Zigarren, 250 g Tabak und Waren bis zu einem Gesamtwert von 300 € auf dem Landweg bzw. 430 € auf dem Luftweg.

Blick über die Kettenbrücke zu Matthiaskirche und Fischerbastei

Tour 1	Budaer Burgviertel	→ S. 102
Tour 2	Um den Budaer Burgpalast	→ S. 114
Tour 3	Tabán und Gellértberg	→ S. 122
Tour 4	Wasserstadt	→ S. 132
Tour 5	Óbuda und Aquincum	→ S. 142
Tour 6	Margareteninsel	→ S. 150
Tour 7	Südliche Innenstadt und Kleiner Ring	→ S. 158
Tour 8	Nördl. Innenstadt und Donaukorso	→ S. 170

Stadttouren

Tour 9	Leopoldstadt	→ S. 180
Tour 10	Entlang der Andrássy út durch die Theresienstadt	→ S. 194
Tour 11	Heldenplatz und Stadtwäldchen	→ S. 208
Tour 12	Elisabethstadt und Jüdisches Viertel	→ S. 218
Tour 13	Josefstadt und Franzenstadt	→ S. 228
Tour 14	In die Budaer Berge	→ S. 236
Ausflüge außerhalb des Zentrums		→ S. 244
Ausflüge in die Umgebung		→ S. 249

Fischerbastei mit Reiterstatue des Hl. Stephan

Tour 1: Budaer Burgviertel

Verwinkelte Gassen, mittelalterliche Häuserzeilen, gemütliche Cafés und kleinstädtischer Charme prägen die historische Bürgerstadt auf der Nordseite des Burgbergs – der ideale Start für einen Budapest-Rundgang. Mit der Matthiaskirche und der für ihren Ausblick berühmten Fischerbastei lockt das Burgviertel mit zwei architektonischen Glanzlichtern.

Der Burgberg *(Várhegy)* ist ein von Höhlen und Stollen durchzogenes Kalksteinplateau, das sich 60 m über dem rechten Donauufer erhebt. Seit Mitte des 13. Jh. gibt es hier oben eine befestigte Siedlung. Den nördlichen Teil des Burgbergs nimmt das **Burgviertel** *(Várnegyed)*, die historische Bürgerstadt, ein, während am südlichen Sporn der gewaltige **Burgpalast** *(Várpalota* → Tour 2) thront. Zwischen den beiden liegt der Dísz tér, ein langgestreckter Platz, der von Westen durch das Stuhlweißenburger Tor *(Fehérvári kapu)* und von Osten durch das Wassertor *(Vizikapu)* zu erreichen war. Die Auffahrten gibt es bis heute, von den Toren blieb nur ersteres erhalten (weitere Wege auf den Burgberg → Praktische Infos S. 111).

Wer durch die Gassen der verkehrsberuhigten, etwas verschlafen wirkenden Bürgerstadt schlendert, dem fällt die schachbrettförmige Anlage des Viertels auf, die auf die planmäßige Bebauung nach dem Mongolensturm 1241 zurückgeht. Die meisten Häuser haben einen gotischen Kern, der hinter barocken und klassizistischen Fassaden aus dem 17./18. Jh. verborgen ist. Und manch mittelalterliches Bauteil, Fenster oder Türbogen ist auch an den Außenmauern sichtbar. *Műemlék*-Marmortafeln kennzeichnen die denkmalgeschützten Gebäude.

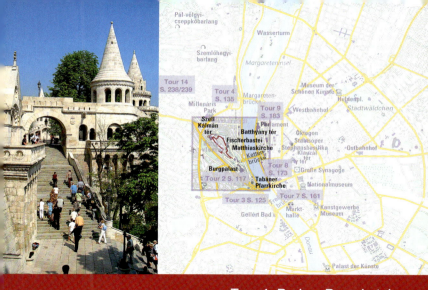

Tour 1: Budaer Burgviertel

Während sich um die Hauptattraktionen des Burgviertels – Matthiaskirche und Fischerbastei – die Touristengruppen tagsüber nur so tummeln, wird es hier abends schnell ruhig. Dann ist der Blick von oben auf das Lichtermeer der Millionenstadt noch eine Spur romantischer.

Spaziergang

Ausgangspunkt der Tour durch die Bürgerstadt ist der weite **Dísz tér (Paradeplatz)** an ihrem südlichen Ende, der beidseitig von zwei- und dreigeschossigen Barockhäusern gesäumt ist. Einen Blick wert sind das fotogene, ockerfarbene Postamt (Nr. 15), der Innenhof von Haus Nr. 16 mit seinen Balkonen (sog. Pawlatschen) und gegenüber das spätbarocke Palais Batthyány (Nr. 3) von 1743. Am oberen Ende des Platzes erinnert das **Hónved-Denkmal** (1893) an den verlorenen Aufstand der ungarischen Landwehr (Hónved) gegen die Habsburger 1848/49. Links daran vorbei erreichen wir die Úri utca (Herrengasse), wo sich auf Nr. 9 ein Eingang zu dem 12 km langen **Stollenlabyrinth** unter dem Burgviertel befindet. Es besteht aus natürlichen Karsthöhlen, die im Lauf der Jahrhunderte miteinander verbunden wurden und als Vorrats- und Weinkeller sowie in Kriegszeiten als Unterschlupf und Munitionslager dienten. Im Zweiten Weltkrieg versteckten sich hier die deutschen Besatzungstruppen vor der anrückenden Sowjetarmee. Ein 1200 m langer Abschnitt wird als *Budavári Labrintus* für Ausstellungen genutzt (tägl. 10-19 Uhr, Eintritt 2000 Ft, www.labirintusbudapest.hu).

Die folgende Quergasse biegen wir rechts hinüber in die belebte **Tárnok utca (Schatzmeistergasse)**, an der im Mittelalter die Kaufleute siedelten und sich heute Restaurants und Souvenirläden goldene Nasen verdienen. Einen Eindruck vom früheren Straßenbild geben die gotischen Häuser Nr. 14 und 16, die beide typische Touristenlokale beherbergen. Im Haus Nr. 18 lohnt das in der alten „Apotheke zum Goldenen Adler" eingerichtete → **Apothekenmuseum (Arany Sas patikamúzeum)** einen Besuch.

Von hier sind es nur wenige Schritte – vorbei an einem Fiakerstand (20-Min.-Rundfahrt für 2500 Ft/Pers.) – zum höchsten Punkt des Burgbergs, dem **Szentháromság tér (Dreifaltigkeitsplatz)**. Er ist *das* touristische Zentrum des Viertels und verdankt seinen Namen der 14 m hohen Barocksäule in der Mitte, die 1714 zum Dank für das Ende der zweiten Pestepidemie errichtet wurde. Der sechseckige Obelisk ist mit Putten und Heiligenfiguren verziert, oben thront die Dreifaltigkeit mit Gottvater, Christus und der goldenen Taube. Bevor wir uns der platzbeherrschenden Matthiaskirche zuwenden, ein Blick zu zwei weiteren Gebäuden: Das barocke mit dem Uhrtürmchen und dem Erker an der Ecke zur Szentháromság utca ist das **Alte Rathaus** von Buda (frühes 18. Jh.), das heute von der Akademie der Wissenschaften genutzt wird. Die Statue in der Nische unter dem Erker ist die griechische Göttin Pallas Athene mit dem Stadtwappen in ihren Händen. Der neugotische Palast an der Nordseite des Platzes ist das frühere Finanzministerium.

Nun zu einer Hauptattraktion des Burgbergs, der → **Matthiaskirche (Mátyás templom)**, deren sehenswertes (kostenpflichtiges) Inneres man durch das gotische Portal an der Südfront betritt. Die Rückseite der Kirche umrahmt die vielfotografierte neoromanische → **Fischerbastei (Halászbástya)**, die einen einzigartigen Blick auf die Donau und Pest bietet – Busladungen von Touristen strömen täglich über ihre Treppen und Gänge, auch im Sommercafé in den Arkaden ist selten ein Tisch frei. Vor der Bastei steht auf einem prächtigen Steinsockel die bronzene → **Reiterstatue des Hl. Stephan**, des ersten Königs von Ungarn (→ Foto S. 102). Die weißen Mauern der Fischerbastei spiegeln sich in der Glasfassade des 1976 eröffneten Luxushotels Hilton Budapest. Der umstrittene Bau des Ungarn Béla Pinter integriert einen gotischen Kirchturm, die spätbarocke Fassade eines Jesuitenkollegs und die Überreste eines Dominikanerklosters aus dem 13. Jh. in die Architektur der 1970er Jahre.

Zwischen Matthiaskirche und Hotel hindurch erreichen wir den langgestreckten, dreieckigen Platz **Hess András tér**, der nach jenem Drucker benannt ist, der 1473 die *Chronica Hungarorum*, das erste ungarische Buch, fertigte. Das Denkmal in der Grünfläche zeigt aber nicht ihn, sondern Papst Innozenz XI., der 1686 die polnisch-österreichisch-ungarische Armee bei der Vertreibung der Türken unterstützte. Rechts haltend geht es nun in die östlichste der vier nahezu parallelen Altstadtgassen, in die beschauliche **Táncsics Mihály utca**. Vom 13.–16. Jh. bildete sie den Kern des Budaer Judenviertels. An beiden Seiten reihen sich zweigeschossige Häuser mit klassizistischen und barocken Fassaden in Pastelltönen. Repräsentativ ist das barocke → **Erdödy-Palais** (Nr. 7). Das Haus Nr. 9 nebenan, im 19. Jh. Kaserne und Gefängnis, zieren Gedenktafeln für die hier inhaftierten Revolutionäre Lajos Kossuth und Mihály Táncsics, einen Schriftsteller. Weiter im Norden der Gasse erinnert in der einstigen → **Mittelalterlichen Synagoge (Középkori zsidó imaház**, Nr. 26) eine kleine Schau an die jüdische Gemeinde des Viertels. Schräg gegenüber führt eine schmale Gasse von der Mihály Táncsics utca hinaus auf die **Mihály-Babits-Promenade**, die direkt auf der Befestigungsmauer verläuft und nordwärts bis zum **Wiener Tor (Bécsi kapu)** führt. Das Tor bildet den Nordzugang zum Burgviertel

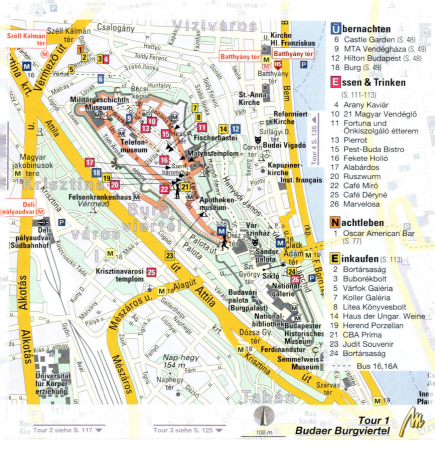

**Tour 1
Budaer Burgviertel**

und wurde 1936 zum 250. Jahrestag der Türkenbefreiung errichtet. Von seiner Plattform hat man einen schönen Blick über das Diplomatenviertel hinweg zur Margareteninsel. Den barocken Platz südlich des Tors, Bécsi kapu tér genannt, beherrschen die neoklassizistische **Lutherische Kirche (Evangélikus templom)**, die 1896 auf einem schmalen, keilförmigen Grundstück errichtet wurde (deutscher Gottesdienst So 10 Uhr) und das 1913–20 nach Plänen von Samu Pecz erbaute imposante neoromanische **Nationalarchiv (Nemzeti levéltár)** mit dem markanten, bunten Keramikdach. Hier werden Urkunden aus über acht Jahrhunderten aufbewahrt, darunter Verträge, Stadt- und Baupläne u. v. a. Von der früheren Bebauung des Platzes zeugen die zweigeschossigen Bürgerhäuser, besonders hübsch ist das Ensemble (Nr. 4-8) auf der Westseite mit den spätbarocken Fassaden (18. Jh.).

Die **Fortuna utca** führt vom Bécsi kapu tér, vorbei an einigen Restaurants, zurück zur Matthiaskirche. Wir gehen aber gleich rechts durch die Hatvani utca in die **Országház utca (Landhausgasse)**, die ihren Namen von dem Gebäude Nr. 28 erhielt: Hier, in dem von Kaiser Joseph II. aufgelösten Klarissinnenkloster, tagte Ende des 18. Jh.

Immer gut besucht: das Ruszwurm

erstmals der ungarische Landtag. Heute wird das Gebäude von der Akademie der Wissenschaften genutzt. Wer die Gasse noch kurz links bergan geht, entdeckt an den Häusern Nr. 18–22 gotische Bauteile aus dem 15. Jh. Wieder zurück, liegt am Nordende der Gasse der Kapisztrán tér, an dem der gotischbarocke Glockenturm, hüfthohe Grundmauern und ein einsam aufragendes gotisches Fenster an die im Zweiten Weltkrieg zerstörte **Maria-Magdalena-Kirche (Magdolna templom)** erinnern. 1276 wurde die Kirche erstmals erwähnt, zur Türkenzeit war sie das einzige christliche Gotteshaus in Buda. Die Nordseite des Platzes schließen das Budaer Rathaus (Városhaza) und das von zwei Kanonen bewachte → **Militärhistorische Museum (Hadtörténeti Múzeum)** ab. Das Denkmal vor dem Gebäude zeigt den Namensgeber des Platzes, den Heiligen János Kapisztrán – eigentlich Giovanni Capistrano – ein italienischer Franziskanermönch, der 1456 mit János Hunyadi erfolgreich gegen die Türken kämpfte, was der gefallene Osmane unter seinen Füßen versinnbildlicht.

Spazieren wir zur Rückseite des Museums, an der sich auch der Eingang befindet (und noch Kanonenkugeln von 1849 in der Fassade stecken), stehen wir auf der **Tóth Árpád sétány**, der nach einem Dichter benannten und von Kastanien bestandenen Promenade auf der westlichen Befestigungsmauer. Sie bietet einen schönen Blick auf die Budaer Berge und ist vor allem in der Nachmittags- und Abendsonne als Spazierweg beliebt. Folgen wir ihr nach rechts, erreichen wir das mit historischen Kanonen bestückte Esztergomer Rondell, auf der die ungarische Fahne bis heute an den Sieg über die Türken erinnert, der 1686 an diesem Festungsabschnitt besiegelt wurde. Ein Stück weiter wird auf der Anjou Bastei auch des damaligen Gegners gedacht: Der schlichte, von einem Turban bekrönte Stein ist das **Grabmal für Abdurrahmán**, dem letzten Pascha von Budapest, der hier, 70-jährig, im Kampf fiel. Zurück am Kapisztrán tér, folgen wir nun der → **Úri utca (Herrengasse)**, der längsten Straße des Burgviertels. Wo diese die Szentháromság utca (Dreifaltigkeitsgasse) quert, verdient das → **Reiterstandbild des András Hadik** Beachtung. Nach links hat man eine schöne Sicht auf die Matthiaskirche, hier würde sich im Haus Nr. 7 die berühmte Biedermeierkonditorei *Ruszwurm* für einen süßen Ausklang der Tour anbieten, doch nur Glückspilze werden auf Anhieb einen der sieben Tische ergattern. Folgt man der Dreifaltigkeitsgasse nach rechts, erreicht man wieder die schöne Tóth-Arpád-Promenade auf der Befestigungsmauer. Auf der ersten Bastei rechts wurde ein hübscher Holzpavillon rekonstruiert, den das *Café Miro* als Sommerterrasse nutzt. Wer mag, kann über eine Treppe durch die Mauer zum → **Felsenkrankenhaus (Sziklakórház)** hinabsteigen.

Auf der Tóth-Árpád-Promenade geht es schließlich mit Blick auf den Burgpalast zum Dísz tér zurück. Wer Lust hat, kann hier den Spaziergang um den Burgpalast (→ Tour 2) fortsetzen.

Sehenswertes

Apothekenmuseum „Goldener Adler" (Arany Sas patikamúzeum): In dem mittelalterlichen Handelshaus eröffnete im 18. Jh. die erste Apotheke des Burgviertels. Das heutige Museum zeigt in vier Räumen die barocke Originaleinrichtung, eine Alchemistenküche sowie pharmazeutisches Gerät und Utensilien aus dem 16./17. Jh. Die Fassade schmückt das schmiedeeiserne Hausschild zum „Goldenen Adler", in einer Nische ist eine naiv-folkloristische Keramik von Margit Kovács (1974) zu sehen.
Mitte März bis Ende Okt. Di–So 10.30–18, Nov. bis Mitte März 10.30–16 Uhr. Eintritt 500 Ft, erm. 250 Ft. www.semmelweis.museum.hu. I., Tárnok utca 18. Bus 16 und 16A.

Matthiaskirche (Mátyás templom): Die Krönungskirche der ungarischen Könige heißt eigentlich Liebfrauenkirche. Erst im 19. Jh. erhielt sie ihren heute gebräuchlichen, von König Matthias Corvinus (1458–90) entlehnten Namen, der die Baugeschichte des Gotteshauses wesentlich beeinflusste. Er ließ den im 13. Jh. zur Zeit König Bélas IV. als Pfarrkirche der deutschen Siedler errichteten Bau um Seitenkapellen, ein Oratorium und einen Südturm erweitern. Die türkischen Besatzer verwandelten das Gotteshaus in die *Büyük Camii*, die Hauptmoschee von Buda, nach der Rückeroberung gelangte sie an die Jesuiten, die sie im Stil des Barock erneuerten. 1867 würdigten die Habsburger die Kirche durch die Krönung von Franz Joseph I. und Elisabeth (Sisi) zum ungarischen Königspaar. Franz Liszt komponierte für diesen Anlass seine berühmte Krönungsmesse. 1874–94 war Frigyes Schulek mit umfassenden Restaurierungsarbeiten beauftragt, die der Kirche wieder ein gotisches

Matthiaskirche – hier wurden Ungarns Könige gekrönt

Aussehen verliehen: Schulek schuf die dem Szentháromság tér zugewandte Westfassade mit einer Kopie der einstigen mittelalterlichen Fensterrose, setzte dem nördlichen (linken), aus dem 13. Jh. stammenden Béla-Turm ein spitzes, farbiges Ziegeldach auf, ließ den 80 m hohen steinernen Matthiasturm neu mauern und das Kirchendach mit bunter Zsolnay-Keramik decken. Das wichtigste im Original erhaltene gotische Element der Kirche ist das Marienportal an der Südseite, durch das man die Kirche betritt (Kasse gegenüber). Das Relief im Tympanon stammt aus dem 14. Jh. und stellt Tod und Himmelfahrt Mariens dar.

Der **Innenraum** überrascht mit üppiger Bemalung – fast wähnt man sich in einer byzantinischen Kirche. Kein Fleckchen an Wänden und Decken, das nicht mit geometrischen Mustern und Pflanzenmotiven verziert ist – eine bizarre Mischung aus mittelalterlicher Malkunst, Volkskunst und ungarischem Jugendstil. Die Fresken und Glasmalereien wurden 1890 von Bertalan Székely und Károly Lotz geschaffen. Einige der Wandgemälde zeigen die Krönungszeremonie von 1867, auch die Fahnen der damaligen Kronländer im Mittelschiff zeugen von dem feierlichen Ereignis. Neugotisch gestaltet wurden Hochaltar und Kanzel. Von den Seitenkapellen ist die *Loretokapelle* links vom Eingang einen Blick wert. Hier stehen zwei anmutige barocke Madonnen, die eine aus Ebenholz, die andere aus rotem Marmor. Die *Dreifaltigkeitskapelle* im nördlichen Seitenschiff birgt unter einem Steinbaldachin die neugotischen Sarkophage des Árpádenkönigs Béla III. und seiner Gemahlin Anne de Châtillon, deren Gebeine im 19. Jh. aus der Königsbasilika in Székesfehérvár hierher überführt wurden. In der *Ladislauskapelle* links neben dem Hochaltar wird eine Kopie des berühmten aus Gold geschmiedeten Kopfreliquiars des Heiligen gezeigt, deren Original aus dem 15. Jh. in der Kathedrale von Győr zu sehen ist. Wegen ihrer guten Akustik ist die Matthiaskirche ein beliebter Ort für klassische Konzerte, bei denen auch die 7000 Pfeifen zählende Rieger-Orgel machtvoll ertönt.

Touristenmagnet Fischerbastei

Der Zugang zu **Kirchenmuseum** und **Schatzkammer** befindet sich rechts vom Hochaltar. Zunächst geht es durch die neoromanische Krypta mit Grabplatten der Árpádenkönige aus Székesfehérvár, man steigt, vorbei an einer marmornen Sisi-Büste, über eine elegante neugotische Wendeltreppe in das Königsoratorium hinauf, wo Nachbildungen der Krönungsinsignien zu sehen sind. Vom prächtigen Malteser-Rittersaal und den Béla-Sälen auf der nördlichen Empore, wo Wappenschilder, liturgisches Gerät und Plastiken ausgestellt sind, bietet sich ein schöner Blick ins Kirchenschiff.

Mo–Fr 9–17, Sa 9–12, So 13–17 Uhr. Eintritt (Kirche + Museum) 1000 Ft, erm. 700 Ft, Fam. 2500 Ft. Audioguide (deutsch) 500 Ft. Gottesdienst mit Kirchenmusik So 10 Uhr. www.matyas-templom.hu. Bus 16 und 16A.

Fischerbastei (Halászbástya): Was da so mittelalterlich aussieht, hat gerade um die 110 Jahre auf dem Buckel. 1899–1905 errichtete Frigyes Schulek an der Stelle der baufälligen Burgmauer die strahlend weiße Bastei im neoromanischen Stil – nicht als Festung, sondern als dekorative Umrahmung der Matthiaskirche. Die Halászbástya besteht aus sieben durch Arkadengänge und Aussichtsterrassen (im Sommer gebührenpflichtig) miteinander verbundenen Türmchen, die in ihrer Form an die Nomadenzelte der Magyarenstämme erinnern. Ihren Namen erhielt die Bastei von der Budaer Fischerzunft, die einst in dem unterhalb gelegenen Stadtteil zu Hause und daher für die Verteidigung dieses Stadtmauerabschnitts zuständig war. Eine großzügige, doppelarmige Freitreppe führt von der Mitte der Bastei in die Fischerstadt, die später Wasserstadt (Víziváros → Tour 4) genannt wurde. Das untere Treppenende schmückt ein Ritterstandbild von János Hunyadi, der 1456 die Türken bezwang.

Mitte März bis Ende April 9–19 Uhr, Mai bis Mitte Okt. 9–20 Uhr. Eintritt (Münzeinwurf) 600 Ft, erm. 300 Ft. Mitte Okt. bis Mitte März Eintritt frei. Bus 16 und 16A.

Reiterstatue des Hl. Stephan: 10 Jahre, von 1896 bis 1906, arbeitete Alajos Stróbl an dem bronzenen Standbild, auf dem der erste ungarische König mit Krone und Krönungsmantel hoch zu Ross zu sehen ist. Schulek, der Architekt der Fischerbastei, entwarf den Marmorsockel mit den vier Löwen und den Seitenreliefs mit Szenen aus dem Leben des Heiligen. Schulek verewigte sich im Relief an der Rückseite in der Figur, die das Kirchenmodell zeigt.

Erdödy-Palais: Der 1750–69 nach Plänen von Matthäus Nepauer für Graf Erdödy errichtete elegante Stadtpalast umschließt einen schönen Innenhof. Hier ist das Musikwissenschaftliche Institut zuhause, das im zugehörigen **Musikhistorischen Museum (Zenetörténeti Múzeum)** Wechselausstellungen zu Ehren berühmter ungarischer Komponisten zeigt.

Di–So 10–16 Uhr. Eintritt 600 Ft, erm. 300 Ft. www.zti.hu/museum. I., Táncsics Mihály utca 7. Bus 16 und 16A.

Mittelalterliche Synagoge (Középkori zsidó imaház): In zwei mit Fresken geschmückten früheren Synagogenräumen aus dem 17. Jh. sind liturgische und profane Gegenstände der Budaer Juden ausgestellt. Beim Toreingang sind mittelalterliche jüdische Grabsteine zu sehen sowie Fragmente einer älteren Synagoge von 1461, die im Hof eines Nachbarhauses freigelegt wurden.

Mai bis Ende Okt. Mi–So 10–17 Uhr. Eintritt 800 Ft, erm. 400 Ft. www.btm.hu. I., Táncsics Mihály utca 26. Bus 16 und 16A.

Museum für Militärgeschichte (Hadtörténeti Múzeum): Das in einer Kaserne von 1830 eingerichtete Museum zeigt Uniformen, Flaggen, Waffen, Landkarten, Medaillen und Munition vom 16. bis 20. Jh. Themenschwerpunkte sind der Unabhängigkeitskampf 1848/49 und der ungarische Aufstand 1956. Ergänzend gibt es Wechselausstellungen.

Di–So 10–18 Uhr, Okt.–März 10–16 Uhr. Eintritt 1100 Ft, erm. 550 Ft. www.militaria.hu. I., Tóth Árpád sétány 40. Bus 16 und 16A.

> **Ein Hallo erobert die Welt**
>
> Wenn das Telefon klingelt, hebt die halbe Welt mit einem „Hallo" ab. Doch bei kaum einem klingelt's, wenn er den Namen des Mannes hört, dem wir das Hallo verdanken. Der Budapester Wissenschaftler Tivadar Puskás war es nämlich, der gemeinsam mit seinem berühmteren Kollegen Thomas Edison 1877 in Boston die erste Telefonzentrale testete. Und da passierte es: Puskás hörte erstmals die Stimme vom anderen Ende der Leitung und frohlockte in seiner Muttersprache *Hallom!* (zu Deutsch *Ich höre!*).

Úri utca (Herrengasse): Mit farbig abgesetzten barocken und klassizistischen Fassaden reihen sich hier die prächtigsten Bürgerhäuser und Stadtpaläste aneinander. Adelige, reiche Kaufleute, Tuchhändler und Vertreter der Kirche waren in der Herrengasse schon seit dem 13. Jh. zuhause. Haus Nr. 64–66 rechter Hand ist heute die Deutsche Botschaft, Nr. 62 (Prímási Palota) die Residenz des Erzbischofs von Esztergom-Budapest und Primas von Ungarn (zurzeit der hochangesehene Kardinal Péter Erdő). Schöne Barockfassaden zieren auch die folgenden Häuser bis Nr. 56. Gegenüber hat sich im Haus Nr. 49 das **Telefonmuseum (Telefónia Múzeum)** eingerichtet. Hier steht die von 1928 bis 1985 betriebene, noch funktionsfähige Telefonzentrale des Burgviertels – die Anlage füllt einen ganzen Raum und ist das Herzstück der Ausstellung. Ein weiterer Saal widmet sich der Entwicklung des Telefons, ausgehend vom ersten Apparat von Alexander Bell (1876) über die von Thomas Edison und dem Ungarn Tivadar Puskás weiterentwickelten Geräte. Ein dritter Raum präsentiert das öffentliche Fernsprechwesen mit historischen Telefonzellen und -apparaten.

Di–So 10–16 Uhr. Eintritt 500 Ft, erm. 250 Ft. Museumseingang am Sa/So und an Feiertagen in der Országház u. 30. www.postamuzeum.hu. Bus 16 und 16A.

Viele Gebäude der Herrengasse weisen noch mittelalterliche Elemente auf. So sind in den Torgängen der Häuser Nr. 40 und Nr. 32 schöne **gotische Sitznischen** zu entdecken. Ihre Funktion ist nicht eindeutig geklärt – waren es Ruhebänke für die Nachtwächter, Plauschecken für die Dienerschaft, Verkaufsstände der Kaufleute oder einfach hübsche Statussymbole nach dem Motto: Einer fängt an, und alle machen es nach? Ein besonders stimmungsvoller Innenhof versteckt sich übrigens hinter dem Tor von Haus Nr. 31.

Reiterstandbild des András Hadik: Der gebürtige Ungar András Hadik (1710–1790) war Kommandant der Budaer

Innenhof in der Úri utca

Burg und erklomm Mitte des 18. Jh. in der k. u. k.-Armee die Karriereleiter in Windeseile: Kaiserin Maria Theresia machte ihn zum General eines Husarenregiments. Im Siebenjährigen Krieg unternahm Hadik 1757 mit seinen Truppen den berühmten „Husarenritt" nach Berlin, das er einen Tag lang besetzt hielt. Der später geadelte Hadik war einer der wenigen Ungarn, die es am Wiener Hof zu hohen Ehren brachte. Hadiks Pferd ist übrigens einen genaueren Blick wert. Weil das Berühren seiner Hoden bei Prüfungen Glück bringen soll, sind sie strahlend auf Hochglanz poliert.

Felsenkrankenhaus (Sziklakórház): Im Höhlensystem des Burgbergs wurde im Zweiten Weltkrieg ein Lazarett für 200 Patienten eingerichtet und zur Zeit des Kalten Kriegs um einen geheimen Atombunker erweitert. Die gut erhaltene und mit 80 Ärzten, Krankenschwestern und Soldaten aus Wachs wieder-„belebte" Anlage kann im Rahmen von 75-minütigen Führungen (in Engl., Audioguide in Deutsch) besichtigt werden.
Tägl. 10–19 Uhr, Führungen zu jeder vollen Stunde. Eintritt 3600 Ft, erm. 1800 Ft, Fam.

Fiakerstandplatz am Burgberg

7200 Ft, EU-Bürger ab 70 J. frei. Mit Budapest Card 30 % Nachlass. www.sziklakorhaz.eu. I., Lovas út 4/c. Bus 16 und 16A.

Praktische Infos → Karte S. 105

Wege ins Burgviertel

Bus 16: startet am Deák tér in Pest (Ⓜ 1, 2, 3), fährt über die Kettenbrücke, quert das Burgviertel, endet in der Várfok utca knapp oberhalb des Széll Kálmán tér (Ⓜ 2, Ⓣ 4, 6) und fährt wieder retour. Alle 7–10 Min. von 5–23 Uhr.

Bus 16A: Der Minibus startet in der Várfok utca oberhalb des Széll Kálmán tér (Ⓜ 2, Ⓣ 4, 6) und durchquert das Burgviertel bis zum Dísz tér. Alle 3–10 Min. von 5–22 Uhr.

Fußweg: Vom Clark-Ádám-tér am Budaer Kopf der Kettenbrücke führt rechts vom Tunnelportal die Königstreppe *(Király lépcső)* in rund 10 Min. geradeaus auf den Dísz tér.

Essen & Trinken

Alabárdos 🔟 Der stilvolle „Hellebarde" residiert in gotischen Gewölben, Waffen und Gemälde dekorieren die Wände, die Küche agiert auf höchstem Niveau: zeitgemäß zubereitete ungarische Spezialitäten, z. B. Gänseleber (3900 Ft), Fischgerichte (4900 Ft), Wildschweinschulter mit Beilagen (4800 Ft). Schöner Innenhof. Mo–Fr 19–23, Sa 12–15, 19–23 Uhr. I., Országház u. 2, ✆ +36 (1) 3560851. www.alabardos.hu.

Arany Kaviár 4 Im opulenten „Goldenen Kaviar", dem besten russischen Restaurant Budapests, speist man wie zur Zarenzeit – russischer und persischer Kaviar (bis zu 12.000 Ft), Hummer, Shrimps oder Borschtsch. Ein 5-Gänge-Menü gibt es für 10.000 Ft. Und zum Nachspülen eiskalten

Wodka – 15 Sorten stehen zur Wahl. Toller Service. Reservieren! Tägl. 12–24 Uhr. I., Ostrom u. 19, ☏ +36 (1) 2016737. www.aranykaviar.hu.

Pierrot 13 1982 als erstes privates Café Budapests eröffnet, heute ist es ein schickes, unprätentiöses Gourmetrestaurant mit moderner ungarischer und vegetarischer Küche zu gehobenen Preisen. Saisonal wechselnde Karte. Abends Live-Pianomusik. Tägl. 11–24 Uhr. Fortuna u. 14, ☏ +36 (1) 3756971. www.pierrot.hu.

Fekete Holló 16 Der touristische „Schwarze Rabe" bietet traditionell zubereitete ungarische Gerichte bei dezenter Zigeunermusik. Große Portionen, die Qualität schwankend, Hauptgericht 2800–4000 Ft. Bei warmem Wetter sitzt man auf der Terrasse schöner als innen in den Jagdräumen. Tägl. 11–22 Uhr. I., Országház u. 10, ☏ +36 (1) 3562367. www.feketehollovendeglo.hu.

21 Magyar Vendéglő 10 Schwesterlokal des Pierrot (liegt gegenüber) im modernen Bistro-Stil mit dunklem Holz und hellem Kalkstein; die ungarische Küche kommt modern und leicht daher (z. B. Karpfen und Kalbsgulasch 3960 Ft, Schomlauer Nocken 1390 Ft). Auf der Weinkarte nur heimische Tropfen. Schöne Straßenterrasse. Tägl. 11–24 Uhr. I., Fortuna u. 21, ☏ +36 (1) 2022113. www.21restaurant.hu.

Fortuna 11 Traditionsrestaurant in Gewölberäumen des 14. Jh., mit drei Speisesälen, die an Ritterstuben erinnern. Klassisch-Ungarisches von Gänseleber bis Gulasch (Hauptgericht 3000–6000 Ft), auch Vegetarisches (2500 Ft) und Salate (1500 Ft). Tägl. 19–24 Uhr. I., Hess András tér 4, ☏ +36 (1) 3756857. www.fortuna-restaurant.hu.

Pest-Buda Bistro 15 2011 eröffnete die Familie Zsidai (Pierrot, 21) ihr drittes Lokal am Burgberg. Das schlichte Retro-Ambiente mit karierten Tischtüchern passt zur bodenständigen Küche (z. B. Hortobágy-Palatschinken 1980 Ft, gefülltes Kraut 2360 Ft, Gänseleber 3320 Ft). Tägl. 12–24 Uhr. Fortuna u. 3, ☏ +36 (1) 2250377. www.pestbudabistro.hu.

》》 Kaffeehaustipp: Ruszwurm Cukrászda 20 Berühmtes Biedermeiercafé in Sichtweite der Matthiaskirche (seit 1827) mit nur sieben Tischen. Traumhafte Torten und Kuchen (500 Ft), auch zum Mitnehmen. Meist großer Andrang. Keine Kreditkarten. Tägl. 10–19 Uhr. Szentháromság u. 3, ☏ +36 (1) 3755284. www.ruszwurm.hu. 《《

Sommerterrasse des Café Miró

Praktische Infos 113

Café Miró 22 Im Miró-Stil farbenfroh dekorierter Treffpunkt mitten im Burgviertel. Dank zentraler Lage stets gut besucht; neben Sandwiches, Suppen und Snacks gibt es auch Hauptgerichte und Cocktails. Tägl. 9–24 Uhr. I., Úri u. 30, ✆ +36 (1) 2015573. www.cafemiro.hu.

Önkiszolgáló étterem 11 Das tadellose altmodische Self-Service-Restaurant ist die preiswerteste Alternative im Burgviertel. Mo–Fr gibt es von 11.30 bis 14.30 Uhr 2-Gang-Menüs für 700 Ft, ein Hauptgericht kostet 800 Ft. I., Fortuna u. 4 (im Durchgang links die Treppen hinauf).

》》 Unser Tipp: Café Déryné 25 Aus der Konditorei von Frau Déry, einem Ecklokal am Fuß des Burgbergs, wurde 2008 eine stimmige Mischung aus Bistro und Lounge mit kosmopolitischem Ambiente. Kleine Speisekarte mit sehr guter Bistroküche, günstige Mittagsteller, große Weinauswahl. Mo–Fr 7.30–24/1, Sa/So ab 9 Uhr. I., Krisztina tér 3, ✆ +36 (1) 2015573, www.cafederyne.hu. 《《

Marvelosa 26 Das kleine Café-Restaurant unweit der Kettenbrücke erstreckt sich über zwei Geschosse – eine Empfehlung von Leserin Gerlind Fichte: „Unten 7 Tische, oben ca. 15 Tische, 20er-Jahre-Stil in Einrichtung und Musikauswahl, bunt gemischtes Mobiliar. Kleine, feine Karte." Di–Sa 10–22, So bis 18 Uhr. I., Lánchíd u. 13, ✆ +36 (1) 2019221, www.marvelosa.eu.

Einkaufen

Herend Porzellan 19 Edles Tafelgeschirr der traditionsreichen ungarischen Manufaktur. Mo–Fr 10–18.30, Sa 10–14 Uhr. Szentháromság u. 5.

Judit Souvenir 23 Vieles ist hier handgefertigt – von traditionellen Trachten über Folklorepüppchen bis Schmuck. Tägl. 10–18 Uhr. I., Tárnok u. 6.

Litea Könyvesbolt 8 Im verglasten Pavillon im Fortuna-Innenhof gibt es (fremdsprachige) Literatur, CDs und dazu ein Tässchen Kaffee oder Tee. Mo–Sa 10–18 Uhr. I., Hess András tér 4. www.litea.hu.

Koller Galéria 7 Ungarns älteste Privatgalerie (seit 1953) zeigt im einstigen Atelierhaus von Amerigo Tot zeitgenössische Kunst. Tägl. 10–18 Uhr. I., Mihály Táncsics u. 5. www.kollergaleria.hu.

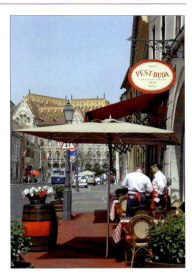

Bistro in der Fortuna utca

Haus der Ungarischen Weine (Budavári Magyar Borház) 14 In dem Kellergewölbe gegenüber dem Hilton kann man Weine aus 22 ungarischen Regionen kennenlernen, verkosten und flaschenweise kaufen. Tickets ab 3000 Ft. Tägl. 12–22 Uhr. I., Szentháromság tér 6. www.budavaribor.hu.

Várfok Galéria 5 Eine der ersten Privatgalerien der Stadt mit Schwerpunkt fotorealistische Kunst. Di–Sa 11–18 Uhr. I., Várfok u. 11. www.varfok-galeria.hu.

Buborékbolt 3 In dem kleinen, bunten „Seifenblasenladen" von Designerin Andrea Nagy kann man nach Taschen, Schmuck, Wohn- und Modeaccessoires sowie ausgefallenen Souvenirs stöbern. Mo–Fr 12–19, Sa 11–15 Uhr. I., Batthyány utca 48, www.buborekbolt.hu.

Bortársaság (2, 24) Die gut bestückte ungarische Vinothekenkette, die auch in Sachen Beratung top ist, betreibt zwei Edelfilialen am Rand des Burgbergs – eine unweit des Széll Kálmán tér, die andere unweit vom Clark-Ádám-tér. Mo–Fr 10–19, Sa 10–18 Uhr. I., Batthyány u. 59 bzw. Lánchíd u. 5. www.bortarsasag.hu.

CBA Príma 21 Supermarkt unweit der Matthiaskirche. Mo–Sa 8–20, So 9–18 Uhr. Tárnok u. 22–24.

Zum Burgpalast führt auch eine Standseilbahn

Tour 2: Um den Budaer Burgpalast

Der von einer Kuppel bekrönte monumentale Burgpalast dominiert den Budaer Burgberg. In seiner Geschichte wurde er immer wieder erobert, zerstört, wieder aufgebaut und erweitert. Seine Funktion als Königsresidenz verlor er vor 400 Jahren. Heute beherbergt er zwei bedeutende Museen und die Nationalbibliothek.

Die Könige aus dem Haus Anjou waren es, die im frühen 14. Jh. erstmals im Südteil des Burghügels einen Palast erbauten. Erhalten ist davon kaum etwas. Mauerreste von Nachfolgebauten sind im Untergeschoss des heutigen Palastes zu sehen. Ein prächtiges Renaissanceschloss entstand im 15. Jh. unter König Matthias Corvinus, das während der türkischen Besatzungszeit allmählich verfiel und schließlich in den Kämpfen zur Befreiung Budapests 1686 gänzlich zerstört wurde. 1719 beauftragte der Habsburger Karl III. den Neubau eines barocken Palastes. Seine Tochter Maria Theresia erweiterte diesen ab 1748 um zwei Flügel. Von 1790 an diente der Palast den kaiserlichen Statthaltern als Residenz, die Kaiser hielten sich höchstens zu Kurzbesuchen hier auf. Nach dem Österreichisch-Ungarischen Ausgleich von 1867 (→ Stadtgeschichte) wurde der Burgpalast nochmals vergrößert. Architekt Miklós Ybl setzte an die Westseite des Burgbergs einen weiteren Flügel, wodurch ein geschlossener Innenhof entstand. Nach seinem Tod 1891 führte Alajos Hauszmann die Arbeiten fort und gab dem Palast mit der 62 m hohen Kuppel und zwei zusätzlichen donauseitigen Flügeln seine heutigen Ausmaße. 1920 bis 1944 residierte hier der Reichsverweser Admiral Hórthy. Im Zweiten Weltkrieg schwer beschädigt und innen völlig ausgebrannt, wurde der Gebäudekomplex ab 1950 wieder

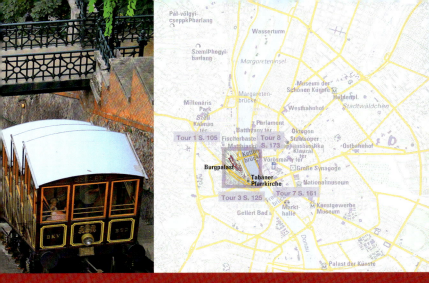

Tour 2: Um den Budaer Burgpalast

aufgebaut – mehr zweckmäßig als originalgetreu, wie die nüchternen Museumsräume und die geschmacklosen Fenster zeigen. Die gleichzeitig durchgeführten archäologischen Grabungen brachten allerdings bis dahin unbekannte Bauteile aus dem Mittelalter zutage.

Spaziergang

Startpunkt des Spaziergangs ist der **Dísz tér** (→ Tour 1) an der Grenze von Bürgerstadt und Palastbereich. Direkt vor uns steht die von Einschusslöchern aus den Kämpfen von 1944/45 gezeichnete Ruine des früheren Kriegsministeriums. Nach einem Abstecher auf die donauseitige Bastei, wo auf einer Bank unter Bäumen der Komponist Zoltán Kódaly als Skulptur von Imre Varga sitzt (→ Foto S. 116), folgen wir der **Színház utca (Theatergasse)** Richtung Süden und treffen auf den gelben Barockbau eines 1782 von Joseph II. aufgelösten Karmeliterklosters, in dem später ein Kasino eingerichtet wurde und heute das Restaurant *Rivalda* (→ Essen & Trinken) residiert. Die ehemalige Klosterkirche wurde 1786 in das → **Burgtheater (Várszínház)** umgebaut, in dem heute das Nationale Tanztheater zuhause ist. An dieses schließt das elegante, klassizistische **Sándor-Palais (Sándor palota)** an, das Graf Sándor 1806 von Mihály Pollack errichten ließ. 1867–1944 war es Residenz der ungarischen Ministerpräsidenten, bis Bombenangriffe nur mehr die Außenmauern übrig ließen. Nach 1989 begann die Rekonstruktion und seit 2002 walten hinter der weißen Fassade Ungarns Staatspräsidenten (zurzeit János Áder) ihres Amtes. Täglich etwa um die Mittagszeit (Zeitpunkt variiert) findet eine Wachablöse im Stechschritt statt.

Wir stehen nun am Szent György tér (St. Georgs-Platz), einer weiten Fläche vor dem umzäunten Burgareal, wo nur noch der Name an die gleichnamige

Mittelalterkirche erinnert. Der Platz reicht hinüber bis zum Westrand des Burgbergs, wo noch immer nach Resten der historischen Bebauung gegraben wird. In dem grünen achteckigen Pavillon neben dem Sándor-Palais befindet sich die Bergstation des → **Sikló**, der vom Clark Ádám tér heraufkommenden Standseilbahn. Stets drängen sich hier an der Brüstung die Schaulustigen, um den Traumblick über die Bahntrasse hinweg auf Kettenbrücke, Palais Gresham und die Kuppel der Stephansbasilika zu genießen.

Eine prächtige neobarocke Einfriedung, auf deren Eckpfeiler ein riesiger bronzener **Turul-Vogel** seine Schwingen ausbreitet (→ Kasten S. 119), trennt den Platz von der donauseitigen Gartenanlage des Burgpalasts. Hinter dem schmiedeeisernen Prunktor (tägl. 6–24 Uhr geöffnet) steigt man die repräsentative Treppenanlage hinab zur über 300 m langen Donaufront des Palastes. Gleich am Beginn passiert man ein aussichtsreiches Sommercafé, weiter süd-

Zoltán Kódaly genießt und schweigt

lich vor dem Kuppeltrakt erhebt sich das 1900 von József Róna gestaltete bronzene **Reiterstandbild Prinz Eugen von Savoyen**, der 1697 in der Schlacht von Zenta im heutigen Serbien den entscheidenden Sieg über die Türken errang; nackte, steinerne Gefangene, die zu beiden Seiten des Pferdes kauern, versinnbildlichen den Sieg. Wer bis an den vorspringenden Mauerteil am Südende der Terrasse geht, kann sich an der beliebten Fotoperspektive erfreuen, bei der das Parlament direkt über dem Pfeiler der Kettenbrücke steht.

Hinter dem Prinz-Eugen-Denkmal befindet sich unter der Kuppel der Haupteingang zur → **Ungarischen Nationalgalerie (Magyar Nemzeti Galéria)**, die den gesamten östlichen Teil des Burgpalastes besetzt und eine riesige Sammlung ungarischer Kunstwerke vom Mittelalter bis ins 20. Jh. präsentiert. Ein Durchgang rechts führt in den äußeren, nach Westen offenen Palasthof, der den Blick auf die Budaer Berge freigibt. In seiner Mitte steht, umgeben von Blumenrabatten, die Skulptur eines Pferdehirten *(Csikós)*, der sein Ross bändigt (1901). Die Aufmerksamkeit und kletternde Kinder zieht allerdings der monumentale → **Matthiasbrunnen** an der Palastfassade auf sich, der von Alajos Stróbl 1904 wie ein Bühnenbild gestaltet wurde. Nach dem Brunnen links haltend erreichen wir durch das nach seinen steinernen Wächtern benannte **Löwentor** den Innenhof des Burgpalasts, der von neobarocken Fassaden umschlossen ist.

An der westlichen (rechten) Seite befindet sich die → **Nationalbibliothek Széchenyi (Nemzeti Széchenyi könyvtár)**, geradeaus geht es zum → **Budapester Historischen Museum (Budapesti Történeti Múzeum)**. Von Mitte November bis Anfang März ist hier die Tour zu Ende. Im Rest des Jahres kann man die Aula des Historischen Museums geradeaus durchqueren, sie durch die rückwärtige Tür ver-

Das Burgtheater und das Sandór-Palais, der Sitz des Staatspräsidenten

lassen und die Treppen in die Befestigungsanlagen aus dem 14./15. Jh. hinabsteigen. Durch eine schmale Maueröffnung rechter Hand geht es weiter in den ehemaligen Zwinger. Hier muss man sich entscheiden, wo man seine Tour beenden möchte: Will man wieder zur Donauterrasse des Burgpalasts hinauf, folgt man der Pflasterstraße links, geht durch das Tor und hält sich wieder links. Man erreicht so die einst den Monarchen vorbehaltene Auffahrt *(Sikló utca)*, die bergauf zum Prinz-Eugen-Denkmal zurückführt. Folgt man der Auffahrt bergab, passiert man das **Große Rondell (Nagy Rondella)**, eine mächtige Torbastei aus dem 15. Jh. (→ Foto S. 22), und gelangt durch weitere Torbögen zum Clark-Ádám-tér bei der Kettenbrücke (→ Tour 4).

Richtung Tabán orientiert man sich schon im Zwinger an dem runden, mit einem Kegeldach versehenen **Keulenturm (Buzogány Torony)** – an dessen Fuß gibt das über Treppen zu erreichende **Ferdinandstor** von 1838 (tägl. 6–24 Uhr) den Weg hinab in das Stadtviertel am Südende des Burgbergs frei.

Unterwegs führt ein Abstecher nach links zu einem Garten mit Überresten eines Türkenfriedhofs: mit Turbanen bekrönte **osmanische Grabsteine**. Unten angekommen, halten wir uns links Richtung Ybl Miklós tér (→ Tour 3), wo Bus 86 mind. alle 10 Min. Richtung Kettenbrücke fährt.

Tour 2
Um den Budaer Burgpalast

Sehenswertes

Burgtheater (Várszínház): Das 1787 eröffnete Haus war das erste ständige Theater Budapests. 1790 gab es hier erstmals eine Aufführung in ungarischer Sprache – bis dahin wurde ausschließlich in Deutsch gespielt. Gedenktafeln an der Fassade erinnern daran, dass Joseph Haydn 1800 hier einer Aufführung seiner „Schöpfung" beiwohnte und Beethoven im selben Jahr hier konzertierte. Seit 2001 dient das Burgtheater dem Nationalen Tanztheater als Spielstätte (→ Tanz S. 68). Im Sommer finden im ehemaligen Klosterhof nebenan hochkarätige Tanzabende statt.

Standseilbahn (Sikló): Die Standseilbahn wurde 1870 eingeweiht, um die k. u. k.-Beamten zur Arbeit in den Burgpalast zu befördern. Nach Kriegsschäden ging das nostalgische Gefährt erst 1986 wieder in Betrieb, um Touristen das Treppensteigen zu ersparen. Die Sikló gilt als älteste Standseilbahn der Welt, die noch auf ihrer ursprünglichen Trasse verkehrt (Betriebszeiten → Praktische Infos).

Ungarische Nationalgalerie (Magyar Nemzeti Galéria): Die 1975 vom früheren Justizpalast (heute Ethnographisches Museum) hierher umgezogene hochrangige Schau ungarischer Kunst beginnt im **Erdgeschoss**, links vom Haupteingang hinter dem Museumsshop.

Ein Lapidarium zeigt dort Steinarbeiten und Bauteile vom Mittelalter bis zur Renaissance, darunter Fragmente des einstigen Burgpalasts sowie den Marmorkopf des Königs von Kalócsa, ein Meisterwerk der Romanik. In den donauseitigen Räumen (schöne Aussicht!) sind gotische Skulpturen und Tafelbilder aus dem 14./15. Jh. zu bewundern, von denen die lieblichen Schnitzarbeiten *Madonna mit Jesuskind* von *Toporc* (um 1420) und *Hl. Dorothea* von *Barka* (um 1420), sowie das *Madonnenbild* von *Bártfa* (1465–70) zu erwähnen sind.

Im **1. Stock** setzt sich die gotische Abteilung im einstigen Thronsaal fort, dort sind ihre Prunkstücke zu sehen: 15 komplett erhaltene Flügelaltäre aus dem frühen 16. Jh. Die Exponate werden im angrenzenden Vestibül nur noch von der *Heimsuchung (Maria und Elisabeth)* des (unbekannten) Meisters M. S. übertroffen, einem Altarbild aus Selmecbánya von 1506. In den zur Donau gewandten Sälen repräsentieren Stillleben, Porträts, Skulpturen und sakrale Werke die Kunst der Spätrenaissance und des Barock; namhafte Meister dieser Zeit waren neben den Ungarn Ádám Mányoki (1673–1757) und Jakab Bogdány (1660–1724) vor allem die Österreicher Franz A. Maulbertsch und Raphael Donner.

Im äußeren Palasthof

Der Turul – der Vogel der Nation

Um die Ursprünge ihres Volkes und seinen Weg ins heutige Ungarn zu erklären, greifen die Magyaren gern auf den Turul zurück. Dieser falkenähnliche Vogel soll um 800 die Urmutter der Ungarn, Emese, im Schlaf geschwängert und ihr im Traum die Geburt eines Stammhalters versprochen haben. Zur Welt brachte sie Álmos (ung. *der Erträumte*), den Vater des Großfürsten Árpád, der die erste Herrscherdynastie Ungarns begründete. Die Story scheint nicht ganz neu, erinnert sie doch an den Heiligen Geist, der in Gestalt einer Taube über Maria kam ...

Eine andere Legende lässt den Turul nicht als Erzeuger, sondern als Reiseleiter auftreten, der den sieben Stammesfürsten bei der Landnahme den rechten Weg gewiesen haben soll. Auf diese Weise zum Nationalsymbol avanciert, wachen die Turule bis heute über Budapest: Sie sitzen auf den Pfeilerspitzen der Freiheitsbrücke und auf den Säulen der Treppenanlage zur Gellért-Statue. Ein riesiges Exemplar (→ Foto) bewacht neben der Standseilbahn den Eingang zur Burg. Und sein Gegenstück in den Bergen über Tatabánya grüßt den Budapest-Besucher schon bei der Anfahrt auf der Autobahn M 1.

Das gesamte übrige erste Stockwerk widmet sich mit zahllosen Werken dem 19. Jh. Prominent platziert ist das 7 mal 3,5 m große Historiengemälde *Rückeroberung der Budaer Burg 1686* (1896) von Gyula Benczúr. Weitere Hauptwerke dieser Art von Historienmalerei sind die Schlachtenbilder *Frauen von Eger* (1867) und *Entdeckung des Leichnams von Ludwig II.* (1860) von Bertalan Székely sowie *László Hunyadi* (1859) von Viktor Madarász. Neben Biedermeierlandschaften von Károly Markó (z. B. *Visegrád*, 1826) und den klassizistischen Gemälden eines Károly Lotz (z. B. *Badende Frau*, 1901) sind mehrere Räume dem Dreigestirn Pál Szinyei Merse, Mihály Munkácsy und László Paál gewidmet, den Pionieren des Impressionismus und Realismus in Ungarn. Szinyei Merses Ölbilder *Picknick im Mai* (1873) und *Frau in Lila* (1874) gelten als die bekanntesten Werke der ungarischen Malerei.

Über das weitläufige zentrale Treppenhaus, das mit dem riesigen, naiv-surrealistischen Hauptwerk von Tivadar Csontváry Kosztka *Ruinen des griechischen Amphitheaters in Taormina* (1905) geschmückt ist, geht es in den **2. Stock** zur Kunst aus der ersten Hälfte des 20. Jh. Aufmerksamkeit verdienen hier die frühexpressionistischen Werke von Károly Ferenczy (z. B. *Der Maler*, 1923) und die vom Jugendstil geprägten Arbeiten von József Rippl-Rónai (z. B. *Frau mit Käfig*, 1892). Im **3. Stock** schließlich folgt eine kleine Sammlung zur Kunst nach 1945 (zeitweise geschlossen).

Die **Krypta der Habsburger Palatine** (Nádor kripta) mit dem Marmorsarkophag des beliebten Palatins Joseph kann nur nach Vereinbarung und mit Führung besucht werden (600 Ft).

Di–So 10–18 Uhr. Eintritt Dauerausstellung 1400 Ft, erm. 700 Ft, Audioguide (dt.) 800 Ft; mit Budapest Card frei. Wechselausstellung 2000–3200 Ft. Freier Eintritt für EU-Bürger ab 70 J. und für alle am 15. 3., 20. 8. und 23. 10. www.mng.hu. Sikló, Bus 16 und 16A.

Matthiasbrunnen: Das Thema des Brunnens ist einer romantischen Ballade des Dichters Mihály Vörösmarty entlehnt. Zentrale Figur darin ist König Matthias Corvinus, der am oberen Absatz des Wasserfalls in Jagdausrüstung stolz einen erlegten kapitalen Hirsch präsentiert – in Begleitung von zwei Jagdgehilfen und drei durstigen Jagdhunden. Am rechten Sockel sitzt die bildhübsche Bauerstochter Szép Ilonka *(Schöne Helena)*, die sich in den vermeintlichen Jägersmann verliebt. Links in eine Kutte gehüllt, der Hofchronist, der die Anekdote aufzeichnet – die übrigens tragisch endet: Als die schöne Ilonka von der wahren Identität des Jägers erfährt und damit die Aussichtslosigkeit ihrer Liebe erkennt, stirbt sie an gebrochenem Herzen.

Nationalbibliothek Széchenyi (Nemzeti Széchenyi könyvtár): 1985 wurde die 1802 von Ferenc Graf Széchenyi begründete Büchersammlung aus dem Nationalmuseum in den Westflügel des Burgpalasts verlegt. Mit sieben Millionen Büchern und Schriften sowie 200.000 Landkarten ist sie heute die größte Bibliothek Ungarns. Ihre kostbarsten Schätze sind die *Chronica Hungarorum* von 1473, das erste in Ungarn gedruckte Buch, die *Gesta Hungarorum* (12. Jh.) des berühmten unbekannten Chronisten (→ Anonymus-Denkmal im Stadtwäldchen) sowie 32 Handschriften

Spätsommer auf der Terrasse des Burgpalasts

aus der ebenso berühmten *Bibliotheca Corviniana* (→ Kasten S. 23).

Führung: Nur Gruppen und nur nach Vereinbarung: ✆ +36 (1) 2243745, pr@oszk.hu. Ticket 200 Ft. www.oszk.hu.

Budapester Historisches Museum (Budapesti Történeti Múzeum): Das Museum im Südflügel des Burgpalasts, auch Burgmuseum genannt, lädt zu einem Gang durch Budapests Stadtgeschichte ein; am beeindruckensten sind die im **Untergeschoss** freigelegten und Reste des mittelalterlichen Königspalasts – es sind Teile der im 14. Jh. erbauten Burg: ein Rittersaal *(Gotischer Saal)* mit einer Sammlung gotischer Skulpturen, die 1974 auf dem Burgberg im Schutt entdeckt wurden, das Untergeschoss der *Palastkapelle* sowie Gänge und Kellerräume. Der *Renaissancesaal* erinnert mit Keramikkunst an die Zeit von Matthias Corvinus.

In den **oberen Geschossen** zeigt das Museum anhand von archäologischen Funden, Keramik, Gebrauchsgegenständen, Kunsthandwerk und Textilien in einer interaktiven Schau „Licht und Schatten – 1000 Jahre Geschichte der Hauptstadt".

Wachablöse vor dem Sandór-Palais

März bis Ende Okt. Di–So 10–18 Uhr; Nov.–Feb. nur bis 16 Uhr. Eintritt 1800 Ft, erm. 900 Ft, mit Budapest Card frei. Audioguide (engl.) 1200 Ft. www.btm.hu. Sikló, Bus 16 und 16A.

Praktische Infos → Karte S. 117

Wege zum Burgpalast

Fußweg: Vom Clark-Ádám-tér führt rechts vom Tunnelportal die Königstreppe *(Király lépcső)* in rund 10 Min. geradeaus auf den Dísz tér; die Sikló utca links vom Tunnelportal führt in einem weiten Bogen mit wenig Steigung zum Burgpalast.

Standseilbahn (Sikló): fährt vom Clark-Ádám-tér zum Platz *(Szt. György tér)* vor dem Burgpalast. Tägl. alle 10 Min. von 7.30–22 Uhr. Ticket 1000 Ft, hin/zurück 1700 Ft, Kind (3–14 J.) 600 bzw. 1100 Ft. Zeitkarten der BKV sind nicht gültig, voller Preis auch für Menschen ab 65 J.

Bus 16/16 A → Tour 1.

Express-Lift: fährt vom Fuß der Burgmauern unterhalb der Nationalbibliothek direkt in den Burgpalast. Mo 6–19, Di–Sa 6–21, So 9–18.30 Uhr. 100 Ft (Münzeinwurf).

Essen & Trinken

Rivalda ❶ Farbenfrohes, etwas überteuertes Lokal in historischem Gemäuer; freundlicher Service, ungarische und internationale Küche in großen Portionen, aber keinesfalls so „luxury" wie angepriesen; schöner Innenhof. Hauptgericht 3900–5700 Ft. Tägl. 11.30–23.30 Uhr. I., Színház utca 5–9, ✆ +36 (1) 4890236. www.rivalda.net.

Budapest Terrace ❷ Traumhaft sitzt man in dieser schicken Restaurant-Bar draußen auf der Terrasse unterhalb des Turuls – das schlägt sich in den Preisen nieder: Sandwiches 1900 Ft, Pasta bis 2900 Ft, Hauptgericht bis 3300 Ft. Ende April–Okt. tägl. 10–22 Uhr. ✆ +36 (30) 3756774. www.budapestterrace.hu.

Im Sommer lässt sich der Durst auch im **Biergarten** am Szt. György tér löschen.

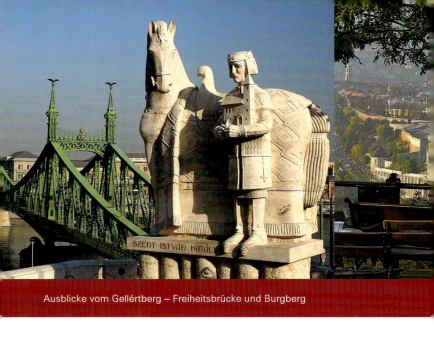

Ausblicke vom Gellértberg – Freiheitsbrücke und Burgberg

Tour 3: Tabán und Gellértberg (Gellérthegy)

Vom Stadtviertel Tabán im Süden des Burghügels geht es hinauf auf den 235 m hohen Gellértberg. Der dichtbewaldete Felsen mit seiner markanten Freiheitsstatue ist ein Wahrzeichen Budapests, die Aussicht vom vielbesuchten Gipfel einzigartig. Die Thermalquellen an seinem Fuß speisen einige der schönsten Bäder der Stadt.

Einst war Tabán, der Stadtteil zwischen Burg- und Gellértberg, ein stimmungsvolles Viertel, in dem Handwerker und Händler ihren Geschäften nachgingen. Im 17. Jh. siedelten hier Serben (damals auch Raizen genannt), die vor den Türken nach Budapest geflüchtet waren. Der Name Raizenbad (Rác-Fürdő) erinnert daran. Als das Viertel zu Beginn des 20. Jh. zusehends verkam, wurden die alten Häuser 1933 im Zuge der Stadterweiterung abgerissen und durch Parkanlagen ersetzt. Doch ein paar wenige, heute mit Sorgfalt gepflegte Häuser, die Tabáner Pfarrkirche und die noch aus der Türkenzeit stammenden Bäder blieben bestehen. Beide, das Rudas- und das Ráczbad, kleben am Nordostfuß des Gellértbergs. Dieser Stadthügel, der schon zur Jungsteinzeit bewohnt war, zählt zu den frühesten Siedlungsgebieten Budapests. Im 17./18. Jh. soll es hier von Hexen gewimmelt haben, Blocksberg wurde er daher bis in die 1950er genannt. Später waren seine Südhänge dicht mit Weinstöcken bewachsen, die Mitte des 19. Jh. der Reblaus zum Opfer fielen. Der Berg trägt den Namen des venezianischen Bischofs Gerhard (ung. *Gellért*), der hier 1046 den Märtyrertod starb. Trotz dieser tragischen Geschichte ist der Gel-

Tour 3: Tabán und Gellértberg

lért-Berg ein Fixpunkt jedes Budapestbesuchs, bietet er doch von seiner Kuppe eine fabelhafte Aussicht auf die Stadt. Wer den Berg nicht zu Fuß erklimmen möchte, kann auch den Bus benutzen (→ Praktische Infos).

Spaziergang

Ausgangspunkt ist der langgestreckte, kaum als Platz wahrnehmbare **Ybl Miklós tér** zwischen Donau und südlichem Burgberg rund 500 m südlich der Kettenbrücke (Haltestelle von Bus Nr. 86). Namensgeber Miklós Ybl (→ S. 31) war ein wichtiger Architekt des Historismus, wie er aussah, zeigt das Denkmal am Nordzipfel des kleinen Grünbereichs. Ybls Hauptwerk ist die Staatsoper, Bauten von ihm gibt es auch hier rundum, wie der → **Várkert-Basar (Burggartenbasar)**, die terrassenförmige Treppenanlage hinauf zum Burgpalast (wird gerade saniert) und der mit einem hohen, schmalen Turm versehene **Várkert-Palota (Burggarten-Palast)**. Er entstand donauseitig zeitgleich mit dem Basar und diente als Pumpstation, um Wasser zum Burgpalast hinauf zu fördern, heute wird er für Veranstaltungen vermietet.

Schräg gegenüber dem Palast steht ein schmuckes, zweigeschossiges Bürgerhaus mit rot-weißer Barockfassade. Es beherbergt das → **Semmelweis-Museum für Medizingeschichte (Semmelweis Orvostörténeti Múzeum)**. Ein paar Schritte links vom Museum erinnert eine Büste an den ungarischen Ministerpräsidenten József Antall (1932–93), einst Direktor des Museums.

Wir stehen nun am südlichen Fuß des Burgbergs, wo die Treppen zum Ferdinandstor des Burgpalasts (→ Tour 2) hinaufführen. Das **Gasthaus zum Goldenen Hirsch** (*Aranyszarvas* – ein

Relief prangt über einem Tor an der Rückseite) hier am Szarvas tér 1 ist eines der wenigen Gebäude aus dem frühen 19. Jh., die den Abriss des Tabán-Viertels überlebten. Heute beherbergt es ein empfehlenswertes Restaurant (→ Essen & Trinken).

Die der Hl. Katharina geweihte **Tabáner Pfarrkirche (Tabáni plébánia templom)** ist nun in Sichtweite; sie teilt ihre Baugeschichte mit vielen Gotteshäusern in Buda: Im Mittelalter errichtet, in der Türkenzeit Moschee, bei der Rückeroberung zerstört und 1728–36 durch einen Barockbau ersetzt. Der von Matthäus Nepauer gestaltete Turm wurde 1753 vollendet und 1881 denen der Wasserstädter St.-Anna-Kirche (→ Tour 4) optisch angeglichen.

Wir umrunden die Kirche und steigen an ihrer zur Donau gewandten Seite über schmale Treppen in die Döbrentei utca hinab. Dort sind an dem schönen Barockhaus von 1815 (gleich rechts, Nr. 15) zwei historische Marmortafeln mit Hochwassermarken zu sehen, die an die Donaufluten von 1775 und 1838 erinnern.

Weiter entlang der Döbrentei utca erreichen wir den Döbrentei tér am Fuß des Gellértbergs, der von Straßenbahnschienen und den aufgestelzten Zubringerstraßen der Elisabethbrücke dominiert wird. Ein Pfeil weist rechts zum nahen → **Raizen-Bad (Rácz fürdő)**, das originalgetreu restauriert und um ein modernes Luxushotel ergänzt auf seine Wiedereröffnung wartet. Geradeaus weiter kommen wir zur Grünanlage inmitten der Brückenrampe, wo das → **Elisabeth-Denkmal** steht. Ein Durchlass in südlicher Richtung führt zum berühmten → **Rudas-Bad (Rudas gyógyfürdő)**. Zum diesem gehört auch die **Rudas-Trinkhalle (Ivócsarnok)**, ein nüchterner Kiosk in der Brückenrampe, wo das heilsame, aber übel schmeckende Wasser dreier Quellen angeboten wird (Mo–Fr; 30 Ft). Vor dem Bad gehen wir zur stark befahrenen Krisztina körút hinauf, von der schon das nächste Ziel des Spaziergangs zu erkennen ist: das monumentale → **Gellért-Denkmal (Szent Gellért szobor)** am steilen Abhang des gleichnamigen Bergs. Den besten Blick auf das von einer halbrunden Kolonnade umgebene riesige Bronzestandbild des Hl. Gellért hat, wer sich ein Stück weit auf die → **Elisabethbrücke (Erzsébet híd)** hinaus begibt.

Über einen der Treppenaufgänge, die von Turulvögeln (→ Kasten S. 119) bewacht zu beiden Seiten des künstlichen Wasserfalls unter dem Gellért-Denkmal nach oben führen, beginnt der Anstieg auf den 235 m hohen Gellértberg – rund 140 Höhenmeter sind zu überwinden.

Wer nicht zu Fuß auf den Gellértberg will, kann beim Rudas-Bad (donauseitig) Bus 7 nehmen bis Móricz Zs. Körtér, wo Bus 27 abfährt → Praktische Infos.

Sisi, die schöne Königin von Ungarn

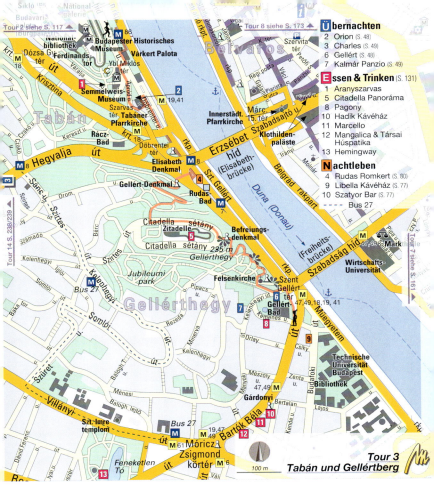

Unterwegs genießt man die Blicke zur Donau und zur Elisabethbrücke; der Abstecher direkt zum Gellért-Denkmal lohnt mangels Aussicht kaum.

Über asphaltierte Wege geht es weiter durch den Wald bergan bis zum Gipfelplateau, wo man idealerweise bei einem runden, mit Fernrohren bestückten Aussichtsplatz ankommt, der einen beeindruckenden Blick auf den gegenüberliegenden Burgberg gewährt. Auf der Citadella sétany, jener Straße, die an den mit historischen Budapestfotos dekorierten Mauern der → **Zitadelle** entlangführt, erreichen wir, vorbei an vielen Souvenirständen (und meist im Pulk mit anderen Touristen), die Südostspitze des Bergs, auf die die Rote Armee 1947 das gigantische → **Befreiungsdenkmal (Szabadság szobor)** klotzte. Von hier genießt man abermals einen herrlichen Blick auf die Stadt. Wer eine Rast im Grünen einlegen möchte, macht einen Abstecher zum gepflegten **Jubiläumspark (Jubileumi park)**, der zum 40. Jahrestag des Aufstands von

1956 an den oberen Südhängen des Gellértbergs angelegt wurde. Dazu spaziert man die Citadelle sétany an der Rückseite der Zitadelle weiter.

Vom Befreiungsdenkmal führen schmale Wege und Treppen über die bewaldeten Südosthänge des Gellértbergs hinunter zum Szt. Gellért tér am Kopf der Freiheitsbrücke. Kurz bevor man unten ankommt, geht es links auf eine kleine Terrasse mit dem als Fotomotiv beliebten **Denkmal von König Stephan I. (Szent István király)**, der sich vor einem Pferd stehend mit seinen Zehen am Sockel festklammert und eine Kirche im Arm trägt (→ Foto S. 122).

Mit auf das Bild sollte auch die → **Freiheitsbrücke (Szabadság híd)**, die sich hier von ihrer schönsten Seite zeigt. Von der Terrasse betreten wir die durch ein Gitter geschützte Höhle im Gellértberg, in der sich die → **Felsenkirche (Sziklakápolna)** befindet.

Nun sind es nur noch ein paar Minuten bergab an den südlichen Fuß des Gellértbergs. Nicht zu übersehen ist das → **Gellért-Hotel** mit dem angeschlossenen → **Gellért-Bad (Gellért gyógyfürdő)**, ein imposanter, mit Türmen und Kuppeln verzierter Komplex im späten Jugendstil (1918). Am Szt. Gellért tér vor dem Hotel endet unsere Tour. Zurück zur Kettenbrücke gelangen wir mit Straßenbahn 19 oder 41. Die Linien 47 und 49 wechseln über die Freiheitsbrücke hinüber nach Pest. Knapp südlich der Brücke legt das Linienschiff an; ab 2015 soll hier auch die Metro 4 halten.

Wer noch gut bei Fuß ist, kann einen Abstecher 400 m donauabwärts zum 1904 errichteten Backsteinbau der → **Technischen Universität Budapest TUB (Műegyetem BME)** anhängen.

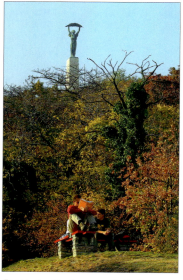

Rast beim Abstieg vom Gellértberg

Sehenswertes

Várkert-Basar: Zwei Torhallen, von Statuen bestandene Balustraden, ein kuppelbekrönter Pavillon, von Löwen flankierte Treppen, Ateliers und Souvenirläden (daher der Name Basar) – mit diesen Zutaten versah Ybl die prunkvolle, im Neorenaissancestil gehaltene Burggartenanlage, die er 1875–82 als Verbindung von Donauufer und Burgpalast errichtete. Noch 2014 soll sie mit Hilfe von EU-Geldern wieder in alter Frische erstrahlen, erweitert um ein in den Burgfelsen gebautes Veranstaltungszentrum.

Semmelweis-Museum für Medizingeschichte: In diesem Haus wurde 1818 der berühmte Frauenarzt und Entdecker des Kindbettfiebers Ignác Semmelweis (→ Kasten S. 127) geboren. Zu sehen ist eine Dokumentation zur

Ignác Fülöp Semmelweis (1818–1865) – „Retter der Mütter"

Dramatisch hoch war die Sterblichkeit auf der Geburtenstation des Allgemeinen Krankenhauses in Wien, in der der Budapester Arzt Semmelweis Mitte des 19. Jh. praktizierte. Und erschreckenderweise raffte das gefürchtete Kindbettfieber gerade in seiner Abteilung mehr Mütter hinweg als in der Nachbarstation, die sich nur dadurch unterschied, dass hier keine Medizinstudenten, sondern Hebammenschülerinnen tätig waren. Es war wie verhext: Je intensiver Semmelweis und seine Studenten die Patientinnen behandelten und die Verstorbenen sezierten, um des Rätsels Lösung zu finden, umso mehr nahmen die Todesfälle zu.

Sogar ein Arzt, der sich beim Sezieren geschnitten hatte, starb plötzlich an Blutvergiftung. Dessen Krankheitsverlauf, der dem Kindbettfieber ähnlich war, ließ Semmelweis endlich die fatalen Zusammenhänge erkennen: Die Mediziner selbst verbreiteten die Krankheit! Im Unwissen über die Infektionsgefahr hatten er und seine Studenten die Leichen seziert, die Hände danach nicht desinfiziert und so die Krankheitserreger auf die Patientinnen übertragen. Die Hebammenschülerinnen hingegen waren nie mit Leichen in Kontakt gekommen. Als Semmelweis nun strenge Desinfektionsvorschriften für Ärzte und Personal einführte, sank die Sterblichkeitsrate schlagartig.

Von da an kämpfte der „Retter der Mütter" unnachgiebig für eine neue Hygiene im Krankenhaus – und stieß, trotz eindeutiger Erfolge, innerhalb der Ärzteschaft vielerorts auf Unverständnis. Von seinem Chef in Wien diskreditiert und entlassen, ging er vergrämt nach Budapest zurück, um als praktischer Arzt und Geburtshelfer, später als Professor für Geburtshilfe an der heute nach ihm benannten Universität zu arbeiten. Doch da war Semmelweis bereits psychisch schwer krank. Im Sommer 1865 wurde er in die Irrenanstalt Döbling bei Wien gebracht, wo er innerhalb eines Monats starb – tragischerweise an einer Blutvergiftung. Die Bedeutung der Hygiene für die Medizin wurde von den Ärzten erst Jahrzehnte später allgemein anerkannt.

Geschichte der Medizin von der Altsteinzeit bis ins 19. Jh.: medizinische Instrumente und Exponate aus vielen Ländern, historische Modelle von Organen, ein mittelalterlicher Keuschheitsgürtel, Schrumpfköpfe, eine Apotheke von 1786 sowie das mit Originalmöbeln ausgestattete Sprechzimmer und persönliche Gegenstände von Semmelweis. Mitte März bis Ende Okt. Di–So 10.30–18 Uhr, Nov. bis Mitte März Di–So 10.30–16 Uhr. Eintritt 700 Ft, erm. 350 Ft. I., Apród utca 1–3. www.semmelweis.museum.hu. Ⓜ 19, 41, Bus 86.

Raizen-Bad (Rácz Fürdő): Das im Mittelalter erbaute und 1869 von Miklós Ybl erweiterte Thermalbad war das Lieblingsbad von König Matthias Corvinus (15. Jh.) – durch einen Geheimgang war es angeblich mit dem Burgpalast verbunden. 2003–12 wurden alle historischen Teile renoviert, u. a. das aus dem 16. Jh. erhaltene türkische Bad; die zwei von Ybl geplanten Kuppeln und seine prachtvolle Dusch-halle wurden originalgetreu rekonstruiert und dem ganzen Ensemble ein zeitgenössischer Hoteltrakt hinzugefügt. Nur die Eröffnung lässt auf sich warten.

Elisabeth-Denkmal: Auf einem breiten Sockel und anmutig an eine Bank voller Rosen gelehnt, sitzt hier seit 1986 die berühmte Sisi, Franz Josephs Gemahlin und Ungarns Königin Elisabeth (ung.

Erzsébet királyné). Obwohl die nahe Brücke nach ihr benannt ist, hätte das Denkmal von György Zala (1896) eine schönere Umgebung verdient, zumal Elisabeth zu den wenigen Habsburgerinnen zählte, die auch von den Ungarn verehrt wurde.

Rudas-Bad (Rudas gyógyfürdő): Es war fast eine Revolution, als das früher nur Männern zugängliche Thermalbad 2005 auch für Frauen geöffnet wurde. Nun dürfen beide Geschlechter in den ältesten Teil des Bades vordringen: das 1566 zur Türkenzeit erbaute achteckige Badehaus mit einem von Säulen umstandenen Marmorbecken, das von einer eindrucksvollen Flachkuppel (auch von außen zu erkennen) mit kleinen, bunten Glasöffnungen überspannt ist, durch die das Licht dringt. Die übrigen Teile des Bads stammen vom Ende des 19. Jh., damals wurde auch ein Hallenschwimmbad angefügt (→ Baden S. 87).

Gellért-Denkmal: Das 1904 von Gyula Jankovits geschaffene Denkmal, eines der bekanntesten der Stadt, zeigt den Hl. Gellért als Missionar mit der erhobenen Rechten, ein Kreuz fest umklammernd. Zu seinen Füßen duckt sich ein bekehrter Heide, der von Ferne wie Asterix aussieht. Der Standort des Denkmals an diesem Abhang soll jene Stelle sein, an der der aus Venedig stammende Benediktinermönch und erste Bischof Ungarns 1046 den Märtyrertod starb: Er wurde von bekehrungsresistenten Heiden in ein Fass gesteckt und in die Donau gerollt – sagt zumindest die Legende. Tatsache ist, dass er 1083 gemeinsam mit König Stephan zu einem der ersten Heiligen Ungarns wurde.

Elisabethbrücke (Erzsébet híd): Die 380 m lange, weiße, moderne Hängebrücke ersetzte 1964 den im Zweiten Weltkrieg zerstörten Vorgängerbau; bei ihrer Eröffnung 1903 war die Erzsébet híd die größte Hängebrücke der Welt, doch wurde sie im Unterschied zu den beiden Nachbarbrücken nicht wieder originalgetreu aufgebaut. Was blieb, war der alte, von der Kaiserin und ungarischen Königin Elisabeth stammende Name.

Zitadelle: Das mittelalterlich anmutende Bauwerk mit den bis zu drei Meter dicken Mauern ließ Kaiser Franz Joseph

Elisabethbrücke und Gellért-Denkmal

Tabán und Gellértberg   129

Freiheitsbrücke mit Gellért-Hotel

1850–54 auf der Kuppe des Gellértbergs erbauen und mit Dutzenden Kanonen bestücken – nicht, um die Stadt zu verteidigen, sondern um sie besser in Schach zu halten, lag doch die Niederschlagung des Aufstands 1848/49 erst kurz zurück. Nach dem Österreichisch-Ungarischen Ausgleich 1867 (→ Stadtgeschichte) war die Zitadelle überflüssig und fiel 1897 an die Stadt. Fortan diente sie als Kaserne, Gefängnis, im Zweiten Weltkrieg als Luftschutzbunker und seit den 1960ern ausschließlich touristischen Zwecken: Sie beherbergt ein einfaches Hostel und zwei Restaurant-Bars, die von dem einmaligen Panorama profitieren (→ Essen & Trinken). In den früheren Bunkern im Inneren der Zitadelle wird in der Ausstellung **Panoptikum 1944** mit Wachsfiguren und Fotos die Zeit der Belagerung Budapests 1944 durch die Rote Armee lebendig. Die Einschusslöcher an vielen Mauerstellen zeugen von diesen Tagen.

Mai bis Ende Sept. tägl. 9–20 Uhr, sonst 9–17 Uhr. Eintritt 1400 Ft. www.citadella.hu. Bus 27.

Befreiungsdenkmal: Eines der typischen gigantischen Mahnmale, wie man sie aus Ländern des früheren Ostblocks kennt. Errichtet wurde das Monument 1947 von den Sowjets zur Erinnerung an die Befreiung Ungarns vom Nazi-Regime, die eigentlich der Beginn einer neuerlichen Besetzung war. Die Figur des bewaffneten russischen Soldaten, die neben den beiden Jünglingen (Allegorien des Fortschritts und des Kampfs mit dem Bösen) Teil des Denkmals war, wurde deshalb nach 1989 demontiert und musste den Weg in den Memento-Park (→ S. 244) antreten. Befremdlich ist auch die Geschichte der 14 m hohen Frauenfigur mit wehendem Kleid: Die Statue, die Admiral Horthy als Denkmal für seinen im Zweiten Weltkrieg als Flieger verunglückten Sohn in Auftrag gegeben hatte, sollte einen Flugzeugpropeller in Händen halten. Nach dem Einmarsch der Sowjets wurde sie flugs zur Freiheitsstatue umfunktioniert und der Propeller durch einen Palmzweig ersetzt.

Freiheitsbrücke (Szabadság híd): Die 1894–96 anlässlich der Millenniumsfeiern erbaute drittälteste Brücke Budapests überspannt die Donau an der hier engsten Stelle – die dekorative grüne Eisenkonstruktion zählt zu den schönsten

Brücken Europas. Zuerst trug sie den Namen von Kaiser (König) Franz Joseph, der 1896 symbolisch den letzten Nagel in das 331 m lange Bauwerk schlug. Nach dem Wiederaufbau 1946 erhielt die Brücke ihren heutigen Namen. Die Spitzen der Brückenpfeiler zieren Turule (→ Kasten S. 119), das ungarische Wappen schmückt die Querbalken.

Felsenkirche (Szikla templom): Die schon seit Urzeiten bekannte Höhle am Südhang des Gellértbergs wurde 1924–31 durch Sprengungen erweitert, in eine Felsenkirche umgebaut und 1934 vom ungarischen Paulinerorden übernommen. Dieser errichtete hier ein kleines neoromanisches Kloster, das an den steilen Abhängen des Gellértbergs klebt und nur vom Donauufer aus zu sehen ist. Zur Zeit des Staatssozialismus wurden die Pauliner vertrieben und die Felsenkirche zugemauert. 1990 erhielten die Mönche ihren Besitz zurück, die Kirche wurde wieder geöffnet. Ein Brocken der 1992 endgültig abgebrochenen Betonmauer ist rechts beim Gittertor erhalten. Über einen schachtartigen Gang erreicht man die Kapellen und Andachtsräume im Inneren der Höhlenkirche.

Keine Besichtigung während der Gottesdienste (tägl. 11, 17 und 20 Uhr, So 9.30 und 10.30 Uhr). Ⓣ 18, 19, 41, 47, 49.

Gellért-Hotel/Gellért-Bad: Thermalhotel und Thermalbad – das berühmte Gellért ist beides. Schon im Mittelalter und zur Türkenzeit soll hier geplanscht worden sein, ein erstes großes Bad entstand im 17. Jh. zur Zeit der Habsburger. Nach dem Bau der Freiheitsbrücke wurde 1911–18 das heutige Hotel und Thermalbad errichtet. Es ist ein Spätwerk des Jugendstils, seine Türme und Erker sind orientalisch inspiriert. Vorbild für das Bad waren die antiken Thermen: eine zentrale, von Säulen umstandene Schwimmhalle mit verschiebbarem Glasdach sowie mit Mosaiken und Keramik verkleidete Thermalbäder zu beiden Seiten. Im Freien wurde ein Wellenpool angelegt (→ Baden S. 87). Um einen Eindruck zu erhaschen, sollte man zumindest einen Blick in das Foyer des Thermalbads werfen (Eingang in der Kelenhegyi út).

In der Zwischenkriegszeit, als János Gundel noch aufkochte und die anreisenden Gäste mit Wasserflugzeugen auf der Donau landeten, war das Hotel der Treffpunkt des internationalen Jetsets. Heute ist es ein Drei- und Vier-Sterne-Betrieb mit zum Teil recht abgewohnten Zimmern – allerdings dürfen Hotelgäste das Thermalbad kostenlos nutzen. Den Platz vor dem Hoteleingang ziert ein von einer steinernen Gitterhaube überstülpter türkisblauer Brunnen aus Zsolnay-Keramik, aus dem das Thermalwasser der Budapester Quellen rinnt.

Technische Universität Budapest (TUB/BME): Die 1782 von Kaiser Jo-

Außenbecken im Gellért-Bad

seph II. gegründete Hochschule für Technik und Wirtschaftswissenschaften (Műegyetem) spielte zur Zeit der Industrialisierung Ungarns in den 1920er und 30er Jahren eine wichtige Rolle. 1956 waren es Studierende dieser Uni, die mit ihren Protestmärschen für mehr Demokratie den Volksaufstand auslösten, heute studieren hier rund 24.000 angehende IngenieurInnen. Das Universitätshauptgebäude, das von einer baumbestandenen Grünfläche umgeben ist, wurde 1910 von Alajos Hauszmann geplant. Von der Donauseite her gelangt man in das mit Glas überdachte Atrium, in dem Büsten an die berühmtesten Absolventen erinnern, darunter Imre Steindl, der Architekt des Parlamentsgebäudes, und der Zauberwürfel-Erfinder Ernő Rubik. An die Rückseite des Hauptgebäudes schließt die unlängst renovierte neugotische Universitätsbibliothek (Könyvtár) an mit einem Lesesaal samt Messinglampen wie aus dem Bilderbuch.

Mo–Fr 9–20 Uhr.

Praktische Infos

→ Karte S. 125

Stadtverkehr auf den Gellértberg

Bus 27: Ab Móricz Zs. körtér (Haltestelle am Beginn der Villányi út) bis Búsuló Juhász (Citadella) am Westende des Jubiläumsparks. Tägl. 5–23 Uhr alle 5–10 Min. Der Bus passiert zwei imposante neobarocke Schulgebäude aus den 1930ern (das renommierte **Szt. Margit Gimnázium** und das **Szt. Imre Gimnázium**, zu dem auch die benachbarte zweitürmige **St. Imre-Kirche** gehört), bevor es durch ein herrliches Villenviertel bergauf geht.

Essen & Trinken

»» Unser Tipp: Aranyszarvas **1** Der traditionelle „Goldene Hirsch" am Südfuß des Burghügels wurde originell aufgefrischt, ein junges Küchenteam sorgt für kreativ verfeinerte ungarische Klassiker, die herrlich munden. Hauptgericht 2800–4500 Ft. Gute Weine aus Ungarn und Österreich, sonnige Terrasse. Tägl. 12–23 Uhr. I., Szarvas tér 1, ✆ +36 (1) 3756451. www.aranyszarvas.hu. **««**

Marcello 11 Alteingesessenes Restaurant im Kellergewölbe eines Ödön-Lechner-Baus; große Auswahl an italienischen und ungarischen Gerichten, von Holzofenpizza bis Zanderfilet. Angesichts der großen Portionen preisgünstig. Miniterrasse an der Straße. Keine Kreditkarten. Mo–Sa 10–22 Uhr. XI., Bartók Béla út 40, ✆ +36 (1) 4466231.

Citadella Panoráma 5 Bei dem trendigen Restaurant-Bar im Panoramasaal der Zitadelle zählt die fantastische Aussicht, dafür nimmt man die durchschnittliche Küche und Hauptgerichte bis 8000 Ft in Kauf. Tägl. 12–24 Uhr. Günstiger ist die **Citadella Lounge** auf der vorgelagerten Terrasse, im Sommer tägl. 11-1 Uhr. XI., Citadella sétány 1, ✆ +36 (1) 2090698. www.citadella.hu.

Hemingway 13 Prominente Restaurant-Bar mit schöner Terrasse (bzw. Wintergarten) am Feneketlen-tó, dem „bodenlosen See" mitten im Park. Große Auswahl an internationaler Küche (Pasta, Fisch und Fleisch) zu gehobenen Preisen. Mo–Sa 12–24, So Brunch von 12 bis 16 Uhr (5190 Ft). XI., Kosztolányi Dezső tér 2, ✆ +36 (1) 3810522, www.hemingway-etterem.hu.

Hadik Kávéház 10 1910–49 war das Hadik ein Literatencafé, danach gammelten die Räume vor sich hin, seit 2010 ist es wieder da: als ein auf nostalgisch getrimmtes Kaffeehaus mit Kristalllüster, Seidentapeten, Kaffee, Frühstück, günstigem Mittagsmenü (990 Ft), schöner, großer Sommerterrasse, Ausstellungen und Lesungen. Tägl. 9–23 Uhr. XI., Bartók Béla út 36.

Pagony 8 Man nehme das alte Kinderfreibad des Gellért, lasse das Wasser aus, stelle Stühle und Tische rein und fertig ist das Sommerlokal samt großem Garten. Dazu Bier vom Fass, Frühstück, Snacks und Burger. Tägl. 10–23 Uhr. XIV., Kemenes u. 10.

Mangalica & Társai Húspatika 12 Delikatessenladen im Stil einer spanischen Bar – von der Decke hängen Schinken vom Mangalitza-Schwein, sonst gibt's Käse, Honig, Schokolade, Gewürze, Bier und Wein und zum hier Verspeisen Sandwiches (1400 Ft), Salate (1000 Ft) und Deftiges (1500 Ft). Mo–Sa 8–23 Uhr, Juli/Aug. geschlossen. XI., Bartók Béla út 50. ∎

Donaupanorama der Wasserstadt

Tour 4: Wasserstadt (Víziváros)

Auf dem schmalen Uferstreifen zwischen Burgberg und Donau erstreckt sich Víziváros, ein Stadtteil der Kontraste: Relikte aus der Osmanenzeit, viele originale Barockhäuser und Wohnblocks der letzten Jahrzehnte. Wenig touristisch und beschaulich geht es hier zu, ebenso im nordwestlich anschließenden Villenbezirk Rosenhügel (Rózsadomb), wo die Tour endet.

Víziváros galt früher als eine typische Unterstadt: Wohnten in dem dahinter ansteigenden Burgviertel die Adeligen und Beamten, war das Gebiet an der Donau den Handwerkern, Fischern und Händlern vorbehalten, die sich den Fluss und die hier durchziehenden Fernwege und Handelsstraßen zunutze machten. Der Name „Wasserstadt" soll von den regelmäßigen Überflutungen der Donau stammen, die erst im 19. Jh. mit der Regulierung des Flusses eingedämmt wurden – dies und der Bau der ersten festen Brücke, der Kettenbrücke, brachten in Víziváros den Aufschwung. In den letzten Jahren wurden hier viele Häuser renoviert und einige neue Hotels eröffnet. Dennoch steht Víziváros im touristischen Schatten des Burgbergs und Pests und ist gerade deswegen ein authentisches Stück Budapest geblieben.

Spaziergang

Ausgangspunkt ist der **Clark-Ádám-tér**, der sich als Kreisverkehr zwischen den Budaer Kopf der Kettenbrücke und dem mit vier dorischen Säulen geschmückten Portal des **Burgbergtunnels (Alagút)** zwängt. Der Platz ist nach dem schottischen Ingenieur Adam Clark benannt, der 1839–49 sowohl den Bau der

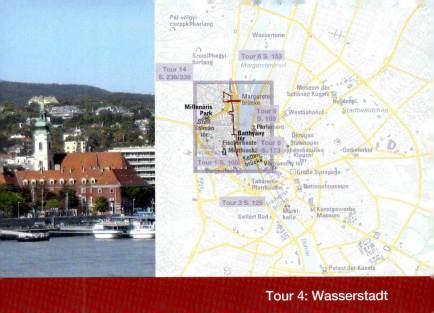

Tour 4: Wasserstadt

→ **Széchenyi-Kettenbrücke** (**Széchenyi lánchíd**) als auch 1853–57 den des Tunnels leitete. Ein Budapester Bonmot sagt, dieses Loch unter dem Burgberg wäre nur geschlagen worden, um bei Schlechtwetter die schöne Brücke zum Schutz hineinschieben zu können. Die würde dann allerdings aus dem 350 m langen Straßentunnel, der Buda mit dem Stadtteil Krisztinaváros (Christinenstadt) verbindet, noch 25 m herausragen. An der Südwestecke des Clark-Ádám-tér befindet sich die Talstation der **Standseilbahn** (**Sikló**) auf den Burgberg (→ S. 118). Unweit davon steht in einer Grünanlage der **Nullkilometerstein**, ein etwa zwei Meter hoher, in Form einer Null gestalteter Stein, von dem aus alle ungarischen Straßenkilometer gemessen werden.

Die verkehrsreiche **Fő utca** (Hauptstraße) beginnt an der Nordseite des Clark-Ádám-tér und durchquert Víziváros parallel zur Donau. Schon zur Römerzeit rollten hier die Wagen durch. Heute reihen sich Stadtpaläste des 19. Jh., mehrstöckige Mietshäuser und funktionale Neubauten aneinander. Gleich rechts zu Beginn steht ein von Miklós Ybl entworfener repräsentativer Bau von 1869. Zwei Quergassen weiter ist im Innenhof des modernen Bürogebäudes Pala ház (Nr. 14–18) die Ruine eines Hauses aus dem 15. Jh. erhalten. Mitte des 19. Jh. wurden die Straßen des Viertels wegen ständiger Hochwassergefahr angehoben, daher liegen die Erdgeschosse älterer Bauten meist unter dem heutigen Straßenniveau. So auch beim barocken, von 1811 stammenden **Kapisztory-Haus** (Nr. 20) an der nächsten Straßenecke. Das schmucke Gebäude mit seinem runden Erkertürmchen und der reliefverzierten Fassade beherbergt ein französisches Restaurant. Einen runden Erker, allerdings in moderner Architektur, sieht man gegenüber am **Institut français** (Nr. 17), das 1992 nach Plänen von Georges Maurois errichtet wurde. Es beherbergt das *Café Dumas* (Mo–Fr 7.15–21, Sa 8–13.30 Uhr) mit einer aussichtsreichen Terrasse.

Die Fő utca weiter, passieren wir linker Hand ein früheres Kapuzinerkloster und die dazugehörige **Kapuzinerkirche (Kapucinus templom)**, an deren südlicher Außenwand noch zwei türkische Fenster auszumachen sind. Sie stammen aus jener Zeit, als das im 14. Jh. entstandene Gotteshaus als Moschee genutzt wurde. Nach der Kirche öffnet sich die Straße zu einer gepflegten Grünfläche, zum → **Corvin tér**. Die Nordseite des Platzes dominiert die neoklassizistische → **Budaer Redoute (Budai Vigadó)** von 1900, die man nicht mit ihrem Pester Pendant verwechseln sollte. Wenige Schritte an der Fő utca weiter, treffen wir rechter Hand auf den von Bäumen umstandenen, mächtigen, mit rot-gelben Keramikdächern geschmückten Backsteinbau der **Budaer Reformierten Kirche (Református templom)**, die 1893–96 im neoromanisch-neogotischen Stil erbaut wurde. Fast übersieht man das Brunnendenkmal, dessen kleine Figur *Samu Pecz* (1854–1922), den Baumeister der Kirche, zeigt. Weil Pecz ein großer Bewunderer der Gotik war, wurde er wie ein mittelalterlicher Baumeister dargestellt. Sein bekanntestes Werk ist übrigens die Große Markthalle (→ S. 164). Wir begeben uns zur Vorderseite der Kirche und setzen den Weg auf der Promenade des Bem rakpart (Bem Kai) – mit schönem Blick zum Parlament am anderen Donauufer – Richtung Norden fort.

Nach zwei Häuserblocks gelangen wir, vorbei an der Terrasse des beliebten *Angelika Kávéház*, zum historischen Markt- und heutigen Hauptplatz von Víziváros, dem **Batthyány tér**. Der nach dem Ministerpräsidenten von 1848, Lajos Batthyány, benannte Platz ist keine Schönheit, aber ein wichtiger Knotenpunkt von Metro 2, Straßenbahnen, Bus- und Schiffslinien sowie Startpunkt der Vorortlinie H 5. Sehenswert ist die doppeltürmige → **St.-Anna-Kirche (Szt. Anna templom)**. Links davor steht eine Statue des für den Platz namensgebenden Batthyány. Der bahnhofsähnliche Backsteinbau an der Westseite des Platzes ist die 1902 errichtete **Batthyány téri Markthalle (Vásárcsarnok)**, heute ein kleines Einkaufszentrum (→ S. 83). Klassisch ungarisch ist das Lokal *Nagyi Palacsintázója* rechts von der Halle, in dem rund um die Uhr (!) Palatschinken gebacken werden. Nebenan finden sich unter heutigem Straßenniveau zwei schöne Barockhäuser: im ehem. Gasthof „Zum Weißen Kreuz" (Nr. 4) sollen im 18. Jh. Kaiser Joseph II. und Frauenheld Casanova eingekehrt sein; beim Hikisch-Haus (Nr. 3) von 1795 sind die Vier-Jahreszeiten-Reliefs beachtenswert. Links neben der Markthalle führt ein Abstecher durch die *Markovits Iván utca* zur *Iskola utca* mit einigen alten Bürgerhäusern und netten Lokalen.

Die Kettenbrücke ist Budapests ältester fester Donauübergang

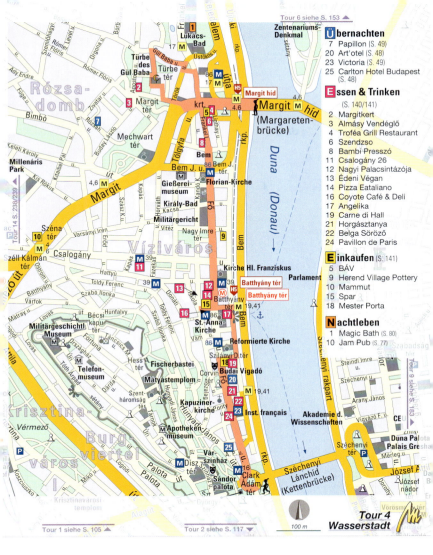

Die Nordseite des Batthyány tér begrenzt der renovierungsbedürftige dunkelrote Bau eines früheren Franziskanerklosters und Ordensspitals, zu dem auch die eintürmige Kirche gehört (s. u.). Ihm vorgelagert ist ein Denkmal für den romantischen Dichter *Ferenc Kölcsey* (1790–1838). Der glatzköpfige Poet sinniert in seinem Lehnstuhl vielleicht über sein Gebet „Herr, segne Ungarn", das als Text für die ungarischen Nationalhymne Verwendung fand. Setzt man den Spaziergang entlang der Fő utca fort, steht man nach wenigen Schritten vor der rosa-weißen Westfassade der → **Kirche zu den Wundmalen des Hl. Franziskus (Szt. Ferenc sebei templom)**. Der von

Gemütliches Plätzchen – Corvin tér mit der Budaer Redoute

gesichtslosen Klötzen umstandene **Nagy Imre tér** erhielt seinen Namen vom Führer des Aufstandes von 1956, der in dem protzigen Backsteinbau des Militärgerichts an der Nordseite des Platzes 1958 zum Tode verurteilt wurde. Weiter in der Fő utca folgt links das arg heruntergekommene → **Király-Bad (Király gyógyfürdő)**, zunächst sein dunkelgrün gestrichenes Kurhaus aus dem frühen 19. Jh., dann etwas zurückversetzt die noch aus türkischer Zeit stammenden Bauteile. Einen architektonischen Zeitensprung gleich nebenan setzt die dottergelbe, barocke → **St.-Florian-Kirche**. Links, zwischen Kuppeln und Kirche geradeaus hindurch, trifft man auf ein schön renoviertes Industriegebäude von 1858, mit jener Eisengießerei, aus der sich der Ganz-Konzern entwickelte und die seit 1964 als → **Gießereimuseum (Öntödei Múzeum)** zu besichtigen ist. Die Bem József utca führt wieder donauwärts zum **Bem József tér**, benannt nach einem General der siegreichen aufständischen ungarischen Truppen während der Revolution 1848/49.

Vom Bem József ter führt die Frankel Leó út, eine gepflasterte, baumbestandene Straße mit Antiquitätenläden und kleinen Lokalen, weiter Richtung Norden. Sie quert den Margit körút (Margaretenring) – ab da sind es noch 400 m geradeaus bis zum neoklassizistischen Thermalbadkomplex des → **Lukács-Bads (Lukács Fürdő)**. Oder man wendet sich dem – im wahrsten Sinne – Höhepunkt des Spaziergangs zu, indem man auf Höhe des Krankenhauses Frankel Leó út 19 links in die kopfsteingepflasterte Gül Baba utca einbiegt. Auf dieser steigen wir steil bergauf und halten uns am oberen Ende der Treppe zweimal links, bis wir vor dem Denkmal und dem Eingang zur → **Türbe des Gül Baba (Gül Baba Türbéje)** stehen, einem islamischen Grabmonument. Nach einer Legende soll der Derwisch Gül Baba *(Vater der Rosen)* die Rosen nach Budapest gebracht haben, weshalb das Viertel, das sich von hier Richtung Westen erstreckt, **Rosenhügel (Rózsadomb)** genannt wird. Es ist seit dem 19. Jh. eine der begehrtesten Wohnadressen der Stadt.

An der Rückseite der Grabanlage geht es über eine etwas verwahrloste Treppenanlage wieder hinab und via Mecset und Margit utca zum Margaretenring (Margit körút) und so zum Endpunkt der Tour am Kopf der Margaretenbrücke, wo Tram 4 und 6 sowie die Vorortlinie H 5 halten.

Sehenswertes

Széchenyi-Kettenbrücke (Széchenyi lánchíd): Den Bau von Budapests berühmtester und erster fester Brücke über die Donau, soll Reformgraf István Széchenyi angeregt haben. Als er nämlich im Winter 1820 zu seinem sterbenden Vater nach Buda eilen wollte, war die Pontonbrücke wie jedes Jahr wegen der Eisschollen abgebaut und den Schiffern die Fahrt von Pest ans andere Ufer zu gefährlich. 20 Jahre dauerte es noch, bis der Engländer William T. Clark die für die damalige Zeit kühne Konstruktion entwarf, eine 380 m lange Brücke, die an Spannketten von zwei triumphbogenartigen Pfeilern abgehängt wurde. Die Leitung des Baus (1839–49) übernahm Clarks Namensvetter Adam. 1850 wurden die Brückenköpfe mit vier Löwen dekoriert. Nach der Sprengung im Zweiten Weltkrieg durch deutsche Truppen wurde die Kettenbrücke 1949 zum 100. Geburtstag wieder eröffnet. Unbedingt sehenswert ist sie am Abend, wenn sie romantisch beleuchtet ist.

Corvin tér (Corvin Platz): Rastbänke und das kleine Parkcafé *Corvin Kávézó* (tägl. 10–22, im Winter bis 20 Uhr) zieren die Grünanlage, dazu auch der Lajos-Brunnen von 1904, der einen Magyaren zur Zeit der Landnahme 896 zeigt, und die schönen umstehenden Häuser, wie der dottergelbe Barockbau Nr. 11 (an der erhöhten Westseite des Platzes) mit Balkon und steinernem Fensterdekor. Das hübsche, teils abgesunkene Barockensemble direkt an der Fő utca bildet den rückwärtigen Teil des Art'otels.

Budaer Redoute (Budai Vigadó): Der Theaterbau beherbergt das „Haus der Traditionen" (Hagyományok Háza), eine nationale Kultureinrichtung, deren Aufgabe es ist, die ungarische Folklore zu dokumentieren und zu verbreiten. Passenderweise ist die Redoute seit langem Spielstätte des Ungarischen Staatlichen Volksensembles, das hier im reich verzierten Jugendstilsaal auftritt (→ Folklore S. 70).

St.-Anna-Kirche (Szt. Anna templom): Die schönste Barockkirche Budapests wurde ab 1740 nach Plänen von Matthäus Nepauer und Christoph Hamom für die Jesuiten errichtet. Die Auflösung des Ordens und ein Erdbeben verzögerten die Fertigstellung, erst 1805 wurde sie eingeweiht. In der Mitte der prächtigen, grau-weißen

St.-Anna-Kirche: bedeutendster Barockbau der Stadt

Doppelturmfassade sieht man in einer Nische die Hl. Anna mit ihrer Tochter Maria, in dem Bogenfeld darüber prangt das Budapester Wappen und zwischen zwei Engeln das goldene Symbol der Dreifaltigkeit. Erst im von zartgrünen Tönen dominierten Inneren erkennt man den ovalen Grundriss des Hauptraums, an den sich ein Chor anschließt. Typisch für das Spätbarock ist der Hochaltar mit einer Figurenszene, die Maria als Kind zeigt, wie sie an der Hand ihrer Mutter Anna in den Tempel von Jerusalem geführt wird. Der Altar stammt von 1773, ebenso die mit Reliefs und Putten verzierte Kanzel. Beides sind Werke des Italieners Carlo Bebo. Die zentrale Kuppel wurde im 20. Jh. neu ausgemalt, das Dreifaltigkeitsfresko über dem Hochaltar ist noch ein Werk aus dem 18. Jh. Die schöne Orgel erklingt gelegentlich bei Konzerten.

Tägl. tagsüber. I., Batthyány tér 7. Ⓜ 2 rot Batthyány tér.

Kirche zu den Wundmalen des Hl. Franziskus (Szt. Ferenc sebei templom): Zur Zeit der Türken stand an dieser Stelle eine Moschee, auf deren Überresten Franziskanermönche 1731–57 ein Gotteshaus und ab 1781 ein Kloster erbauten. 1891 wurde der Turm der Kirche mit einer Zwiebelhaube versehen und so an die nahe St.-Anna-Kirche optisch angeglichen. Im rosa-türkis kolorierten Inneren zeigt eine Hand an der ersten Säule rechts den Pegel der Jahrhundertflut vom 15. März 1838 an. Die barocke Ausstattung, darunter die prächtige Kanzel, wurde im 18. Jh. von den Franziskanermönchen gefertigt. Das Hochaltarbild (1756) zeigt den Kirchenpatron, den Hl. Franziskus. Die Kirche wird von der deutschsprachigen katholischen Gemeinde genutzt (Messe Sonntag 10 Uhr.)

Mo–Fr 10–12, Di, Do 14–16 Uhr. I., Fő utca 41–43. Ⓜ 2 rot Batthyány tér.

Király-Bad (Király gyógyfürdő): Um auch in Zeiten von Belagerung baden zu können, ließ der türkische Pascha 1565 innerhalb der damaligen Stadtmauern dieses Bad errichten. Weil aber hier keine Quelle war, wird es seit jeher mit dem Wasser der Lukács-Quelle (s. u.) gespeist. Das türkische Bad besteht aus einem großen achteckigen Raum und drei Nebenräumen, die alle mit flachen Kuppeln bekrönt sind. Die Halbmonde außen auf den Kuppelspitzen sind mittlerweile abgefallen. Unter der großen Kuppel mit Lichtlöchern befindet sich das achteckige, von Arkaden umgebene osmanische Wasserbecken. 1796 erwarb die Familie König (ung. *Király*) das Bad und erweiterte es 1827 um einen klassizistischen Flügel. Die Anlage wurde zuletzt 1950 saniert (→ Baden S. 87).

St.-Florian-Kirche (Szt. Flórián templom): Matthias Nepauer, Architekt der St.-Anna-Kirche, schuf um 1769 auch dieses Gotteshaus, das heute die griechisch-katholische Gemeinde nutzt.

Auf Ganz-Rädern rollten einst die Eisenbahnen in halb Europa

Obwohl alt, steht der Bau auf Straßenhöhe – er wurde 1937 um 1,50 m angehoben.

Gießereimuseum (Öntödei Múzeum): Dank der Entwicklung eines innovativen Gussverfahrens zur Herstellung von Eisenbahnrädern, das in ganz Europa nachgefragt war, wurde aus der kleinen Eisengießerei des Schweizers Abraham Ganz (1814–67) die größte Maschinenfabrik Ungarns – und aus ihrem Inhaber ein Großindustrieller, der sich seine Prachtvilla am Pester Donauufer von Miklós Ybl bauen ließ. Das interessante Museum präsentiert neben der Firmengeschichte auch Möbel und private Objekte von Ganz. Das nahe, spätere Fabrikgelände der Ganz-Werke mit den alten Werkshallen wurde 2001 zum Millénaris Park (s. u.) umgestaltet.

Di 10–16, Fr/Sa 10–14 Uhr. Eintritt 800 Ft, erm. 400 Ft. II., Bem József utca 20. www.mmkm.hu. Bus 86.

Gül Baba – „Vater der Rosen"

Lukács-Bad (Lukács gyógyfürdő): Die Ursprünge des schön renovierten Bads reichen bis ins 12. Jh. zurück, als sich hier ein Kloster befand. Die jetzige Anlage im Stil eines Sanatoriums plante József Hild Ende des 19. Jh., 1937 entstand die heute eleganteste Trinkhalle (Ivócsarnok) Budapests, ein Säulenpavillon am Zugang zum Bad (30 Ft/Glas). Dahinter, im malerischen, von Platanen bestandenen Innenhof, erinnern marmorne Votivtafeln neben einer Statue des Hl. Lukas an dankbare Kurgäste (→ Baden, S. 87).

Türbe des Gül Baba (Gül Baba Türbéje): Gül Baba, ein Derwisch des türkischen Bektaschi-Ordens, der Sultan Süleyman II. bei seinen Feldzügen unterstützte, soll kurz nach der Eroberung Budas 1541 beim Dankgottesdienst in der zur Moschee umgewandelten Matthiaskirche tot umgekippt sein. 1543–48 ließ der herrschende Pascha für ihn diese Türbe errichten, einen achteckigen, aus Stein gemeißelten Kuppelbau, in dem sein Sarkophag steht: bedeckt von einem grünen, goldbestickten Tuch. Ein ummauerter Garten mit zwei türkischen Brunnen umgibt die Grabstätte. Für Moslems, die Gül Baba als Heiligen verehren, ist sie ein beliebtes Pilgerziel.

März bis Ende Okt. tägl. 10–18, sonst bis 16 Uhr. Eintritt 500 Ft, erm. 250 Ft. II., Türbe tér 1. Ⓣ 4, 6, 17.

Millénaris Park

Das 35.000 m² große Gelände der früheren Ganz-Werke (s. o.) im Süden des Rosenhügels wurde in eine grüne familienfreundliche Kulturoase mit Ausstellungs- und Veranstaltungshallen umgewandelt. Die alten Fabrikgebäude wurden dafür teilweise abgerissen, entkernt oder mit postmodernen Anbauten versehen, dazwischen erstrecken sich große Wasser- und gepflegte Rasenflächen, Kinderspielplätze und Snack-Bars. Die Hallen G *(Fogadó)* und E *(Teátrum)* in der südöstlichen Parkhälfte werden für

Konzerte und Ausstellungen genutzt, Halle D dient für Veranstaltungen; die große Halle B *(B csarnok)* im Nordwesten steht für Events wie den monatlichen Designmarkt WAMP zur Verfügung.

II., Fény utca 20–22. www.millenaris.hu. Ⓜ 2 rot Széll Kálmán tér.

Praktische Infos → Karte S. 135

Essen & Trinken

Pavillon de Paris 24 Im Sommer sitzt man romantisch unter alten Bäumen, im Winter im schlichten gemütlichen Innern und genießt den aufmerksamen Service und die französische Spitzenküche. Hauptgericht 4000–6000 Ft, 3-Gänge-Mittagsmenü 2900 Ft. Di–Sa 12–15, 18–23 Uhr, Küche mittags und abends. I., Fő u. 20, ☏ +36 (1) 2010047. www.pavillondeparis.hu.

Carne di Hall 19 Modernes Lokal im Bistrostil in einem Kellergewölbe am Budaer Kai, in dem gute und schön angerichtete, mediterrane-ungarische Fusionsküche auf den Teller kommt. Mittlere Preise, mittags gibt es drei Gänge für 1490 Fr. Mo–Sa 12–0 Uhr. I., Bem rakpart 20, ☏ +36 (1) 2018137. www.carnedihall.eu.

Csalogány 26 11 Etwas abseits gelegenes, nach seiner Adresse benanntes Gourmetrestaurant, eines der besten der Stadt. Das Ambiente ist nüchtern, die Speisekarte knapp. Chefkoch Balázs Pethő beeindruckt mit kreativ verfeinerter ungarischer Küche zu vergleichsweise günstigen Preisen: 4-Gänge-Menü 8000 Ft, 8 Gänge 12.000 Ft. Reservieren! Di–Sa 12–15, 19–22 Uhr. I., Csalogány utca 26, ☏ +36 (1) 2017892. www.csalogany26.hu.

Margitkert 2 Alteingesessenes Lokal (seit 1780) an einer steilen Gasse, man fühlt sich wie in einem ungarischen Dorfgasthof: karierte Tischtücher, Blümchenvorhänge, dunkles Holz, Innenhofgarten, fleischlastige, preisgünstige Küche und mitunter lästige Zigeunermusik. Früher verkehrten hier Staatsgäste. Tägl. 12–24 Uhr, II., Margit u. 15, ☏ +36 (1) 3260860. www.margitkert.hu.

Trófea Grill Restaurant 4 Schönes Restaurant mit All-you-can-eat-Buffet zum Fixpreis, inkl. Getränke von Sekt bis Kaffee (Preis

Markthalle am Batthyány tér

nach Tageszeit, s. u.). Riesenauswahl an ungarischen Klassikern von Fischsuppe über Lendenbraten bis Schomlauer Nocken, dazu mediterrane, asiatische und vegetarische Speisen. Oft voll. Mo–Fr 12–17 Uhr: 3899 Ft; Mo–Fr 17.30–24, Sa/So 11.30–24 Uhr: 5499 Ft. II., Margit krt. 2, ✆ +36 (1) 4389090. www.trofeagrill.eu.

Almásy Vendéglő 3 Gutbürgerliches Restaurant an einer Straßenecke am Fuß des Rosenhügels. Deftige ungarische Küche ohne Schnickschnack zu günstigen Preisen; auch Vegetarisches. Hauptgericht unter 2200 Ft. So–Di 12–16, Mi–Sa 12–22 Uhr. II., Flóris Rómer utca 12, ✆ +36 (1) 3151338, www.almasyvendeglo.hu.

Horgásztanya 21 Der „Anglerplatz" ist ein mit Fischerutensilien dekoriertes Traditionslokal (seit 1955), das bodenständige ungarische Küche zu mittleren Preisen serviert (Hauptgericht 2200–3000 Ft). Spezialität sind Fisch- und Wildgerichte. Einige Tische draußen. Tägl. 10–24 Uhr. I., Fő u. 27, ✆ +36 (1) 2123780. www.horgasztanyavendeglo.hu.

🌿 **Édeni Vegán** 13 Farbenfroh präsentiert sich dieses vegane Restaurant: außen ein Bürgerhaus in Dunkelrot, innen sonniges Design der Provence. Man bedient sich selbst und erhält preisgünstige Gemüsegerichte, Suppen, Sandwiches und frisch gepresste Fruchtsäfte. Kleine Terrasse. Mo–Fr 8–20, So 11–19 Uhr. I., Iskola u. 31. www.edenivegan.hu. ▪

Belga Söröző 22 Gemütliche belgische Brasserie, acht Biere vom Fass und 70 aus der Flasche, dazu flämisch-wallonische Köstlichkeiten, wie Moules & Frites bis 5000 Ft. Biergarten. Tägl. 12–24 Uhr. I., Bem rakpart 12, ✆ +36 (1) 2015082. www.belgasorozo.com.

Angelika 17 Bekanntes Kaffeehaus (mit warmer Küche), in den Gewölben links von der St.-Anna-Kirche, das dank seiner riesigen Sommerterrasse mit Traumblick zum Parlament punktet, Küche und Service haben zuletzt stark nachgelassen. Tägl. 9–23 Uhr. I., Batthyány tér 7, ✆ +36 (1) 2251653.

Coyote Café & Deli 16 Idealer Platz zum Frühstücken, für den kleinen Imbiss oder Kuchen (alles hausgemacht) oder den 100%-Arabica-Kaffee zwischendurch. Gemütliches, modernes Ambiente, freundliche Bedienung. Mo–Fr 7.30–21, Sa/So 9.30–19 Uhr. I., Markovits István utca 4. www.coyotecoffee.hu.

Pizza Eataliano 14 Puristisch gestyltes Lokal (Ableger einer Kette), das sich in der Markthalle über drei Geschosse ausbreitet (schöne Aussicht). Gute Pizza (1390–2800 Ft), Tagespizza nur 990 Ft. Tägl. 11–24 Uhr. I., Batthyány tér 6. www.pizzaeataliano.hu.

Szendzso 6 Freundliches Minilokal in netter Lage, in dem man gut frühstücken (viel Hausgemachtes) und ausgewählte Delikatessen kaufen kann. Günstiges 2-Gänge-Tagesmenü für 1100 Ft. Mo–Sa 7.30–20 Uhr. II., Frankel Leó út 11. www.szendzso.hu.

Nagyi Palacsintázója 12 „Großmutters Palatschinken" ist ein beliebtes Lokal mit allen Crêpes-Varianten von süß bis salzig (160–700 Ft). Tägl. 0–24 Uhr. I, Batthyány tér 5, www.nagyipali.hu.

Bambi Presszó 8 Eines der wenigen authentisch gebliebenen Espressos aus sozialistischen Zeiten. Verraucht, abgeschabt, düster, billig – eine Institution. Es gibt heiße Käsesandwiches, Debrezciner-Würste, Bier, Kaffee und Kuchen. Mo–Fr 7–22, Sa/So 9–20 Uhr. II., Frankel Leó u. 2–4.

Einkaufen

Herend Village Pottery 9 Handbemalte Keramik aus Herend (nicht zu verwechseln mit feinem Herender Porzellan), 70 verschiedene Muster von rustikal bis elegant. Di–Fr 9–17, Sa 9–12 Uhr. II., Bem rakpart 37. www.herendimajolika.hu.

🌿 **Mester Porta – Kunst- und Musikgalerie** 18 Volkskunstladen mit großer Auswahl an echtem ungarischen Kunsthandwerk und Antiquitäten; CDs, DVDs, Videos und Literatur zu traditioneller ungarischer Musik. Di–Sa 10.30–18 Uhr, I., Corvin tér 7. ▪

Spar Lebensmittelmarkt 15 In der Markthalle. Mo–Fr 6.30–21, Sa 8–20, So 8–17 Uhr. I., Batthyány tér 5–6.

BÁV 5 Verkaufsstelle des staatlichen Pfandhauses mit Ölgemälden, Geschirr, Möbeln, Leuchten. Mo–Fr 10–18, Sa 10–14 Uhr. II., Frankel Leó u. 13. www.bav.hu.

Mammut I und II 10 Shopping-Mall → Einkaufen S. 85.

„Frauen mit Schirm", ein berühmtes Werk von Imre Varga

Tour 5: Óbuda und Aquincum

Budapests ältestes Viertel liegt im Norden der Stadt. Hier bauten die Römer ihr Militärlager und die Zivilstadt Aquincum. Bedeutende Reste davon sind zwischen Plattenbauten und Vorstadtsiedlungen zu entdecken. Auch kleinstädtisches Flair hat sich hinter mancher Ecke erhalten. Eine weitere Attraktion sind die in den letzten Jahren schön sanierten Óbudaer Museen.

Ó heißt auf Ungarisch alt. Óbuda ist also das alte Buda. Seinen Namen erhielt es im 13. Jh., als auf dem weiter donauabwärts gelegenen Burgberg eine neue Siedlung entstand. 1541, mit dem Beginn der Türkenherrschaft, flüchteten die Bewohner aus Óbuda, und das Dorf blieb für über 100 Jahre unbewohnt. Im 17. Jh. gelangte es an die Grafenfamilie Zichy, die es mit jüdischen und deutschen Einwanderern neu besiedelte. So war im 18. Jh. Óbuda eine hübsche barocke Kleinstadt geworden. Heute zeugen zwei Kopfsteinpflasterplätze, einige wenige Häuser und das Schloss der Zichys von dieser Zeit. Im 19. Jh. kam mit einer Textildruckfabrik und einer Schiffswerft die Industrie nach Óbuda. 1873 wurde es mit Buda und Pest zu Budapest vereinigt. Sein heutiges Aussehen erhielt Óbuda im Zuge eines Städtebauprojekts der 1960er- und 70er-Jahre, als die riesige Árpád-Brücke über die Donau gebaut wurde und die grauen Wohnblocks entstanden. Dennoch lohnt ein Ausflug hierher: Es gibt einige interessante Museen, ein paar charmante „Denkmalinseln", bodenständige Fischlokale und die Óbuda- oder Werftinsel, auf der nicht nur während des Sziget-Festivals abends der Teufel los ist. Die vereinzelten römischen Spuren in Óbuda sind nur ein bescheidener Vorgeschmack auf

Tour 5: Óbuda und Aquincum

das rund 1,5 km nördlich gelegene **Aquincum** mit großem Ausgrabungsgelände und Archäologischem Museum – der Abstecher dorthin lohnt! Jedoch: Von November bis Mitte April ist nur das Museum geöffnet.

Spaziergang

Unsere Tour beginnt am **Kolosy tér**, einem Verkehrsknotenpunkt (Tram 17, Busse 86, 29, 65) am Fuß der Budaer Berge. Das historische Gebäude an der Nordseite des Platzes birgt im überdachten Innenhof den *Kolosy téri piac*, einen kleinen Wochenmarkt. Links daran vorbei schlendern wir auf der von niedrigen Vorstadthäusern flankierten neuen Fußgängerzone Richtung Norden. Ebenfalls neu ist das Denkmal für Ungarns Fußballnationalhelden, den begnadeten Linksfuß *Ferenc Puskás* (1927-2006) – Spitzname Öcsi. Geradeaus weiter erreichen wir nach rund 500 m die in den 1930ern ausgegrabenen und frei zugänglichen Reste des **Amphitheaters der Militärstadt (Római katonai amfiteátrum)**. Die 132 m lange und 108 m breite Arena aus dem 2. Jh. n. Chr. zählte zu den größten des Römischen Reichs. Sie bot bis zu 13.000 Personen Platz, die sich mit Tierhatz und Gladiatorenkämpfen unterhalten ließen, und markiert den Beginn der 30.000 Soldaten umfassenden Militärstadt Aquincum, die sich von hier 1 km nördlich bis zum Flórián tér ausdehnte, wo sich eine zivile Siedlung anschloss.

Wir queren rechts die verkehrsreiche Pacsirtamező utca und folgen der **Lajos utca**, der einstigen Hauptstraße, ins Zentrum von Óbuda. In einer befremdlichen Mischung stehen sich hier Plattenbauten sowie Vorstadt- und historische Industriearchitektur gegenüber. Ein Beispiel für Letztere ist die ehemalige Textildruckfabrik Sámuel Goldberger, die sich von einer kleinen Blaufärberei zu einem der größten ungarischen Industrieunternehmen des 19. Jh. entwickelte. Im einstigen Hauptbüro (Nr. 138) zeigt das **Textilmúzeum** Exponate zur Geschichte der ungarischen Textil- und Konfektionsindustrie, die maßgeblich von der jüdischen Industriellenfamilie Goldberger geprägt wurde (Di–So 10–18 Uhr, Eintritt 1400 Ft, erm. 700 Ft, www.textilmuzeum.hu).

300 m weiter steht rechts, etwas zurückversetzt, die tempelartige, 2012 wieder geweihte **Óbudaer Synagoge**. Ursprünglich wurde sie 1821 errichtet, im klassizistischen Stil mit einem Portikus aus sechs korinthischen Säulen und Moses' Gesetzestafeln auf dem Giebel. In Óbuda lebte eine große jüdische Gemeinde, die von den Grafen Zichy hier im 17./18. Jh. angesiedelt wurde. In einem alten Brauhaus direkt gegenüber zeigt die **Budapest Galéria** (Lajos u. 158) Werke des ungarischen Bildhauers Pál Pátzay (1869–1976) und Wechselausstellungen zeitgenössischer Kunst (Di–So 10–18 Uhr, Eintritt 800 Ft, erm. 400 Ft). Nach der Galerie wenden wir uns gleich nach links und gelangen geradeaus durch eine kurze, verwilderte Allee in die Mókus utca, die für das Traditionsgasthaus *Kéhli Vendéglő* bekannt ist. In diesem Eck haben sich ein paar Barockhäuser erhalten, die an den dörflichen Charme Óbudas erinnern, bevor dahinter eine monströse Kulisse von Plattenbauten hochgezogen wurde. Dazu zählt auch das **Óbudai Társaskör** in der Kiskorona utca 7, das für Ausstellungen und Kammerkonzerte genutzt wird (www.obudaitarsaskor.hu). In das schmucke Haus Korona tér 1 ist 2011 das **Museum für Handel und Gastgewerbe (Kereskedelmi és vendéglátóipari Múzeum)** eingezogen. Es gewährt einen Rückblick auf 200 Jahre Handel in Ungarn, u. a. anhand alter Geschäftsausstattungen und Werbeschilder. Zudem gibt es regelmäßig Wechselausstellungen (Di–So 10–18 Uhr, Eintritt 800 Ft, erm. 400 Ft, www.mkvm.hu).

Vom Korona tér sind es nur wenige Schritte zur gelben, spätbarocken **Óbudaer Kirche St. Peter und Paul (Óbudai Szt. Péter és Pál templom)**, die 1744–49 nach Plänen von Georg Paur im Auftrag der Grafen Zichy gebaut wurde. Im

Die klassizistische Synagoge von Óbuda

Ruhiges Plätzchen – der Fő tér in Óbuda

Innern ist die schöne Rokokokanzel von Carlo Bebo einen Blick wert (Mo–Sa 6–19, So 7–12, 17–19 Uhr).

Idyllischer war es hier um 1960 vor dem Bau der Árpád-Brücke, die das alte Städtchen in zwei Teile riss. Ein Durchgang unter der Brückenzufahrt führt in den nördlichen Teil von Óbuda, in dem noch einige verträumte Winkel zu entdecken sind. Wir treffen zunächst auf den **Szentlélek tér (Heilig-Geist-Platz)**, wo auch die Vorortlinie H 5 hält. Die weißen Gebäude rechter Hand gehören zu **Schloss Zichy (Zichy-kastély)**, dem kulturellen Zentrum von Óbuda. Das 1746–57 von den Grafen erbaute schlichte Barockschloss war einst Mittelpunkt der Herrschaft Óbuda, heute ist es Sitz dreier empfehlenswerter Museen: Das → **Vasarely-** und das → **Lajos-Kassák-Múzeum** erinnern mit zahlreichen Werken an den jeweils namengebenden Künstler – der eine Ungarns weltberühmter Op-Art-Vertreter, der andere „Botschafter der ungarischen Avantgarde". Das 2010 runderneuerte **Óbudai-Múzeum** stellt Óbuda in drei Epochen vor: Mittelalter, 18.–20. Jh.

und das Zeitalter des Plattenbaus (Di–So 10–18 Uhr, Eintritt 800 Ft, erm. 400 Ft, www.obudaimuzeum.hu).

Der Szentlélek tér geht im Norden über in den **Fő tér**, den alten Hauptplatz von Óbuda. Hier wähnt man sich eher in einem Landstädtchen als in einer Hauptstadt, vor allem, wenn man sich die im Hintergrund aufragenden Wohnblocks wegdenkt. Der gepflasterte Platz mit seinen Bänken, Bäumen und dem niedlichen Wachhaus (18. Jh.) in der Mitte ist von Bauten aus dem 18./19. Jh. umrahmt. An der Nordseite erhebt sich das dreigeschossige neobarocke Rathaus (Városháza) des III. Bezirks, an der Westseite (Nr. 4) ein ansehnliches, rot-weißes Bürgerhaus aus dem 18. Jh.

Verlässt man den Fő tér an seiner nordöstlichen Ecke, trifft man auf die vier bronzenen „Frauen mit Schirm" (→ Foto S. 142), ein Werk des berühmten Imre Varga (geb. 1923). Mehr von seinem Œuvre zeigt die interessante → **Imre-Varga-Sammlung (Varga Imre Kiállítóház)** 50 m links in der Laktanya utca 7. Über die Vöröskereszt und die

Harrer Pál utca gelangen wir zurück auf den Fő tér. Zum Abschluss der Tour gehen wir aus dem barocken Óbuda nochmals in die Römerzeit zurück. Vom Fő tér geradeaus weiter und dann rechts in die Tavasz utca eingebogen, führt diese zu einer Fußgängerpassage unter der großen Straßenkreuzung des Flórián tér. Was wir dort unten zu sehen bekommen, ist schier unglaublich: Die 1878 freigelegten Reste der römischen **Thermae Maiores**, des Großen Militärbads, wurden in den 1960ern achtlos mit einer Brückenkonstruktion überbaut – und so ragen heute Betonpfeiler zwischen den alten Mauern in die Höhe, wo einst die römischen Soldaten Heiß-, Warm- und Kaltbäder genossen und sich in Schwitzkammern trimmten (Mai–Sept. 10–18 Uhr, Mitte April bis Ende Okt. tägl.10–17/18 Uhr, Eintritt frei).

Sehenswertes

Vasarely-Múzeum: Mit optischer Kunst (Op-Art) – musterartigen Bildern, die optische Illusionen und 3D-Effekte erzeugen – wurde der 1997 verstorbene Victor Vasarely Mitte der 1960er-Jahre bekannt. Damals lebte der Künstler in Paris, geboren wurde er jedoch 1908 als Győző Vásárhelyi im südwestungarischen Pécs, von wo er 20 Jahre später in die französische Hauptstadt emigrierte. 1982 schenkte Vasarely seiner alten Heimat rund 400 Gemälde, Zeichnungen und Wandbehänge, die hier seit 1987 in großzügigen Räumlichkeiten gezeigt werden. Die Exponate geben einen guten Überblick über seine Entwicklung – von den frühen Werken im Stil der klassischen Moderne bis zu seinen berühmten geometrisch-abstrakten Motiven.

Di–So 10–17.30 Uhr. Eintritt 800 Ft, erm. 400 Ft, mit Budapest Card frei. III., Szentlélek tér 6, www.vasarely.hu. H 5 Szentlélek tér, Ⓣ 1, Bus 86, 106.

Lajos-Kassák-Múzeum: Lajos Kassák (1887–1967) war Schriftsteller, Maler, Publizist und einer der führenden Köpfe der ungarischen Avantgarde. 13 Jahre lebte er in Óbuda, weshalb ihm das Petőfi-Literaturmuseum (S. 163) hier eine Außenstelle widmete. Jüngst modern umgestaltet, zeigt sie Gemälde, Briefe, Manuskripte, Fotos und persönliche Erinnerungsstücke von Kassák.

Mi–So 10–17 Uhr. Eintritt 600 Ft, erm. 300 Ft. III., Fő tér 1. www.kassakmuzeum.hu. H 5 Szentlélek tér, Ⓣ 1, Bus 86, 106.

Imre-Varga-Sammlung (Varga Imre Kiállítóház): In mehreren Räumen und im Garten des schmucken Bürgerhauses zeigt die Budapest-Galerie zahlreiche Modelle, Entwürfe, Zeichnungen, Büsten und Nachbildungen von Vargas Arbeiten (→ Architektur und Kunst).

Di–Fr 10–16, Sa/So 10–18 Uhr. Eintritt 800 Ft, erm. 400 Ft. III., Laktanya utca 7. www.budapestgaleria.hu. H 5 Szentlélek tér, Ⓣ 1, Bus 86, 106.

Kleinzeller Museum (Kiscelli Múzeum): Das sehenswerte Museum befindet sich rund 1 km westlich des alten Hauptplatzes von Óbuda, am Beginn der Budaer Berge. Über steile Stufen geht es hinauf zu dem reizvoll auf einem ehemaligen Weinberg gelegenen schlossartigen Barockbau, der ursprünglich ein Trinitarierkloster war. Die Grafen Zichy gründeten es 1745, Kaiser Joseph II. löste es 40 Jahre später auf. Da das Kloster eine Kopie des Gnadenbildes des österreichischen Wallfahrtsorts Mariazell besaß (heute in der Óbudaer Pfarrkirche), wurde es Kiscell (Kleinzell) genannt. 1912 erwarb ein Wiener Kunstliebhaber die Anlage, renovierte sie und vermachte sie mitsamt seiner umfangreichen Sammlung 1935 der Stadt, die hier eine Außenstelle des Historischen Museums einrichtete. Zu sehen ist Kunst und Kunsthandwerk aus dem 18./19. Jh.: Gemälde, Biedermeier- und Jugendstil-Möbel, Zunft- und Firmen-

Übernachten
1. Római Fürdő Camping (S. 55)
8. The Aquincum (S. 50)

Essen & Trinken (S. 149)
3. Új Sipos Halászkert
7. Kéhli Vendéglő
9. Kisbuda Gyöngye
10. Kerék Vendéglő
11. Rozmaring Kertvendéglő
12. Pastrami
13. Symbol
14. Regi Sipos Halászkert

Nachtleben (S. 80)
2. White Angel
4. Club Studio
5. Coronita
6. Dokk Club
13. Symbol Live Music Club

Tour 5: Óbuda

---

schilder sowie viele Originale der über die Stadt verteilten Barockskulpturen. Zusätzlich wird eine Sammlung mit ungarischen Kunstwerken des 20. Jh. gezeigt. Die frühere Klosterkirche, heute eine stimmungsvolle Ruine, wird auch für Ausstellungen und Konzerte genutzt.
Di–So 10–18 Uhr, Nov. bis Ende März nur bis 16 Uhr. Eintritt 1000 Ft, erm. 500 Ft, mit Budapest Card frei. III., Kiscelli utca 108. www.kiscellimuzeum.hu. ⓣ 17 oder Bus 160 bzw. 260 ab dem Budaer Brückenkopf der Margit híd bis Szt. Margit Kórház.

Óbudainsel/Werftinsel (Óbudai-Sziget/ Hajógyári-Sziget): Auf der nördlich an die Árpád-Brücke anschließenden Donauinsel ließ der Statthalter von Aquincum und spätere Kaiser Hadrian im 2. Jh. n. Chr. einen Marmorpalast errichten. Dessen Reste wurden ab 1835 mit einer Schiffswerft überbaut, die bis ins 20. Jh. zu den bedeutendsten Flusswerften Europas zählte; ihre Anlagen befanden sich großteils auf der südwestlichen Halbinsel. Anfang der 1990er-Jahre wurde die Werft stillgelegt, der alte Name der Insel aber blieb. Rund um den Donauarm sind Sport- und Freizeitmöglichkeiten entstanden, von Wakeboarden bis Golfen, und auf dem einstigen Werftgelände haben sich die heißesten Nachtclubs und Open-Air-Diskos der Stadt angesiedelt (→ Nachtleben S. 80). Eine Besucherinvasion auf der Óbudai-Sziget verursacht das alljährliche Sziget-Festival, das im nördlichen Teil der Insel stattfindet (→ Budapest rund ums Jahr S. 74).

Direkt auf die Insel fahren keine Busse. Die H 5-Stationen Szentlélek tér oder Filatorigát am Budaer Donauufer sind die nächsten Haltestellen, Sa/So legt auch das Linienschiff D 13 am Ostufer in der Mitte der Insel an (→ Unterwegs S. 41).

Aquincum

Rund 1,5 km nördlich der Militärstadt befand sich die zivile Siedlung Aquincum, die zu ihrer Blütezeit im 2. Jh. n. Chr. von rund 15.000 Menschen bewohnt war. Im Römischen Reich war sie nicht nur wegen ihrer militärstrategischen Lage am Limes bekannt, sondern auch wegen ihrer warmen Heilquellen. Von der rund 400 x 600 m großen Stadt wurde seit 1870 ein Drittel freigelegt, ihre Reste sind heute als Ruinengarten in Form von hüfthohen Mauerstümpfen zu besichtigen. In zwei neoklassizistischen Museumsbauten – eine beim Eingang, eine im Zentrum der Anlage – sind die bedeutendsten Funde aus Aquincum ausgestellt.

Archäologischer Park: Auf dem Ausgrabungsgelände sieht man Reste von Wohnhäusern, Werkstätten, Thermen, Heiligtümern und einer Markthalle (Macellum) sowie Straßen mit Radspuren, Anlagen zur Fußbodenheizung und Wasserleitungen mit Kanalisationsdeckeln. Zudem wurde eine römische Villa rekonstruiert (Besichtigung nur mir Führung).

Mitte bis Ende Okt. Di–So 9–18 Uhr. Eintritt 1000 Ft, erm. 300 Ft.

Ausstellungen: In den Museumsräumen wird eine reiche Sammlung präsentiert: Grab- und Altarplatten, Kaiser- und Götterstatuen, Meilen- und Mühlsteine, Münzen, Reliefs, dazu weitere Funde wie Töpferwaren, Mosaikfragmente, Trinkgefäße, Statuetten, Terrakottafiguren, Schmuck und Werkzeuge. Zahlreiche Modelle geben eine lebendige Vorstellung vom Leben in der Römerstadt. Das berühmteste Exponat ist die originalgetreue Nachbildung einer tragbaren Wasserorgel mit bronzenen Pfeifen von 228 n. Chr., die 1931 in so gutem Zustand gefunden wurde, dass auch eine klangliche Rekonstruktion möglich war.

April bis Ende Okt. Di–So 10–18 Uhr, Nov. bis Ende März Di–So 10–16 Uhr. Eintritt (April–Okt. inkl. Ruinenfeld) 1600 Ft, erm. 800 Ft, mit Budapest Card frei. III., Szentendrei út 135, www.aquincum.hu. Mit H 5 bis Aquincum (dann 700 m zu Fuß stadteinwärts), Bus 34, 106 oder 134 bis Záhony utca.

Amphitheater der Bürgerstadt: Die außerhalb des Ausgrabungsgeländes und einst auch außerhalb der Stadtmauer gelegene Arena war mit 86 m Länge und 76 m Breite kleiner als die des Militärlagers und bot 7000 Zuschauern Platz.

Archäologisches Museum im Ruinengarten von Aquincum

Praktische Infos

→ Karte S. 147

Stadtverkehr nach Óbuda und Aquincum

Bus 86: Újbuda – Szt. Gellért tér – Clark Ádám tér – Margit híd – Flórián tér – Óbuda/Bogdáni út; alle 10–20 Min.

Tram 17: Margit híd (Budaer Seite) – Nagyszombat utca – entlang der Bécsi út; alle 10–12 Min.

Bus 34/106: Árpád híd (Ⓜ 3 blau) – Szentlélek tér – Flórián tér – Záhony utca – HÉV Aquincum; alle 10–20 Min.

H 5 (Szentendrei HÉV): alle 8–10 Min.

Essen & Trinken

Symbol 13 In dem historischen Bau unweit des Kolosy tér sind mehrere Lokale zu Hause: eine Cocktailbar, ein Sportpub, eine rustikale Kellerschänke und ein Restaurant mit mediterran-asiatischer Fusionsküche (Hauptgericht 3000–6500 Ft). Gute Auswahl an italienischen und ungarischen Weinen. Tägl. 11.30–24 Uhr. Bécsi út 56, ✆ +36 (1) 3335656. www.symbolbudapest.hu.

Kéhli Vendéglő 7 Die gemütliche Traditionsgaststätte (seit 1899) in dem hübschen Biedermeierbau liebte schon der Literat Gyula Krúdy (1878–1933). Große Auswahl an ungarischer Hausmannskost, Spezialität des Hauses sind Wild- und Fischgerichte. Hauptspeisen um die 3000 Ft. Abends Livemusik. Oft voll – reservieren! Tägl. 12–24 Uhr. III., Mókus u. 22, ✆ +36 (1) 2504241. www.kehli.hu.

Rozmaring Kertvendéglő 11 Schon seit 1991 empfängt das große, gepflegte Gartenrestaurant seine Gäste direkt am Donauufer nahe der H 5-Station Tímár utca. Herrliche Aussicht auf die Margareteninsel und Buda, es gibt Deftiges, z. B. gefülltes Sauerkraut für 1800 Ft, gegrillter Zander 3100 Ft. Mückenspray nicht vergessen! Mo–Sa 12–24, So 12–21 Uhr. Mi–Sa Livemusik. III., Árpád fejedelem útja 125, ✆ +36 (1) 3671301. www.rozmaringkertvendeglo.hu.

Kisbuda Gyöngye 9 Stilvolle Traditionsgaststätte eines Fernsehkochs mit vorzüglicher ungarischer Küche, von Einheimischen wie Touristen frequentiert. Im Sommer empfiehlt sich der ruhige Hinterhofgarten, sonst sitzt man im Speisesaal, dessen Wände mit alten Schrankteilen dekoriert sind. Hauptgerichte, z. B. Ente mit Kraut 2980 Ft, süß gefüllte Palatschinken ca. 980 Ft. Abends Klaviermusik. Mo–Sa 12–24 Uhr. Bus 260 oder Ⓣ 17 bis Selmeci utca. III., Kenyeres u. 34, ✆ +36 (1) 3686402. www.remiz.hu.

Új Sipos Halászkert 8 Bodenständige ungarische Küche in bürgerlichem Ambiente auf dem Hauptplatz von Óbuda. Der Name „Fischergarten" ist Programm: Es gibt mehrere Fischsuppenvarianten (ab 1200 Ft) und Filets von Karpfen, Wels oder Zander (bis 3700 Ft), aber auch Fleisch und Geflügel, alles zu vernünftigen Preisen. Abends Roma-Musik. Tägl. 12–24 Uhr. Fő tér 6, ✆ +36 (1) 2501812. www.ujsipos.hu.

Kerék Vendéglő 10 Das altmodisch-rustikale Einheimischenlokal „Zum Rad" ist wie eine Zeitreise. Es gibt deftige Hausmannskost zu günstigen Preisen (Hauptgericht unter 2000 Ft), abends spielt ein Mundharmonikaspieler. Im Sommer wird im Innenhof serviert. Tägl. 12–23 Uhr. III., Bécsi út 103, ✆ +36 (1) 2504261. www.kerekvendeglo.hu. Ⓣ 17 bis Nagyszombat utca.

Regi Sipos Halászkert 14 Touristischer Familienbetrieb an der verkehrsreichen Hauptstraße nach Óbuda, bekannt für bodenständige Küche mit Schwerpunkt Fischgerichte, die Fischsuppe ist ein Gedicht. Großer Speisesaal, schöner Innenhofgarten. Wochentagsmenü 1050 Ft. Tägl. 12–23 Uhr. III., Lajos u. 46, ✆ +36 (1) 2508082. www.regisipos.hu. Bus 86 bis Kolosy tér.

Pastrami 12 Bistro-Restaurant in einer alten Fabrik, von der nur die Backsteinfassade blieb. Im nüchternen Innern – Typ moderne Kantine – dominieren Glas und Sichtbeton, Zentrum ist eine offene Küche. Großes Frühstücksangebot, günstige Tagesteller, Salate, Pasta, Fleisch- und Fisch (Hauptgericht bis 3900 Ft) und natürlich auch den Namensgeber, das aus New York bekannte Pastrami-Sandwich mit geräucherter Rinderbrust (1700 Ft). Tägl. 8–23 Uhr. III., Lajos u. 93–99, ✆ +36 (1) 4301731. www.pastrami.hu. Bus 86 bis Nagyszombat utca.

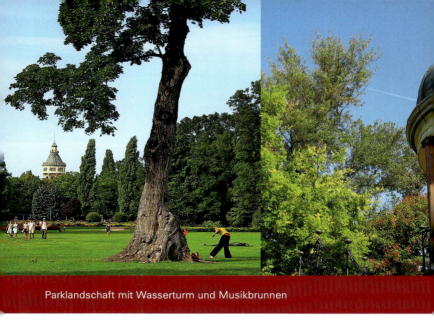

Parklandschaft mit Wasserturm und Musikbrunnen

Tour 6: Margareteninsel (Margitsziget)

Die Margitsziget, die bekannteste der Budapester Donauinseln, ist mit ihrer schönen, autofreien Parklandschaft die grüne Lunge der Stadt. Hierher kommt man zum Radeln, Joggen, Picknicken, Spazierengehen oder zum Schwimmen im größten städtischen Freibad. Und auch, um Open-Air-Events oder laue Sommerpartynächte zu genießen.

Wie ein großes Schiff liegt die 2½ km lange und 500 m breite Margareteninsel mitten in der Donau. Schon die Römer schätzten und nutzten ihre Thermalquellen. Später war sie ein bevorzugtes Jagdgebiet der Árpádenkönige und wurde *Haseninsel* genannt. Im Mittelalter war die Margitsziget im Besitz mehrerer Orden, die auf der Insel Klöster errichteten, von denen nur noch Ruinen zeugen. Ihren heutigen Namen erhielt sie von der später heiliggesprochenen *Prinzessin Margarete,* die hier im 13. Jh. als Nonne lebte. Nur die Türken wussten mit der Insel wenig anzufangen: Nachdem sie alle Gebäude zerstört hatten, blieb die Margareteninsel unbewohnt.

Dem Habsburger Erzherzog Joseph sei's gedankt, dass er das Eiland zu Beginn des 19. Jh. in einen beeindruckenden englischen Park verwandeln ließ. Die damals zu Hunderten gepflanzten Platanen und ihre Nachkommen sorgen heute an heißen Sommertagen für kühlenden Schatten. Öffentlich zugänglich wurde die Insel mit dem Bau eines Kurbads 1869. Allerdings war sie damals nur per Boot erreichbar – erst im Jahr 1900 war über die Margaretenbrücke eine feste Verbindung vorhanden. 1908 erwarb die Stadt die Insel, doch es sollte noch bis 1945 dauern, bis jeder die grüne Oase kostenlos betreten durfte.

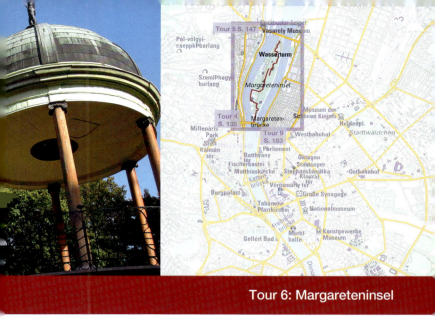

Tour 6: Margareteninsel

Heute trifft man hier Alt und Jung, Einheimische und Touristen, Jungfamilie und Rentnerpaar. Die einen liegen lesend im Gras, andere spielen Frisbee oder Fußball oder versuchen sich in Qigong. Fahrradrikschas und Elektroautos holpern über die Wege, und alle paar Jahre ist die Margitsziget mit ihrem Schwimmstadion im Blickpunkt des internationalen Wassersports – zuletzt 2010 als Austragungsort der Schwimm-EM. Zunächst soll die Insel aber bis 2016 völlig umgekrempelt werden, sogar eine Pferdestraßenbahn ist geplant.

Spaziergang

Unser Spaziergang startet am Südzipfel der Insel, den man über die → **Margaretenbrücke (Margit híd)** von beiden Donauufern mit Tram 4 oder 6 erreicht. Zu Beginn treffen wir auf das bronzene **Zentenariumsdenkmal (Centenariumi emlékmű)** von István Kiss (→ Foto S. 156), das als metallener Blütenkelch aufragt; 1972 wurde es zum 100. Jahrestag der Vereinigung von Buda, Óbuda und Pest enthüllt. Im Hintergrund sind bereits die Fontänen des mit 1000 m² größten ungarischen **Springbrunnens (Szökőkút)** zu sehen. 2013 modernisiert, „tanzt" er von Mai bis Ende Oktober tagsüber stündlich zu einem zehnminütigen Medley mit Musik von Vivaldi bis zu den Stones, abends ist er bunt illuminiert. Vor dem heruntergekommenen einstigen **Casino**, ein Miklós-Ybl-Bau aus dem 19. Jh., der mitsamt seiner Terrasse zum stylishen Kultlokal *Holdudvar* (→ Essen & Trinken) mutierte, wenden wir uns nach links zu dem am Westufer der Insel gelegenen → **Hajós Alfréd Sportschwimmbad (Hajós Alfréd Sportuszoda)**. Zurück auf der

Hauptpromenade folgen Richtung Norden bald die haushohen Mauerreste der Kirche eines **Franziskanerklosters (Ferences kolostor romjai**, 13. Jh.) mit einem gotischen Fenster, Teilen der Apsis und des Turms. Wenige Meter weiter beginnt links der Hauptpromenade die großzügige Anlage des **Palatinus-Strandbads (Palatinus strandfürdő)**, eines der beliebtesten und größten Freibäder der Stadt (→ Baden S. 88). Sein Name erinnert an die habsburgischen Palatine, die Statthalter des Kaisers, denen die Insel einst gehörte. Vom Haupteingang des Bads nach rechts erreichen wir den 2013 sanierten **Rosengarten (Rózsakert)** im mittleren Teil der Insel. Auf seiner Höhe befindet sich auch ein **Minizoo (Kisállatkert)** mit zahlreichen (exotischen) Wasservögeln, Hirschen, Ponys und Hasen (Eintritt frei).

Eine Attraktion –
die Fontänen des Szökőkút

Ein Stück weiter nordöstlich trifft man unter hohen Bäumen auf die bedeutendste Ausgrabung der Insel, die weitläufigen → **Ruinen des Dominikanerinnenklosters (Domonkos kolostor romjai**, 13.–16. Jh.). Unweit davon ragt zwischen den Bäumen das Wahrzeichen der Insel auf: der 57 m hohe **Wasserturm (Víztorony)**, ein früher Stahlbetonbau von 1911. In seinem Innern sind Fotoausstellungen zu sehen, der Rundumblick von der Aussichtsplattform ist nicht sonderlich spektakulär (Juni–Okt. tägl. 11–22 Uhr, Eintritt 600 Ft, www.szabadter.hu). Bis 2016 soll der Turm einen gläsernen Panoramafahrstuhl erhalten.

An die Südseite des Wasserturms schmiegt sich eine jüngst restaurierte **Freilichtbühne (Szabadtéri színpad)** für 3000 Zuschauer, die jeden Sommer Spielstätte des Budapester Sommer-Festivals ist (→ Budapest rund ums Jahr, S. 74). Entlang einer Künstlerpromenade, die Büsten von Ungarns größten Meistern, wie Zoltan Kodály, Ferenc Liszt oder Miklós Ybl versammelt, geht es weiter. Ursprünglich befand sich hier ein im 12. Jh. erbautes und von den Türken zerstörtes **Prämonstratenserkloster (Premontrei templom)**, dessen hochromanische **St. Michaelskirche** 1930/31 vollständig rekonstruiert wurde. Sie steht malerisch inmitten hoher Bäume. In ihrem Turm birgt sie eine Glocke aus dem 15. Jh., die zu den ältesten des Landes gehört und beim Einmarsch der Türken offenbar vergraben wurde – erst 1914 kam sie wieder zum Vorschein, als ein Sturm den Baum über dem Versteck entwurzelte. Den nördlichen Teil der Margareteninsel dominiert ein → **Hotel- und Thermalbadkomplex**, der sich aus dem am Ende des 19. Jh. angelegten Kurbad entwickelte. Links am Thermalhotel vorbei gelangen wir zum kleinen **Japanischen Garten (Japánkert)** mit Seerosenteichen, Felsengärten, exotischen Pflanzen und einem künstlichen Wasserfall. Sein nördliches

Ende überragt ein kleiner Rundtempel – der **Musikbrunnen** (**Zenélőkút**). Hinter dem Brunnen erreicht man in wenigen Minuten die Haltestelle von Bus 26, der zum Ausgangspunkt der Tour an die Südspitze der Insel zurückbringt.

Wer kann den Ungarn das Wasser reichen?

Vielleicht liegt es ja an den vielen Bädern des Landes, denn im Schwimm- und Wassersport ist das nur 10 Millionen Menschen zählende Ungarn seit langem eine internationale Großmacht. Im Wasserball der Männer, oft als härtester Mannschaftssport der Welt bezeichnet, schaffte Ungarn bisher unglaubliche neun Olympiasiege, zuletzt 2008 in Peking.

Unzählige olympische Goldmedaillen gab es auch im Schwimmen. Auf Alfréd Hajós, den ersten Schwimmolympiasieger aller Zeiten, folgten in den letzten Jahrzehnten etwa der zweifache „Weltschwimmer des Jahres" Tamás Darnyi (1988, 1992), der Allrounder Norbert Rózsa (1992, 1996) und der Lagenspezialist Attila Czene (1996). Eine Ausnahmeathletin im Rückenschwimmen war Krisztina Egerszegi. Im Alter von 14 Jahren wurde sie 1988 die jüngste Olympiasiegerin der Geschichte, schaffte 1992 und 1996 weitere vier olympische Goldmedaillen und stellte mehrere Weltrekorde auf. Ungarns bisher letzte Olympiasiegerin ist Ágnes Kovács, die 2000 in Sidney über 200 m Brust siegte. Die im Moment erfolgreichste ungarische Schwimmerin ist Lagenspezialistin Katinka Hosszú (geb. 1989), die 2009 Weltmeisterin und 2010 sowie 2012 jeweils im eigenen Land dreifache Europameisterin wurde.

Schwimmliebling der Nation ist zurzeit László „Laci" Cseh (geb. 1985). Der talentierte Lagenschwimmer war 2005 und 2009 Weltmeister, stellte 2007 und 2009 einen Weltrekord auf, holte bei den Olympischen Spielen 2008 drei Silbermedaillen und 2012 eine Bronzemedaille. Zwei Titel räumte er bei der Heim-EM 2010 ab. Bei der 2012 ebenfalls in Ungarn ausgetragenen EM kamen für Cseh wieder drei Titel in 200 und 400 m Lagen und 200 m Delfin hinzu. Und das nächste Talent ist im Kommen: Daniel „Dani" Gyurta (geb. 1989) gewann als 15-Jähriger in Athen 2004 eine silberne Olympiamedaille, wurde 2009 und 2011 Weltmeister, 2010 und 2012 Europameister und 2012 auch Olympiasieger – jeweils über 200 m Brust.

Damit nicht genug, sind doch die Ungarn auch im Kanu-Rennsport seit Jahren die Nummer eins: Derzeit kaum zu schlagen sind Katalin Kovács und Natasa Janics, die dreimaligen Olympiasiegerinnen (zuletzt 2012 in London) und oftmaligen Weltmeisterinnen im Kajak-Einer und Kajak-Zweier, die obendrein auch als Sport-Beauties gelten.

Sehenswertes

Margaretenbrücke (**Margit híd**): Die 1872–76 erbaute, zweitälteste Donaubrücke der Stadt geht zurück auf einen Entwurf von Émile Gouin, ein Kollege von Gustave Eiffel. Ihr Markenzeichen ist der Knick in der Mitte, an dem die beiden Brückenarme in einem Winkel von 150 Grad aufeinander treffen. Die

Hier lebte Margarete, nach der die Donauinsel heute benannt ist

Verbindung zur Südspitze der Margareteninsel, die der Brücke die heutige Y-Form verlieh, entstand erst 1900. Jüngst wurde die Brücke originalgetreu restauriert, selbst auf die Rekonstruktion der kitschig verschnörkelten Laternen wurde nicht verzichtet.

Hajós Alfréd Sportschwimmbad: Der Namensgeber des Schwimmstadions, Allround-Talent Alfréd Hajós (1878–1955), war 1896 in Athen der weltweit erste Olympiasieger im Schwimmen (der Wettkampf fand übrigens im Meer statt), 1901–03 war er Mitglied des ungarischen Fußballnationalteams und 1935 Architekt dieser im Bauhausstil errichteten Anlage, die für die Schwimm-Europameisterschaften 2006 und 2010 großzügig erweitert wurde.

Ruinen des Dominikanerinnenklosters: Die Jahrhundertflut von 1838 spülte die Reste jenes Klosters frei, das Béla IV. für seine Tochter Margarete erbaute. Der Árpádenkönig hatte 1241 geschworen, sein Kind Gott zu weihen, wenn die Mongolen das Land verlassen würden. So geschah es, und Margarete wurde im Alter von neun Jahren Nonne. Nach einem frommen, zurückgezogenen Leben auf der Insel starb sie mit 29 Jahren, wurde hier beigesetzt und bald seliggesprochen. Eine meist mit Blumen belegte Marmorplatte markiert die Stelle ihres Grabes, das 1858 – allerdings leer – entdeckt wurde. Die Dominikanerinnen waren 1541 vor den anstürmenden Türken nach Preßburg geflüchtet und hatten die Reliquien mit dabei. Zurück ließen sie eine Krone der Árpádenkönige, die heute im Nationalmuseum zu sehen ist.

Grand Hotel/Health Spa Resort Margitsziget: Als Mitte des 19. Jh. die Thermalquellen im Norden der Insel erschlossen wurden, plante Miklós Ybl die erforderlichen Bauten: 1869 ein Kurhaus mit Bad, vier Jahre später nebenan ein Grand-Hotel, das zu den elegantesten der Stadt zählte und seit 1986 wieder geöffnet ist. Das alte Kurhaus wurde 1987 durch einen hässlichen Betonklotz, das heutige Health Spa Resort, ersetzt.

Bauhausviertel um den Szent István Park

Direkt gegenüber der Margareteninsel, auf Höhe des Springbrunnens, breitet sich auf dem Pester Donauufer der St. Stephan-Park (Szt. István Park) aus. Er markiert das Zentrum des Bauhausviertels der Neu-Leopoldstadt (XIII., Úglipótváros), das sich in den 1930ern entlang der Pozsony út (Bratislava-Straße) entwickelte. Großstädtisch angelegt, war und ist es auch heute wieder bevorzugte Adresse des (jüdischen) Bildungsbürgertums. Die sechsgeschossigen, ab 1928 errichteten Appartementhäuser, die den Park säumen, besaßen Budapests erste Dachterrassen. Dazu zählt auch das **Dunapark Ház** an der Nordseite des Parks (Pozsonyi út 38–42). Diese von Béla Hofstätter und Ferenc Domány 1935 geplante Luxuswohnhausanlage ist für ihre schneckenförmigen Treppenhäuser bekannt. Im Erdgeschoss beeindruckt das mondäne *Café Dunapark* im originalen Retrostil samt geschwungener Empore und versenkbaren Fensterscheiben. Sehenswert ist auch das siebengeschossige Haus **Pozsonyi út 53–55**, das mit dem dreieckigen Grundriss an das New Yorker Bügeleisengebäude oder das Hamburger Chilehaus erinnert. Auch hier lohnt der Blick in das Treppenhaus (linke Seite) und ein Besuch des Delikatessenladens *Sarki Fűszeres*. Weiter nördlich, in der Pozsonyi út 58, findet sich noch die 1936–40 gebaute **Reformierte Kirche** mit einem Glockenturm im Stil der Moderne.

Zentenariumsdenkmal auf der Margareteninsel

Vom Pester Brückenkopf der Margit híd sind es zu Fuß 750 m zum Park; Trolley-Bus 75 fährt ab Ⓜ 3 blau Dózsa Gy. út und Trolley-Bus 76 ab Ⓜ 3 blau Lehel tér etwa alle 10 Min. hierher.

Praktische Infos

→ Karte S. 153

Hin und weg

Die Margareteninsel ist für den privaten Autoverkehr gesperrt, lediglich die Zufahrt zu den beiden Hotels ist von Norden her möglich. Wer nicht zu Fuß gehen oder seinen Kindern eine Freude machen will, kann folgende Verkehrsmittel benutzen bzw. ausleihen:

Bus 26: der Stadtbus von der Metro-Station Nyugati pu. (Ⓜ blau 3) bis zur Metro-Station Árpád-híd (Ⓜ blau 3) durchquert die Insel alle 12–20 Min.

Linienschiff D 13: Sa/So legt das Schiff stündlich an zwei Stellen am Ostufer der Insel an (→ Karte S. 153).

Bringóhintó-Verleih: Bringóhintó ist die nostalgische Fahrradriksche (4–6 Pers.), wie man sie auch von den Adriaorten kennt. Selbst wenn man zu viert tritt, kommt man

Hier wechseln sich gepflege Blumenrabatte und Liegewiesen ab

kaum vom Fleck, und hat gerade deshalb Spaß dabei. Verleih unweit des Health Spa Resorts im Norden der Insel und beim Zentenariumsdenkmal am Südende, tägl. 8 Uhr bis zur Dämmerung. 3500 Ft/Std.

Man kann auch normale **Fahrräder** (1000 Ft/ Std.), Tandems, kleine Elektroautos und ähnliche Gefährte für Kinder ausleihen. www.bringohinto.hu.

Essen & Trinken

Auf der Margareteninsel gibt es zurzeit noch **Kioske** (über eine Abschaffung oder „optische Vereinheitlichung" wird diskutiert) mit Hamburgern, Hotdogs, Zuckerwatte und Mais *(Kukorica)* in allen Varianten sowie Eisverkäufer und Getränkebuden.

Das einfache **Margit Terasz Étterem** 3 hat seine Tische von 1. Mai bis Ende Sept. am Fuß des Wasserturms aufgestellt. Große Auswahl an passabler ungarischer Küche zu mittleren Preisen (Hauptgericht mit Beilage bis 3000 Ft). ✆ +36 (30) 2018798. www. margitterasz.hu.

Für einen Kaffee kann man auch in das **Begonia Café** 2 auf der Terrasse des **Grand Hotel Margitsziget** ausweichen.

Holdudvar 4 Legendäre Gartenrestaurant-Café-Bar im alten Casinogebäude mit bunt gemischtem Publikum und reichem Kulturprogramm. Stylishes Interieur, gute ungarische und mediterrane Küche zu akzeptablen Preisen (Gnocchi mit Hühnerfilet 1800 Ft). Mi–Sa ab 23 Uhr wird die Location zum Dancefloor. Nur Mai–Sept. tägl. ab 11 Uhr. XIII., Margitsziget, ✆ +36 (1) 2360155. www.holdudvar.net.

Lokale am Szent István Park

Dunapark 6 Sehr schickes Café-Restaurant (viel Prominenz) im Bauhaus-Retro-Stil mit sonniger Terrasse direkt an der Parkmauer. Dezente Livemusik, internationale Küche, große Kuchen- und Patisserieauswahl. Hauptgericht 3000–4000 Ft. Eis gibt es im Sommer auch in der Tüte. Mo–Fr 8–23, Sa/So 10–23, So 10–22 Uhr. XIII., Pozsonyi út 38, ✆ +36 (1) 7861009. www.dunapark kavehaz.com.

››› Unser Tipp: **Sarki fűszeres** 5 Gute Idee, schöne Ausführung: Der „Greißler am Eck" ist ein kleiner Feinkostladen mit ein paar Tischchen, wo man Sandwiches, frisches Gebäck, Kuchen, Kaffee, Tee und Wein genießen kann. Mo–Fr 8–22, Sa 8–15 Uhr. XIII., Pozsonyi út 53–55. www. sarkifuszeres.hu. ‹‹‹

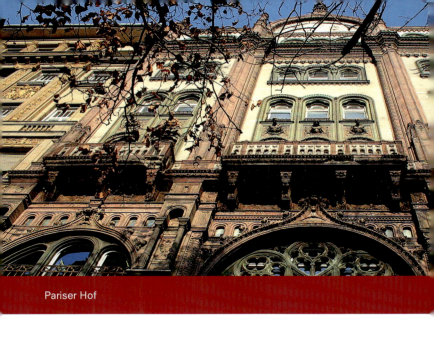

Pariser Hof

Tour 7: Südliche Innenstadt (Belváros) und Kleiner Ring (Kiskörút)

Der Südteil der Pester Innenstadt zwischen Elisabeth- und Freiheitsbrücke ist das Universitätsviertel mit einer Fülle von Lokalen, Designerläden und regem Nachtleben. Im Südosten begrenzt ihn der Kleine Ring mit der prächtigen Großen Markthalle und dem Nationalmuseum.

Belváros, die Innenstadt, entspricht dem historischen Zentrum von Pest, das bis zum Beginn des 18. Jh. von einer Stadtmauer geschützt war. Seit dem Mittelalter war es von einer Handelsstraße auf Höhe der heutigen Elisabethbrücke (Erzsébet híd) in einen nördlichen und einen südlichen Teil getrennt. Während sich der Nordteil zu *dem* touristischen und entsprechend überteuerten Herz von Budapest entwickelte, hat der südliche Teil mehr von seinem alten Charme bewahrt. Sogar die Váci utca, Budapests berühmteste Einkaufsmeile, die parallel zur Donau die gesamte Belváros durchzieht, zeigt sich hier im Süden noch authentischer. Als Flaniermeile bekam sie 2010 Konkurrenz durch die in etwa parallel verlaufende *Főutca (Hauptstraße)*. Auf 3 km Länge wurde hier ein Straßenzug, der die Innenstadt vom Kalvin tér im Süden bis zum Szabadság tér in der Leopoldstadt durchläuft, zu einem verkehrsberuhigten Raum aufgewertet. Optisch erkennt man die Főutca an den sandfarbenen (bei Nässe rutschigen) Kalksteinbodenplatten und den modernen, baumartigen Laternen.

Dominiert wird die Südliche Innenstadt von den Ende des 19. Jh. entstandenen, herrlich restaurierten Universitätsbau-

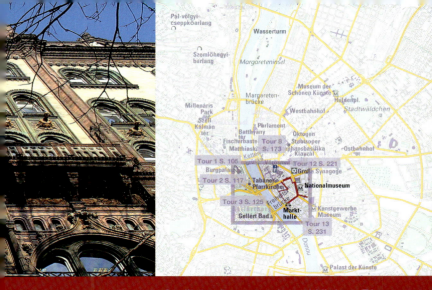

Tour 7: Südliche Innenstadt und Kleiner Ring

ten und hübschen Kirchen aus der Barockzeit. Auf zwei bekannte Bauwerke trifft man gegen Ende des Spaziergangs, wo dieser am Kleinen Ring (Kiskörút) entlangführt: die Große Markthalle, mittlerweile ein Touristenmagnet, und der klassizistische Palast des Ungarischen Nationalmuseums.

Spaziergang

Ausgangspunkt unseres Spaziergangs ist der **Ferenciek tere (Franziskanerplatz)** in der westlichen Verlängerung der Elisabeth-Brücke (Ⓜ blau 2, Bus 7), der gerade saniert und fußgängerfreundlich gestaltet wurde. Auffälligstes Gebäude am Platz ist der reich verzierte Jugendstilbau → **Pariser Hof (Párisi udvar)**. Den Blick Richtung Donau umrahmen die beiden neobarocken, symmetrischen Türme der → **Klothildenpaläste (Klotild paloták)**, deren Spitzen mit einem steinernen Erzherzogshut bekrönt sind. An der Ostseite des Ferenciek tere steht die barocke → **Franziskanerkirche (Ferences templom)**, die dem Platz den Namen gab. Den Kirchenvorplatz schmückt der nach Meernymphen benannte **Nereidenbrunnen (Néreidák kútja)** von 1835. Wir gehen vom Platz in südwestlicher Richtung weiter. In dem an die Kirche anschließenden Franziskanerkloster ist seit 1877 das Restaurant *Kárpátia* untergebracht. Seine neugotischen, freskenverzierten Gewölbe sind prächtig anzusehen, Essen und Service halten aber nicht mit, kurzum: eine Touristenfalle. Der benachbarte dottergelbe Neorenaissancebau von 1876 ist die **Universitätsbibliothek Budapest (Egyetemi könyvtár)** mit einem Bestand von rund zwei Millionen Bänden. Unter den 1200 mittelalterlichen Handschriften befinden sich auch 14 *Corvinen* (→ Kasten S. 23). Einen Blick wert sind die schöne

Aula und der Prunksaal (Mo–Fr 10–20 Uhr). Die Károlyi utca, der wir nun folgen, ist nach einer der ältesten Adelsfamilien Ungarns benannt. Eines ihrer Stadtpalais ist der klassizistische, zweigeschossige Bau (1841) auf Nr. 16, in dem das → **Petőfi-Literaturmuseum (Petőfi Irodalmi Múzeum)** residiert. Die Károlyi utca mündet in den **Egyetem tér** (Universitätsplatz), der heute ein Ort zum Verweilen ist. Originell ist auch der neue Brunnen, ein marmornes Buch, das „umblättert". Um den Platz reihen sich Cafés und Bars und – wie sein Name andeutet – Unigebäude: Der dominante neobarocke Prachtbau (1889) gehört zur → **Eötvös-Loránd-Universität ELTE**, der größten Hochschule des Landes, und beherbergt die Rechts- und Politikwissenschaftliche Fakultät. Links davon, nur durch eine Gasse getrennt, ist das Rektorat der ELTE. Geschwärzt, aber immer noch prächtig ist die zweitürmige Fassade der sehenswerten → **Universitätskirche (Egyetem templom)**. Sie wird von der Katholischen Péter-Pázmány-Universität betreut, deren Theologische Fakultät auch hier um's Eck vertreten ist (Veres Pálné u. 24). Am Portal der Kirche vorbei und stets geradeaus erreichen wir den südlichen Abschnitt der Fußgängerzone **Váci utca**. Wo man auf sie trifft, ragt der Turm der barocken **St.-Michaelskirche (Belvárosi Mihály templom)** von 1750 in die Höhe. Das Gotteshaus, einst Teil eines Dominikanerklosters, ist für seine regelmäßigen Orgelkonzerte bekannt (www.szentmihalytemplom.hu).

Durch die Váci utca schlendern wir weiter nach Süden (links), begleitet von Souvenir- und Kunsthandwerksläden. Ein kurzer Abstecher in die folgende Seitengasse links (Szerb utca) führt uns zur barocken, idyllisch in einem mauerumfriedeten Garten gelegenen **Serbisch-Orthodoxen Kirche (Szerb ortodox templom)**, deren Bau Ende des 17. Jh. begonnen wurde. Damals wohnten in diesem Viertel viele Serben, die vor den anstürmenden Türken nach Budapest geflohen waren. Das gefällige Äußere der Kirche geht auf einen Umbau Mitte des 18. Jh. zurück, Bauleiter war Andreas Mayerhoffer. Der Innenraum ist durch eine Brüstung in einen Teil für Frauen und einen tiefer gelegenen Teil für Männer getrennt. Die farbenprächtige Ikonostase stammt von 1850.

Weiter in der Váci utca sehen wir am Ende der Straße bereits die bunte Ziegelfassade der Großen Markthalle. Bevor man sich in den „Bauch von Budapest" begibt, sollte man quer über den **Fővám tér** (Hauptzollplatz), den Platz und Verkehrsknotenpunkt vor der Markthalle, bis zur Freiheitsbrücke vorgehen, wo man einen schönen Blick über die Donau auf den Gellértberg hat und die elegante Konstruktion der Freiheitsbrücke (Beschreibung → S. 129)

Ungarisches Nationalmuseum

Nachtleben
- 7 Könyvtár Klub (S. 80)
- 12 Csendes Társ (S. 77)
- 23 Action Gay Bar (S. 81)
- 25 Fat Mo's Music Club (S. 78)
- 40 Púder (S. 77)
- 48 For Sale Pub (S. 78)

Übernachten
- 3 Erzsébet City Center (S. 51)
- 5 Leo Pánzio Hotel (S. 51)
- 26 Museum Central (S. 51)
- 28 Butterfly Home (S. 52)
- 35 Peregrinus (S. 51)
- 43 Kalvin House (S. 54)

Essen & Trinken
(S. 166-168)
- 2 Centrál Kávéház
- 4 Auguszt cukrászda
- 10 Ruben Étterem
- 10 Jégbüfé
- 13 Múzeum
- 17 Mátyás Pince
- 21 BorLaBor
- 24 Govinda Vega Sarok
- 29 Café Alibi
- 30 Borssó Bisztro
- 31 Fatál
- 32 Hummus Bar
- 33 Taverna Dionysos
- 36 Trattoria Toscana
- 37 Costes
- 39 Café Intenzo
- 42 Kicsi Mama Konyhája
- 44 Soul Café
- 45 Fakanál Étterem
- 46 Vörös Postakocsi
- 47 Bangkok Thai Étterem
- 49 Pata negra

Einkaufen (S. 168/169)
- 1 Monofashion
- 6 Insitu
- 9 CBA
- 11 Központi Antikvárium
- 14 Black Box
- 15 Cadeau Csokoládé
- 16 Kodály Zoltán Zeneműbolt
- 18 Ernst Galéria
- 19 Retrock Deluxe
- 20 Múzeum Antikvárium
- 22 Csemege Delikát
- 27 Bubórekbolt
- 34 Hephaistos Háza
- 38 V50
- 41 Babaház
- 45 Große Markthalle

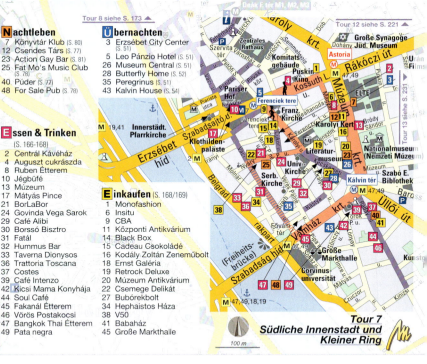

Tour 7 Südliche Innenstadt und Kleiner Ring

mitsamt den beiden repräsentativen Zollhäuschen bewundern kann, wovon das linke noch den ursprünglichen Brückennamen „Ferencz József-Híd" trägt. Der Fővam tér wurde benannt nach dem **Hauptzollamt** rechts neben der Markthalle. Dieser 1871–74 von Miklós Ybl geplante Neorenaissancepalast erstreckt sich mit seiner 170 m langen, mit Kolonnaden und Skulpturen geschmückten Hauptfassade an der Donau entlang und wendet dem Platz nur seine Seitenfront zu. Seit 1948 beherbergt er die Hochschule für Wirtschaftswissenschaften, die seit 2003 **Corvinus-Universität (Corvinus Egyetem)** heißt.

Nach dem Pflichtbesuch in der → **Großen Markthalle (Központi Vásárcsarnok)** geht es am **Kleinen Ring (Kiskörút)** weiter. Dieser 1,5 km lange Boulevard umgibt die Pester Innenstadt (Belváros) an Stelle der alten Stadtmauern, deren Reste an einigen Stellen noch zu sehen sind (z. B. an der Ecke Bástya utca/Veres Pálné utca). Der Ring ist allerdings nicht geschlossen, sondern zieht sich von der Freiheitsbrücke mit den Abschnitten Vámház (auf dem wir uns nun befinden), Múzeum und Károlyi körút bis zum Deák Ferenc tér.

500 m weiter treffen wir auf den **Kálvin tér**, ein weiterer wichtiger Verkehrsknotenpunkt und zuletzt lange Jahre Baustelle. Als er noch Heumarkt hieß, war er ein gemütlicher Platz mit dem Danubiusbrunnen in der Mitte. Heute ist der Brunnen am Erzsébet tér (→ Tour 9) und den Kálvin-Platz prägen belanglose Hotel- und Bankpaläste aus Glas und Stahl sowie futuristische Haltestellen. Nur auf seiner Südseite haben sich einige Bauten von früher erhalten. Dazu zählen die → **Reformierte Kirche (Református templom)** und die benachbarten niedrigen Bürgerhäuser

aus dem 19. Jh. 2013 wurde der Fußgängerbereich davor großzügig erweitert, und das Standbild des Genfer Reformators Kálvin Janós (Johannes Calvin) – immerhin Namensgeber des Platzes – erhielt einen würdigen zentralen Standort. Die Cafés links der Kirche kündigen die Lokalmeile **Ráday utca** an, die gleich um's Eck beginnt. In dieser verkehrsberuhigten Straße, die sich 1,5 km weit in Richtung Süden durch Ferencváros (→ Tour 13) erstreckt, haben sich Dutzende Lokale, darunter Budapests erstes Restaurant mit Michelin-Stern, angesiedelt (→ Essen & Trinken).

Nach dem Kálvin tér setzt sich der Kleine Ring mit dem **Múzeum körút (Museumsring)** fort, wo gleich zu Beginn der monumentale, tempelartige Bau des → **Ungarischen Nationalmuseums (Magyar Nemzeti Múzeum)** zu einem Rundgang durch Ungarns Geschichte einlädt. In der Bródy Sándor utca, der ersten Quergasse nach dem Museum, reiht sich ein Stadtpalais ans andere. Die Adelshäuser entstanden Ende des 19. Jh. als Teil des **Palotanegyed (Palaisviertel)**, dem wir uns in Tour 13 (S. 228) widmen. Im vordersten, dem 1873 erbauten Palais Fechtig an der Ecke zum Múzeum körút, verwöhnt seit 1885 das Café-Restaurant *Múzeum* seine Gäste. Wir nutzen hier den Zebrastreifen und wechseln auf die andere Straßenseite, die für ihre Antiquariate bekannt ist, darunter auf Nr. 15 das *Központi Antikvárium*, das größte der Stadt. Diesem gegenüber, auf der anderen Seite des Rings, kündigen zwei repräsentative Bauten (das rechte hat Parlamentsarchitekt Imre Steindl entworfen) den Campus der **Geisteswissenschaftlichen Fakultät** (Bölcsészettudományi Kar) der Eötvös-Loránd-Universität ELTE an, der sich bis zur Puskin utca erstreckt. Wir aber biegen links in die Ferenczy István utca ein, sehen in dieser Reste der früheren Stadtmauer (Gedenktafel) und erreichen nach wenigen Metern den **Károlyi-Garten (Károlyi kert)**, eine überraschend stille grüne Oase in der Pester Innenstadt (bis Sonnenuntergang geöffnet). Er war bis 1918 Privatgarten des Palais Károlyi, des heutigen Literaturmuseums (s. o), an dessen Rückseite er gelegen ist. Beim Park-

Am neu gestalteten Egyetem tér

Südliche Innenstadt und Kleiner Ring 163

tor hat die kleine Weinbar *Csendes Társ* fotogen ihre Gartenstühle platziert. Über die Magyar utca gelangen wir in die **Kossuth Lajos utca**, wo gleich rechts das altehrwürdige *Hotel Astoria* von 1914 steht. Links geht es zurück zum Ferenciek tere, dem Ausgangspunkt der Tour. Wer Zeit und Lust hat, kann ab hier Tour 8 durch den nördlichen Teil der Belváros anhängen.

Sehenswertes

Pariser Hof (Párisi udvar): Das 1909 nach Plänen von Henrik Schmal auf trapezförmigem Grundriss errichtete Geschäftshaus (→ Foto S. 158) birgt im Erdgeschoss eine üppig verzierte, mit farbigen Glaskuppeln überspannte Galerie im venezianisch-maurischen Stil. Sie ähnelt den Geschäftspassagen des frühen 20. Jh. in Mailand, Neapel und Paris. Leider sind mittlerweile alle Läden geschlossen, denn das Gebäude braucht einen Käufer, der es renoviert.

Klothildenpaläste (Klotild paloták): Die Habsburger Erzherzogin Klothilde regte die Anlage der nach ihr benannten Zwillingsbauten an; 1902 waren sie fertiggestellt, mit Büros und Luxusappartements in den oberen Stockwerken sowie Geschäften und Cafés im Erdgeschoss. Die Architekten Flóris Korb und Kálmán Giergl ließen sich dabei vom üppigen spanischen Barock inspirieren. Heute gibt es im südlichen Palast einen Ausstellungssaal der **Budapest Galéria** (Budapest Kiállítóterem). Im umfassend sanierten nördlichen Teil wurde 2012 ein Fünf-Sterne-Hotel eröffnet.

Budapest-Galéria: Di–So 10–18 Uhr. Eintritt 800 Ft, erm. 400 Ft. www.budapestgaleria.hu. V., Szabad sajtó út 5. Ⓜ 3 Ferenciek tere, Ⓣ 2 oder Bus 7, 173.

Franziskanerkirche (Ferences templom): Schon im 13. Jh. stand hier ein Kloster der Franziskaner. Während der türkischen Eroberung 1526 wurden die Ordensbrüder getötet und das Gotteshaus bis 1687 als Moschee genutzt. 1727–58, zur Zeit der Gegenreformation, entstand die heutige Kirche im Barockstil. Ihre Fassade schmückt ein prächtiges Portal und die in Nischen platzierten Statuen berühmter Franziskaner (Petrus von Alcántara, Antonius von Padua, Franziskus von Assisi). 1863 erhielt sie einen reich verzierten Turm über dem Chor. Nach der kommunistischen Zwangspause ab 1950 sind seit 1990 wieder Franziskaner vor Ort. Das Innere des Gotteshauses beeindruckt mit seinem breiten Mittelschiff und in warmen Braun- und Goldtönen gehaltenen Farben. Der Großteil der Ausstattung, wie Altäre und Kanzel, stammen aus der Mitte des 19. Jh. Die Deckenfresken schuf Károly Lotz 1894/95. Ein Schild in der ersten Reihe der rechten Kirchenbänke erinnert an Franz (Ferenc) Liszt, der sich 1865 zeitweise in das Kloster zurückgezogen hatte.

Tagsüber geöffnet. V., Ferenciek tere 9. Ⓜ 3 blau, Bus 7, 15.

Petőfi-Literaturmuseum (Petőfi Irodalmi Múzeum): Das Museum dokumentiert die Literaturgeschichte des Landes seit dem 19. Jh. Zu sehen sind Erstausgaben, Briefe, Tondokumente, Möbel, Porträts und diverse Andenken der großen ungarischen Schriftsteller, wie Mór Jókai (1825–1904) und Sándor Petőfi (1823–49), denen Wechselausstellungen gewidmet sind. Das Palais selbst ist mit seiner holzgepflasterten Toreinfahrt, dem baumbestandenen Hof (mit Café-Restaurant), der Marmortreppe und den Repräsentationsräumen im 1. Stock ebenfalls einen Blick wert.

Di–So 10–18 Uhr. Eintritt Dauerausstellung 600 Ft, erm. 300 Ft, Sonderschauen 800/400 Ft. Mit Budapest Card 20 % Nachlass. Audioguide (dt.) 980 Ft. www.pim.hu. V., Károlyi u. 16. Ⓜ 3 blau Ferenciek tere, Bus 15.

Eötvös-Loránd-Universität ELTE (Eötvös Loránd Tudományegyetem): 1635 gründete Kardinal Péter Pázmány, Erzbischof von Esztergom und geistiger Führer der Gegenreformation, in dem nicht von Türken besetzten Oberungarn (heutige Slowakei) eine Universität, die 1777 von Maria Theresia in den Königspalast nach Buda verlegt wurde. Ihr Sohn Joseph II. brachte die Universität in den Räumlichkeiten eines von ihm 1784 aufgelösten Paulinerklosters (s. u.) in Pest unter, in dessen Nachbarschaft in den folgenden Jahrzehnten weitere Fakultätsgebäude entstanden. Namenspatron der Hochschule ist seit 1949, nach der Abspaltung der Medizinischen Fakultät (heute Semmelweis-Universität) und Theologischen Fakultät (heute Katholische Péter-Pázmány-Universität), der ungarische Physiker und ehemalige Rektor Lóránd (dt. Roland) Eötvös (1848–1919), der sich im Bereich der Schwerkraftmessung einen Namen machte. Studenten der ELTE waren u. a. die Nobelpreisträger Albert Szent-Györgyi (Entdecker des Vitamin C), György Békésy (Innenohr-Forscher), György Hevesy und der Begründer der Spieltheorie János Neumann. Rund 33.000 Studenten studieren heute an den acht ELTE-Fakultäten (www.elte.hu).

Universitätskirche (Egyetem templom): Die Kirche zählt zu Budapests wichtigsten Barockbauten. Errichtet wurde sie 1725–42 als Kirche des benachbarten Paulinerklosters (heute Priesterseminar) an der Stelle einer türkischen Moschee; Baumeister war vermutlich der bekannte Barockarchitekt Andreas Mayerhoffer. Nach Auflösung des Ordens durch Joseph II. 1782 wurde die Kirche der Universität zugeschlagen. Durch ein reich verziertes Portal betritt man das Innere des Gotteshauses. Marmorne Wandpfeiler trennen die Seitenkapellen vom Mittelschiff, dessen Gewölbe Johann Bergl 1776 mit Fresken bemalte. Der Säulenhochaltar von 1746 zeigt eine figurenreiche Darstellung der Geburt Mariens. Oberhalb davon ist eine Kopie der Schwarzen Madonna aus dem polnischen Tschenstochau zu sehen. Sehenswert sind auch die kunstvoll geschnitzte Kanzel und die mit Intarsien geschmückten Kirchenbänke.

Mo–Sa 7–18, So 8–10, 17–19 Uhr. V., Papnövelde u. 5–7. Ⓜ 3 blau Ferenciek tere, Bus 15.

Große Markthalle (Központi Vásárcsarnok): Die 1897 eröffnete und in den 1990er-Jahren vorbildlich restaurierte Markthalle mit ihrem bunten Majolikadach ist die größte der Stadt. Die imposante, 150 m lange „Kathedrale aus Eisen", die wie eine mittelalterliche Kirche aus zwei Seitenschiffen und einem überhöhten Mittelschiff besteht (→ Foto S. 84), ist das Meisterwerk von Samu Pecz. Einst wurden die Waren von den Donauschiffen direkt über einen unterirdischen Tunnel hierher gebracht. Die Stände im **Erdgeschoss**, ein farbenprächtiges Bild aus Gemüse, Obst, Gänseleber, getrockneten Pilzen, Fleisch- und Wurstwaren, sind bei Einheimischen und Touristen gleichermaßen beliebt. Im **Kellergeschoss** finden sich neben einem modernen Supermarkt die Fischhändler und Stände mit Sauergemüse, deren Vielfalt an eingelegten Paprika und Chilischoten einem das Wasser im Mund zusammenlaufen lässt. In den Galerien des **Obergeschosses** werden bestickte Tischtücher und Kunstgewerbe ver-kauft; hier befindet sich auch eine beliebte, preisgünstige Wirtsstube.

Mo 6–17, Di–Fr 6–18, Sa 6–15 Uhr. XI., Vámház krt. tér 1–3. Ⓣ 2, 47, 49, Bus 15.

Reformierte Kirche (Református templom): Ein Portikus mit vier Säulen als typisches Merkmal des Klassizismus kennzeichnet die 1816–30 unter Beteiligung von József Hild erbaute Kirche. Sehenswert im Inneren sind die Kanzel, die Chorgalerie sowie die Glasfenster von Miksa Roth.

Nur während der Gottesdienste geöffnet. IX., Kálvin tér 7. Ⓜ 3 blau, Ⓣ 47, 49.

Ungarisches Nationalmuseum (Magyar Nemzeti Múzeum): Die Gründung des heute größten historischen Museums Ungarns geht auf Ferenc Graf Széchenyi zurück. 1802 stellte er mit seiner 20.000 Objekte umfassenden Antiquitäten- und Porträtsammlung den Grundstock des Museums, das 1847 in dem von Mihály Pollack geplanten klassizistischen Tempelbau seine Pforten öffnete. Pannonia, Ungarns weibliche Symbolgestalt, thront in der Mitte des Giebelfelds der korinthischen Säulenvorhalle, umgeben von Allegorien der Künste und Wissenschaften. Das große Denkmal vor dem Museum (→ Foto S. 160), ein Werk von Alajos Stróbl (1893), zeigt den ungarischen Dichter János Arany (1817–82), der mit seinen epischen Werken einen ungarischen Sagenkreis schaffen wollte. Geschichtsträchtig sind auch die Treppen vor dem Museum, auf denen Sandor Petőfi am 15. März 1848 sein „Nationallied" rezitiert haben soll, das die Revolution gegen die Habsburger entfachte (→ Stadtgeschichte).

Man betritt das Museum am oberen Ende der Treppen, also im **1. Stock**. Auf dieser Ebene befindet sich im rechten Flügel die *Archäologische Ausstellung*, die Ungarns Geschichte von der Altsteinzeit über die Römer bis zur Zeit der Awaren (um 800 n. Chr.) mit Fundstücken dokumentiert.

Der erste Saal im linken Flügel birgt abgedunkelt hinter dicken Türen einen der bedeutendsten Schätze des Museums, den *Ungarischen Krönungsmantel*. Die um 1000 aus byzantinischer Seide gefertigte, mit Christus- und Apostelfiguren kunstvoll bestickte Robe spendete der Hl. Stephan der Kirche als Messkleid, ehe es im 13. Jh. zu einem Mantel umgenäht wurde. Die übrigen Krönungsinsignien (Krone, Zepter, Reichsapfel und Schwert) befinden sich seit 2000 im Parlament (→ Kasten S. 189). In der Schatzkammer des Nationalmuseums sind nur mehr die leeren, gepanzerten Truhen zu sehen, in denen sie einst aufbewahrt waren.

Straßencafés am Kálvin tér

Links und rechts der Eingangshalle führen Treppen hinab in das **Erdgeschoss** (Garderobe, Café) mit dem *mittelalterlichen Lapidarium* und weiter in das **Kellergeschoss**, wo rund um ein großes römisches Bodenmosaik aus Nemesvámos eine respektable *Sammlung römischer Grabsteine* gezeigt wird.

Zurück auf der Eingangsebene erreicht man über das imposante, mit Fresken von Mór Than und Károly Lotz ausgemalte Treppenhaus den Kuppelsaal im **2. Stock**. Von hier nach links wird in acht Sälen die *Geschichte Ungarns vom 11. bis 17. Jh.* dargestellt, von der Staatsgründung zur Zeit der Árpáden bis zur

Vertreibung der Türken 1686. Die wertvollsten Stücke sind zwei Kronen, eine byzantinische von 1055 und die auf der Margareteninsel entdeckte Goldkrone aus dem 13. Jh., ein gotischer Baldachin aus Visegrad, spätgotische Kirchenbänke, ein Glaskelch von König Matthias Corvinus sowie ein Kriegszelt und Waffen aus der Türkenzeit.

Die zwölf Räume rechts des Kuppelsaals widmen sich der *Geschichte Ungarns vom 18. Jh. bis 1990;* zu sehen sind zahlreiche Möbel, Gemälde, eine Druckerpresse aus der Zeit der Revolution 1848/49 sowie interessante Film- und Fotodokumente aus dem 20. Jh. Ein Raum befasst sich mit den großen ungarischen Wissenschaftlern des 20. Jh. und Nobelpreisträgern.

Di–So 10–18 Uhr. Eintritt 1600 Ft, erm. 800 Ft; frei mit Budapest Card sowie für EU-Bürger ab 70 J. sowie für alle am 15. 3., 20. 8. und 23. 10. www.hnm.hu. VIII., Múzeum körút 14–16. Ⓜ 3 blau Kálvin tér, Ⓣ 47, 49, Bus 9, 15.

Praktische Infos → Karte S. 161

Essen & Trinken

Mátyás Pince 🔟 Die legendäre Bierstube „Matthiaskeller" ist seit 1904 Ziel von Reisegruppen. Ungarische Klassiker mit Fisch, Fleisch und Wild (3400–6000 Ft), Mo–Fr günstiges Mittagsmenü (990 Ft). Mit Budapest Card 20 % Nachlass. Folkloremusik ab 19 Uhr, Sa/So auch mittags. Tägl. 11–23.45 Uhr. V., Március 15. tér 7, ✆ +36 (1) 2668008. www.matyaspince.eu.

Múzeum 🔟 Traditionslokal seit 1885, altbackener Jahrhundertwendecharme mit Fresken von Károly Lotz und Zsolnay-Fliesen. Die Küche serviert ungarische Klassiker, etwa Entenbrust mit Mandelklößchen (3900 Ft). Gute Weinauswahl, freundlicher Service, Klaviermusik. Mo–Sa 18–24 Uhr. VIII., Múzeum krt. 12, ✆ +36 (1) 2760375. www.muzeumkavehaz.hu.

Borssó Bisztro 🔟 Beliebtes Bistro über zwei Ebenen mit Pariser Flair; erfrischende hungaro-französische Fusionsküche mit eher kleiner Auswahl. Interessante Weinkarte, freundlicher Service. Hauptgerichte 3600–3900 Ft. Mi–So 12–23 Uhr. V., Királyi Pál u. 14, ✆ +36 (1) 7890975. www.borsso.hu.

》》Unser Tipp: Ruben Étterem 🔟 Das moderne Restaurant in abseitiger Lage sieht nobel aus, das Ambiente ist lässig. Große Auswahl an neu interpretierter ungarischer Küche zu unschlagbaren Preisen: 3-Gänge-Tagesmenü 890 Ft, Hauptgerichte unter 3000 Ft. Reservierung empfohlen! Tägl. 12–24 Uhr. V., Magyar u. 12–14, ✆ +36 (1) 2663649. www.rubenrestaurant.hu. 《《

Bangkok Thai Étterem 🔟 In üppigem Rattan-Buddha-Dekor wird hier im Kellergeschoss die beste Thai-Küche der Stadt serviert – authentisch, vielfältig, farbenfroh. Hauptgericht 1800–3000 Ft, 2-Gang-Mittagsmenü (12–16 Uhr) 1500 Ft. Tägl. 12–23 Uhr. V., Só u. 3, ✆ +36 (1) 2660584. www.thairestaurant.hu.

Fakanál Étterem 🔟 Die schlichte rustikale Wirtschaft zum „Holzlöffel" in der Galerie der Großen Markthalle serviert klassische ungarische Kost von Gulaschsuppe bis Strudel zu moderaten Preisen, gegessen wird auf Bierbankgarnituren. Keine Kreditkarten. Mo–Fr 10–17, Sa 10–15 Uhr. V., Vámház körút 1–3. www.fakanaletterem.hu.

Fatál 🔟 Wer Appetit auf deftige ungarische Küche in riesigen Portionen zu akzeptablen Preisen hat, ist im traditionellen, rustikalen Kellerrestaurant „Holzteller" richtig. Gäste mit kleinem Hunger und Plastikgeld sind nicht erwünscht. Tägl. 12–24 Uhr. V., Váci u. 67 – Eingang in der Pintér utca. ✆ +36 (1) 2662607. www.fatalrestaurant.com.

Taverna Dionysos 🔟 Souvlaki, Gyros, Moussaka – hier gibt es schon seit 1993 die ganze Bandbreite griechischer Küche (Hauptgerichte rund 4000 Ft). Geräumiges Lokal mit typisch weiß gekalkten Wänden, das abends aus allen Nähten platzt. Im Sommer kleine Terrasse an der Uferstraße mit schönem Blick auf den Gellértberg. Tägl. 12–24 Uhr. V., Belgrád rkp. 16, ✆ +36 (1) 3181222. www.dionysos.hu.

Trattoria Toscana 🔟 In mediterran-rustikalem Ambiente genießt man zu einem Glas

Vernaccia Bruschette (1490 Ft), köstliche Holzofenpizza (1900–3000 Ft), hausgemachte Pasta (ab 2000 Ft) und Fischgerichte (ab 4000 Ft). Gastgarten an der Donauuferstraße. Tägl. 12–24 Uhr. V., Belgrád rakpart 13, ✆ +36 (1) 3270045. www.toscana.hu.

>>> **Kaffeehaustipp: Centrál Kávéház 2**
Seit 2000 ist das berühmte Literatencafé von 1887 mit seinen großzügigen Hallen wieder geöffnet; durch die neuerliche Renovierung 2011 ging der k. u. k.-Flair etwas verloren. Es gibt sechs Frühstücksvarianten (bis 11.45 Uhr), ein tadelloses Angebot an ungarischer Küche (Hauptgericht ab 3000 Ft) und hübsch verzierte Patisserie (550 Ft). Der Service besticht nicht durch Freundlichkeit. Tägl. 8–23 Uhr. V., Károlyi u. 9, ✆ +36 (1) 2662110. www.centralkavehaz.hu. <<<

BorLaBor 21 Das „Weinlabor" ist ein Lesertipp von Gerlind Fichte: „Kellergewölbe mit moderner Einrichtung. Etwas teurer, ungarische Küche, nette Bedienung, riesiger Vorspeisenteller, der für zwei reicht." Große Auswahl an ungarischen Weinen zu vernünftigen Preisen. Tägl. 12–24 Uhr. V., Veres Pálné u. 7, ✆ +36 (1) 3280382. www.borlaboretterem.hu.

>>> **Kaffeehaustipp: Auguszt cukrászda 4** Schicke Innenstadtfiliale der traditionsreichen Budaer Konditorei (seit 1870). Himmlische Torten und Kuchen, Eis und auch bunte Macarons, die luftigen französischen Modeplätzchen. Mo–Fr 9–19, Sa 11–18 Uhr. V., Kossuth Lajos u. 14–16, ✆ +36 (1) 3376379. www.augusztcukraszda.hu. <<<

Jégbüfé 10 Das bei Budapestern beliebte „Eisbuffet" mit den großen Auslagenscheiben ist ein Sozialismus-Relikt. Man bestellt am Tresen, zahlt an der Kasse und holt sich die berühmten Waffeln oder andere Kuchen, Torten, Snacks und Eisspezialitäten mit dem Bon. Mo–Sa 7–21.30, So 8–21.30 Uhr. V., Ferenciek tere 10. www.jegbufe.hu.

>>> **Unser Tipp: Café Alibi 29** Kleines, familiäres Studentenlokal (ein Hingucker ist die alte Registrierkasse am Tresen) mit preiswerten Snacks, Salaten, (gegrillten) Sandwiches, Pasta, dazu Kaffee aus eigener Röstung, Teespezialitäten, Fruchtsäfte, Milkshakes und Frühstück bis 12 Uhr (Sa/So

bis 16 Uhr). Schöne Terrasse. Tägl. 8–23 Uhr. V., Egyetem tér 4, ✆ +36 (1) 3174209. www.cafealibi.hu. 《《

🌿 **Hummus Bar** 32 Filiale der Budapester Edel-Fast-Food-Kette mit israelisch-mediterraner Küche. Hummus (Kichererbsenpüree) mit Fladenbrot (Laffa) und Mezze für 600–1800 Ft. Schöne Straßenterrasse. Mo–Fr 10–22, Sa/So 12–22 Uhr. V., Kecskeméti u. 1. www.hummusbar.hu. ■

🌿 **Govinda Vega Sarok** 24 Im Self-Service an der Ecke zur Váci utca gibt es Suppen, vegetarische/vegane Küche mit Schwerpunkt auf Indien, Salate und Süßes, alles aus biologischen Zutaten. Mo–Sa 12–21 Uhr. V., Papnövelde u. 1. ■

Kicsi Mama Konyhája 42 Modernes, farbenfrohes Self-Service-Rrestaurant mit Pizzeria unweit des Kálvin tér, preisgünstiges Angebot (alles unter 1000 Ft), gute Qualität. Mo–Fr 10–18, Sa 10–15 Uhr. IX., Lónyay u. 7/Ecke Gönczy Pál. utca. www.kicsimamakonyhaja.hu.

Lokale Kálvin tér/Ráday utca

Rund zwei Dutzend Restaurants, Szenelokale und ihre Gastgärten reihen sich hier aneinander. Unsere Empfehlungen:

Pata negra 49 Lust auf Tapas, Serrano, Manchego, Sangria, Rioja und Sherry? Dann ist diese nach dem iberischen Rohschinken benannte Bar mit Ziegelgewölbe und schöner Fliesenwand hinter dem Tresen eine verlässliche Adresse. Es gibt rund 40 Tapas-Variationen von 750 bis 2350 Ft, der halbe Liter Sangria kostet 1400 Ft. Tägl. 11–24 Uhr. IX., Kálvín tér 8, ✆ +36 (1) 2155616. www.patanegra.hu.

Café Intenzo 39 Gemütliches Lokal im Landhausstil mit Starfotos an den Wänden im historischen „Haus zu den zwei Löwen". Hier gibt es Frühstück, hausgemachte Torten, ungarische und internationale Küche zu soliden Preisen (Mittagsmenü Mo–Fr 990 Ft). Idyllischer Innenhofgarten und Terrasse am Vorplatz, freundlicher Service. Tägl. 11–23.45 Uhr. IX., Kálvin tér 9, ✆ +36 (1) 2195243, www.cafeintenzo.hu.

Costes 37 Ein portugiesischer Küchenchef sorgte hier 2010 für Ungarns ersten Michelin-Stern. Minimalistisches Designerambiente, internationale Fusionsküche auf Top-Niveau. Vergleichsweise moderate Preise: Hauptspeisen ab 16 €, 4- bis 7-gängige Degustationsmenüs mit Wein 110–170 €. Mi–So 12–15.30, 18.30–23 Uhr. IX., Ráday u. 4, ✆ +36 (1) 2190696. www.costes.hu.

Vörös Postakocsi 46 Das nach Gyula Krúdys Roman „Rote Postkutsche" benannte Traditionslokal (seit 1970) ist noch authentisch ungarisch. Die siebensprachige umfangreiche Speisekarte bietet deftig Ungarisches von Gulaschsuppe im Kessel (1490 Ft) bis Graurindfilet (3990 Ft); Mittagsmenü 950 Ft. Tägl. 11–24 Uhr. IX., Ráday u. 15, ✆ +36 (1) 2176756. www.vorospk.hu.

Soul Café 44 Schickes, beliebtes Café-Restaurant, große Auswahl an ungarischen und mediterranen Speisen für jeden Hunger, vernünftige Preise, z. B. Entenbrust mit Ziegenkäsepolenta 2690 Ft, 3-Gänge-Mittagsmenü 1490 Ft. Topweine und feine Cocktails. Tägl. 12–0 Uhr. IX., Ráday u. 11–13, ✆ +36 (1) 2176986. www.soulcafe.hu.

Einkaufen

》》 Unser Tipp: Große Markthalle 45 Mo 6–17, Di–Fr 6–18, Sa 6–15 Uhr. IX., Vámház körút 1-3. 《《

CBA 9 Supermarkt in zentraler Lage unweit der Metrostation. Mo-Sa 6-22, So 8-20 Uhr. V., Ferenciek tere 2.

Csemege Delikát 22 heißt „Delikatessen", und die gibt es hier, von Törley-Sekt über Gänseleber bis Unicum. Mo–Fr 7–22.30, Sa/So 9–19 Uhr. V., Váci u. 48/Ecke Nyáry Pál u.

Cadeau Csokoládé 15 Ein Zuckerbäcker aus dem südostungarischen Gyula bietet 80 Sorten handgeschöpfter Schokolade, Eis und süße Verführungen aus aller Welt. Mo–Fr 10–18, Sa 10–14 Uhr. V., Veres Pálné u. 8.

Mode & Design

Hephaistos Háza 34 Schöner Laden mit Designermöbeln, Lampen, Vasen, Objekten aus Glas und Gusseisen. Mo–Fr 11–18, Sa 10–14 Uhr. V., Molnár u. 27. www.hephaistos.hu.

Monofashion 1 Großer Trendladen mit Kollektionen ungarischer Designerlabels wie NUBU, Artista, Nanushka. Mo–Fr 11–20, Sa 10–18 Uhr. V., Kossuth L. u. 20. www.monofashion.hu.

Praktische Infos

Black Box 14 Hippes ungarisches Design: Mode, Schmuck und Schuhe. Mo–Fr 11–19, Sa 12–18 Uhr. V., Irányi u. 18.

Retrock Deluxe 19 Sehenswerte, barockkitschige Modeboutique mit den Entwürfen bekannter ungarischer Jungdesigner – für alle, die dunkle Farben lieben. Mo–Fr 10.30–19.30, Sa 12–19.30 Uhr. V., Henszlmann I. u. 1. www.retrock.com.

»› Unser Tipp: V50 38 Die extravaganten Kopfbedeckungen der renommierten jungen Designerin Valéria Fazekas muss man gesehen haben. Mo–Fr 10–18, Sa 10–16 Uhr. V., Váci u. 50. **‹«**

Insitu 6 Szeneladen für witziges Design in einer heruntergekommenen Passage; Fundgrube für Wohnaccessoires, T-Shirts, Uhren, Taschen und andere Kleinigkeiten. Mo–Fr 10–19, Sa 10–15 Uhr. V., Múzeum krt 7. www.insitu.hu.

Bubórekbolt 27 Klitzekleine Pester Filiale des Labels von Andrea Nagy mit Taschen, Schmuck, Modeaccessoires, bemalten Steinen etc. Mo–Fr 11–19, Sa 10–14 Uhr. V., Kecskeméti u. 48.

Bücher, Kunsthandwerk & Galerien

Központi Antikvárium 11 Das „Zentralantiquariat" und Auktionshaus mit riesiger Auswahl ist Budapests erste Adresse für gebrauchte deutschsprachige Bücher. Mo–Fr 10–18, Sa 10–14 Uhr. V., Múzeum krt. 13–15.

Múzeum Antikvárium 20 Alte und neue ungarische und fremdsprachige Bücher, Stiche, Drucke, Ansichtskarten. Mo–Fr 10–18, Sa 10–14 Uhr. V., Múzeum krt. 35.

Kodály Zoltán Zeneműbolt 16 Musikantiquariat (seit 1952) mit großer Auswahl an alten und neuen Noten, CDs und Vinyl. Mo–Fr 10–18, Sa 10–14 Uhr. V., Múzeum krt. 21. www.lira.hu.

Babaház 41 Nostalgischer Laden mit Porzellanpuppen im Stil des 19. Jh. von Ilona Kovács. Mo–Fr 11–19, Sa 10–14 Uhr. IX., Ráday u. 14.

Ernst Galéria 18 Eine der Spitzengalerien der Stadt. Gemälde und Möbel des 19./20. Jh., Keramik und Filmplakate. Mo–Fr 10–18.30, Sa 11.30–14.30 Uhr. V., Irányi u. 27. www.ernstgaleria.hu.

Frisches Gemüse in der Großen Markthalle

Plätze und Paläste, darunter das Palais Gresham (rechts)

Tour 8: Nördliche Innenstadt (Belváros) und Donaukorso

Großstädtischer Trubel prägt den zwischen Elisabeth- und Kettenbrücke gelegenen bekanntesten Teil der Pester Innenstadt. Hier sind die Flaniermeilen Váci utca und Donaukorso, die eine gesäumt von schicken Läden und Einkaufspassagen, die andere berühmt für ihren Panoramablick. Doch auch in den Seitengassen gibt es einiges zu entdecken.

Der Nordteil der Innenstadt, die sich mit dem historischen, einst von einer Stadtmauer umschlossenen Pester Zentrum deckt, gilt noch immer als das Herz Budapests. Sein großbürgerlich-elegantes Gepräge erhielt die nördliche Belváros im 19. Jh., als die monumentalen, historistischen Geschäfts- und Bürobauten entstanden. Das zweite Drittel des 20. Jh. steuerte teils protzige, teils hässliche Gebäude bei, die heute immer öfter der Abrissbirne zum Opfer fallen, um zeitgenössischer Glas-und-Stahl-Architektur Platz zu machen, wie etwa auf dem Vörösmarty tér: Dieser Platz fehlt in keinem Besuchsprogramm, steht doch hier auch Budapests berühmtestes Kaffeehaus, das *Gerbeaud*. Überhaupt ist die nördliche Belváros fest in Touristenhand, hier gibt es die meisten Luxushotels, die Abfahrtsstellen für Donaurundfahrten, die schicksten Läden – und den größten Nepp. Etwas abseits der ausgetretenen Pfade findet man aber auch einige architektonische Juwele, sehenswerte Kirchen, gemütliche kleine Plätze, empfehlenswerte Lokale und interessante Geschäfte.

Tour 8: Nördliche Innenstadt und Donaukorso

Spaziergang

Unser Streifzug durch den Nordteil der Belváros beginnt wie der Rundgang durch die südliche Hälfte am **Ferenciek tere** (→ Tour 7), den wir Richtung Norden über die Petőfi Sandor utca verlassen. Wir befinden uns nun auf der *Főutca* (→ S. 158), der neuen Flaniermeile der Innenstadt. Ein schwarzes Schild links macht auf das **Katona József Színház** aufmerksam, Ungarns berühmtestes Sprechtheater. Es wurde 1982 gegründet und ist nach dem ungarischen Dramatiker Jószef Katona (1791–1830) benannt. An der nächsten Kreuzung wenden wir uns nach rechts und gelangen am Ende der Pilvax köz auf einen stimmungsvollen kleinen Platz, dessen Name und Denkmal an Károly Kamermayer, den ersten Bürgermeister des ab 1872 geeinten Budapests, erinnert. Bekannt ist der Platz aber für das Café-Restaurant *Gerlóczy* mit seinem Pariser Flair.

Die beiden Bauten, die den Platz flankieren, sind das pastellgrüne **Pester Komitatsgebäude** (Pesti Vármegyeháza), ein schönes Werk des Klassizismus (1811–38), sowie das rot-gelbe → **zentrale Rathaus (Központi Városháza)**. Entlang seiner 190 m langen monumentalen Barockfassade, die zur Városház utca (Rathausgasse) zeigt, gelangen wir auf den **Szervita tér (Servitenplatz)**. Der frühere Marktplatz bietet rund um die Mariensäule (1730) ein Panoptikum der Baustile: Zur spätbarocken **Servitenkirche St. Anna (Szervita templom)**, die 1725–32 von Georg Paur für den Servitenorden errichtet und innen prachtvoll ausgestattet wurde, und den drei → **Jugendstilhäusern** an der Westseite gesellen sich mit einem Büro- und einem Parkhaus samt Tankstelle (!) die düsteren Bauten der kommunistischen Ära, mit denen Baulücken rücksichtslos gefüllt wurden.

Rechts am Parkhaus vorbei erreicht man den kleinen **Szomory Dezső tér**. Von historischen Fassaden umschlossen und mit dem Brunnen der Wasserkrüge tragenden Danaiden (Danaidak kútja, 1933) geschmückt, hat er eine fast wohnliche Atmosphäre. Seine Cafés und Gastgärten künden davon, dass der Spaziergang nun das gastronomische Kerngebiet der Innenstadt erreicht hat. Am Rand des Szomory Dezső tér befindet sich übrigens das *Hauptbüro der Budapester Touristinformation*. Die Féherhajó utca bringt uns zurück zum Servitenplatz, an den nordwestlich der **Kristóf tér** mit dem Fischermädchen-Brunnen *(Haláruslány kút)* von 1862 anschließt – ein Platz, der schon ganz dem Kommerz überlassen ist. Ein paar Schritte noch, und wir stehen inmitten der → **Váci utca**, der berühmtesten und teuersten Straße Budapests, in der es links weitergeht. Neben den Schaufenstern sollte man den Blick auch den Fassaden zuwenden. So besitzt der 1905 eröffnete Blumenladen *Philanthia* (Haus Nr. 9) ein sehenswertes Jugendstilportal und -interieur. Reich verziert und mit blauer Zsolnay-Keramik verkleidet ist das *Thonet-ház* links davon (Nr. 11), ein Ödön-Lechner-Bau von 1890.

Wir folgen der Váci utca bis zur Skulptur des nackten Bronzejungen (1977), einem beliebten Treffpunkt der Budapester, wo wir uns nach rechts wenden und durch die **Piarista köz**, die Passage des 2011 restaurierten Piaristengymnasiums (1914), Richtung Donau spazieren. Hier am Flussufer wurde im 3. Jh. n. Chr. das Römerlager **Contra Aquincum** errichtet, eigentlich im „Feindesland" jenseits des Limes (= Donau). Erhaltene Mauerrelikte sind unter den Glasflächen der neu gestalteten Grünfläche zu sehen. Nächstes Ziel ist die → **Innerstädtische Pfarrkirche (Belvárosi plébania templom)**, die mit barocker Doppelturmfassade und gotischem Chor schon von außen ihre lange Baugeschichte zeigt.

Der gesamte Platz zur Donau hin heißt in Erinnerung an den Revolutionsbeginn am 15. März 1848 **Március 15. tér** (→ Stadtgeschichte). Sándor Petőfi, einer zentralen Figur dieses Aufstands, ist am Beginn der Donaupromenade ein Denkmal gewidmet. Es zeigt den geliebten Lyriker überlebensgroß in deklamierender Pose. Seit seiner Enthüllung 1882 ist es Standort für politische Kundgebungen. Unweit davon sieht man die Rokoko-Fassade der 1794 von griechischen und mazedonischen Kaufleuten erbauten **Ungarisch-Orthodoxen Kathedrale (Magyar ortodox templom)**, die im Innern mit prächtiger Ausstattung, darunter eine bemalte hölzerne Ikonostase, überrascht (tägl. zugänglich). Der im Zweiten Weltkrieg zerstörte Südturm der Kirche wurde erst 2009 vereinfacht wieder aufgebaut.

Innerstädtische Pfarrkirche

Übernachten (S. 51)
1 Four Seasons Gresham Palace
2 Sofitel Chain Bridge
15 Gerlóczy Rooms de Lux
19 Mercure Budapest City Centre

Essen & Trinken
(S. 177/178)
3 Arany Bárány
4 Gerbeaud und Onyx
5 Gerbeaud Bisztro
6 Vénhajó Étterem
8 Spoon
9 Dunacorso
11 Barca Bianca Trattoria
12 Szamos Gourmet Ház
13 Fruccola
15 Gerlóczy
25 Százéves Étterem

Einkaufen (S. 178/179)
7 Fashion Street/Nanushka
14 Szalámibolt
16 Rózsavölgyi és Társa
17 Bomo Art Naplóbolt
18 Népművészeti Bolt
20 Magma
21 A Világsajtó háza
22 Violette Kalapszalon
23 Herend Porzellan

24 Vali Folkart
26 Szamos Marcipán
27 Vass Shoes

Nachtleben
10 Columbus Jazzclub (S. 78)

Tour 8
Nördliche Innenstadt und Donaukorso

Der **Donaukorso (Dunakorzó)** erstreckt sich am Fluss entlang bis knapp vor die Kettenbrücke. Die grandiose Aussicht von hier auf den Budaer Burgberg (auch nachts!) tröstet darüber hinweg, dass man vom Donauufer selbst durch eine Straßenbahntrasse und die stark befahrene Kaistraße (Belgrad rakpart) getrennt ist. Vor 1945 säumten den Korso elegante Hotelpaläste, denen nach dem Krieg monströse, unansehnliche Klötze von Luxushotelketten nachfolgten, die auch die jüngsten Renovierungen nicht verschönern konnten. Den Blick also nach links gerichtet, flanieren wir bis zum Zentrum des Korsos, dem belebten **Vigadó tér (Redoutenplatz)**. Beherrscht wird er von der schmucken Fassade der → **Pester Redoute (Pesti Vigadó)**, die hinter einer Grünanlage mit Brunnen und Rastbänken aufragt.

Dass kleine metallene Skulpturen das Zeug zum Wahrzeichen haben (Brüssel und Kopenhagen machten es vor), bewies die 1989 hier an das Geländer vor der Straßenbahn gesetzte **Kleine Königstochter (Kiskirálylany)** von László Marton, die viele Tourismusprospekte ziert (→ Foto S. 11). 2007 erhielt sie Konkurrenz durch die realitätsnahe Bronzeskulptur **Mädchen mit Hund (Kutyás lány)** von Dávid Raffey, die mitten auf der Promenade platziert ist.

Der Donaukorso endet im Norden am **Széchenyi tér**, dem langgestreckten, verkehrsreichen Platz am Pester Kopf der Széchenyi-Kettenbrücke (→ S. 137). In der direkten Verlängerung der Brücke erhebt sich das **Palais Gresham**, ein 1907 als Domizil der Londoner Gresham-Versicherung erbautes Jugendstiljuwel, das 2004 nach originalgetreuer Renovierung als Luxushotel wiedereröffnete (→ Foto S. 170). Einen Blick wert sind die schönen schmiedeeisernen Torgitter und eleganten Fassadenverzierungen. Auf der baumbestandenen Grünfläche davor stehen zwei Denkmäler ungarischer Staatsmänner: Im Süden thront Ferenc Deák, der liberale Politiker und Wegbereiter des Österreichisch-Ungarischen Ausgleichs (→ Stadtgeschichte), im Norden steht passenderweise das Standbild von István Graf Széchenyi. Direkt hinter seinem Rücken erhebt sich der repräsentative Bau der → **Akademie der Wissenschaften (Magyar Tudományos Akadémia)**, die er 1825 mitbegründete.

Vom Széchenyi tér geht es wieder südlich durch die Dorottya utca zum Endpunkt und krönenden Abschluss dieser Tour, dem **Vörösmarty tér**: Der von schirmüberspannten Gastgärten, Straßenmusikern und Porträtmalern belebte Platz, der im Dezember einem stilvollen Weihnachtsmarkt (→ Budapest rund ums Jahr, S. 75) Raum bietet, ist das „Herz" der Belváros. Seinen Namen verdankt er dem romantischen Dichter Mihály Vörösmarty (1800–55); der sitzt, umringt von einer vielköpfigen Zuhörerschaft aus allen Bevölkerungsschichten, in der Mitte des Platzes zwischen Platanen auf einem Sessel. 1908 wurde das vielfigurige Denkmal aus Carrara-Marmor gemeißelt.

Das berühmteste Haus am Vörösmarty tér ist die → **Konditorei Gerbeaud** an der Nordseite. Vor ihrer breiten Terrasse befindet sich der Eingang zur gelben Metro 1 (Földalatti); die 1896 eröffnete erste U-Bahn des europäischen Kontinents fährt von hier unter der Andrássy út zum Stadtwäldchen. An der Westseite des Platzes steht seit 2007 ein gläsernes Geschäfts- und Bürohaus, das unter Mitarbeit des Pariser Architekturbüros Jean-Paul Viguier entstand. Es ersetzte einen noch hässlicheren Zweckbau aus den 1960ern. Seit 2012 ist auch das imposante Eckgebäude zur Váci utca restauriert. Es entstand 1911–15 nach einem Entwurf von Ignác Alpár für die Pester Sparkasse und beherbergt nun Ungarns erstes *Hard Rock Café* und eine Edelfiliale des Marzipanherstellers *Szamos*. Den 1911 errichteten Jugendstilpalast gegenüber an der Ecke zur Deák F. utca planten Kálmán Giergl und Flóris Korb. In sozialistischer Zeit war es für das hier untergebrachte *Luxus-Warenhaus* bekannt, heute füllt eine spanische Textilkette die Räume. Noch mehr Mode und Design findet man von hier entlang der Deák F. utca, die zur **Fashion Street** erklärt wurde (→ Einkaufen). Sie endet am Deák tér, dem Knotenpunkt aller drei Metrolinien – und Ausgangspunkt der Touren 9, 10 und 12.

Ungarns berühmteste Konditorei

Sehenswertes

Zentrales Rathaus (Központi Városháza): Der eindrucksvolle Bau ist Budapests größtes Barockgebäude. 1727–35 wurde es nach Plänen des Wiener Baumeisters Anton Erhard Martinelli als Hospital für 4000 Kriegsversehrte aus

Architekturgeschichte zum Anfassen: Häuserzeile am Szervitá tér

den Türkenkriegen gebaut und umfasste ein Krankenhaus, eine Schule, Geschäfte und eine Kapelle, deren Turm über dem mit einer Atlas-Statue und Allegorien von Krieg und Frieden geschmückten Mittelportal zu erkennen ist. 1894 bezog der Stadtrat das Gebäude. V. Városház u. 9–11. www.budapest.hu.

Jugendstilhäuser am Szervita tér: Anschaulich illustrieren die drei Gebäude den Übergang vom Jugendstil zur Moderne. Während die ehemalige Türkische Bank (*Török bánkáz*, 1906) in der Mitte (Nr. 3) mit dem farbenfrohen Mosaik der Patrona Hungaria und den steinernen Masken im Giebelfeld noch dem Stil der Wiener Sezession verhaftet ist, steht das rechts anschließende Wohn- und Geschäftshaus *Kis Luxus* (Nr. 2) mit seiner funktionellen, auf Wirkung der Baumaterialien ausgerichteten Sachlichkeit à la Adolf Loos schon auf dem Sprung in die Moderne. Als ein Meilenstein moderner ungarischer Architektur gilt schließlich das *Rózsavölgyi-Haus* (Nr. 5) ganz links, das der Lechner-Schüler Béla Lajta 1912 plante.

Váci utca: Budapests größte Shoppingmeile zählt – gemessen an den Mieten – zu den 30 teuersten Einkaufsstraßen der Welt. Ursprünglich war die Váci utca ein mittelalterlicher Handelsweg zu der am Donauknie gelegenen Bischofsstadt Vác (Waitzen). Den Standort des 1789 abgerissenen Waitzener Tors (Váci Kapu) markieren heute die weißen Marmoreinlagen im Pflaster unweit des Kristof tér. War die Váci utca in Zeiten des Staatssozialismus ein Schaufenster des Westens, ist die Straße heute von Geschäften gesäumt, wie es sie in den Einkaufsmeilen jeder anderen europäischen Großstadt gibt: internationale Mode- und Schuhhändler, Schnellrestaurants, Parfümerien, Coffeeshops, Schmuck- und Dessousläden ... Authentisches aus Ungarn erhält man in Porzellangeschäften und Delikatessenläden, vor allem in den Seitengassen und Hinterhöfen, weil hier die Mieten noch erschwinglich sind.

Innerstädtische Pfarrkirche (Belvárosi plébánia templom): Alle Stilrichtungen von der Romanik bis ins 20. Jh. sind hier vereint: Ursprünglich im 12. Jh. errichtet (und wegen der Mauerreste aus dieser Zeit zum ältesten Gebäude Pests geadelt), wurde sie im 14. Jh. gotisch ausgebaut, zur Türkenzeit in eine Moschee verwandelt, nach einem Brand im 18. Jh. von Georg Paur mit einer Barockfassade versehen, im 19. Jh. von Imre Steindl regotisiert und im 20. Jh. beinahe von der Elisabethbrücke „erschlagen", als deren Rampe wenig sensibel neben die Kirche geklatscht wurde.

Das Kircheninnere betritt man durch das mit einer Dreifaltigkeitsgruppe bekrönte spätbarocke Hauptportal. An das barocke Tonnengewölbe des Schiffs schließt der herrliche hochgotische Hallenchor an, dessen Kreuzrippen bunt bemalt sind. Der heutige Hochaltar stammt aus dem 20. Jh., das Altarbild malte Pál Molnár 1948. An der Wand rechts vom Hochaltar ist eine türkische Gebetsnische (Mihrab) zu erkennen.

Tägl. tagsüber geöffnet. V. Március 15. tér. Ⓣ 2, Bus 7, Ⓜ 3 blau Ferenciek tere.

Pester Redoute

Pester Redoute (Pesti Vigadó): Das 1859–65 von Frigyes Feszl errichtete Ball- und Konzerthaus zählt zu den schönsten Bauten der ungarischen Romantik. Seine romanisch-orientalisch inspirierte Schauseite zur Donau zieren allegorische Figuren, Wappen und ein Fries mit den Büsten verdienter Ungarn, wie Béla IV., Széchenyi und andere. In den Konzertsälen der Redoute traten im 19./20. Jh. alle berühmten Musiker ihrer Zeit auf: Franz Liszt, Richard Wagner, Claude Debussy, Johannes Brahms, Herbert von Karajan und natürlich die Ungarn Bartók, Dohnány und Kodály. Heute wird die Redoute nur noch selten für Veranstaltungen genutzt.

Akademie der Wissenschaften (Magyar Tudományos Akadémia, MTA): Der in Preußens Diensten stehende Friedrich August Stüler (1800–65), der die Burg Hohenzollern, Schloss Schwerin und das Berliner Neue Museum entwarf, bescherte Budapest 1864 mit diesem Bau einen der ersten Neorenaissance-Paläste. Die von korinthischen Doppelsäulen klar gegliederte Hauptfassade ist mit Terrakottafiguren geschmückt, die passend zum Bau Allegorien der Wissenschaften darstellen. Der von Károly Lotz mit Fresken bemalte prächtige Zeremoniensaal, der sich hinter den Fenstern vom ersten ins zweite Geschoss erstreckt, wird heute auch als Konzertsaal genutzt.

V. Széchenyi tér 9. www.mta.hu. Ⓣ 2.

Konditorei Gerbeaud: 1858 gründete Henrik Kugler, der das Konditorenhandwerk in Paris gelernt hatte, ein Kaffeehaus auf dem heutigen József-Nádor-Platz, 1870 wurde die Konditorei in das von József Hild gebaute Palais hierher verlegt, 1908 von Kuglers Kompagnon, dem Genfer Zuckerbäcker Emil Gerbeaud, übernommen und 1997 originalgetreu saniert. Sie zählt zu den traditionsreichsten Konditoreien Europas und ist wegen ihrer edlen Einrichtung mit Stuckdecken, Kronleuchtern, Mar-

Széchenyi-Denkmal, im Hintergrund die Akademie der Wissenschaften

mortischen und Brokattapeten einen Besuch ebenso wert wie wegen der Kuchen und Torten aus besten Zutaten. Zum Gerbeaud gehört auch das mehrfach ausgezeichnete Gourmetrestaurant *Onyx*.
V. Vörösmarty tér 7–8. Ⓜ 1 gelb.

Praktische Infos → Karte S. 173

Essen & Trinken

Dunacorso 9 Klar ist das Traditionslokal im Thonethof von 1871 eine Touristenadresse, doch die Terrasse an der Ecke zum Korso und der Ausblick sind unschlagbar. Aus der Küche kommt deftig Ungarisches in guter Qualität. Die Preise sind vergleichsweise moderat (Gänsekeule mit Beilagen 3900 Ft) und die Zigeunerkapelle Weltklasse. Leider schwacher Service; beim Retourgeld sollte man genau kontrollieren. Tägl. 10–24 Uhr. V., Vigadó tér 3, ✆ +36 (1) 3186362. www.dunacorso.hu.

Arany Bárány 3 Wer rustikale Gewölbe, Zigeunermusik und schwere Holzstühle mag und für herzhafte ungarische Traditionsküche (v. a. Lammgerichte) 4000–6000 Ft auszugeben bereit ist, ist im „Goldenen Lamm" richtig. Tägl. 12–24 Uhr, eher als Abendlokal zu empfehlen. V., Harmincad u. 7, ✆ +36 (1) 3172703. www.aranybaranyetterem.hu.

Barca Bianca Trattoria 11 Blaue Stühle, sonnengelbe Wände und Schinken von der Decke sorgen für südliches Flair. Dazu gibt es tadellose ungarisch-mediterrane Fusionsküche zu Innenstadtpreisen; z. B. Gulaschsuppe 1190 Ft, Pastagerichte 2000–3000 Ft, gegrillter Wolfsbarsch mit Artischocken 4290 Ft. Große Weinauswahl. Im Sommer Terrasse in der Fußgängerzone. Tägl. 11–23 Uhr. V., Fehérhajó u. 5, ✆ +36 (1) 4110643. www.barcabianca.eu.

》 Unser Tipp: Onyx 4 Kleines Fine-Dining-Restaurant des Gerbeaud mit zwei Gault-Millau-Hauben und neobarockem Dekor. Internationale Küche auf hohem Niveau, auf die Verwendung regionaler Produkte wird Wert gelegt. Tolle Weinauswahl, auch glasweise. Hauptgericht um 7000 Ft, Degustationsmenü (6–8 Gänge) 23.500–26.500 Ft; Di-Fr mittags bietet sich der *Onyx Lunch* an (3 Gänge 5990 Ft). Di-Sa 12–13.45, 18.30–21.30 Uhr. V., Vörösmarty tér 7–8, ✆ +36 (01) 305080622. www.onyxrestaurant.hu. 《《

》 Unser Tipp: Gerlóczy 15 Kleines Bistro über zwei Etagen mit Pariser Flair und mit

Pfiff verfeinerter ungarisch-französischer Küche. Ideal fürs Frühstück (ab 7 Uhr), Mo–Do gibt es ein günstiges 3-Gänge-Mittagsmenü (1950 Ft), Freitag ist Fischtag, da wird gegrillt. Ein weiterer Pluspunkt ist die baumbestandene Terrasse. Tägl. 7–23 Uhr. V., Gerlóczy u. 1, ✆ +36 (1) 5014000. www.gerloczy.hu. ⋘

Százéves Étterem ▨ Das traditionelle „Hundertjährige Restaurant" begrüßt seine Gäste seit 1831 (!) im *Palais Péterffy* im Gewölbe eines kleinen Barockschlösschens (1755) von Andreas Mayerhoffer. Hier bleibt man dem Klischee treu – ungarische Klassiker von Paprikahuhn bis Lendenschnitte, dazu feine Weine, Kerzenlicht und abends Zigeunermusik. Tägl. 12–24 Uhr. V., Piarista u. 2, ✆ +36 (1) 2665240.

»› Kaffeehaustipp: Gerbeaud ▨ Ungarns berühmteste Konditorei (Beschreibung s. o.) verführt mit einer großen Auswahl an klassischer und neu designter Patisserie, von der Dobostorte bis zum Macaron, sowie exquisitem hausgemachtem Eis. Dazu trinkt man Wiener Meinl-Kaffee. Herrliches Frühstücksangebot, dazu eine Handvoll Gourmet-Sandwiches und Salatteller. Sehr teuer (Patisserie im Take-Away bis zu 50 % günstiger). Die edlen Innenräume und die Terrasse bieten Platz für 300 Gäste. Tägl. 9–21 Uhr. V., Vörösmarty tér 7. www.gerbeaud.hu. ⋘

Gerbeaud Bisztro ▨ Neuester Ableger des Gerbeaud im trendigen Shabby-Chic-Look, der Touristen mit ungarischer und internationaler Küche (eher kleine Auswahl) beglückt, z. B. Mariniertes halbes Grillhendl für 2950 Ft, Kalbslasagne für 2650 Ft. Tägl. 12–22 Uhr V., Vörösmarty tér 7 (Eingang Dorottya utca), ✆ +36 (1) 4299022. www.gerbeaud.hu.

»› Kaffeehaustipp: Szamos Gourmet Ház ▨ Ein wahres *Grand Café* im Stil des frühen 20. Jh. – und trotzdem preiswert und freundlich – ist diese 2011 eröffnete Filiale des Marzipanherstellers, in der man dem Patissier bei der Herstellung der ausgezeichneten Torten und Pralinen zusehen darf. Es gibt auch ein günstiges Mittagsmenü (12–15 Uhr), Snacks und eine kleine Terrasse. Tägl. 8.30–21 Uhr. Váci u. 1. ⋘

🍃 **Fruccola** ▨ Kleine, moderne Bistro-Bar mit frischen Frucht- und Gemüsesäften, Joghurtdrinks, Salatbuffet und einigen Tagesgerichten, vieles davon vegetarisch. Ideal für den schnellen Lunch, auch die Frühstückskarte ist gut bestückt (bis 10.30 Uhr). Mo–Fr 7–20 Uhr. V., Kristóf tér 3. www.fruccola.hu. ∎

Restaurantschiffe

Spoon Café & Lounge ▨ Modern und edel gestyltes Restaurantschiff vor dem Donaukorso mit fantastischem Panoramablick. Große Auswahl an internationalen Gerichten zu gehobenen Preisen (Hauptgericht ab 4000 Ft), abends Live-Klaviermusik. Tägl. 12–24 Uhr V., Vigadó tér 3, ✆ +36 (1) 4110933. www.spooncafe.hu.

Vénhajó Étterem ▨ Das Museumsschiff Kossuth ist einer der letzten Schaufelraddampfer Ungarns: 1913 in einer Budapester Werft gebaut und „Erzherzog Ferdinand" getauft. Zu sehen sind Modelle und Fotos zur Donauschifffahrt und der Maschinenraum, und es gibt ein nett herausgeputztes, bei Gruppen beliebtes Restaurant mit traumhaftem Panorama (vor allem abends!). Der Küchenchef serviert dazu köstlich verfeinerte ungarische Klassiker, z. B. ein 4-Gänge-Degustationsmenü mit Wein für 9900 Ft. Mit Budapest Card 20 % Nachlass. Tägl. 12–24 Uhr. V., Vigadó tér 2. www.venhajo-etterem.hu.

Columbus Jazzclub ▨ → Nachtleben S. 78.

Einkaufen

Szamos Marcipán ▨ Der kleine Laden war die erste Konditoreifiliale des Marzipanherstellers; es gibt köstliche Pralinen in allen Variationen, Desserts, Illy-Kaffee und selbstgemachtes Eis. Tägl. 10–19 Uhr, Terrasse in der Fußgängerzone. V., Párizsi u. 3.

»› Unser Tipp: Szalámibolt ▨ Winziger Feinkostladen mit Salamispezialitäten vom Mangalitzaschwein, vom Wels, von der Pute, mit Pfirsich oder Walnuss usw. Im Angebot sind auch Schinken, Honig, Wein, Schnaps und Käse. Tägl. 8–20 Uhr. V., Vitkovics Mihály u. 3-5. www.szalamibolt.hu. ⋘

Mode & Design

Fashion Street/Nanushka ▨ Budapests Modemeile ist die Fußgängerzone Deák Ferenc utca zwischen Vörösmarty und Deák tér, wo sich Shops namhafter internationaler Marken und Designer aneinanderreihen, darunter auf Nr. 17 der winzige Flagship Store des ungarischen Labels **Nanushka**, dessen hindrapiertes Interieur allein schon sehenswert ist. www.fashionstreet.hu.

Vass Shoes 27 Exklusive Schuhe von László Vass, Ungarns berühmtestem Schuhmacher – handgefertigt in 6 Wochen zu entsprechenden Preisen (ab 600 €). *Das Schuhmodell ist der „Budapester", ein Herrenschuh mit breitem Leisten und Lochverzierung.* Mo–Fr 10–19, Sa 10–15 Uhr. V., Haris köz 2 und 4. www.vass-cipo.hu.

Violette Kalapszalon 22 Kleiner Salon in einem Innenhof mit klassischer Hutmode. Mo–Fr 10–18, Sa 10–14 Uhr. V., Régiposta u. 7–9.

Magma 20 Geräumiger Showroom über zwei Etagen mit Design aus Ungarn, z. B. Möbel, Glas, Porzellan, Schmuck. Mo–Fr 10–19, Sa 10–15 Uhr. V., Petőfi Sándor u. 11.

Musik, Zeitungen & Papier

Rózsavölgyi és Társa 16 Ungarns berühmtester Musikladen im Erdgeschoss des Lajta-Baus (s. o.). Klassik, v. a. die ungarischen Komponisten Kodály, Bartók, Liszt sowie Pop, Jazz und Musikliteratur. *Konzerte und Ausstellungen im „Rózsavölgyi Szalon" im Obergeschoss.* Mo–Fr 10–18.30, Sa 10–15 Uhr. V., Szervita tér 5. www.szalon.rozsavolgyi.hu.

A Világsajtó háza 21 Das „Haus der Weltpresse" bietet über 1500 ausländische Zeitungen und Zeitschriften. Mo–Fr 7–19, Sa 7–14, So 8–12 Uhr. V., Városház u. 3–5.

Bomo Art Naplóbolt 17 Der hübsche winzige Laden, links neben dem Népművészeti Bolt, ist ein Tipp von Leser Daniel Schwartmann: „.... einzigartiges Sortiment mit wunderschönen handgemachten Büchern und Papieren". Tägl. 10–18.30 Uhr. V., Régiposta u. 14, www.bomoart.com.

Porzellan & Kunsthandwerk

Herend Porzellan 23 Nobler Laden mit Porzellanwaren aus der berühmten ungarischen Manufaktur. Tägl. 10–19 Uhr. V., Váci u. 19–21.

🍃 **Népművészeti Bolt** 18 Großes Geschäft mit traditionellem Kunsthandwerk aus Ungarn: Keramik, Porzellan, Spitze aus Kalocsa und Kalotaszeg, Kreuzstich- und Holzarbeiten, verzierte Eier etc. Mo–Fr 10–19, Sa 10–16 Uhr. V., Régiposta u. 12. www.folkart kezmuveshaz.hu. ∎

Vali Folkart 24 Echte Volkskunst aus der Puszta, aus Siebenbürgen und der Vojvodina, Trachten, Leder- und Blaufärberwaren, Keramik, Schnitzereien sowie Devotionalien aus sozialistischen Zeiten. Tägl. 10–18 Uhr. Sa/So manchmal geschlossen. V., Váci u. 23 (Innenhof).

Das „Dunacorso" am Donaukorso

Parlament

Tour 9: Leopoldstadt (Lipótváros)

Das Parlament, Budapests berühmtes Wahrzeichen, liegt nördlich des Pester Zentrums in Lipótváros. Hier befindet sich das Regierungs- und Bankenviertel mit Ministerien und Amtsstuben im Stil des 19. Jahrhunderts, mit schicken Bars, Restaurants, zahlreichen Antiquitätenläden – und mit der Stephansbasilika, dem zweiten Prachtbau der Leopoldstadt.

Nachdem zwischen 1788 und 1808 die Wallmauern und Tore rund um das damalige Pest abgerissen worden waren, hatte die Stadt Platz, sich auch nach Norden auszudehnen. Der kaiserliche Statthalter Erzherzog Joseph ließ dafür 1808 eine Verschönerungskommission einberufen, die Baumeister János Hild, ein Vertreter des Klassizismus, leitete. Der neue Stadtteil erhielt den Namen *Leopoldstadt* nach Kaiser Leopold II., dem Vater des Erzherzogs. Zunächst konnte nur der Abschnitt zwischen der József Attila utca und dem Freiheitsplatz (Szabadság tér) bebaut werden, da auf letzterem noch eine Kaserne der habsburgischen Armee stand. Auf schachbrettartigem Grundriss entstanden vorwiegend klassizistische Monumentalbauten für die Wirtschaft und die Finanzwelt, begonnen wurde mit dem Bau der riesigen Stephanskirche. Erst nach Abriss der Militärbaracken Ende des 19. Jh. konnte der nördliche Teil bis zum Großen Ring neu gestaltet werden, vornehmlich im mittlerweile in Mode gekommenen Jugendstil – die *Postsparkasse* gilt als eines seiner Hauptwerke. Für das Parlament, das im Hinblick auf die Millenniumsfeiern 1896 gebaut wurde, wählte man die englische Gotik – in Anspielung auf England als Heimat des Parlamentarismus.

Tour 9: Leopoldstadt (Lipótváros)

Heute herrscht in der Leopoldstadt tagsüber Geschäftigkeit, die umliegenden Restaurants und Cafés sind zur Mittagszeit gut gefüllt, abends wird es ruhiger – doch nicht mehr ganz so ruhig wie früher, denn Sanierungs- und Verkehrsberuhigungsmaßnahmen haben zahlreiche neue Lokale und Hotels in das Viertel zwischen Stephansbasilika und Szabadsag tér gelockt.

Spaziergang

Los geht es am **Deák Ferenc tér**, dem Kreuzungspunkt der drei Metrolinien. Der Metrolinie 1, der ältesten Untergrundbahn Kontinentaleuropas, ist in der Fußgängerunterführung ein kleines → **U-Bahn-Museum (Földalatti Vasúti Múzeum)** gewidmet. Von Süden her grenzt an den stets belebten Platz, der nach dem am „Ausgleich" von 1867 maßgeblich beteiligten Ferenc Deák (→ Stadtgeschichte) benannt ist, die sog. *Insula lutherana*. Damit ist das zusammengebaute Ensemble aus → **Evangelisch-Lutherischer Kirche (Evangélikus templom)**, **Evangelischem Landesmuseum (Országos Múzeum)** und Evangelischem Gymnasium gemeint. Das Hotel Le Meridien auf der Westseite hat seit der Eröffnung im Jahr 2000 zahlreiche Berühmtheiten beherbergt; ursprünglich entstand der Bau 1918 als **Adria-Palast** einer gleichnamigen Versicherung und war 1950–97 Hauptquartier der Budapester Polizei. Neben dem Hotel queren wir die Straße und erreichen die riesige Grünfläche des **Erzsébet tér (Elisabethplatz)**, der nach Kaiserin „Sisi" benannt ist. Auf seiner östlichen Hälfte sollte in den 1990ern das neue Nationaltheater gebaut werden. Nach politischen Querelen entstand es schließlich andernorts

(→ Tour 13), die Baugrube füllen heute ein Teich und der *Akvárium Klub* direkt darunter, ein Hotspot des Budapester Nachtlebens (Umbau geplant).

Das lange Gebäude im Bauhaus-Stil in der Mitte des Erzsébet tér war zu Ostblock-Zeiten der internationale Busbahnhof, nun wird er als **Design Terminál** für Events, etwa den Designmarkt WAMP (→ S. 84) genutzt. In der westlichen Platzhälfte trifft man auf den schönen, von Miklós Ybl 1880–83 erbauten **Danubiusbrunnen**, der einst die Mitte des Kálvin tér (→ Tour 7) zierte. Oben thront nackt und bärtig Danubius als Allegorie der Donau, die drei weiblichen Sitzfiguren unten verkörpern die Donauzuflüsse Theiß, Drau und Save. In Blickrichtung des Danubius gehen

Danubiusbrunnen am Erzsébet tér

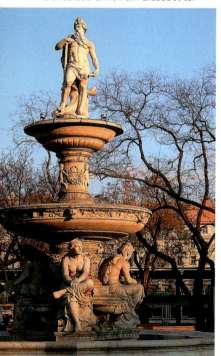

wir weiter und gelangen durch die Passage im protzigen Bürgermeisteramt *(Polgármesteri hivatal)* auf den leicht verwahrlosten **József Nádor tér**. Den Namensgeber haben wir gleich als Bronzestatue vor uns: Erzherzog Joseph, 1796–1847 kaiserlicher Statthalter von Ungarn (Palatin nádor). Bei den Magyaren war er, obwohl Habsburger, beliebt, weil er sich für die Verschönerung der Stadt einsetzte. Der protzige Bau dahinter ist das von Ignac Alpàr 1913 geplante Finanzministerium (Pénzügyminisztérium).

Wir wenden uns nach rechts und verlassen den Platz über die Nádor utca Richtung Norden. An der Kreuzung mit der verkehrsberuhigten Zrínyi utca verdienen die umstehenden Bauten Beachtung: Das linke (Nádor u. 10) ist der **Duna Palota (Donaupalast)** von 1897, Spielstätte des Duna-Folk-Ensembles (→ Folklore S. 69). Die beiden klassizistischen Palais rechts (Nádor u. 7 und 9) plante Mihály Pollack um 1820. Letzteres beherbergt seit 1991 die **Central European University**, eine Elitehochschule, die der aus Ungarn stammende Milliardär und Investor George Soros gründete.

Nun folgen wir rechts der kopfsteingepflasterten Zrínyi utca und steuern direkt auf die imposante → **Stephansbasilika (Szent István bazilika)** zu, eine der größten Kirchen Ungarns, deren Kuppel eine unvergleichliche Rundumsicht über Budapest bietet. Der autofreie Szent István tér vor der Basilika und seine Nebengassen warten mit zahlreichen Cafés und Restaurants auf.

Wir gehen die Zrínyi utca wieder ein Stück zurück und dann rechts weiter über die Oktober 6. utca, die zur neuen *Főutca* (→ S. 158) zählt und uns direkt auf den **Szabadság tér (Freiheitsplatz)** führt, einen der größten Plätze Pests und mit seiner parkartigen Anlage eine grüne Oase inmitten der Stadt. Zunächst wird uns der begehbare Brunnen ablenken, dessen Wasserwände über Sensoren

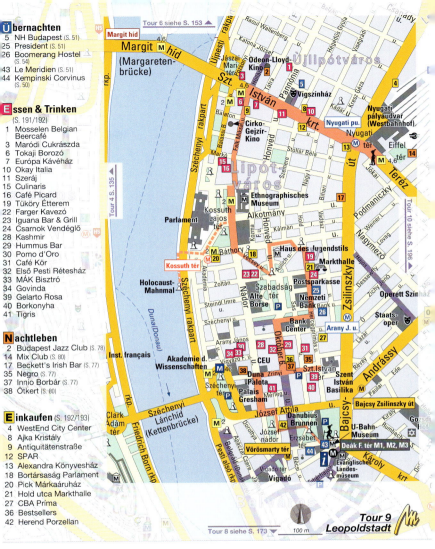

gesteuert werden – einfach ausprobieren! Der Szabadság tér wurde nach Abbruch der verhassten habsburgischen Leopoldstädter Kaserne Ende des 19. Jh. angelegt, ab 1900 wurden rundum Bankenpaläste mit reich verzierten Historismus- und Jugendstilfassaden hochgezogen. Die gesamte (linke) Westseite des Platzes beherrscht die **Alte Börse**, 1905 von Ignác Alpár – *dem* Budapester „Bankenbauer" – geplant, damals das größte Börsengebäude Europas. 1957–2009 hatte das *Magyar Televízió*, das Ungarische Staatsfernsehen hier sein Hauptquartier. Auf der Ostseite befinden sich die **Ungarische**

Nationalbank (Magyar Nemzeti Bank), 1905 ebenfalls von Alpár als Österreichisch-Ungarische Bank erbaut, und die schwer gesicherte **US-Botschaft**, die seit 1935 am früheren Sitz der ungarischen Handelskammer zuhause ist. In der großen Grünfläche lädt das *Hütte Café* (am Eingang zur Tiefgarage) auf eine Pause ein (Mo–Fr 9–22/0, Sa/So 10–21/0 Uhr). Am großen Sowjetdenkmal des Szababdság tér kommen wir im Verlauf der Tour noch vorbei.

Nun geht es weiter durch die baumbestandene Bank utca, an der sich das postmoderne Bürohochhaus **Bank Center**, ein Werk von József Finta (1998), und Alpárs monumentales Nationalbankgebäude gegenüberstehen. Steinerne Reliefs an der Fassade der Letzteren stellen Handelsszenen dar. Sie leiten uns um's Eck in die Hold utca (Mondgasse), wo linker Hand eines der schönsten Jugendstilgebäude Budapests folgt, die → **Postsparkasse (Postataka-**

Das Ethnographische Museum war als Parlament nicht gut genug

rék pénztár) mit ihrem berühmten grün-gelben Keramikdach. Nur wenige Meter weiter weisen rechts die großen Lettern „**Vásárcsarnok**" auf den Eingang zu einer der fünf historischen Markthallen hin (→ Einkaufen S. 83). Weiter in der Hold utca treffen wir auf eine breite Straßenkreuzung, in deren Mitte ein Ewiges Licht (Batthyány örökmécses) jene Stelle markiert, an der Lajos Batthyány 1849 von kaiserlichen Truppen erschossen wurde (→ Stadtgeschichte). Links weiter in der Báthory utca biegen wir nach dem ersten Häuserblock links in die Honvéd utca, die uns, vorbei an dem im Bedő Ház (Nr. 3) untergebrachten → **Haus des ungarischen Jugendstils**, nochmals auf den Szabadság tér bringt. Direkt vor uns erhebt sich ein großer Obelisk mit goldenem Stern, das **Sowjetdenkmal (Szovjet emlékmű)**. Es erinnert an die Soldaten der Roten Armee, die bei der Befreiung Budapests 1945 ihr Leben ließen, und ist heute das einzige sowjetische Denkmal, das noch an seinem alten Platz steht. Alle anderen wurden in den Memento-Park (→ S. 244) verbannt.

Den Blick auf das Sowjetdenkmal richtet pikanterweise auch eine Bronzestatue von Ronald Reagan, mit der die Verdienste des früheren US-Präsidenten beim Sturz des sozialistischen Regimes gewürdigt werden sollen. Sie steht am Ende der Vécsey utca, über die wir, die Kuppel des Parlaments vor Augen, den Szabadság tér wieder verlassen.

Am folgenden Vértanúk tere (Märtyrerplatz) erinnert seit 1996 ein vielfotografiertes **Denkmal an Imre Nagy**: Der 1958 hingerichtete Reformer und 1956 Kurzzeit-Ministerpräsident lehnt am Brückengeländer, den Blick zum Parlament gerichtet. Nur wenige Schritte noch, und wir stehen an der Südostecke des weiträumigen, neuerdings autofreien Kossuth Lajos tér, wo wir das monumentale → **Parlamentsgebäude (Országház)** erstmals in voller Breite vor

Augen haben. Seiner gewaltigen Fassade vorgelagert sind Grün- und Parkflächen, die nach umfassenden Bauarbeiten 2014 wieder ihr Aussehen von vor 1944 erhalten haben. Diese Vorgabe ermöglichte der rechtskonservativen Orbán-Regierung, sich auf einen Schlag von unerwünschten Denkmälern zu verabschieden. Bleiben durften der Namensgeber *Lajos Kossuth*, Anführer des Freiheitskampfs gegen die Habsburger 1848/49, die Reiterstatue des siebenbürgischen Fürsts *Ferenc II. Rákóczi*, der den Aufstand 1703–11 leitete, und nach einigem Hin und Her auch die von László Marton 1980 geschaffene Skulptur des beliebten ungarischen Lyrikers *Attila József* (1905–37), der nun auf den Treppenstufen zur Donau sitzt. Rekonstruiert wurden ein monströses Denkmal für *István Tisza*, Ministerpräsident während des Ersten Weltkriegs, und das 1906 von György Zala gestaltete Reiterstandbild von *Gyula Andrassy*, Ungarns erstem Ministerpräsidenten.

Sein Gutes hatte die Platzneugestaltung jedenfalls: die Autos sind nun in einer Tiefgarage versteckt, der Rundgang um das gesamte Parlamentsgebäude ist wieder möglich – und es gibt endlich ein *Besucherzentrum*. Es liegt unterirdisch an der Nordseite des Platzes und ist Ausgangspunkt für die Parlamentsführungen, die sich pro Jahr 500.000 Personen nicht entgehen lassen.

Die bescheideneren Gebäude direkt gegenüber dem Parlament waren im Architekturwettbewerb unterlegen, wurden aber dennoch realisiert: Das neoklassizistische Gebäude mit der Kolonnade im Obergeschoss wurde 1885 fertig und ist heute Sitz des **Ministeriums für Ländliche Entwicklung**. In den Arkaden eingemauerte Metallkugeln erinnern an die Opfer der Schießerei zu Beginn des Aufstands 1956. Der nördlich gelegene Bau, 1893–96 als Justizpalast errichtet, beherbergt heute das → **Ethnographische Museum (Néprajzi Múzeum)**.

Imre Nagy – bis heute verehrt

Unser Spaziergang setzt sich fort in der baumbestandenen **Falk Miksa utca**, die von der Nordostecke des Kossuth tér geradeaus nach Norden führt. Sie ist *die* Antiquitätenstraße Budapests, ein Geschäft reiht sich ans andere. Neben den „Antikvitas"-Läden erfreuen die prächtigen Eingangstore der Gründerzeitbauten das Auge, ganz im Gegenteil zum monströsen Amtsgebäude des Nationalen Sicherheitsdienstes (Nemzetbiztonsági Hivatal, NBH) rechter Hand. Die Falk Miksa utca endet am Großen Ring, der hier **Szent István körút (St.-Stephan-Ring)** heißt. Links geht es auf die Margaretenbrücke (→ Tour 6). Wir folgen dem Ring aber nach rechts, vorbei am traditionellen *Európa Kávéház* (Nr. 7), und erblicken kurz danach einen Kuppelbau auf der anderen Straßenseite: das neobarocke **Vígszínház (Lustspieltheater)** von 1895/96, das unverkennbar die Handschrift der berühmten Theaterarchitekten Ferdinand Fellner und Hermann Helmer trägt.

Hier steht Schauspiel und Boulevard in Ungarisch auf dem Programm.

Der Szent István körút endet am Nyugati tér (Westplatz), der durch die aufgestelzte Straße und das mit brauner Glasfassade verkleidete Skála-Metro-Kaufhaus ziemlich verschandelt ist. Dabei steht an der Ostseite des Platzes mit dem denkmalgeschützten → **Westbahnhof (Nyugati pályaudvar)** eine sehenswerte Eisenkonstruktion aus dem 19. Jh., der Endpunkt unserer Tour.

Von hier gelangen wir mit der blauen Metro 3 wieder zurück zum Deák F. tér. Mit den Tramlinien 4 oder 6 ginge es weiter am Großen Ring entlang.

Sehenswertes

U-Bahn-Museum (Földalatti Vasúti Múzeum): In einem stillgelegten Tunnelabschnitt der 1896 eröffneten Untergrundbahn (Zugang in der Fußgängerunterführung) sind heute Dokumente, Baupläne, Fahrzeugmodelle und Schautafeln zu ihrer Geschichte zu sehen – und als Höhepunkt drei Waggons aus dem Eröffnungsjahr.
Di–So 10–17 Uhr. Eintritt 350 Ft, erm. 280 Ft. www.bkv.hu. Ⓜ 1, 2, 3 Deák tér.

Die Stephansbasilika (19. Jh.) ist Budapests größtes Gotteshaus

Evangelisch-Lutherische Kirche/Evangelisches Landesmuseum: Nachdem Joseph II. den Reformierten den Bau eigener Gotteshäuser gestattet hatte, ließ die lutherische Gemeinde 1791 hier eine Kirche bauen, der Mihály Pollack um 1808 den letzten Schliff verpasste. Den klassizistischen Portikus mit den dorischen Säulen fügte József Hild 1856 hinzu. In dem ganz in Weiß gehaltenen Innenraum mit seinen Emporen setzt eine Kopie von Raffaels „Verklärung Jesu" einen Farbtupfer. Berühmtester Schüler der alten evangelischen Schule nebenan war der Nationaldichter Sándor Petőfi. Das kleine **Evangelische Landesmuseum** dokumentiert nicht nur die Geschichte der ungarischen Lutheraner, es kann in Raum 1 mit dem Originaltestament Martin Luthers aufwarten – fünf 1542 von ihm handgeschriebene Seiten.
Di–So 10–18 Uhr, im Winter 10–17 Uhr. Eintritt 500/200 Ft. V., Deák tér 4. www.evangelikusmuzeum.hu. Ⓜ 1, 2, 3 Deák tér.

Stephansbasilika (Szent István bazilika): Am Ende war es die größte Kirche Budapests, doch die Bauarbeiten hatten es in sich: Begonnen wurde 1851, den klassizistischen Entwurf lieferte József Hild, der zuvor schon die Kirchen von Eger und Esztergom geplant hatte. Als Hild 1867 starb, folgte ihm Miklós Ybl. Ein Jahr später brachte ein Sturm die fertige Kuppel und die halbe Kirche zum Einsturz. Ybl gestaltete daraufhin die Pläne um, wobei er kein Hehl um

8500 Menschen finden in der Stephansbasilika Platz

seine Vorliebe für monumentale Bauten im Stil der Neorenaissance machte. Nach Ybls Tod 1891 vollendete József Kauser die Basilika bis 1905. Sie ist 86 m lang, 55 m breit, ihre Kuppelhöhe beträgt 96 m und ist somit exakt so hoch wie die Kuppel des Parlaments. Die beiden Türme an der Westfassade messen 80 m. In einem der beiden hängt die mit neun Tonnen schwerste Glocke Ungarns.

Das Hauptportal der Basilika ist wie eine Triumphpforte gestaltet. Vier korinthische Pilaster tragen das Giebelfeld mit der Patrona Hungariae im Kreise der Heiligen. Die geschnitzte Tür des Portals zieren die Köpfe der 12 Apostel, das Mosaik darüber schuf Mór Than. Farbenprächtige Mosaike dominieren auch das Innere, das sich über einem kreuzförmigen Grundriss erhebt und 8500 Menschen Platz bietet. Die Mosaike wurden von Károly Lotz und Gyula Benczúr entworfen und in Venedig gefertigt. Im Zentrum des halbkreisförmigen Hochaltars steht eine Marmorstatue des Hl. Stephan von Alajos Stróbl,

die Mosaike in der Apsis zeigen Szenen aus seinem Leben. Die Orgel lässt ihre 6507 Pfeifen bei Konzerten erklingen (www.organconcert.hu).

Die kostbarste Reliquie der Basilika ist **Szent Jobb**, die „Heilige Rechte" von König Stephan I. Das mumifizierte Stück Hand ist in einer großen Kapelle im linken rückwärtigen Teil der Kirche (Wegweiser *Szt. Jobb kápolna*) in einem Schrein ausgestellt und nur zu erkennen, wenn man die Beleuchtung mit einer 100-Ft-Münze einschaltet. Jeweils am 20. August, dem Stephanstag, wird der Schrein in einer riesigen Prozession durch Pest getragen. Der Aufstieg zur Aussichtsgalerie der **Kuppel** führt über 370 Stufen oder, weniger schweißtreibend, über zwei Aufzüge.

Kirche: Mo–Fr 9–17, Sa 9–13, So 13–17 Uhr. Spende (300 Ft) erwartet.

Kuppel (370 Stufen oder Aufzug): Okt.–Juni 10–16.30, Juli–Sept. 9.30–18.30 Uhr. Kasse schließt 30 Min. früher. Ticket 500 Ft, erm. 400 Ft. V., Szent István tér 1. www.bazilica.biz. Ⓜ 1, 2, 3 Deák tér, Bus 15.

Szabadság tér – viel Grün inmitten monumentaler Paläste

Postsparkasse (Postatakarék pénztár): Mit diesem Bankgebäude schuf Ödön Lechner 1900/01 eines der Hauptwerke des ungarischen Jugendstils. Die mit Backsteinen und bunten Kacheln reich ornamentierte Fassade endet in wellenförmigen Zinnen, auf denen – Symbol der Sparsamkeit – Bienenstöcke aus Keramik sitzen. Wer genau hinschaut, sieht auch die Bienen die Wände hochkrabbeln. Hinter den Zinnen erhebt sich das mit grünen und gelben Keramikziegeln gedeckte, verspielte Dach, das am besten von der Kuppel der Stephansbasilika aus zu sehen ist. Das Gebäude wird als Ungarisches Schatzamt genutzt, sein Jugendstil-Interieur kann nicht besichtigt werden, ein Blick ins Foyer ist aber meist möglich.
V., Hold u. 4. www.allamkincstar.gov.hu.

Haus des ungarischen Jugendstils (Magyar Szecesszió Háza): Im Bedő-Ház (1903), dessen verspielte Jugendstilfassade einen genauen Blick wert ist, zeigt die Familie Vad auf drei Etagen ihre Jugendstil-Sammlung von Möbeln bis Schmuck – ohne Systematik und ohne Beschriftung zusammengewürfelt. Es genügt, wenn man sich im Erdgeschoss in dem preiswerten *Art Nouveau Café* (Mo–Fr 8–19, Sa 9–18 Uhr) niederlässt und ein wenig umsieht.
Mo–Sa 10–17 Uhr. Eintritt 1500 Ft, erm. 400 Ft. www.magyarszecessziohaza.hu. V., Honvéd u. 3. Ⓜ 2 rot Kossuth tér, Bus 15.

Parlament (Országház): Budapests bekanntestes Bauwerk entstand in 17-jähriger Bauzeit (1885–1902) nach einem Entwurf von Imre Steindl, der den Architekturwettbewerb für sich entschied. Mit 268 m Länge, 123 m Breite und einer Kuppelhöhe von 96 m war es das größte Parlamentsgebäude der Zeit und ein angemessenes optisches Gegengewicht zum Burgpalast in Buda. Für die neugotische Architektur mit Spitzen und Türmchen diente der Londoner Westminster-Palast als Vorbild, die Kuppel im Zentrum ist von der Renaissance inspiriert. An den kalksteinernen Fassaden reihen sich 88 Statuen von ungarischen Fürsten, Königen und Feldherrn. Die beiden symmetrischen Gebäudeteile rechts und links des Kuppeltrakts umschließen insgesamt 10 Innenhöfe, 700 Räume und je einen Sitzungssaal, der von außen an seinem von vier Ecktürmchen gesäumten erhöhten Dach zu erkennen ist. Der südliche Saal ist der Plenarsaal für die 386 Abgeordneten, der nördliche dient, weil das Parlament heute nur mehr aus einer Kammer besteht, als Tagungsort für Konferenzen.

Die monumentale Pracht setzt sich auch im reich vergoldeten Inneren fort: Ein prunkvolles **Treppenhaus**, für das Károly Lotz die Deckenfresken, Miksa Roth die farbigen Fenster und György Kiss die Skulpturen schuf, führt hinauf in die **Kuppelhalle**, deren 16 mit Herrscherfiguren verzierte Pfeiler in der Kuppelmitte zu einem goldenen Stern zusammenlaufen. Drei Kronwächter bewachen hier die Reichsinsignien mit der berühmten **Stephanskrone** (→ Kasten). Auch die beiden Sitzungssäle sind üppig vergoldet und von Arkadengängen gesäumt. Kein Teil der Führung ist der Munkácsy-Saal in der Südwestecke des Parlaments, in dem das wertvollste Kunstwerk des Hauses hängt – das berühmte Historiengemälde „Die Landnahme" (1896) von Mihály Munkácsy.

Mai–Sept. Mo–Fr 8–18, Sa/So 8–16 Uhr, Okt.–April tägl. 8–16 Uhr. Führungen auf Deutsch 10, 13, 13.45 Uhr. Englisch: 10, 12, 13, 13.45, 15 Uhr. Ticket 3500 Ft, EU-Bürger mit Ausweis 1700 Ft. Es empfiehlt sich, Tickets im Voraus online zu erwerben unter www.jegymester.hu/parlament, da nur Restkarten im Freiverkauf sind. Bei Sitzungen und Veranstaltungen entfallen die Führungen. V., Kossuth tér 1–3. www.parlament.hu. Ⓜ 2 rot Kossuth tér, Ⓣ 2, Bus 15.

Nationalsymbol Stephanskrone

Schief ist das Kreuz der ungarischen Stephanskrone – angeblich rührt der Makel von einem Sturz her, was bei einem Gewicht von 2½ kg nicht wundert. Unklar jedenfalls ist die Herkunft der königlichen Insignie, abenteuerlich ist ihre Geschichte. Obwohl die Krone den Namen von Ungarns erstem König Stephan (1000–1038) trägt, hat dieser sie mit Sicherheit nicht zur Krönung getragen – sie wurde erst später aus zwei Teilen zusammengefügt: Auf den unteren Teil, einen griechisch-byzantinischen Reif aus dem späten 11. Jh., wurde im 13. Jh. ein Kreuzbügel mit lateinischer Inschrift montiert. Byzanz unten, Rom oben – fast scheint es, als hätten die Schöpfer beiden Kirchen gefallen wollen.

Das Stück war als Machtsymbol heißbegehrt, denn wer sie ihr Eigen nannte, durfte über Ungarn herrschen. Durch die bewegte Geschichte des Landes kam es dazu, dass die Krone häufig versteckt werden musste, lange Jahre galt sie überhaupt als verschollen. So kam sie während der Türkenherrschaft von Buda nach Preßburg, später nach Prag und Wien. Ihren letzten Einsatz hatte das Prachtstück 1916 bei der Krönung von Karl IV. (Kaiser Karl I.). 1945 nahmen die ungarischen Faschisten die Krone auf der Flucht vor den Sowjettruppen nach Österreich mit. Dort fiel sie in die Hände der Amerikaner, die sie in Fort Knox versperrten. Erst 1978 gab sie US-Präsident Carter an Ungarn zurück, 1990 wurde sie symbolisch ins Staatswappen integriert. Im Jahr 2000, zur Tausendjahrfeier der Krönung Stephans I., ließ der damalige Ministerpräsident Viktór Orbán die Krone mit den anderen Krönungsinsignien (außer dem Krönungsmantel) vom Nationalmuseum ins Parlament überführen. Seit 2012 beruft sich sogar die neue Verfassung auf die Krone. Auch dafür war wieder Orbán verantwortlich.

Ethnographisches Museum (Néprajzi Múzeum): Seit 1975 ist das Museum im früheren Justizpalast untergebracht, dessen imposante eklektische Architektur von Alajos Hauszmann beeindruckt. Die Fassade dominiert ein Portikus mit sechs Säulen, am Giebel zwischen den beiden Türmen reitet die Göttin der Gerechtigkeit auf einem Dreigespann. Überaus prachtvoll und einen Besuch wert ist das mit viel Marmor und goldenem Stuck gestaltete Innere. Herzstück des Gebäudes ist das weite, über zwei Geschosse reichende Treppenhaus, über das sich ein Deckengemälde von Károly Lotz spannt.

Das etwas altbackene Museum war zur Zeit seiner Gründung 1872 eines der ersten Europas und besitzt heute eine Sammlung von rund 200.000 Objekten. Im ersten Obergeschoss widmet sich die volkskundliche Dauerausstellung „Traditionelle Kultur der Ungarn" in 13 Räumen der Lebensweise der ungarischen Bauern vom 18. Jh. bis zum Ersten Weltkrieg. Zu sehen sind Handwerkserzeugnisse, original ausgestattete Stuben, Trachten, Hausrat, Kleidung; Objekte und Utensilien veranschaulichen die Bräuche des Lebenslaufs von der Geburt bis zum Tod. Zusätzlich sind meist mehrere Sonderausstellungen zu sehen, die gelegentlich auch mit Exponaten aus Asien und Ozeanien aus der internationalen Sammlung des Museums bestückt werden.

Di–So 10–18 Uhr. Eintritt 1400 Ft, erm. 700 Ft, nur Dauerausstellung 1000/500 Ft. Beschreibung der Exponate auch in Englisch. www.neprajz.hu. Ⓜ 2 rot Kossuth tér, Ⓜ 2, Bus 15.

> ### Schuhe am Donauufer
>
> Das in seiner Schlichtheit bestechende Holocaust-Mahnmal von Gyula Pauer besteht aus 60 Paar metallenen Schuhen, die auf einer Länge von 40 m direkt an die Kante der Kaimauer platziert sind (→ Foto unten). Es soll an die vielen Tausend Juden erinnern, die hier von den Pfeilkreuzlern Ende 1944 in die Donau getrieben und erschossen wurden – zu einer Zeit, als die Sowjets bereits die Stadt besetzt hatten! Es befindet sich 250 m flussabwärts des Parlaments am unteren Donaukai.

Westbahnhof (Nyugati pályaudvar): Das mit dem Turm in Paris später weltberühmt gewordene Architekturbüro von Gustave Eiffel errichtete 1874–77 dieses bemerkenswerte Gebäude, ein markantes Beispiel für die Industriearchitektur des 19. Jahrhunderts. Ein Rundgang lohnt sich: Links neben den Gleisen befindet sich der ehemalige königliche Wartesaal (nicht zugänglich), über dem Eingang prangt noch der Wahlspruch der Habsburger „Viribus unitis". Im eleganten historistischen Saal des Bahnhofsrestaurants ist seit 1990 McDonald's zu Hause. Ein Stück weiter trifft man auf die alte Kassenhalle mit ihren nostalgischen holzverkleideten Fahrkartenschaltern. Schön ist auch der begrünte **Eiffel tér** vor der Kassenhalle mit seiner amphitheaterähnlichen Anlage, der zum Verweilen einlädt.

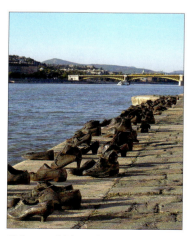

Holocaust-Mahnmal am Donauufer

Praktische Infos

→ Karte S. 183

Essen & Trinken

››› Unser Tipp: Tigris 41 Wo 1840 Budapests erstes Luxushotel eröffnete, hat nun Ungarns Weinstar Attila Gere mit einem schicken Brasserie-Restaurant eine kulinarische Top-Adresse geschaffen. Serviert wird moderne ungarische Küche (Hauptgericht 3900–7500 Ft), der Service ist exzellent. Neben Gere-Wein ist Gänseleber die zweite Spezialität des Hauses. Reservieren! Tägl. 12–24 Uhr. V., Mérleg u. 10, ✆ +36 (1) 3173715. www.tigrisrestaurant.hu. ‹‹‹

Pomo d'Oro 30 Beliebte, urgemütliche und authentische Trattoria mit köstlicher Holzofenpizza (1800–3500 Ft), auf Lava gegrillten Steaks (ca. 4900 Ft), Pasta, Risotto, Fisch und Meeresfrüchten. Gute Auswahl an italienischen Weinen. Reservieren! Mo–So 12–24 Uhr. V., Arany János u. 9, ✆ +36 (1) 3026473. www.pomodorobudapest.com.

MÁK Bisztró 33 Wo einst das elegante Lou Lou war, trifft man jetzt auf ein trendiges Restaurant im Shabby-Chic-Stil, in dem ein junges Team sehr kreativ ungarisch kocht. Kleine Gourmetportionen, gehobene Preise (4500–6500 Ft). Di–Sa 12–15, 18–24 Uhr. V., Vigázó F. u. 4, ✆ +36 (0)30 7239383. www.makbistro.hu.

Kashmir 28 Zu dem indischen Restaurant mit köstlicher authentischer Küche (Tandoori 1900–2900 Ft, 12–16 Uhr Mittagsbuffet für 1390 Ft) und guter Auswahl an Vegetarischem (unter 2000 Ft) erhielten wir Leserbriefe voll des Lobes, aber auch Kritik wegen unklarer Abrechnungen. Di–So 12–16, 18–23 Uhr. V., Arany János u. 13, ✆ +36 (1) 3541806. www.kashmiretterem.hu.

Borkonyha 40 Die „Weinküche" gibt sich schlicht, bietet aber perfekt zubereitete neue ungarische Bistroküche (kleine Auswahl, täglich wechselnde Angebote auf der Tafel) aus marktfrischen Zutaten und – wie der Name andeutet – ein enormes Sortiment an Weinen (auch glasweise). Hauptgericht 3000–4500 Ft. Tägl. Mo–Sa 12–24 Uhr, V., Sas u. 3, ✆ +36 (1) 2660836. www.borkonyha.hu.

Első Pesti Rétesház 32 Das hinter einer historischen Fassade von 1812 auf ländlich-nostalgisch getrimmte „Erste Pester Strudelhaus" hat sich dem ungarischen Klassiker aus gezogenem Teig verschrieben – süß/pikant gefüllt (360 Ft) oder mit Soße (1490 Ft); zudem ungarische Fleischküche ab 3290 Ft. Mo–So 9–23 Uhr. V., Oktober 6. u. 22, ✆ +36 (1) 4280134. www.reteshaz.com.

Café Kör 31 Populäres, geschmackvoll eingerichtetes Bistro-Restaurant unweit der Basilika; aufmerksamer Service, kreativ verfeinerte landestypische und internationale Küche (Hauptgericht 2500–4500 Ft); Frühstück bis 12 Uhr. Kleines, enges Lokal, unbedingt reservieren! Kein Plastikgeld. Mo–Sa 10–22 Uhr. V., Sas u. 17, ✆ +36 (1) 3110053. www.cafekor.com.

Mosselen Belgian Beercafé 1 Gut besuchtes Pub mit 38 Biersorten, darunter auch Framboise und Kriek, das belgische Himbeer- oder Kirschbier. Als Grundlage bieten sich Salate (3000 Ft), Muscheln oder Fisch (4000 Ft) an, die in der Karte lustige Namen erhielten. Tägl. 12–24 Uhr. XIII., Pannónia u. 14, ✆ +36 (1) 4520535. www.mosselen.hu.

Café Picard 16 Das stilvoll moderne Bistro in der Antiquitätenstraße eignet sich bestens fürs Frühstück, die Küche ist auch nicht zu verachten: schön angerichtete, ungarisch-mediterrane Gerichte geben den Ton an (Hauptspeise 2800–4100 Ft). Mittags kommen viele aus den Büros rundum. Mo–Fr 7.30–22 Uhr. V., Falk Miksa u. 10, ✆ +36 (1) 4730939.

Iguana Bar & Grill 23 Die gut besuchte „Cantina de Budapest" serviert Tex-Mex-Spezialitäten von Chorizo bis Cheeseburger in entsprechendem Interieur. Dazu kommt eine American Bar mit mexikanischem Bier, Margaritas und Tequilas; spätabends herrscht Partystimmung. Sa/So bis 16:30 Uhr Brunch. Tägl. 11.30–1 Uhr. V., Zoltán u. 16, ✆ +36 (1) 3314352. www.iguana.hu.

››› Kaffeehaustipp: Európa Kávéház és Cukrászda 7 Elegantes, geräumiges Kaffeehaus über zwei Etagen mit Kaffee- und Teespezialitäten, Canapés und anderen Häppchen sowie köstlichen Torten und Eis. Gut besucht. Tägl. 8.30–21 Uhr. V., Szt. István körút 7–9, ✆ +36 (1) 3122362. www.europakavehaz.hu. ‹‹‹

››› Kaffeehaustipp: Maródi Cukrászda 3 Ganz in trendigem Weiß gehaltene Café-Konditorei am Brückenkopf der Margaretenbrücke. Riesige Eis- und Tortenvitrine, die Crèmeschnitte gehört zu den besten der Stadt. Ein paar Tische drinnen, Sommerterrasse. Tägl. 10–21 Uhr. XIII., Jászai Mari tér 3. «

Gelarto Rosa 39 Eisdiele gegenüber der Stephansbasilika, bekannt für ihre Kugeln in Rosenform – dafür stehen Budapester und Touristen Schlange. Innovative Sorten, alles vor Ort selbstgemacht. Tägl. 11–22 Uhr. V., Szt. István tér 3.

Okay Italia 10, Üppiges italienisches Dekor und günstiges Essen – das ist das Erfolgsrezept für das stets gut besuchte Restaurant am Großen Ring. Pizza 1900–2500 Ft, Pasta ca. 2200 Ft. Tägl. 11–23.30 Uhr. V., Szt. István krt. 20, ☎ +36 (1) 3492991. www.okayitalia.hu.

Govinda 34 Eine steile Treppe führt hinab in das Hare-Krishna-Lokal, wo vegetarische (aber nur wenige vegane) indische Gerichte in fernöstlichem Ambiente zu sehr günstigen Preisen (meist unter 1000 Ft) serviert werden. Essen auch zum Mitnehmen. Keine Kreditkarten. Mo–Fr 11.30–21, Sa ab 12 Uhr, So Ruhetag. V., Vigyázó Ferenc u. 4, ☎ +36 (1) 4731310. www.govinda.hu. ∎

Farger Kavezó 22 Gemütliche Wohnzimmeratmosphäre, in der man Frühstück, preiswerte Sandwiches, Wraps, Salate, Milk-Shakes oder heiße Schokolade ge-

In der Abendsonne – Straßencafé am Szt. István tér

nießt. Günstiges Mittagsmenü, schöne Terrasse mit Blick zum Szabadság tér. Mo–Fr 7–21, Sa/So 9–18 Uhr. V., Zoltán u. 18, ☎ +36 (20) 2377825. www.farger.hu.

Tüköry Étterem 19 Kürzlich renoviertes schlichtes Einheimischenlokal mit ungarischer Hausmannskost – wie ein Relikt aus vergangenen Tagen. Hauptspeisen 1300–3500 Ft. Mo–Fr 11–23, Sa/So 11–22 Uhr. V., Hold u. 15, ☎ +36 (1) 3023233. www.tukoryetterem.hu.

Csarnok Vendéglő 24 Einfaches Wirtshaus bei der Markthalle mit karierten Tischtüchern und Vorhängen sowie preiswerter ungarischer Küche. Hauptgericht 1500–1900 Ft. Tägl. 10–22 Uhr. V., Hold u. 11, ☎ +36 (1) 2694906. www.csarnokvendeglo.hu.

Hummus Bar 29 Gut, gesund, billig ist das Motto der Budapester Edel-Fast-Food-Kette mit Gerichten aus dem Nahen Osten, darunter auch Vegan-Vegetarisches. Hummus (Kichererbsenpüree) mit Fladenbrot (Laffa) und Mezze für 900–1800 Ft, köstlich ist die Yemen chicken soup (900 Ft) und das süße Baklawa (250 Ft). Mo–Fr 11.30–22, Sa/So 12–22 Uhr. V., Október 6. u. 19 und XIII., Hollán Ernő u. 6 (nur vegetarisch). www.hummusbar.hu. ∎

»» Unser Tipp: Culinaris 15 Minimalistisches Bistro für das Frühstück oder den schnellen Lunch in einem der beliebten Culinaris-Feinkostläden. Täglich wechselnde Karte mit Gerichten aus der Cross-over-Küche, deren Zutaten aus dem eigenen Shop stammen. Hauptspeisen bis 1990 Ft. Mo–Sa 8–15, So 10–15 Uhr. V., Balassi B. u. 7. www.culinaris.hu. «

Szeráj 11 Stets gut besuchtes großes türkisches Fastfood-Restaurant gegenüber dem Vígszínház. Große Auswahl, kleine Preise. Tägl. 9–4 Uhr (!). V., Szt. István krt. 13.

Tokaji Borozó 6 Eines der letzten Exemplare einer aussterbenden Spezies. Dunkles, derbes Kellerlokal, das Tokajerweine für 600–800 Ft pro Deziliter in die Gläser füllt. Mo–Fr 12–21 Uhr. V., Falk Miksa u. 32.

Einkaufen

CBA Príma-Supermarkt 27 Mo–Fr 7–20, Sa 7–18, So 9–16 Uhr. V., Hercegprímás u. 15.

SPAR-Supermarkt 12. Mo–Fr 7–20, Sa 7–17 Uhr. V., Szt. István krt. 17.

Hold utca Markthalle 21 → Einkaufen S. 83.

Praktische Infos

Pick Márkaáruház 20 Salami-Shop der berühmten ungarischen Wurstfabrik in Szeged. Salami in allen Varianten: weich, hart, mit und ohne Paprika, die bekannteste ist die Wintersalami. Mo–Do 6–19, Fr 6–18 Uhr. V., Kossuth tér 9.

Bortársaság Parlament 18 Großer Shop der bekannten Weinhandelskette mit großer Auswahl an ungarischen Tropfen. Mo–Fr 10–20, Sa 10–19 Uhr V., Vécsey u. 5.

Bestsellers 36 Bester Laden der Stadt für englisch- und französischsprachige Bücher, Magazine und Zeitungen. Mo–Fr 9–18.30, Sa 10–17, So 10–16 Uhr. V., Október 6 u. 11. www.bestsellers.hu.

Alexandra Könyvesház 13 Riesiges Bücherparadies auf sieben Geschossen, auch DVDs, CDs; im Untergeschoss Belletristik und Ungarn-Reiseführer in deutscher Sprache. Mo–Sa 10–22, So 10–20 Uhr. V., Nyugati tér 7.

Herend Porzellan 42 Budapester Stammgeschäft der berühmten ungarischen Manufaktur (seit 1842) mit edlem Tafelgeschirr. Mo–Fr 10–18, Sa 10–14 Uhr. V., József Nádor tér 11.

Ajka Kristály 8 Große Auswahl an mundgeblasenem Glas- und Bleikristall aus Ungarns traditionsreicher Glasfabrik (seit 1878). Mo–Fr 10–18, Sa 10–13 Uhr. XIII., Szt. István krt. 18. www.ajka-crystal.hu.

WestEnd City Center 4 → Einkaufen S. 85

Antiquitätenstraße Falk Miksa utca 9

»› Unser Tipp: Falk Art Fórum. Jeweils an einem Samstag im Frühjahr und im Herbst verwandelt sich der Falk Miksa utca in eine Eventmeile mit Konzerten und Sonderausstellungen in den anliegenden Galerien und Kunsthandlungen, die bis spätabends geöffnet haben. www.faf.hu. ‹‹

Ausgewählte Läden (von Süd nach Nord):

Pintér Antík, auf 1800 m² und mehreren Etagen kann man zwischen moderner Kunst, alten Möbeln, Gemälden, Silber und Porzellan stöbern. Monatlich Auktionen. Mo–Fr 10–18, Sa 10–14 Uhr. V., Falk Miksa u. 10. www.pinterantik.hu.

Bujanovics Antikvitás, spezialisiert auf Uhren, Silber, Teppiche und Möbel. Mo–Fr 10–18, Sa 10–13 Uhr. V., Falk Miksa u. 18. www.antikeduard.hu.

Anna Antikvitás, Schmuck, Kunsthandwerk (v. a. Tisch-/Bettwäsche). Mo–Fr 10–18, Sa 10–13 Uhr. V., Falk Miksa u. 18.

Sparen im Jugendstil – die Postsparkasse

Nagyházi Galéria, großer Traditionsladen für Gemälde, Möbel und Volkskunst. Regelmäßig auch Auktionen. Mo–Fr 10–18, Sa 10–14 Uhr. V., Balaton u. 8/Ecke Falk Miksa utca. www.nagyhazi.hu.

Haas Galéria, spezialisiert auf Kunst des 20. Jh. Mo–Fr 10–18, Sa 10–13 Uhr. V., Falk Miksa u. 13. www.haasgaleria.hu.

Antik Zsolnay Kerámia Galéria, Keramik, antike Möbel, Silber, Gemälde, Skulpturen. Mo–Fr 10–18, Sa 10–13 Uhr. V., Falk Miksa u. 28. www.antikzsolnay.hu.

Virág Judit Galéria, von Judit Virág und István Törő geführte Spitzengalerie, auf deren Auktionen jährlich Höchstpreise erzielt werden. Mo–Fr 10–18, Sa 10–13 Uhr. V., Falk Miksa u. 30. www.viragjuditgaleria.hu.

BÁV, Filiale des traditionsreichen Pfandhauses (seit 1773). Möbel, Gemälde und Lampen. Mo–Fr 10–18, Sa 10–14 Uhr. V., Szt. István krt. 3/Ecke Falk Miksa u. www.bav.hu.

Kieselbach, bedeutende Galerie mit (inter-)nationaler Kunst des 18./19. Jh. Regelmäßig Auktionen. Mo–Fr 10–18, Sa 10–13 Uhr. V., Szt. István krt. 5. www.kieselbach.hu.

Leopoldstadt → Karte S. 183

Von der Staatsoper zur Lokalmeile am Liszt Ferenc tér

Tour 10: Entlang der Andrássy út durch die Theresienstadt (Terézváros)

Schnurgerade verläuft Budapests Prachtboulevard von der Innenstadt bis zum Stadtwäldchen. Die zweieinhalb Kilometer lange Straße säumen zu beiden Seiten Theaterbauten, Gründerzeitpaläste, edle Geschäfte, noble Cafés und repräsentative Villen. Unter ihr verkehrt die kleine Metro 1, die älteste Untergrundbahn des europäischen Kontinents.

Die Prachtstraße und ihre U-Bahn stehen seit 2002 auf der Weltkulturerbe-Liste der UNESCO. Errichtet wurden beide mit Blick auf das ungarische Jubiläumsjahr 1896, als die Nation ihr 1000-jähriges Bestehen mit Pomp und Trara zelebrierte. Damals wurde die Andrássyút als neue Verbindung von der Innenstadt quer durch die Theresienstadt zum Stadtwäldchen benötigt, in dem die große Millenniums-Ausstellung stattfand. Vorbild für die Anlage waren die Pariser Champs-Elysées. Die Pläne stammten von Miklós Ybl, die Bauarbeiten dauerten von 1872 bis 1884. Viel rascher, von 1893 bis 1896, ging der Bau der Untergrundbahn vonstatten. Streng genommen war es ja nur eine Straßenbahn, die man unter den Holz(!)pflasterbelag legte – man war nämlich der Meinung, dass eine oberirdische Bahn das elegante Ambiente der Andrássy út stören würde.

Seinen Namen erhielt der Boulevard von Graf Gyula Andrássy, dem ersten ungarischen Ministerpräsidenten nach dem Österreichisch-Ungarischen Ausgleich (→ Stadtgeschichte). Seit 1990 heißt er auch wieder so. Vorher nannte man ihn Sztálin út (1945–47), dann Straße der Ungarischen Jugend (1948–57), schließlich Straße der Volksrepublik (1947–89).

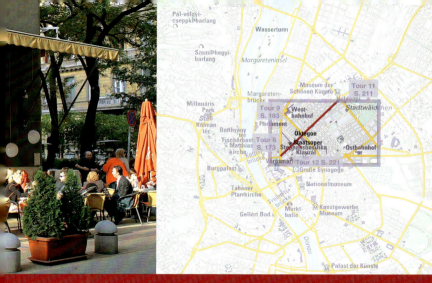

Tour 10: Entlang der Andrássy út durch die Theresienstadt

Auch die beiden Plätze Oktogon und Kodály köröng, die die Andrássy út in drei Abschnitte unterteilen, wechselten häufig ihre Namen. Seit einigen Jahren entwickelt sich die Andrássy út bis zum Oktogon zur Budapester Luxusmeile: Neben kalten Bankfilialen ersetzen internationale Marken- und Designergeschäfte von Louis Vuitton bis Zegna die alteingesessenen Läden.

Spaziergang

Unsere Tour startet am Beginn der Andrássy út, wo diese von der Bajcsy-Zsilinszky út abzweigt (Ⓜ 1 Bajcsy-Zsilinszky út). Zur Einstimmung schlendern wir sie einmal entlang. Hier im ersten Abschnitt bis zum Oktogon ist sie von alten, hohen Platanen gesäumt, dazwischen finden die Fahr-, Park- und Radstreifen Platz, es gibt noch keine Nebenfahrbahnen. Nach wenigen Minuten erreichen wir bereits einen Höhepunkt der Andrássy út, die → **Ungarische Staatsoper (Magyar Állami Operaház)**, die wegen ihrer prachtvollen Ausstattung zu den schönsten Opernhäusern der Welt zählt. In den verkehrsberuhigten Gassen hinter dem Opernhaus findet man einige Designerläden und Cafés.

Weiterhin unklar ist das Schicksal des **Palais Drechslers** gegenüber der Oper, das seinem Verfall entgegendämmert. Dabei ist es ein Frühwerk der Jugendstilmeister Ödön Lechner und Gyula Pártos von 1882, das noch ganz vom Historismus geprägt ist. Rechts hinter dem Palais befindet sich in der Paulay Ede utca 33 das **Neue Theater (Új Színház)**, ein bemerkenswertes Art-déco-Gebäude (1909) von Lechner-Schüler Béla Lajta mit schlichter Marmorfassade und Affen als Dekoration. Seit 2012 wird es von einem rechtsradikalen Theatermacher geleitet, was international für massive Proteste sorgt.

E ssen & Trinken (S. 204-206)

- 2 Millennium da Pippo
- 3 Eco Café
- 5 Indigo
- 6 Haxen Király Étterem
- 7 Zsákbamacska
- 8 Vörös Oroszlán Teaház
- 11 Karma
- 12 Napfényes
- 13 Zeller Bistro
- 14 Café Bouchon
- 20 Chagall Café
- 21 Café Vian
- 25 Kiadó Kocsma
- 28 Eklektika
- 31 Menza
- 32 Balettcipő
- 34 Mai Manó Café
- 36 Klassz
- 40 Alexandra Bookcafé (Pariser Kaufhaus)
- 41 Falafel
- 43 Két Szerecsen Bisztró
- 44 Fragola
- 45 Művész Kávéház
- 47 Frici papa Kifőzdéje
- 49 Callas
- 53 Ferencz József Söröző
- 54 Wine & Coffee House
- 55 Fausto's Étterem
- 58 Duran Szendvich

N achtleben

- 9 Soho London (S. 78)
- 10 Cactus Juice (S. 78)
- 15 Picasso-Point (S. 78)
- 16 Peaches and Cream (S. 80)
- 17 Jazzy Pub Mediterrán (S. 78)
- 19 Rocktogon (S. 80)
- 22 Instant (S. 78)
- 33 Moulin Rouge (S. 80)
- 50 Morrison's (S. 78)
- 57 Boutiq'bar (S. 78)

Ü bernachten

- 1 Mamaison Andrássy Hotel (S. 52)
- 4 easyHotel Oktogon (S. 53)
- 24 Opera Garden (S. 52)
- 48 K+K Opera (S. 52)
- 52 Casati Budapest Hotel (S. 52)
- 56 Town Hall Apartments (S. 52)

E inkaufen (S. 206/207)

- 17 Knoll Galéria
- 18 Helikon Könyvesház
- 23 Judit Kalapszalon
- 26 Art'z Modell
- 27 Erika Deák Galéria
- 29 Írók Boltja
- 30 Havalda Bőr
- 35 Náray Tamás
- 37 Manier
- 38 CBA
- 39 SPAR
- 40 Alexandra Könyvesháza
- 42 Haas & Czjzek
- 44 Fleischer
- 46 Sugar
- 51 Herend Porzellan

 Tour 10: Entlang der Andrássy út durch die Theresienstadt 250 m

Weiter entlang der Andrássy út trifft man auf Nr. 29 das traditionsreiche *Művész Kávéház*, das noch sein historisches Interieur bewahrt hat.

Die nächste Querstraße ist die **Nagymező utca**, der „Pester Broadway", an dem sich Theater, Cafés, Clubs und Bars häufen. Beginnen wir links: Dort steht rechter Hand das 1894 von den Theaterarchitekten Ferdinand Fellner und Hermann Helmer geplante **Budapesti Operett Szinház**, *das* Haus für Operette und Musical (→ S. 68). Nebenan lockten der traditionelle Nachtclub der Stadt, das *Moulin Rouge*, (→ Nachtleben S. 80) und gegenüber das 1913 erbaute Thália-Theater sein Publikum (→ S. 68). Abends, vor Vorstellungsbeginn, wimmelt es hier von fein gekleideten Theaterbesuchern. Nicht übersehen sollte man das für seine Fotoausstellungen bekannte → **Ungarische Haus der Fotografie** im **Mai-Manó-Haus (Magyar Fotográfusok Háza Mai Manó Ház)** links neben dem Thália-Theater. Das Gebäude wurde 1893/94 für den k. u. k. Hoffotografen Manó (Emanuel) Mai als Atelier erbaut und die Fassade entsprechend dekoriert: Zwei der vier Keramik-Putten über den Fenstern des Erdgeschosses halten eine Kamera in Händen.

In der Nagymező utca rechts von der Andrássy út zeigt in Nr. 8 das zur Kunsthalle (S. 213) gehörende **Ernst Múzeum** Wechselausstellungen zeitgenössischer Kunst (Di–So 11–19 Uhr, Eintritt 900 Ft, www.kunsthalle.hu). Es befindet sich in einem Jugendstilbau mit einem Portal von Ödön Lechner. Am Ende der Nagymező utca ragt die Pfarrkirche des VI. Bezirks, die **Theresienstädter Kirche (Szent Teréz templom)** von 1811 auf – mit einem Turm von Miklós Ybl und einem Hochaltar von Mihály Pollack (7.30–12/16.30–19 Uhr).

Zurück in der Andrássy út, geht es auf der rechten Straßenseite weiter. Nach wenigen Schritten stehen wir vor dem **Pariser Kaufhaus (Párisi Nagy Áruház)**. Der von einer Jugendstilfassade geschmückte Eisenbetonbau von 1909 war das erste Großkaufhaus der Stadt. Seit 2010 ist hier eine Filiale der Buchkette *Alexandra* zuhause, die – man mag es von außen kaum glauben – mit einem der prunkvollsten Kaffeehäuser der Stadt aufwartet. Es befindet sich im rückwärtigen Zwischengeschoss, in dem von Károly Lotz mit Fresken geschmückten Ballsaal des früheren Theresienstädter Casinos *(Lotz-terem)* von 1882, das in den Kaufhausbau integriert wurde.

Bald danach öffnet sich rechts der langgestreckte **Liszt Ferenc tér (Franz-Liszt-Platz)**. Die einstige Durchfahrtsstraße säumen heute alte Platanen, Bänke und eines der belebtesten Restaurant- und Barviertel der Stadt. Ein Dutzend Lokale und ihre (beheizten) Gärten reihen sich hier aneinander. An der Nordseite gleich zu Beginn befindet sich eine Touristinformation, und in der Mitte des Platzes steht eine 1986 von László Marton geschaffene **Franz-Liszt-Skulptur**. Liszts auffällige Hände sind übrigens nicht Ergebnis künstlerischer Gestaltungsfreiheit, sondern sollen tatsächlich so groß gewesen sein, was ihm als Klaviervirtuose zugutekam. Unweit ist ein weiteres Liszt-Denkmal zu sehen: Von Alajos Stróbl in Bronze gegossen, prangt es an der Fassade der international renommierten → **Franz-Liszt-Musikakademie (Liszt Ferenc Zeneművészeti Főiskola** bzw. **Zeneakadémia)**, jenem eindrucksvollen und frisch renovierten Jahrhundertwendebau am Südwestende des Platzes (→ Foto S. 202). Meist dringt Klavier- oder Bläserklang aus den Fenstern der Hochschule. Studierenden und Konzertbesuchern ist es vorbehalten, das prächtige Jugendstilinterieur der Akademie zu bewundern (→ Klassische Musik S. 69).

Wieder auf der Andrássy út, grüßt von der anderen Straßenseite das **Jókai-Denkmal (Jókai szobor)**, die ebenfalls von Alajos Stróbl gestaltete Sitzfigur des Schriftstellers Mór Jókai (1825–1904). Der romantische Poet gab nicht nur dem dahinter gelegenen und als Ausgehmeile beliebten Platz **Jókai tér** seinen Namen (schöner Innenhof auf Nr. 3), sondern auch der *Jókai Bableves,* einer ungarischen Bohnensuppe. Der erste Abschnitt der Andrássy út endet am hektischen und verkehrsträchtigen **Oktogon**, ein achteckiger, von Jahrhundertwendebauten gesäumter Platz, den der Große Ring quert und auf dem die gelbe Metro 1 auf die Tramlinien 4 und 6 trifft.

Ab dem Oktogon säumen Seitenalleen die Andrássy út, die Platanen stehen nun in Zweierreihen, dazwischen verläuft eine mit Rastbänken versehene Promenade. Auf der linken Seite fallen bald die Worte „TERROR", ein Pfeilkreuz und ein Sowjetstern am Dachvorsprung des taubengrauen Hauses Nr. 60 ins Auge. Es ist das einsige Hauptquartier der Geheimpolizei, das seit 2002 unter dem Namen → **Haus des Terrors (Terror Háza)** als Gedenkstätte dient.

Eine Ecke von Pest, die noch den Pestern gehört, ist der **Hunyadi tér**, den man über eine Seitenstraße erreicht. Der jüngst sanierte Park in der Platzmitte lädt mit seinen Bänken zur Rast ein, in seinem Musikpavillon wird an Sommerabenden konzertiert, an den Bauernmarktständen (Mo–Sa) holen sich Anwohner Obst und Gemüse. Diesen gegenüber ragt die brüchige Fassade der Vásárcsarnok auf, die zu den sechs 1896 eröffneten Markthallen gehört und noch ihrer Renovierung harrt (→ Einkaufen S. 83). Der italienisch anmutende Neorenaissance-Palast auf der rechten Seite der Andrássy út/Ecke Vörösmarty utca ist die *Alte Musikakademie,* wo in der früheren Wohnung des Komponisten und Gründers der Hochschule das → **Franz-Liszt-Gedenkmuseum (Liszt Ferenc Emlékmúzeum)** untergebracht ist. Im Kammersaal der Alten Akademie finden häufig Matineen statt (→ Kammermusik S. 69). Das benachbarte Gebäude Andrássy út Nr. 69–71, dessen historistische Fassade mangels Renovierung schwarz und brüchig ist, war Budapests erste Kunsthalle; heute beherbergt es die **Akademie der Schönen Künste (Magyar Képzőművészeti Egyetem)** und das **Budapester Puppentheater (Budapest Bábszínház)**, angeblich das größte

Die Ungarische Staatsoper zählt zu den schönsten Opernhäusern der Welt

Mitteleuropas (→ Theater S. 70). Seinen Eingang markiert eine nostalgische Strichmännchen-Leuchtreklame.

Das zweite Teilstück des Boulevards endet am **Kodály körönd**, einem kreisförmigen Platz, der von vier symmetrischen Neorenaissancepalästen mit halbrunden Fassaden (1884) umgeben ist. In den vier Grünflächen erinnert jeweils ein Standbild an einen ungarischen Freiheitskämpfer. Benannt ist der Körönd nach dem berühmten Komponisten und Volksliedforscher Zoltán Kodály, der in dem Gebäude rechts (Nr. 1) wohnte, wo der Körönd in den letzten Teil der Andrássy út übergeht. Seine ehemalige Wohnung, heute das → **Zoltán-Kodály-Gedenkmuseum (Kodály Zoltán Emlékmúzeum)**, kann nach Voranmeldung besucht werden.

Nur zwanzig Stufen sind es zur Metro Nr. 1

In ihrem letzten Abschnitt verliert die Andrássy út den städtischen Charakter und wird zum Villenviertel mit parkähnlichen Gärten, in dem sich Botschaften und diplomatische Vertretungen niedergelassen haben. Auch Liebhaber asiatischer Kunst kommen hier auf ihre Kosten: Zum → **Ferenc-Hopp-Museum für Ostasiatische Kunst (Hopp Ferenc Kelet-Ázsiai Művészeti Múzeum)** in der einstigen Villa des Kunstsammlers Ferenc Hopp (Nr. 103) und seiner Dependance, dem **György Ráth Múzeum**, gesellte sich 2011 das → **Südostasiatische Gold-Museum (Délkelet-ázsiai Aranymúzeum)**, in der historischen *Villa Rausch* von 1877 auf der linken Seite der Andrássy út (Nr. 110). Auch die benachbarte Neorenaissance-Villa Nr. 112, ein Werk von Ignác Alpar, widmet sich unter dem Namen → **KOGArt Ház** der Kunst, und zwar der zeitgenössischen.

Rechts, an der Ecke zur Munkácsy Mihály utca, folgt das von Schwimm-Olympiasieger Alfréd Hajós 1937 im Bauhaus-Stil errichtete **Andrássy Hotel**, einst exklusive Herberge der Kommunisten für ausländische Parteigrößen. Heute steht das luxuriös sanierte Anwesen jedem offen. Nun trennen uns nur mehr wenige Minuten vom Heldenplatz, dem Endpunkt dieses Spaziergangs (und Beginn von → Tour 11).

Sehenswertes

Ungarische Staatsoper (Magyar Állami Operaház): Miklós Ybl entwarf den 1875–84 im Neorenaissance-Stil errichteten Bau; in den Nischen links und rechts der Loggia zeigen Skulpturen von Alajos Stróbl die beiden berühmten ungarischen Komponisten Franz (Ferenc) Liszt und Ferenc Erkel. Letzterer war zugleich der erste Direktor des Hauses, 1888 folgte ihm Gustav Mahler. Die Balustraden schmücken die Statuen von 16 großen europäischen Komponisten.

In üppigem Prunk strahlt das Innere: Mosaikböden, Marmorsäulen, vergoldeter Stuck und farbenfrohe Deckenfresken von Károly Lotz, Bertalan Székely und Mór Than prägen das Foyer, von dem eine doppelläufige Prunktreppe zum Zuschauerraum führt. Dieser erstreckt sich mit seinen Logen über drei Geschosse, von der von Károly Lotz mit Fresken geschmückten Decke hängt ein tonnenschwerer Lüster. Die größte Loge war für Kaiser Franz Joseph reserviert, der den Bau finanziell unterstützte. Wer keine Aufführung besuchen will (→ Oper S. 68), kann sich eine (nicht ganz billige) Führung durch das prunkvolle Haus gönnen.

Führungen (ca. 1 Std.) tägl. 15 und 16 Uhr, auch auf Deutsch. Ticket 2900 Ft, Stud. 1900 Ft, mit Budapest Card 20 % Nachlass. Der Aufschlag für das „Mini Concert" lohnt sich nicht. VI., Andrássy út 22. www.operavisit.hu. Ⓜ 1 gelb Opera.

Ungarisches Haus der Fotografie: Das repräsentative, innen reich verzierte Mai-Manó-Haus ist das einzige aus dem 19. Jh. erhaltene Atelierhaus Europas. Eine Stiftung bemüht sich um seine Erhaltung und nutzt es auf mehreren Ebenen: Im Mezzanin gibt es einen Shop und eine Fotogalerie. In Manó Mais früherer Wohnung im 1. Stock werden vielbeachtete Wechselausstellungen zur historischen und zeitgenössischen Fotografie gezeigt, im 2. Stock kleinere Schauen. Dort befindet sich auch das restaurierte, mit einer Glasdecke versehene Tageslichtstudio „Sonnenschein" des früheren Hausherrn. Als Hintergrundkulisse dienten ihm Wandfresken, die 1996 hinter Tapeten wiederentdeckt wurden. Im Erdgeschoss gibt es eine kleine Café-Bar mit schöner Terrasse.

Mo–Fr 14–19, Sa/So 11–19 Uhr. Eintritt 1000 Ft, erm. 500 Ft. VI., Nagymező u. 20. www.maimano.hu. Ⓜ 1 gelb Opera.

Franz-Liszt-Musikakademie (Liszt Ferenc Zeneakadémia): 1875 gründete Franz Liszt in Budapest die k. u. k.-Musikhochschule, für die 1904–07 dieses prächtige Palais entstand. Es gilt als Hauptwerk des Architektenduos Kálmán Giergl und Flóris Korb. Außen historistisch, zählt die Innenausstattung zum Feinsten, was der Budapester Jugendstil zu bieten hat. Wände und Pfeiler im Foyer sind mit dunkelgrünen Keramikkacheln, Gold, Marmor und Mosaiken verkleidet. An einem einzigartig ornamentierten Brunnen vorbei gelangt man in den 1200 Plätze fassenden, freskenverzierten Großen Saal (Nagyterem), eine der führenden Konzerthallen Budapests, die für ihre Akustik berühmt ist.

Im 1. Stock befindet sich der kleine Saal (Kisterem) für 400 Besucher, dessen Foyer ein Fresko des Künstlers Aladár Kőrösfői-Kriesch ziert. 1925 wurde die Akademie nach dem Namen ihres Gründers benannt. Zu Liszts berühmtesten Schülern bzw. Lehrern zählten Béla Bartók, Zoltán Kodály, Ernö (Ernst) Dohnányi und Leo Weiner.

Haus des Terrors (Terror Háza): 1880 von der jüdischen Familie Perlmutter als Palais erbaut, diente das Gebäude ab 1940 als Zentrale und Folterkeller der Geheimpolizei zweier Terror-Regimes – zunächst der nationalsozialistischen

Haus des Terrors –
Gedenkstätte in der Andrássy út

Pfeilkreuzler bis 1944, dann der Kommunisten bis 1956. Hier fanden Folterungen, Hinrichtungen und die berüchtigten Verhöre statt, zunächst antisemitisch motiviert, dann im Stil der stalinistischen Säuberungskampagnen. Auf vier Geschossen – man bewegt sich von oben nach unten – erinnert das Haus heute an diesen Terror, weniger als Museum, sondern als Installation mit bedrückenden Geräuschen, Lichteffekten, einem bedrohlichen Panzer im Innenhof, mit Schwarz-Weiß-Porträts der Opfer, dramatischer Musik, Dokumenten und Videos. Zum besseren Verständnis sollte man sich einen Audioguide leihen. Politisch ist die Schau, die unter der ersten Orbán-Regierung 2002 entstand, umstritten. Kritisiert wird, dass Stalinismus und Antisemitismus sehr ungleich gewichtet werden: Obwohl dem Nazi-Regime in Ungarn zwanzigmal mehr Menschen zum Opfer fielen als den Untaten der Kommunisten, widmet die Ausstellung nur drei der fast 50 Räume dem Holocaust.

Di–So 10–18 Uhr. Eintritt 2000 Ft, erm. 1000 Ft, Wechselausstellung 500 Ft extra. Mit Budapest Card 20 % Nachlass. Audioguide (dt./engl.) 1300 Ft. VI., Andrássy út 60. www.terrorhaza.hu. Ⓜ 1 gelb Vörösmarty utca, Ⓣ 4, 6.

Franz (Ferenc) Liszt (1811–1886)

Er galt als Wunderkind und startete als Neunjähriger seine Karriere am Klavier. Seine Ausbildung in Kompositionstechnik erhielt der aus dem deutschsprachigen Westungarn (heutiges Burgenland) stammende Liszt in Wien und Paris, danach tourte er zwei Jahrzehnte als größter Klaviervirtuose seiner Zeit durch Europa. Wegen seiner neuen Spieltechnik, bei der die Finger nur so über die Tasten flogen, soll die weibliche Zuhörerschaft bei den Konzerten reihenweise in Ohnmacht gefallen sein – bisweilen auch in seine Hände, denn Liszt war für zahlreiche Affären bekannt. Aus einer solchen entstand Cosima, die spätere Frau seines Freundes Richard Wagner.

1848–61 war Liszt Hofkapellmeister in Weimar, 1865 nahm er in Rom die „niederen Weihen", eine Vorstufe zum Priesteramt, an. Trotz seines ausschweifenden Lebensstils war er sozial sehr engagiert und blieb immer tief religiös. Liszt war ein bedeutender Musikpädagoge und hatte mehr als 400 Klavierschüler. In Budapest gründete er 1875 die heute nach ihm benannte Musikhochschule. Mit seinen Kompositionen gilt Liszt als einer der Hauptvertreter der Romantik.

Finger eines Klaviervirtuosen

Bekannt sind seine 19 „Ungarischen Rhapsodien", die auf alte „Zigeunerweisen" zurückgehen, sein Spätwerk gelangte an die Grenze zur Atonalität und war Wegbereiter zur Moderne. Die Ungarn verehren Liszt bis heute, und er selbst fühlte sich zeitlebens als Ungar – obwohl er kein Wort Ungarisch sprach.

Franz-Liszt-Gedenkmuseum (Liszt Ferenc Emlékmúzeum): Von 1865 bis zu seinem Tod lebte Franz Liszt abwechselnd in Rom, Weimar und Budapest. Für seine Aufenthalte in der ungarischen Hauptstadt wurde ihm 1881 eine repräsentative Wohnung im 1. Stock der damaligen Musikakademie zur Verfügung gestellt, in der er auch Klavierunterricht erteilte. Sein ungarisch-deutsches Türschild mit den Sprechstunden ist im Museum erhalten. In den teils noch mit dem Originalmobiliar ausgestatteten Wohnräumen sind Porträts von Liszt, seine Instrumente (mit dem Audioguide hört man, wie sie klingen), persönliche Habseligkeiten, ein Bronzeabguss der beeindruckenden Hand des Klaviervirtuosen und mehr zu sehen.

Mo–Fr 10–18, Sa 9–17 Uhr, im Aug. geschlossen. Eintritt 1300 Ft, erm. 600 Ft, Audioguide (dt.) 700 Ft. Eingang um's Eck in der Vörösmarty u. 35. www.lisztmuseum.hu. Ⓜ 1 gelb Vörösmarty utca.

Zoltán-Kodály-Gedenkmuseum (Kodály Zoltán Emlékmúzeum): Zoltán Kodály (1882–1967) studierte in Budapest Musik und widmete sich seit 1905 der Sammlung und Erforschung des ungarischen Volkslieds. Ab 1907 war er Professor an der Musikakademie, wo er eine neue Lehrmethode für den Musikunterricht entwickelte. Die eher einfache Wohnung in der Andrássy út bewohnte er von 1924 bis zu seinem Tod. Salon, Ess- und Arbeitszimmer sind im Originalzustand zu sehen, ein weiterer Raum ist für Ausstellungen reserviert. Neben zwei Klavieren, Büsten, Porträts, Originalmanuskripten und Briefen gibt es viel Keramik und Stickarbeiten zu sehen, die Kodály auf seinen Reisen zur Volksliedforschung zusammentrug.

Mi–Fr 10–12, 14–16.30 Uhr. Anmeldung mind. 2 Tage (!) im Voraus: ☎ +36 (1) 3527106 oder kodalymuzeum@lisztakademia.hu. VI., Kodály körönd 1, www.kodaly.hu. Ⓜ 1 gelb Kodály körönd.

Ferenc-Hopp-Museum für Ostasiatische Kunst (Hopp Ferenc Kelet-Ázsiai Művészeti Múzeum) und **György Ráth Múzeum**: Fünf Weltreisen unternahm

Franz-Liszt-Musikakademie: Hochschule mit Stil und Renommee

Ab dem Oktogon wird die Andrássy út immer grüner

der im Optiker- und Fotowarenhandel reich gewordene Ferenc Hopp zwischen 1882 und 1914 und brachte davon 4000 Objekte aus Ostasien mit nach Hause.

Die Sammlung, die er 1919 mitsamt Villa und dem indonesisch gestalteten Garten dem Staat vermachte, ist in der Zwischenzeit auf rund 20.000 Kunstwerke aus China, Japan, Indien, Südostasien, Nepal, Tibet, Korea und der Mongolei angewachsen – ein reicher Fundus für spannende Wechselausstellungen (z. B. „Japanische Lackkunst des 19. Jh." und „Keramik aus China"). Weitere Exponate aus seinem Nachlass sind dauerhaft im **György Ráth Múzeum** zu sehen. Diese 1870 von Miklós Ybl für den Kunstsammler György Ráth errichtete Villa befindet sich einige Gehminuten entfernt in der Városligeti fasor Nr. 12, die man über die Bajza utca erreicht.

Beide Museen sind Fr–So 10–18 Uhr geöffnet. Eintritt 1000 Ft, erm. 500 Ft, beide Museen 1800 Ft, erm. 800 Ft. Mit Budapest Card 20 % Nachlass. www.imm.hu. Ⓜ 1 gelb Bajza utca.

Südostasiatisches Gold-Museum (Délkelet-ázsiai Aranymúzeum): Das neue Museum zeigt die schönsten Objekte aus der Privatsammlung von István Zelnik, der seit den 1970ern als Diplomat in Vietnam, Laos und Kambodscha unzählige Kunstschätze aus Südostasien sammelte, darunter Ziselierarbeiten aus Gold und Silber, Porzellan, Keramik, Perlen und Elfenbeinschnitzereien. Der Eintritt ist verhältnismäßig teuer, kostenlos zugänglich sind der Skulpturengarten und das Teehaus.

Di–So 11–17, Fr/Sa bis 19 Uhr. Eintritt 3400 Ft, erm. 1700 Ft, über 70 J. frei. www.thegoldmuseum.com. VI., Andrássy út 110. Ⓜ 1 gelb Bajza utca.

KOGArt Ház: KOGArt steht für Kovács Gabor Art Foundation und meint die in der schicken Villa beheimatete private Kunstsammlung von Gabor Kovács, der als Banker zu Reichtum gelangte. Sie umfasst rund 400 Werke ungarischer Kunst vom 18. Jh. bis heute, Teile davon sind in Wechselausstellungen zu sehen.

Mo–Fr 10–18 Uhr. Eintritt 1500 Ft, erm. 750 Ft. www.kogart.hu. VI., Andrássy út 112. Ⓜ 1 gelb Bajza utca.

Praktische Infos

→ Karte S. 196

Hin und weg

Über eine kurze Treppe mit nur 20 Stufen (kein Aufzug vorhanden) steigt man zur gelben **Metro 1 (Földalatti)** hinunter, die alle 3 bis 6 Min. von 5 bis 23 Uhr direkt unterhalb der Andrássy út fährt. Die ebenerdige Alternative ist **Bus 105**, der von 5 bis 23 Uhr alle 10 bis 20 Min. verkehrt.

Essen & Trinken

Fausto's Étterem 55 Der Friulaner Fausto di Vora betreibt das beste italienische Restaurant der Stadt – und das seit Jahren. Es residiert in einem schicken Lokal mit riesigen roten Lampenschirmen. Hervorragende hausgemachte Pasta (3500–4500 Ft), köstliche Fleisch- und Fischgerichte (4500–7900 Ft) und ebensolche Desserts. Dazu beste Weine aus Ungarn und Italien. Reservieren! Mo–Sa 12–15, 19–23 Uhr. VI., Székely Mihály u. 2, ℡ +36 (1) 8776210. www.fausto.hu.

»»» Unser Tipp: Klassz 36 Sympathisches, modernes Restaurant mit wenigen Tischen und angeschlossener Weinbar samt Laden (gehört zur Weinhandelskette Bortársaság). Urbane, moderne ungarische Küche zu mittleren Preisen (Hauptgericht 1900–4200 Ft), kleine Auswahl, freundlicher Service, Terrasse. Keine Tischreservierung. Tägl. 11.30–23 Uhr. VI., Andrássy út 41. www.klasszbistro.hu. «««

Zeller Bistro 13 2013 eröffneter Familienbetrieb, etwas abseits gelegen in einem spartanisch möblierten Kellergewölbe, in dem hervorragend gekocht wird. Zur Begrüßung gibt es selbstgemachten Holundersekt, auf frische und regionale Zutaten wird Wert gelegt, die Speisekarte wechselt daher wöchentlich. Di–Sa 12–15, 18–23 Uhr. VII., Izabella út 36–38, ℡ +36 (0)30 6510880.

Callas 49 Die gold- und stuckverzierten Jugendstilarkaden neben der Oper geben einen eleganten, wenn auch etwas kühlen Rahmen für dieses Bar-Restaurant, das man am besten zum Frühstück (bis 12 Uhr), für Kaffee und Kuchen (400–1000 Ft) oder abends für ein Glas Sekt (1100 Ft) vor dem Opernbesuch aufsucht. Die Auswahl an Hauptspeisen ist klein und übertreuert. Tägl. 10–24 Uhr. VI., Andrássy út 20, ℡ +36 (1) 3540954. www.callascafe.hu.

Café Bouchon 14 Das unprätentiöse, nach den einfachen Lyoner Gaststuben benannte Restaurant bietet ungarisch-französische Küche zu etwas gehobenen Preisen: Lachs mit Orangensauce 3990 Ft, gefüllte Putenbrust 2750 Ft. Mo–Sa 90–23 Uhr. VI., Zichy Jenő u. 33, ℡ +36 (1) 3534094. www.cafebouchon.hu.

Haxen Király Étterem 6 In Skihüttenatmosphäre wird eine Mischung aus bayerischer und ungarischer Kost serviert – von Rostbratwurst (2250 Ft) bis Gänseleber mit Letscho (4350 Ft), die schön angerichtet auf den Teller kommt. Große Auswahl an Palinkas. Tägl. 12–2 Uhr. VI., Király u. 100, ℡ +36 (1) 3516793. www.haxen.hu.

Indigo 5 Bekannt gutes indisches Restaurant (auch Vegetarisches), das im geräumigen Speisesaal z. B. hervorragendes Murg Makhanwalla (Hühnchengericht) oder Madras Chicken (jeweils 2400 Ft) auftischt. Tägl. 12–23 Uhr. VI., Jókai u. 13., ℡ +36 (1) 4282187. www.indigo-restaurant.hu.

Eklektika 28 Das Szenelokal im Retro-Stil erfreut mit entspannter Wohnzimmeratmosphäre und wird auch von der LGBT-Community gern frequentiert. Es gibt Süßes aus eigener Backstube, Pizza, Pasta und ungarische Küche zu vernünftigen Preisen (Hauptgericht 2200–2900 Ft). Nur Bargeld. Abends Programm mit Livemusik, Vernissagen und DJs. Tägl. 12–24 Uhr. VI., Nagymező u. 30, ℡ +36 (1) 2661226. www.eklektika.hu.

🌿 **Napfényes – Bio & Vegetariánus étterem** 12 Eines der besten vegan-vegetarischen Restaurants der Stadt. Vom gelb gestrichenen Portal führt eine Treppe hinab in den Speisesaal in einem langen gemauerten Kellergewölbe. Es gibt vegane Versionen ungarischer Küche, dazu Pizze, Kuchen und Desserts, vieles aus biologischen Zutaten. Moderate Preise, kein Alkohol. Tägl. 12–22.30 Uhr. VII., Rózsa utca 39, ℡ +36 (1) 3135555. www.napfenyesetterem.hu. ∎

Zsákbamacska 7 Die „Katze im Sack" ist ein authentisches ungarisches Kellerlokal mit freundlichem Service und deftiger Küche – man fühlt sich wie bei Muttern. Hauptgericht um 2500 Ft. Di–Sa 17–24 Uhr. VI., Lovag u. 3, ℡ +36 (1) 3541810. www.zsakbamacska.info

Kiadó Kocsma 25 Das „Verlagswirtshaus" ist ein bei Studierenden beliebtes, preisgünstiges Kellerlokal mit tollem Frühstücksangebot, leckerer Gulaschsuppe und weiteren Gerichten aus der ungarischen und mediterranen Küche. Große Getränkeauswahl von Pálinka bis Cocktails. Keine Kreditkarten. Tägl. 10–1 Uhr. VI., Jókai tér 3, ✆ +36 (1) 3311955.

Wine & Coffee House 54 In der modernen Bar kann man ab Mittag vier Dutzend ungarische und internationale Weine glasweise (1/8 l ab 720 Ft) trinken, dazu gibt es Sandwiches, Antipasti, Käse und garnierte Salate. Am Vormittag ist es ein Café mit großem Frühstücksangebot, zahlreichen Kaffeespezialitäten und selbstgemachten Kuchen. Tägl. 7.30–24 Uhr. VI., Andrássy út 15, ✆ +36 (1) 3270100. www.wineandcoffeehouse.hu.

Millennium da Pippo 2 Schlichtes, rustikales italienisches Restaurant im ruhigeren Teil der Andrássy út; große Auswahl an hauchdünner Pizza, schmackhafter Pasta (1650–2700 Ft) sowie Fleisch und Fisch (2550–5000 Ft). Tägl. 12–24 Uhr. VI., Andrássy út 76, ✆ +36 (1) 3740880. www.millenniumdapippo.hu.

››› Kaffeehaustipp: Művész Kávéház 45 Das seit 1898 bestehende „Künstlerkaffeehaus" verströmt mit Seidentapeten, Marmortischchen, Lüstern und Gemälden nostalgisches Flair. Große Auswahl an Torten und Sandwiches, auch Pasta und ein paar Hauptgerichte. Tägl. 9–22, So ab 10 Uhr. VI., Andrássy út 29, www.muveszkavehaz.hu. ‹‹‹

Két Szerecsen Bisztró 43 Dank der warmen, mediterranen Farben herrscht bei den „Zwei Sarazenen" gemütliche Stimmung. Studierende, Touristen und Theaterbesucher stärken sich hier mit Salaten, Tapas, Pasta, Risotto und Mediterranem zu vernünftigen Preisen. Frühstück gibt es bis 11 Uhr, das Tagesmenü von 12 bis 15 Uhr. Mo–Fr 8–24, Sa/So ab 9 Uhr. VI., Nagymező u. 14, ✆ +36 (1) 3431984. www.ketszerecsen.com.

››› Kaffeehaustipp: Alexandra Bookcafé 40 Prachtcafé im goldverzierten Neorenaissance-Ballsaal im Pariser Kaufhaus (1. OG). Hier zählen das großartige Ambiente, die dezente Klaviermusik am Nachmittag und die gemütlichen Sofas; Kuchen und Snacks sind nur mittelmäßig, die Preise günstig, der Service schlecht. Tägl. 10–22 Uhr. VI., Andrássy út 39. ‹‹‹

Sommerzeit ist Eiszeit

Eco Café 3 Ein Haus weiter befand sich 100 Jahre lang (ab 1912) das prächtige Lukács-Café, jetzt bleibt in dieser Ecke nur das Eco Café – ein (wohltuendes) Kontrastprogramm: schlichtes Dekor, weiße Wände, dunkelbraune Stühle, Fair-Trade-Kaffee in vielen Varianten, frisch gepresste Säfte, Salate und Bio-Sandwiches, im Self-Service oder zum Mitnehmen. Terrasse. Mo–Fr 7–20, Sa/So 8–20 Uhr. VI., Andrássy út 68, ✆ +36 (1) 2693114. www.ecocafe.hu. ■

Balettcipő 32 Der „Ballettschuh" ist ein traditioneller gemütlicher Künstlertreff hinter der Oper, der sich über zwei Etagen erstreckt. Neben einem Tagesmenü (3 Gänge 1350 Ft) gibt es ein Dutzend weiterer Hauptspeisen (ungarisch-mediterrane Küche) zu soliden Preisen und eine gute Auswahl an Cocktails und Drinks. Mo–Fr 10–24, Sa/So erst ab 12 Uhr. VI., Hajós u. 14, ✆ +36 (1) 2693114. www.balettcipo.hu.

Chagall Café 20 Farbenfrohes, mit Bildern von Chagall tapeziertes kleines Café hinter der Oper. Auf der Karte Ungarisches (ab ca. 2990 Ft), Pasta (ca. 2000 Ft) und Salate – in eher kleinen Portionen, aber optisch schön zubereitet. Die Pianobar im Keller ist nicht zu empfehlen. Tägl. 9–24 Uhr, Frühstück bis

11 Uhr. VI., Hajós u. 27, ✆ +36 (1) 3024614. www.chagallcafe.hu.

Ferencz József Söröző 53 Die traditionelle Bierstube im Theaterviertel fällt mit den alten Werbemotiven auf den Fensterläden ins Auge. Gemütlicher Platz zum Abhängen bis nach Mitternacht. Mo–Sa 11–1, So 13–1 Uhr. VI., Nagymező u. 12, ✆ +36 (1) 3445316.

Vörös Oroszlán Teaház 8 Die nach dem Roman „Roter Löwe" benannte, gut besuchte Teestube hat mehr als 110 Sorten aus aller Welt im Angebot. Mo–Sa 10–22, 15–23 Uhr. VI., Jókai tér 8, ✆ +36 (1) 2690579.

Mai Manó Café 34 Winziges Café im Erdgeschoss des Mai-Manó-Hauses mit orientalischem Ambiente. Draußen sitzt man schön sonnig und kann das Treiben beobachten. Dazu gibt es Kaffee, heiße Schokolade, Paninis und Croissants. Keine Kreditkarten. Tägl. 8–1 Uhr. VI., Nagymező u. 20.

Fragola 44 Die Eistheke wenige Schritte abseits der Andrássy út ist leicht zu übersehen. Wäre schade, denn die Eisauswahl (alles aus natürlichen Zutaten) ist ein Gedicht. Wie wäre es mit Lavendel oder Gorgonzola? Mo–Fr 11–21, Sa/So 11–22 Uhr. VI., Nagymező u. 7.

Frici papa Kifőzdéje 47 Schlicht eingerichtetes Gasthaus mit überaus preiswerter Küche, in dem auch Schüler und Studierende gerne einkehren. Hauptspeisen 500–700 Ft! Mo–Sa 11–20 Uhr. VII., Király u. 55.

Falafel 41 Kleines, preiswertes Veggie-Lokal unweit des Liszt tér mit Suppen, Salaten, Falafel (910 Ft) und Desserts, alles auch zum Mitnehmen. Mo–Fr 10–20, Sa 10–18 Uhr. VI., Paulay Ede u. 53. www.falafel.hu. ▪

Duran Szendvich 58 Budapester Filiale der Wiener Brötchenkette; die mit Wurst, Schinken oder Aufstrichen belegten und garnierten Weißbrotschnitten gibt's von 120 bis 290 Ft, auch zum Mitnehmen. Mo–Fr 8–19, Sa 9–15, So 8–12 Uhr. VI., Bajcsy-Zsilinszky út 7.

Lokale am Liszt Ferenc tér

Café Vian 21 Freundliches Café-Restaurant mit großer Sonnenterrasse und Pariser Flair (der Name stammt von einem französischen Poeten); großes Frühstücksangebot (ca. 1800 Ft), gegrillte Sandwiches (ab 1400 Ft), Pasta und Hauptgerichte (vieles mit Huhn, Ente und Rind). Akzeptable Preise. Gelegentlich Ausstellungen oder Konzerte. Tägl. 9–1 Uhr. VI., Liszt Ferenc tér 9, ✆ +36 (1) 2681154. www.cafevian.com.

»» Unser Tipp: Menza 31 Beliebtes Lokal im Stil der 1970er mit köstlichen ungarischen und internationalen Gerichten von Risotto (1890 Ft) über Gänseleber bis Butterfisch (3190 Ft), die in großen Portionen auf den Tisch kommen. Freundlicher Service. Reservieren! Tägl. 10–24 Uhr. VI., Liszt Ferenc tér 2, ✆ +36 (1) 4131482. www.menza.co.hu. «««

Karma 11 Populäres Café-Lounge-Restaurant auf mehreren Etagen mit ungarischer, mediterraner und asiatisch inspirierter Küche. Fisch- und Fleischspeisen 2700–5300 Ft, Risotto-, Pasta-, Wok- und Tandoori-Gerichte sind meist unter 3200 Ft zu haben. Große Auswahl an Kaffee- und Teespezialitäten sowie Cocktails. Tägl. 11–1 Uhr. VI., Liszt Ferenc tér 11, ✆ +36 (1) 4136764. www.karmabudapest.com.

Einkaufen

CBA–Supermarkt 38 In zentraler Lage an der Ecke zur Nagymező utca. Mo-Sa 7-21, So 9-22 Uhr. VI., Andrássy út 30.

SPAR-Supermarkt 39 Mo–Fr 7–20, Sa 7–17 Uhr. VI, Teréz krt. 2.

Sugar 46 Das Süßwarengeschäft ist ein Paradies für Naschkatzen und mit seinem hippen Design in Weiß & Kunterbunt ein Genuss für's Auge. Riesenauswahl an Bonbons, Gummibärchen, Jelly Beans, Cupcakes, Eis, Macarons, Smoothies und rund 40 Designerkuchen. Mo 12–22, Di–So 10–22 Uhr. VI., Paulay Ede u. 48. www.sugarshop.hu.

Schmuck & Mode

Havalda Bőr 30 Handgemachter Lederschmuck, Taschen, Gürtel, Handyhüllen. Mo–Fr 11–19 Uhr. VI., Hajós u. 23.

Náray Tamás 35 Haute-Couture-Laden des bekannten ungarischen Modeschöpfers, unweit der Oper. Mo–Fr 11–19, Sa 11–14 Uhr. VI., Hajós u. 17.

Praktische Infos

Art'z Modell 26 Großer Laden mit ungarischer Designermode für Frauen. Mo–Fr 11–19 Uhr. Vl., Hajós u. 25.

》》 Unser Tipp: Manier 37 Extravaganter Showroom für Designerklamotten direkt hinter dem Opernhaus. Mo–Sa 11–19 Uhr. Vl., Hajós u. 12. **《《**

Judit Kalapszalon 23 Entzückender kleiner „Hutsalon" für klassische Kopfbedeckungen aller Art. Mo–Fr 10.30–18, Sa 10–13 Uhr. Vl., Király u. 76.

Fleischer 44 Seit den 1920ern ist der nostalgische Laden *die* Adresse für Maßhemden. Mo–Fr 10–18 Uhr. Vl., Nagymező u. 7.

Bücher & CDs

Helikon Könyvesház 18 Großer traditioneller Buchladen mit fremdsprachiger Abteilung. Mo–Fr 10–18 Uhr, Vl., Bajcsy-Zsilinszky út 35.

Alexandra Könyvesház 40 Riesige Buchhandlung im Pariser Kaufhaus mit fremdsprachiger Abteilung und Weinverkauf. Tägl. 10–22 Uhr. Vl., Andrássy út 39.

Írók Boltja 29 „Schriftstellerladen" mit fremdsprachiger Abteilung. Autorenlesungen und ein kleines Café. Mo–Fr 10–19, Sa 11–19 Uhr. Vl., Andrássy út 45.

Porzellan & Galerien

Haas & Czjzek 42 Traditionsladen (seit 1879) mit großer Auswahl an ungarischem und internationalem Porzellan, etwa das bodenständige Hollóháza sowie Herend, Alföld und Zsolnay; Glas und Bleikristall aus Böhmen. Mo–Fr 10–19, Sa 10–15 Uhr. Vl., Bajcsy-Zs. út 23. www.porcelan.hu.

Herend Porzellan 51 Eleganter Laden der berühmten ungarischen Manufaktur mit edlen, teuren Stücken. Mo–Fr 10–18, Sa 10–14 Uhr. Vl., Andrássy út 16.

Knoll Galéria 17 Budapester Filiale des Wiener Galeristen Hans Knoll, der seit den 1990ern viele zeitgenössische ungarische Künstler bekannt gemacht hat. Di–Fr 14–18.30, Sa 11–14 Uhr. Vl., Liszt Ferenc tér 10/1. Stock.

Erika Deák Galéria 27 Die 1998 aus New York wieder heimgekehrte Galeristin zeigt zeitgenössische Kunst (Malerei, Video- und Fotokunst) aus Mittelosteuropa. Mi–Fr 12–18, Sa 11–16 Uhr. Vl., Mozsár u. 1. www.deakgaleria.hu.

Schön sitzt man am Pester Broadway

Millenniumsdenkmal

Tour 11: Heldenplatz (Hősök tere) und Stadtwäldchen (Városliget)

Die eindrucksvolle Anlage des Heldenplatzes mit seinem mächtigen Denkmal und den beiden Kunstmuseen entstand 1896 anlässlich der Budapester Millenniumsfeiern. Der Platz ist das Eingangstor zum Stadtwäldchen, einer Parkanlage, die den Zoo, das prächtige Széchenyi-Bad, das Verkehrsmuseum und die Kitsch-Burg Vajdahunyad beheimatet.

Der Heldenplatz ist eine der Hauptattraktionen Budapests. Keine Reisegruppe, keine Stadtrundfahrt, die hier nicht einen Stopp einlegt, den Platz in Beschlag und die Heldenstatuen vor die Linse nimmt. 1896 als symbolträchtiges Ensemble zur Feier des tausendjährigen Bestehens Ungarns geplant, wurden der Platz und seine Bauten erst 1929 fertig. Im 20. Jh. war der Hősök tere Schauplatz bedeutender historischer Ereignisse: 1938 fand hier ein eucharistischer Weltkongress statt, 1989 gab es einen feierlichen Staatsakt zur Rehabilitation von Imre Nagy, 1991 zelebrierte Papst Johannes Paul II. eine Messe. Bis heute ist der Platz Standort für Kundgebungen und Demonstrationen, sei es für oder gegen die Regierung. Ein wahrer Kontrast zur weiten, gepflasterten Fläche des Hősök tere ist das anschließende, etwa 1 km² große Stadtwäldchen. Das sumpfige Gelände war seit dem 15. Jh. königliches Jagdgebiet. Zu Beginn des 18. Jh. machte es Leopold I. der Stadt Pest zum Geschenk, die dann 1810 vom französischen Landschaftsgärtner Henri Nebbion einen Park und später einen Teich anlegen ließ. 1896 war das

Tour 11: Heldenplatz und Stadtwäldchen

Stadtwäldchen Messegelände für die Ausstellung zur Millenniumsfeier – rund 200 Pavillons lockten Besucher aus aller Welt an. Heute ist der Városliget Erholungs- und Vergnügungszentrum der Budapester.

Spaziergang

Unser Rundgang beginnt direkt am Heldenplatz (Ⓜ 1 gelb Hősök tere), der hier zugleich die Andrássy út (→ Tour 10) abschließt. In der Mitte des Platzes, den tagsüber Busladungen von Touristen bevölkern, erhebt sich das zu Ehren ungarischer Nationalhelden errichtete monumentale → **Millenniumsdenkmal (Millenniumi emlékmű)**, das aus einer 36 m hohen Säule und zwei halbrunden Kolonnaden besteht. Flankiert wird der Hősök tere von zwei Prachtbauten: links das → **Museum der Schönen Künste (Szepművészeti Múzeum)**, das für seine Galerie der Alten Meister international bekannt ist, rechts die → **Kunsthalle (Műcsarnok)**. Beide Gebäude wurden von Albert Schickedanz im Stil griechischer Tempel errichtet.

Eine nach Plänen von Gustave Eiffel gebaute Straßenbrücke an der Rückseite der Kolonnaden führt über den **Stadtwäldchen-See (Városligeti-tó)**. Im Sommer wird das künstliche Gewässer zum Rudersee (Ruder-/Tretbootverleih 10–21/22 Uhr, 1800 Ft/Std.), von Oktober bis März verwandelt sich der südliche Teil in die **Műjégpálya**, eine riesige Kunsteisbahn (→ Sport S. 89), die vor allem in den Abendstunden von den Budapestern gestürmt wird. Kaiser Franz Josephs Sohn Kronprinz Rudolph war es, der 1870 den Bau der Eislauffläche mitsamt einer Wärmhalle anregte. Ödön Lechner plante 1874 den schönen, 2011 originalgetreu renovierten Kuppelbau, der Garderoben, Veranstaltungssäle und ein Café-Restaurant mit

Terrasse am Seeufer beherbergt. Nach der Brücke wenden wir uns links und spazieren am Ufer entlang bis zur Nordspitze des Teichs, von der schon das markante Jugendstilportal des beliebten → **Budapester Zoos (Állatkert)** zu erkennen ist. Ein paar Meter links davon residiert Ungarns berühmtestes Restaurant, das **Gundel** (→ Kasten S. 215). Vom prächtigen Hauptportal des Tiergartens (→ Foto S. 213) geht es rechts außerhalb der Zoomauer weiter, wo hinter dem Zaun bald die berühmten türkisen Kuppeln des Elefantenhauses zu sehen sind. Nach dem Zoo folgt in einem mit Clowns verzierten Zweckbau der → **Hauptstädtische Großzirkus (Fővárosi Nagycirkusz)**. Seit 1950 befand sich nebenan der legendäre Vidám Park (Vergnügungspark), 2013 musste er aus finanziellen Gründen schließen. Sein Areal wird dem Zoo zugeschlagen, die historisch wertvollste Attraktion, eine denkmalgeschützte hölzerne Achterbahn von 1922 *(Hullámvasút)* soll erhalten bleiben.

Der dottergelbe neobarocke Palast rechter Hand, der uns schon geraume Zeit begleitet, ist das → **Széchenyi-Bad (Széchenyi gyógyfürdő)**, ein Lieblingsbad der Budapester.

Rechts um den großzügigen Komplex herum treffen wir auf einen modernen kleinen Glaspavillon. Es ist eine Trinkhalle *(Ivócsarnok)*, in der das Heilwasser der Szent-István-Quelle *(Szt. István Forrás)* verkauft wird. Nun geht es an der Rückseite des Bads zurück in Richtung Heldenplatz, bis linker Hand die Vajdahunyad sétány abbiegt, auf der wir direkt auf den burgartigen Komplex zusteuern, der auf einer Insel im Stadtwäldchen-See errichtet wurde. Eine Büste links vor der sogenannten Löwenbrücke zeigt Ignác Alpár, den Baumeister des Ensembles, der → **Vajdahunyad-Burg (Vajdahunyadvár)**. Durchqueren wir den Burghof, treffen wir nach der Kapelle linker Hand auf das bemerkenswerte, 1903 von Miklós Ligeti geschaffene **Anonymus-Denkmal**. Die bronzene Gestalt auf der Marmorbank stellt jenen Geschichtsschreiber des 12./13. Jh. dar, der die erste ungarische Chronik verfasst haben soll. Da seine Identität unbekannt ist, zog ihm der Bildhauer die Kapuze weit übers Gesicht, so dass es nicht mehr zu erkennen ist. Leicht zu erkennen ist dagegen, welches Teil des Denkmals Glück bringen soll – es ist der Schreibgriffel, der von den vielen Berührungen golden glänzt.

Über eine Brücke verlassen wir Burg und Insel und wenden uns gleich nach rechts, wo wir bald auf das **Denkmal von George Washington**, des ersten amerikanischen Präsidenten, treffen,

Das Museum der Schönen Künste ist bekannt für seine El-Greco-Sammlung

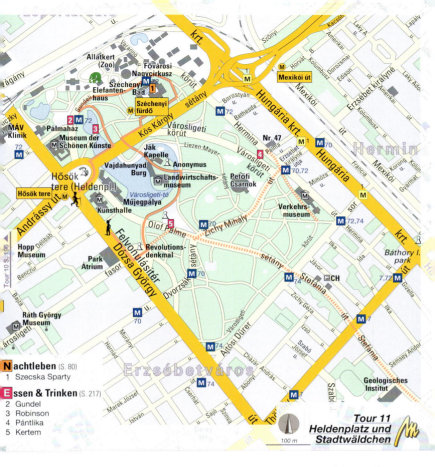

Nachtleben (S. 80)
1 Szecska Sparty

Essen & Trinken (S. 217)
2 Gundel
3 Robinson
4 Pántlika
5 Kertem

**Tour 11
Heldenplatz und
Stadtwäldchen**

das 1906 von in die USA ausgewanderten Ungarn gespendet wurde. Wir überqueren die Olof-Palme-Promenade (Sétány) und gelangen auf den knapp außerhalb des Wäldchens gelegenen weiten Felvonulási tér, der früher als Aufmarschgelände diente. Hier erhob sich das riesige Stalin-Denkmal, das beim Volksaufstand 1956 vom Sockel gestürzt und zerstört wurde. Nachfolger Lenin hielt sich als Statue immerhin bis 1990 und wurde dann im Memento-Park (→ S. 244) abgeliefert. Seine Stelle nahm 2006 das moderne → **Revolutionsdenkmal** ein. Mit seinen schrägen Wänden und Fensterschlitzen recht spektakulär ist auch das dekonstruktivistische Gebäude gegenüber: der ungarische Hauptsitz des ING-Immobilienmultis, 2004 geplant vom Rotterdamer Architekten Erick von Egeraat.

Entlang der Dózsa Györgyi út ist man in wenigen Schritten wieder zurück beim Heldenplatz. Längs dieser Strecke soll bis 2020 ein hochkarätiges Museumsviertel *(Múzeumliget)* mit mehreren Neubauten entstehen. Vorbilder dafür sind die Berliner Museumsinsel oder das Wiener Museumsquartier.

Wer mag, kann noch weiteres Sehenswerte im und um das Stadtwäldchen entdecken: Das → **Verkehrsmuseum** findet sich an der Ostecke des Parks. Jugendstil-Aficionados pilgern zu zwei Meisterwerken, der → **Villa Hermina út 47** und dem → **Geologischen Institut**.

Sehenswertes

Millenniumsdenkmal: Die Figuren des 1896 von György Zala geschaffenen, nach 1945 veränderten Denkmals symbolisieren Eckpunkte der ungarischen Geschichte. Auf der zentralen korinthischen Säule thront Erzengel Gabriel mit Riesenflügeln und der Stephanskrone in der Hand, die er König Stephan überreicht haben soll. Den Sockel der Säule umstehen hoch zu Ross die sieben magyarischen Stammesfürsten, die 896 das Land eroberten. Der mittlere ist Fürst Árpád, Stammvater der gleichnamigen Dynastie, deren Könige in den Kolonnaden links (gemeinsam mit ihren Nachfolgern aus dem Hause Anjou) zu sehen sind. In der rechten Kolonnade standen ursprünglich fünf Habsburgerkönige, die von den Kommunisten durch ungarische Freiheitskämpfer von Ferenc Rákóczi bis Lajos Kossuth ersetzt wurden. Die Figuren auf den äußeren Eckpfeilern der Säulenhallen symbolisieren Arbeit und Wohlstand (links) bzw. Ruhm und Wissenschaft, innen stehen sich Allegorien für Krieg (links) und Frieden gegenüber. Der marmorne Gruftdeckel vor der zentralen Säule ist ein Gedenkstein für die Helden der Nation (Hőseink emlékére). Er musste vor einiger Zeit eingezäunt werden, nachdem ihn Inline-Skater als Schanze liebgewonnen hatten.

Museum der Schönen Künste (Szepművészeti Múzeum): Ungarns führendes und erfolgreichstes Kunstmuseum logiert in einem typischen neoklassizistischen Museumsbau des 19. Jh., bei dem drei tempelartige Bauten miteinander verbunden wurden. Der mittlere Portikus, oft von Werbebannern verhangen, trägt im Giebelfeld eine Kopie des Reliefs vom Zeustempel in Olympia.

Weltweit guten Ruf genießt die *Galerie der Alten Meister* im **Obergeschoss**: Stark vertreten ist hier die *Italienische Malerei* vom 13. bis zum 18. Jh. mit Schwerpunkt auf der Renaissance. Grundstock der Kollektion war die Sammlung der Fürsten Esterházy, die der ungarische Staat 1870 erwarb; an diese erinnert die „Esterházy-Madonna", ein Meisterwerk von Raffael (1508). Vom selben Künstler stammt das „Porträt von Pietro Bembo" (1504), daneben hängen Werke von Tintoretto und Veronese, Tizians bekanntes „Bildnis des Dogen Marcantonio Trevisani" (1553) sowie Barockgemälde von Tiepolo und Canaletto.

Die *Niederländische Malerei* wartet mit Gemälden aus dem 16. Jh. auf, darunter ein Meisterwerk Pieter Brueghels d. Ä. „Die Predigt Johannes des Täufers" (1566) sowie mit Bildern aus dem 17. Jh., zu denen drei Rembrandts und Porträts von Frans Hals gehören. Die *Flämische Malerei* ist durch Rubens und Van Dyck vertreten. Die Sammlung *Spanischer Malerei* ist die größte außerhalb des Madrider Prado. Dazu zählen sieben Werke von El Greco (z. B. „Büßende Maria Magdalena", 1576, und „Jesus auf dem Ölberg", 1612), fünf Gemälde von Francisco de Goya (darunter „Die Wasserträgerin", 1810) sowie Arbeiten von Murillo und Velázquez. Glanzstücke der *Deutschen* und *Österreichischen Malerei* sind Hans Holbeins „Marientod" (um 1490) und Albrecht Dürers „Bildnis eines jungen Mannes" (1510); weitere Vertreter sind Cranach und Maulbertsch. Die kleine Sammlung an *Französischer* und *Britischer Malerei* zeigt Werke von Poussin, Lorrain und Constable.

Heldenplatz und Stadtwäldchen 213

Steinerne Elefanten weisen den Weg zum Budapester Zoo

Ebenfalls im Obergeschoss ausgestellt ist die *Kunst nach 1800* mit einer umfangreichen französischen Sammlung, darunter Gemälde von Delacroix, Courbet, Monet, Cézanne, Gauguin und Plastiken von Rodin. Das österreichische Biedermeier ist durch Waldmüller und Danhauser vertreten, die deutsche Kunst des 19. Jh. durch Menzel und Lenbach.

Im **Erdgeschoss** präsentiert das Museum Sonderausstellungen und in fünf weiteren Sälen die *Antikensammlung*. Prunkstücke unter den römischen, griechischen und etruskischen Arbeiten sind eine Tänzerinnenfigur aus Marmor (3. Jh. v. Chr.) und der bronzene Grimani-Krug (5. Jh. v. Chr.). Die umfangreiche *Grafische Sammlung* mit Meisterwerken von da Vinci über Rembrandt bis Cézanne ist wegen ihrer Lichtempfindlichkeit nur in zeitlich begrenzten Sonderschauen zu sehen.

Im **Untergeschoss** sind Exponate aus der *Ägyptischen Sammlung* ausgestellt, die von ungarischen Archäologen vor Ort ausgegraben wurden. Ihre wertvollsten Stücke sind die Figur einer sitzenden Katze und die Statue des Baumeisters Imhotep (beide im 3. Jh. v. Chr. in Bronze gegossen) sowie die kniende Statue von Prinz Sheshong (Ägypten 9. Jh. v. Chr.).

Di–So 10–17.30 Uhr. Dauerausstellung 1800 Ft, erm. 900 Ft, mit Budapest Card frei. Dauer- & Sonderausstellung bis zu 3000 Ft, erm. 1500 Ft, frei für EU-Bürger ab 70 J. sowie für alle am 15. 3., 20. 8. und 23. 10. Audioguide (für Dauerausstellung auf dt., für Sonderschauen nur auf engl.) 500 Ft. XIV., Dózsa György út 41, www.szepmuveszeti.hu. Ⓜ 1 gelb Hősök tere.

Kunsthalle (Műcsarnok): Der neoklassizistische Bau mit seinen sechs Säulen, vergoldeten Kapitellen und dem bunten Giebelmosaik wurde als Pendant zum Museum der Schönen Künste entworfen, um der zeitgenössischen Kunst Ausstellungsfläche zu bieten. Als einziger Bau am Platz pünktlich zur Millenniumsfeier 1896 fertiggestellt, wurde er 100 Jahre später von Grund auf

renoviert und dient heute wieder seinem ursprünglichen Zweck. Schön sitzt man im Sommer im Museumscafé unter den Säulen (bis 23 Uhr).
Di–So 10–18, Do 12–21 Uhr. Eintritt 1800 Ft, erm. 900 Ft. Mit Budapest Card 20 % Nachlass. XIV., Dózsa György út 37, www.kunsthalle.hu. Ⓜ 1 gelb Hősök tere.

Budapester Zoo (Állatkert): Der 1866 gegründete „Zoologische Garten" wurde 1910–12 zum damals modernsten Tiergarten Europas umgebaut und dabei von den Architekten um Károly Kós als Spielwiese der Jugendstilarchitektur genutzt: Den sezessionistischen Haupteingang flankieren zwei steinerne Elefanten; von den ursprünglich elf Tierhäusern sind sieben noch im Originalzustand der 1910er-Jahre erhalten. Das bekannteste ist das *Elefantenhaus* (1910–12), das mit seinen türkis gekachelten Kuppeln und dem Aussichtsturm an eine Moschee erinnert. Sehenswert sind auch das 1910 im Stil siebenbürgischer Holzkirchen erbaute *Vogelhaus* (heute Ausztralház), das vom Pariser Büro Eiffel 1917 entworfene *Palmenhaus* mit Aquarium (und einem netten Kaffeehaus) sowie der 34 m hohe künstliche Felsen (um 1910), der einem echten Karpatenfelsen nachgebildet ist und bestiegen werden kann. Abgesehen von den Bauten, die in den letzten Jahren reihum restauriert wurden und noch werden, sind rund 4000 Tiere aus allen Erdteilen zu bestaunen. Bekannt ist der Zoo für seine große, 200 Tiere zählende Affenpopulation und die Zuchterfolge bei Nashörnern.
Tägl. ab 9 Uhr. Mai–Aug. bis 18.30 Uhr, April/Sept. bis 17.30 Uhr, März/Okt. bis 17 Uhr, Fr–So jeweils 30 Min. länger. Nov.–Feb. tägl. bis 16 Uhr. Kassenschluss immer eine Stunde früher. Eintritt 2500 Ft, erm. 1800 Ft, Fam. 7300 Ft, mit Budapest Card 25 % Nachlass. www.zoobudapest.com. XIV., Állatkerti körút 6–12. Ⓜ 1 gelb Hősök tere.

Hauptstädtischer Großzirkus (Fővárosi Nagycirkusz): Der 1891 gegründete Zirkus ist seit 1971 hier untergebracht und heute der einzige in Mitteleuropa mit „festem Wohnsitz" – Vorstellungen finden ganzjährig statt.

Vorstellungen: Mi–Fr 15 Uhr, Sa 11, 15, 19, So 11 und 15 Uhr. Ticket 1900–3900 Ft, erm. 1500–2700 Ft. www.fnc.hu. XIV., Állatkerti krt. 12/a. Ⓜ 1 gelb Széchenyi fürdő.

Széchenyi-Bad (Széchenyi gyógyfürdő): Gab es in Buda schon zur Römer- und Türkenzeit Thermalbäder, stieß man in Pest erst 1879 durch Bohrungen im Stadtwäldchen in einer Tiefe von 970 m auf 74 °C heißes Wasser – 1881 wurde das erste Pester Badehaus gebaut. Der heutige neobarocke Palast von 1927 wurde jüngst renoviert. Es ist eine beeindruckend riesige Anlage mit einem Dutzend Thermalbecken, drei Freibecken im Innenhof (→ Foto S. 86), mit Therapieabteilung und Tageskrankenhaus. Lageplantafeln erleichtern die Orientierung. Ein Besuch lohnt jedenfalls, allein um die von Fotos bekannten schachspielenden Badegäste zu sehen. Nähere Infos zum Baden im „Szecsa" → S. 87.

Vajdahunyad-Burg (Vajdahunyadvár): Die mit ihren Türmen und Zinnen so mittelalterlich anmutende Burganlage ist kaum 120 Jahre alt. Wie der Heldenplatz war sie ein Projekt der Millenniumsausstellung 1896 und sollte die für Ungarn typischen Baustile in einem Gebäudekomplex darstellen. Dazu wurden 21 Bauwerke aus dem gesamten Land nachgebildet und zusammengefügt – zunächst aus Pappe und Holz. Weil dieses „Disneyland" aber beim Publikum der Renner war, errichtete man es nochmals aus Stein.

Durch das zinnenbewehrte Burgtor gelangt man in den weiten Burghof, der im Uhrzeigersinn von Bauten aus Romanik, Gotik, Renaissance und Barock umstanden ist. Das Portal der romanischen Kapelle ist eine Kopie der Kirche im westungarischen Ják, die gotische Burg ein Nachbau der Veste Vajdahunyad im heutigen Siebenbürgen, der Namensgeber der gesamten Anlage ist. Im barocken und gotischen Gebäudeteil rechts residiert das **Ungarische Landwirtschaftsmuseum (Magyar Mezőgazdasági Múzeum)**, nach eigenen Angaben das größte

Europas. Es widmet sich in prächtigen Räumen der Geschichte der ungarischen Land- und Forstwirtschaft, der Jagd, Fischerei, Viehzucht und dem Weinbau.

Landwirtschaftsmuseum: April bis Ende Okt. Di–So 10–17 Uhr, Nov.–März Di–Fr 10–16, Sa/So 10–17 Uhr. Eintritt 1100 Ft, erm. 550 Ft. Schautafeln auch in Englisch. www.mmgm.hu. Ⓜ 1 gelb Hősök tere.

Blick über den Stadtwäldchensee zum Gundel

Gundel – die Wiedergeburt eines Gourmet-Tempels

Das Restaurant im Pester Stadtwäldchen, die mit Nuss und Rosinen gefüllten, von Rum-Schokoladensoße übergossenen Palatschinken, die zahlreichen Kochbuch-Bestseller – sie alle tragen den Namen eines Mannes: Károly Gundel (1883–1956), Ungarns Gourmet-Legende. 1910 übernahm der Gastwirtssohn das zur Millenniumsfeier 1896 errichtete Ausflugsrestaurant beim Budapester Zoo und verwandelte es in kürzester Zeit in einen Feinschmeckertempel von Weltrang. Sozusagen nebenbei kreierte er kulinarische Köstlichkeiten, die bis heute nach ihm benannt sind. Von 1927 an hatte Gundel auch die Restaurants im Hotel Gellért gepachtet. Doch mit dem Zweiten Weltkrieg waren die glorreichen Zeiten vorbei. 1949 wurden die Betriebe verstaatlicht, Gundel erkrankte schwer und starb 1956. Seinen letzten Glanz verlor das Etablissement im Stadtwäldchen im Sozialismus – erst 1992 begann die Renaissance des Gundel: George Lang, ein 1947 nach New York ausgewanderter, dort reich gewordener Ungar, und Ronald S. Lauder, Erbe der Parfümdynastie Esteé Lauder, ließen sich die Komplettrenovierung des Traditionshauses 16 Mio. Euro kosten. Der Stuck wurde nachgearbeitet, der Marmor der Säulen und Treppen aufpoliert. Zusätzlich zu den 165 Plätzen im Hauptrestaurant wurden weitere Räume in prunkvolle Bankettsäle umgewandelt, so die ehemalige Wohnung der Gundels und die Kellergewölbe, die nun als Weinkeller dienen. Heute hat das Gundel Platz für 1700 Gäste – und seinen alten Ruf zu neuem Leben erweckt.

Revolutionsdenkmal: Das 2006 enthüllte Monument besteht aus 2600 Stahlpfeilern, die auf der einen Seite rostig und lose herumstehen, während sie zur anderen Seite hin in einem glänzenden Keil zusammenlaufen, der den Boden unter sich aufbricht (→ Foto S. 27). Das Werk der Künstlergruppe *i-ypsilon* will symbolisieren, wie einzelne Menschen zu einer Einheit zusammenwachsen und damit der Geschichte eine neue Wendung geben können.

Verkehrsmuseum (Közlekedési Múzeum): Ein Doppeldecker auf dem Dach, alte Loks vor der Fassade und Trümmer der im Weltkrieg zerstörten Donaubrücken weisen den Weg zu dem 1899 gegründeten Museum, das die ungarische Geschichte von Eisenbahn, Straßen- und Schiffsverkehr vorstellt. Von dem einst imposanten überkuppelten Museumspalast blieb nach 1945 nur mehr das Erdgeschoss übrig, das 1987 einen modernen Anbau erhielt. Auf 8000 m² gibt es viel zu sehen: imposante historische Lokomotiven und Waggons aus dem 19. Jh. (darunter der königliche Salonwagen von 1884 und ein Speisewagen des Orient-Express), sogar ein ganzes Bahnhofsgebäude, eine Straßenbahn von 1889, historische Motor- und Fahrräder, Kutschen (→ Kasten unten) und Oldtimer sowie Modelle alter Kreuzfahrtschiffe, die auf Donau und Plattensee verkehrten ...

April bis Ende Sept. Di–Fr 10–17, Sa/So 10–18 Uhr. Okt. bis Ende März Di–Fr 10–16, Sa/So 10–17 Uhr. Eintritt 1600 Ft, erm. 800 Ft. Mit Budapest Card 20 % Nachlass. Schautafeln teils auch deutsch. XIV., Városligeti körút 11. www.km.iif.hu. Trolley-Bus 70, 72, 74.

Villa Hermina út 47: Im eleganten historischen Wohnviertel an der Rückseite des Városliget steht die 1905/06 nach Plänen von Ödön Lechner gebaute Villa mit einer bemerkenswerten Jugendstilfassade, inklusive glasüberkuppeltem Wintergarten.

Geologisches Institut (Földtani és Geofizikai Intézet): Das 1898/99 in der Stefánia út 14 am Rande eines Villenbezirks errichtete Gebäude, ebenfalls ein Werk von Ödön Lechner, beeindruckt mit seinen eisblauen Dachziegeln, die schön mit der blau dekorierten Backsteinfassade harmonieren (→ Foto S. 32).

Wie der Coach nach Kutschdorf kam

Topmanager haben einen, Politiker auch und Hollywoodsternchen sowieso – den Coach, der sie in Karriere und Fitness voranbringen soll. Wer nach dem Ursprung dieses trendigen Businessworts sucht, findet sich unerwartet im nordwestungarischen Dorf Kocs nahe der Donau wieder. Dort konstruierten im 15. Jahrhundert die Kocser Wagenbauer ein neuartiges Pferdefuhrwerk mit vier Rädern (szekér), das den Gästen nicht nur mehr Platz bot, sondern obendrein mit Lederriemen am Chassis befestigt und somit gut gefedert war. Wegen des hohen Fahrkomforts war der „Wagen aus Kocs" (kocsi székér, kurz: kocsi) bald überall heiß begehrt. Die Wiener nannten die neumodische Kocsi „Kutsche", die Pariser tauften sie „coche", die Engländer „coach". Bald nannten die Studenten in Oxford auch ihre Tutoren so, von denen sie sozusagen weich durch das Studium gekoutscht wurden. Dann wurde der Sport-Trainer zum „Coach", schließlich auch der professionelle Promi-Berater. So kam, ebenso unerwartet, das neu-englische Wort mit neuer Bedeutung wieder nach Ungarn zurück, wo es über fünf Jahrhunderte zuvor geboren worden war.

Auch im Inneren, in dem eine Ausstellung (Földtani Kiállitás) Fossilien und andere geologische Schätze zeigt, blieb viel von der originalen Jugendstilausstattung erhalten.

Gebäude und Ausstellung sind bis auf weiteres nicht zugänglich. XIV., Stefánia ú 14. www.mfgi.hu. Wer von der Pester Innenstadt direkt hierher kommen möchte, fährt mit Bus 7 ab Ⓜ 3 blau Ferenciek tere bis Stéfania út – dann auf dieser noch 300 m rechts.

Praktische Infos → Karte S. 211

Essen & Trinken

Gundel **2** Ungarns berühmtestes Restaurant (→ Kasten S. 215) hat schon die Queen, den Papst und andere Promis verzückt. Aus gutem Grund: Man diniert in einem der prunkvollen Speisesäle, verkostet edle Weine im Gewölbekeller, genießt das Menü im parkähnlichen Garten und nimmt zum Schluss aus der Boutique noch ein mit Gundel-Elefanten dekoriertes Souvenir mit. Sehr teuer. Am günstigsten sind die beiden Mittagsmenüs für 3800/5900 Ft (3 Gänge inkl. 1 Glas Wein; Mo–Sa 12–15 Uhr) und der All-you-can-eat-Sonntagsbrunch (11.30–15 Uhr) für 6400 Ft. Die berühmte Gundel-Palatschinke gibt es für 2200 Ft, flambiert 2500 Ft. Reservierung erforderlich, abends Sakkozwang! Tägl. 12–24 Uhr. XIV., Gundel Károly út 2, ✆ +36 (1) 4684040. www.gundel.hu.

Robinson **3** Die Lage zählt. Romantisches Café-Restaurant in einem schönen Pavillonensemble mit großen Terrassen auf einer Insel im Stadtwäldchen-See. Die fleischlastige Küche serviert Ungarisches und Internationales zu gehobenen Preisen. Tägl. 11–23 Uhr. XIV., Városligeti-tó, ✆ +36 (1) 4220222. www.robinsonrestaurant.hu.

Kertem **5** Kontrastprogramm zum Gundel. „Mein Garten" (Kertem) ist ein gemütliches, abgeschabtes Open-Air-Lokal, wo nachmittags Familien auf ein Glas Limonade vorbeischneien, später Bier und Balkan-Burger geordert werden und abends unter bunten Glühbirnenketten bei Livemusik die Post abgeht. Im Sommer tägl. 11–4 Uhr. XIV., Olof Palme Sétany 3. www.kertemfesztival.hu.

Pántlika Bisztró **4** Der Pavillon gegenüber der Lechner-Villa stammt von 1964, ist ein realsozialistisches Architekturdenkmal (von oben bildet das Dach einen roten Stern!) und passt perfekt zum angesagten Retro-Trend. Es fungiert als Bistro-Bar, es gibt ein Dutzend Burger (1600–2600 Ft), deftig Ungarisches und über dreißig Sorten Schnaps – dazu coole Musik und einen großen Biergarten. Nur Bargeld. Tägl. 12–22 Uhr. XIV., Hermina út 47. www.pantlika.hu.

Das Baden im Szecska ist das ganze Jahr über ein Vergnügen

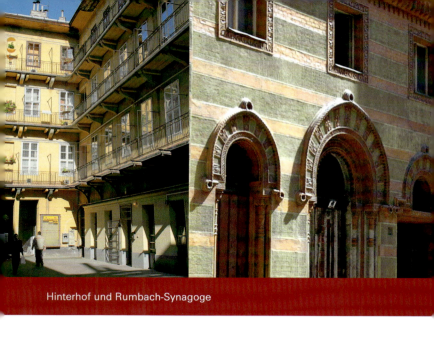

Hinterhof und Rumbach-Synagoge

Tour 12: Elisabethstadt (Erzsébetváros) und Jüdisches Viertel

Jüdische Tempel und Gründerzeitpaläste, verwunschene Hinterhöfe aus dem Biedermeier und kühl-moderne Apartmentblocks, koschere Zuckerbäcker und berühmte Kaffeehäuser – mit spannenden Gegensätzen wartet die dicht besiedelte Elisabethstadt auf, die sich im 19. Jahrhundert aus einem früheren Pester Vorort entwickelte.

Die Erzsébetváros, der VII. Bezirk, erstreckt sich zwischen der Király utca und der südlicher gelegenen Rákóczi út, die beide vom Kleinen Ring aus nach Nordosten führen. Das Gebiet bis zum Großen Ring wurde seit Mitte des 19. Jh., als auch Juden das Recht auf uneingeschränkte Niederlassungsfreiheit erhielten, zum Zentrum des jüdischen Lebens in Budapest. Eine vielschichtige Infrastruktur entstand, und zu der Großen Synagoge kam nach der Spaltung der jüdischen Gemeinde 1867 für jede Gruppierung im Viertel ein eigenes Bethaus hinzu. Nach einer Blütezeit bis 1914 waren die Juden ab den 1920/30er-Jahren wieder zahllosen Repressionen ausgesetzt. Mit dem Einmarsch der Nazitruppen 1944 begann das Grauen: Die Elisabethstadt wurde zum Ghetto, in dem 70.000 Juden auf engstem Raum zusammengepfercht dahinvegetierten. Die geplante vollständige Vernichtung der jüdischen Bevölkerung konnte durch die Ankunft der sowjetischen Truppen gerade noch verhindert werden. Doch die Zahl der Budapester Juden war nach dem Krieg von 246.000 auf 86.000 gesunken. In sozialistischer Zeit, als das religiöse Leben nur im Geheimen stattfinden durfte, mussten viele jüdische Einrichtungen des Viertels verkauft werden.

Tour 12: Elisabethstadt und Jüdisches Viertel

Erst nach der Wende 1989 erholte sich die jüdische Gemeinde in Budapest wieder und zählt mit rund 100.000 Mitgliedern heute zu den aktivsten Gemeinden Europas. 23 Synagogen, jüdische Schulen, aber auch zahlreiche Klezmer-Ensembles, darunter die berühmte *Budapest Klezmer Band,* und das beliebte jährliche Jüdische Sommerfestival (→ S. 75) zeugen von einem vitalen Kulturleben.

Die Ursprünglichkeit des Viertels ist heute allerdings erneut bedroht, seit hier ein regelrechter Bauboom ausgebrochen ist. Immobilienfirmen aus aller Welt haben Gefallen an der zentralen Lage gefunden und ersetzen reihum die maroden Biedermeierhäuser durch mehrstöckige Apartmentblocks, für die sie Mieten auf westeuropäischem Niveau verlangen. Inzwischen haben sich Bürgerinitiativen formiert, die sich dem Treiben der Investoren und dem drohenden Gesichtsverlust der Elisabethstadt entgegenstellen und eine Ausweitung des Denkmalschutzes verlangen.

Spaziergang

Ausgangspunkt unserer Tour ist der **Deák Ferenc tér**, Kreuzungspunkt der drei Metrolinien. Blickt man am Platz mit dem Rücken zur Innenstadt nach Osten, fallen zwei Bauwerke ins Auge: An der Ecke zur Bajcsy-Zsilinszky út ragt das **Anker-Haus** von Ignác Alpár in die Höhe, ein mächtiger, gelber Bau von 1909 mit pyramidenförmigem Dach und Säulenvorbau. Einst war das Haus Sitz der gleichnamigen Versicherung, heute bröckelt an allen Seiten der Putz, im Innern hat sich der *Anker Klub* (→ Nachtleben) breitgemacht. Rechts davon schließt ein langgestreckter Block mit Backsteinbauten an, die → **Madách-Häuser**. Zwischen Anker-Haus und Madách-Häusern beginnt die **Király utca**

(Königsgasse), die bis zum Bau der Andrássy út die Hauptverbindung zwischen Innenstadt und Stadtwäldchen war. An ihre Zeit als blühende Geschäftsstraße, einst gesäumt von Läden jüdischer Händler und Handwerker, will man wieder anknüpfen und ein Szeneviertel etablieren. So entstanden im verkehrsberuhigten Abschnitt bis zur Kazinczy utca zahlreiche schicke Läden, Restaurants und Hotels, aber leider auch öde, moderne Apartmenthäuser.

Wir folgen der Király utca bis zur Nr. 13 auf der rechten Seite, wo sich die Passage durch den → **Gozsdu-Hof (Gozsdu-udvar)** auftut. Nun gehen wir in der Király utca wieder zurück bis zur Rumbach Sebestyén utca, der ersten Seitengasse nach links. An dieser steht die 1870–72 vom später weltberühmten Wiener Jugendstilarchitekten Otto Wagner für die konservative jüdische Gemeinde gebaute → **Status-Quo- oder Rumbach-Synagoge**. Weiter entlang der Rumbach S. utca wenden wir uns an der nächsten Kreuzung links in die Dob utca (Trommelgasse), wo wir gleich auf das an einer Brandmauer platzierte → **Denkmal für Carl Lutz** treffen. An dieser Stelle befand sich 1944/45 der Eingang zum Jüdischen Ghetto, das sich über sieben Querstraßen bis zum Erzsébet-Ring erstreckte. Das Restaurant *Spinoza* gegenüber birgt auch eine kleine Bühne, auf der regelmäßig Klezmermusik zu hören ist. Ein Stück weiter passieren wir auf Nr. 22 die koschere, außen recht heruntergekommene *Fröhlich Cukrászda*, die seit 1953 wacker die Stellung hält.

An der nächsten Kreuzung biegen wir rechts in die frisch sanierte Kazinczy utca ein, wo sich links der Backsteinbau der → **Orthodoxen Synagoge** ins Blickfeld drängt. Der klobige Bau weiter südlich entstand 1934 als Umspannwerk im Art-déco-Stil, heute ist es Sitz des **Elektrotechnikai Muzéum** (Do–Sa 10–14 Uhr, www.emuzeum.hu). Von der Kazinczy utca rechts abgebogen, geht es in der Wesselényi utca wieder stadteinwärts bis zu *dem* Anziehungspunkt des Jüdischen Viertels, der → **Großen Synagoge** mit dem **Jüdischen Museum (Zsidó Múzeum)** und dem dahinter stehenden **Holocaust-**

Die „silberne Trauerweide" hinter der großen Synagoge – ein Werk von Imre Varga

Denkmal, auf das man bereits von der Wesselényi utca aus durch den Gitterzaun einen Blick werfen kann: Die große silberne Trauerweide, ein Werk von Imre Varga (1991), ist den 600.000 ungarischen Holocaust-Opfern gewidmet, deren Namen in die metallenen Blätter eingraviert sind.

Der Eingang zu Synagoge und Museum befindet sich unterhalb der beiden Zwiebeltürme in der Dohány utca (Tabakgasse). Der Platz davor, der quirlige **Herzl Tivadar tér**, erinnert an den ungarischen Schriftsteller und Begründer des politischen Zionismus Theodor Herzl, der 1860 im damaligen Nachbarhaus der Synagoge zur Welt kam. Herzl starb 1904, der von ihm erträumte Staat Israel wurde 1948 gegründet.

Unser Spaziergang führt weiter die Dohány utca entlang, in der die Innenhöfe der Häuser Nr. 3 und 20 sowie die schon in die Moderne weisende Keramikfassade am Eckhaus Nr. 22 (Arkád Bazár, 1908) sehenswert sind. Über die Kazinczy utca biegen wir nach rechts in die verkehrsreiche Einkaufsmeile **Rákóczi út**. Die von Gründerzeitbauten geprägte Radialstraße verbindet den Kleinen Ring mit dem Ostbahnhof (Keleti pályaudvar) und begrenzt die Elisabethstadt nach Süden. Wir wechseln auf die andere, südliche Seite der Rákóczi út, wo wir links weiter auf den von Henrik Schmal geschaffenen venezianisch-arabischen Jugendstilpalast des Nationalen Filmtheaters **Uránia Filmszínház** (Nr. 21, 1895) treffen, dessen prächtiges Foyer einen Blick lohnt (→ Kinos S. 72). Geradeaus erspähen wir bald das älteste Bauwerk der Rákóczi út, die schmucke barocke **Rochuskapelle (Szt. Rókus kápolna)**, die

Neue alte Pracht – die Fassade des einstigen Hungária-Bads

1711 zum Dank für das Ende der Pestepidemie erbaut wurde – damals noch außerhalb der Stadtmauern und auf tieferem Straßenniveau. Neben der Kapelle entstand 1796 das später nach Ignác Semmelweis benannte erste Krankenhaus der Stadt, der hier von 1851 bis 1857 die Geburtenstation leitete (→ Kasten S. 127).

Auf dem folgenden Zebrastreifen überqueren wir die Rákóczi út – wer dabei nach rechts blickt, erkennt ganz hinten die monumentale Hauptfassade des **Ostbahnhofs (Keleti pályaudvar)** von 1884 (→ Foto S. 34). Auf der Klauzál utca spazieren wir wieder ins jüdische Viertel hinein. Gleich in die erste Straße nach links in die Dohány utca abgebogen, können wir auf Nr. 44 die prächtige Jugendstilfassade des *Hungária fürdő* (einst eines der bliebtesten Bäder in Pest, später nur mehr eine Ruine) bewundern, die beim Bau des *Hotels Zara* originalgetreu restauriert wurde. Über die Nyár utca gehen wir nun direkt auf den **Klauzál tér** zu, der einst die Mitte des jüdischen Ghettos bildete. Heute ist er eine baumbestandene Grünfläche mit Spielplatzkäfigen, wo Anwohner ihre Hunde Gassi führen.

Einige einfache Lokale und Bars säumen den Platz, an der Ostseite steht die historische Markthalle, die den Großteil ihrer Verkaufsflächen an einen Supermarkt abgetreten hat. An der Nordostecke des Klauzál tér treffen wir wieder auf die Dob utca (Trommelgasse), die nach rechts zum **Erzsébet körút (Elisabeth-Ring)** führt.

Dieser prächtigste Abschnitt des Großen Rings ist mit seinen renovierten Fassaden und den beiden edlen Hotels ein krasser Gegensatz zu den dunklen, maroden Gassen der übrigen Elisabethstadt. Die eine Luxusherberge ist das 2003 wiedereröffnete **Traditionshotel Royal** ein paar Meter weiter links; der Neorenaissancebau von 1896 wurde samt Ballsaal und historischem Hallenbad herausgeputzt und mit modernen Anbauten versehen. Rechts weiter passieren wir auf Nr. 29–33 das **Madách-Theater (Madách Szinház)**, das 1952 vom ungarisch-jüdischen, vorwiegend in Berlin tätigen Theaterarchitekten Oskar Kaufmann geplant und 1961 eröffnet wurde (→ S. 68). Blickt man von hier den Ring entlang nach Süden, sieht man den reich gegliederten Turm des → **Palais New York** aufragen, dem 2006 als Luxushotel neues Leben eingehaucht wurde. Jetzt sind es nur mehr ein paar Meter bis zum → **Blaha Lujza tér**, dem Endpunkt unserer Tour. An diesem kreuzen sich mit viel Verkehrslärm der Große Ring und die Rákóczi út. Wer mit Öffentlichen unterwegs ist, hat hier Anschluss an die rote Metro 2, die Ringtramlinien 4 und 6 sowie Bus 7.

Sehenswertes

Madách-Häuser: Der 1937 im Bauhaus-Stil errichtete Gebäudekomplex trägt den Namen des ungarischen Dichters Imre Madách (1823–64), dessen Hauptwerk „Die Tragödie des Menschen" (1861) eine Art „ungarischer Faust" ist. An der Stelle der Madách-Häuser stand seit dem frühen 19. Jh. das *Orczy-Haus*, die Keimzelle des jüdischen Pest; ein riesiger Bau mit 50 Wohnungen, Synagoge, Gebetsräumen, Geschäften, Cafés und einem großen Handelszentrum, weswegen es den spöttischen Beinamen „jüdische Karawanserei" trug.

Gozsdu-Hof (Gozsdu-udvar): Der vom rumänisch-ungarischen Mäzen Manó Gozsdu 1901 errichtete und bis 2008 umfassend renovierte Hof besteht aus sieben Gebäuden mit sechs Innenhöfen, die einen Durchgang von der Király utca 13 in die Dob utca 16 ermöglichen.

Raoul Wallenberg, Carl Lutz, Angelo Rotta: drei „Gerechte unter den Völkern"

Als die Situation der Budapester Juden nach dem Einmarsch der Nazis im März 1944 lebensgefährlich wurde, setzte eine beispiellose Rettungsaktion ein. Den Verfolgten wurden Schutzpässe oder -briefe neutraler Länder ausgestellt, die sie als deren Staatsbürger deklarierten und ihnen damit die Auswanderung ermöglichten. Zuflucht für die Übergangszeit erhielten die Juden in sogenannten Schutzhäusern, wo sie mit Lebensmitteln versorgt wurden und vor dem Zugriff ungarischer und deutscher Soldaten sicher waren. Mehrere zehntausend Menschen konnten so der Deportation in die Vernichtungslager entkommen.

Wer aber waren diese „Gerechten unter den Völkern", wie die Retter heute genannt werden? Der wohl bekannteste und mutigste war der schwedische Bankiersson Raoul Wallenberg (geb. 1912), der im Alter von 32 Jahren als schwedischer Diplomat nach Budapest kam. Im Januar 1945 wurde er von den Sowjets unter dem Vorwurf der Spionage gefangengenommen, 1947 soll er in einem Moskauer Gefängnis gestorben sein. Ein dichtes Hilfsnetzwerk betrieb auch der Schweizer Konsul Carl Lutz (1895–1975). 1945 kehrte Lutz in sein Heimatland zurück, wo ihm Kompetenzüberschreitung vorgeworfen wurde – erst 1958 wurde er rehabilitiert. Angelo Rotta (1872–1965) verteilte als Nuntius des Vatikans päpstliche Schutzpapiere.

An Rotta erinnert eine Tafel im Burgviertel (Úri utca 6), an Lutz ein Denkmal im Judenviertel (s. o.), an Wallenberg eines am Fuß der Budaer Berge (→ S. 240).

Einst herrschte in den stimmungsvollen Hinterhöfen mit kleinen Lokalen, Sozialwohnungen und Werkstätten geschäftiges Treiben, das nun allmählich wieder zurückkehrt.

Status-Quo- oder **Rumbach-Synagoge (Rumbach Zsinagóga)**: Otto Wagner orientierte sich an dem damals im Synagogenbau üblichen romanisch-maurischen Stil sowie am Vorbild der Großen Synagoge (s. u.) – er dekorierte die gelb-rot gestreifte Fassade mit kleinen blauen Kacheln und zwei minarettartigen Türmen. Das Innere lässt in der achteckigen, von gusseisernen Säulen flankierten Bethalle bereits den Jugendstil anklingen. Nach schweren Schäden im Zweiten Weltkrieg ist die Restaurierung im Inneren des Gebäudes bis heute nicht abgeschlossen. Die Synagoge dient aber dem Jüdischen Sommerfestival als Veranstaltungsort.

VII., Rumbach S. utca 11. Ⓜ 1, 2, 3 Deák tér.

Denkmal für Carl Lutz: Ein goldener Engel, der waagerecht aus der Wand strebt und ein Tuch herablässt, um damit einen am Boden liegenden Menschen zu retten – so verwirklichte Tamás Szabó den ihm 1991 erteilten Auftrag für ein Denkmal zu Ehren des Schweizer Konsuls Carl Lutz, der zu den Lebensrettern der Budapester Juden zählt (→ Kasten S. 223).

Orthodoxe Synagoge: Die jüngste der drei großen Synagogen im Judenviertel ist die der orthodoxen Gemeinde. 1913 wurde sie von den Brüdern Sándor und Béla Löffler im Übergang vom späten Jugendstil zum Funktionalismus errichtet und dabei dem Knick der Straße angepasst (Eingang in der Dob utca 35). An der Rückseite der Synagoge rund um einen straßenähnlichen Hof findet sich das Gemeindehaus, eine orthodoxe Schule, das einfache koschere Restaurant *Hanna*, weitere Beträume sowie eine schmiedeeiserne *Chuppa*, ein bei jüdischen Hochzeiten verwendeter Traubaldachin.

So–Do 10–15.30, Fr 10–12.30 Uhr. Eintritt 800 Ft. VII., Kazinczy utca 29–31. Ⓜ 1, 2, 3 Deák tér.

Große Synagoge (Dóhany utca Zsinagóga): Die repräsentative Synagoge wurde 1854–59 für die große liberale (neologe) jüdische Gemeinde nach Plänen von Ludwig Förster gebaut, der zuvor schon in Wien einen später zerstörten jüdischen Tempel errichtet hatte. Hier in Budapest schuf Förster ein typisches Werk der Romantik. Dabei ließ er sich von der maurisch-islamischen Baukunst inspirieren, versah die farbenprächtige Fassade mit orientalischen Ornamenten, integrierte aber auch Stilelemente des christlichen Kirchenbaus,

Die Große Synagoge ist die größte in Europa

Elisabethstadt und Jüdisches Viertel 225

wie die beiden mit Zwiebelkuppeln bekrönten Türme zeigen.

Durch die Vorhalle betritt man den eigentlichen Betraum, der mit seiner gewaltigen Größe und prächtiger Ausstattung beeindruckt. Verantwortlich für die Innengestaltung war der junge Architekt Frigyes Feszl, der später die Pester Redoute (→ S. 176) entwarf. Auf drei Seiten tragen elegante, gusseiserne Säulen die den Frauen vorbehaltenen Holzemporen, sodass in dem Gebäude – der größten Synagoge Europas – rund 3000 Menschen einen Sitzplatz finden. Der Thoraschrein wurde nicht wie üblich mittig, sondern ganz vorne platziert, auch die große Orgel ist für eine Synagoge ganz und gar ungewöhnlich – Gestaltungselemente, die die orthodoxen Juden zum Bau eigener Bethäuser veranlassten.

In der Großen Synagoge gibt es nicht nur während des Jüdischen Sommerfestivals regelmäßig Konzerte.

1929–31 wurden an die linke Seite der Synagoge zwei Bauten angefügt: In dem stilistisch gleichen **Jüdischen Museum (Zsidó Múzeum)** links vorne dokumentieren religiöse Gegenstände (Thora- und Talmud-Schriften, Goldschmiedekunst) und Werke ungarisch-jüdischer Künstler die Geschichte der ungarischen Juden von der Römerzeit bis ins 20. Jh. Ein eigener Raum des kleinen Museums widmet sich mit Fotos und Dokumenten den Schrecken des Holocaust. Der von einer Kuppel gekrönte **Tempel der Helden (Hősök temploma)** links hinten erinnert an die 10.000 im Ersten Weltkrieg gefallenen jüdischen Soldaten. In dem von Arkaden gesäumten Garten vor dem Tempel wurden während der deutschen Besatzung mehrere tausend Tote aus dem umliegenden Ghetto in Massengräbern beigesetzt. Gedenktafeln und Grabsteine erinnern daran.

Große Synagoge/Jüd. Museum: März–Okt. So–Do 10–17.30, Fr 10–13.30 Uhr, Nov.–Feb. So–Do 10–15.30, Fr 10–13.30 Uhr. Eintritt

Café New York – dekoriert im üppigen Neobarock

2250 Ft, erm. 1200 Ft, mit Führung (etwa alle 60 Min., auch in Dt.) 2800 Ft, erm. 1750 Ft. Mit Budapest Card 10 % Nachlass. Strenge Sicherheitskontrolle! VII., Dohány utca 2. www.zsidomuzeum.hu. Ⓣ 47, 49, Ⓜ 2 rot Astoria.

> Eine weitere **Holocaust-Gedenkstätte** befindet sich in Ferencváros im IX. Bezirk (→ Tour 13, S. 234).

Palais und Café New York: Die US-Versicherungsgesellschaft *New York* ließ den prunkvollen Neobarockpalast nach Plänen von Alajos Hauszmann 1891–95 bauen. Das *Café New York* im Erdgeschoss war bis in die 1930er-Jahre *der* Treffpunkt für Künstler und Literaten und gleichsam ihr zweites Zuhause – der Schriftsteller Ferenc (Franz) Molnár soll gar am Eröffnungstag den Schlüssel in die Donau geworfen haben, damit das Etablissement niemals schließen möge. Kriegsbedingt schloss es dann doch, wurde 1954 als *Restaurant Hungaria* wiedereröffnet und erhielt erst 1990 seinen alten (westlichen) Namen zurück. 2006 öffnete es nach umfassender Renovierung als Teil eines Luxushotels seine Tore, womit das gemütliche Kaffeehausflair endgültig dahin war. Dennoch: Die verschwenderische Innenausstattung mit gedrehten Rokokosäulen, goldenen Leuchtern, opulenten Deckengemälden und logenartigen Galerien muss man gesehen haben!

Blaha Lujza tér: Der Platz ist benannt nach der ungarischen Schauspielerin Lujza Blaha (1850–1926). Blaha war der Star des Ungarischen Nationaltheaters, das hier in einem stattlichen Hellmer- und Fellner-Bau von 1875 seine Heimstatt hatte. 1965 wurde das Gebäude gesprengt, weil es angeblich dem Bau der Metro im Wege stand. Erst 2002 erhielt das Nationaltheater im Süden Pests (→ S. 234) wieder eine eigene Spielstätte.

Praktische Infos → Karte S. 221

Essen & Trinken

Spinoza 28 Das gemütlich-nostalgische, vom Jugendstil inspirierte Szenelokal ist Restaurant (étterem), Bühne (szinház) und Café (kávéház) zugleich; betrieben wird es von einer ungarischen Jüdin, die lange in Amsterdam lebte. Internationale Küche (viel Gans und Fisch), große Weinkarte, freundlicher Service. Frühstück ab 8 Uhr. Pasta, koschere und vegetarische Gerichte 1700–2000 Ft, Fleisch und Fisch um 2500 Ft, eher kleine Portionen. Abends Klaviermusik, freitags ab 19 Uhr Klezmerkonzerte. Tägl. 8–23 Uhr. VII., Dob u. 15, ✆ +36 (1) 4137488. www.spinozahaz.hu.

Carmel 18 Teures koscheres Restaurant in einem Kellergeschoss mit guter Auswahl an internationalen, jüdischen und ungarischen Gerichten, z. B. gefülltes Kraut 3800 Ft, Karpfenfilet 3800 Ft, jüdisches Tscholent (Bohneneintopf) mit Räucherfleisch 4000 Ft. So–Fr 12–23 Uhr. Sa Sabbat-Menüs auf Vorbestellung. VII., Kazinczy u. 31, ✆ +36 (1) 3424585. www.carmel.hu.

Hanna 12 Einfaches koscheres Restaurant im Hinterhof der orthodoxen Synagoge. Hier treffen sich die Bewohner des jüdischen Viertels zum Mittagessen. Es gibt die traditionellen Gerichte, wie *gefilte Fish* (Fischklößchen) oder Tscholent. Eingang in den Hof von der Dob utca und der Kazinczy utca. So–Fr. 8–22 Uhr. VII., Dob u. 35, ✆ +36 (1) 3421072.

Bock Bisztró 1 Gediegenes Gourmetlokal im Grand Hotel Royal, benannt nach Starwinzer József Bock. Zu den 200 Weinen, die man auch im Shop nebenan kaufen kann, gibt es ungarische Spezialitäten mit kreativmodernen Akzenten. Fair kalkulierte Preise (Hühnerpaprikasch oder Schweinsbraten 3700 Ft, Lachssteak 4700 Ft). Mo–Sa 12–24 Uhr. Reservieren! VII., Erzsébet krt. 43–49, ✆ +36 (1) 3210340. www.bockbisztro.hu.

Kőleves Vendéglő 9 Das nach der „Steinsuppe", einem ungarischen Märchen benannte Restaurant ist 2013 ein paar Türen weitergezogen in eine frühere Fabrik, wo es jetzt auch über einen Ruinengarten verfügt. Lockere Atmosphäre, viel junges Budapester Publikum; Frühstück bis 11 Uhr, Tapas, Suppen, Vegetarisches, ungarische Fleischgerichte sowie Salate zu vernünftigen Preisen (Hauptgericht 1700–2900 Ft). Keine Kreditkarten. Mo–Sa 9–1, So 12–24 Uhr. VII., Kazinczy u. 37–41, ✆ +36(0)20 2135999. www.kolevesvendeglo.hu.

Kádár Étkezde 8 Wie ein Relikt aus vergangenen Tagen mutet die schlichte Volksküche neben der Markthalle am Klauzálplatz an. Auf den mit Plastik geschützten karierten Tischdecken verspeist man täglich wechselnde Menüs (auch jüdische Speisen) zu billigsten Preisen. Di–Sa 11.30–15.30 Uhr. VII., Klauzál tér 9.

Carimama Pizzeria 22 Die koschere Pizzeria und Backstube gegenüber der orthodoxen Synagoge ist ein Tipp von Leser Dou Young Kwon: „Der Laden ist neu und sauber, die Pizzas sind frisch und die Kellner freundlich, aber wortkarg." Wir fügen hinzu, dass die Preise günstig sind, Pizza gibt es für 2000–3000 Ft. So–Fr 7–22 Uhr. VII., Kazinczy u 28. www.carimama.hu.

›› Kaffeehaustipp: New York Kávéház 15 Das legendäre Kaffeehaus (s. o.) mit sehenswertem, üppig-neobarockem Interieur und kühl-modernen Glastischen ist heute ein überteuertes Café-Restaurant mit internationaler Karte. Hauptgerichte um 5500 Ft, selbst das Glas hausgemachte Limonade kommt auf 1900 Ft. Aber der Klavierspieler macht einen guten Job. Mo–Fr 10–24, Sa/So 9–24 Uhr. VII., Erzsébet körút 9–11. ‹‹‹

Fröhlich Cukrászda 17 Legendäre, kleine und koschere Konditorei, seit 1953 in Familienbesitz. Neben Getränken gibt es köstliche, streng nach religiösen Regeln hergestellte Desserts, etwa mohngefüllte *Flódni*. Mo–Do 9–18, Fr 9–14, So 10–18 Uhr. VII., Dob u. 22. www.frohlich.hu.

››› Unser Tipp: Café Vian Gozsdu 14 Ein Ableger des Cafés vom Liszt-Platz hat sich im Gozsdu-Hof C angesiedelt. Tolle Frühstückskarte, günstige Mittagsmenüs, gute Snacks und Sandwiches, lässige Atmosphäre, schön zum Draußensitzen. Mo–Fr 8.30–24, Sa/So ab 9 Uhr. VII., Király u. 13/Hof C. ✆ +36 (1) 8781350. ‹‹‹

Noé Cukrászda 29 Kleines Café mit Torten, Kuchen, jüdischem Feingebäck und Eis, auch zum Mitnehmen. Mo–Fr 10–19, So 10–18 Uhr. VII., Wesselényi u. 13.

Kávéház Royal Szamos 3 Konditoreifiliale des Marzipanherstellers im Grand Hotel Royal. Das elegante Interieur wirkt etwas steril. Große Auswahl an Kaffeespezialitäten, köstlichen Torten (ca. 420 Ft) und Kuchen. Sehr touristisch. Tägl. 9–20 Uhr. VII., Erzsébet krt 43–49. www.szamos.hu.

Einkaufen

CBA Supermarkt 23 an der Ecke Deák tér/Király utca. Mo-Sa 6-23, So 7-22 Uhr. VI., Deák tér 6.

SPAR-Supermarkt 7 in der alten Markthalle. Mo–Fr 7–21, Sa 7–16, So 8–13 Uhr. VII., Klauzal tér 11.

Eine Institution im Jüdischen Viertel: die „Konditorei Fröhlich"

SPAR 6 Edelfiliale der Supermarktkette. Mo–Fr 6.30–22, Sa/So 8–20 Uhr. VII., Erzsébet krt 27.

Magyar Pálinka Háza 37 Das „Haus der Pálinka" bietet 250 Obstbrände und Schnäpse aus allen Regionen Ungarns, in allen Aromen, auch koscher. Mo–Sa 9–19 Uhr. VIII., Rákóczi út 17.

Arioso 16 Zwei Schweizer betreiben den tollsten Blumenladen der Stadt, in dem es auch Möbel, Accessoires sowie Kaffee und Kuchen gibt. Mo–Fr 10–19, Sa 10–16 Uhr. VII., Király u. 9. www.arioso.hu.

Látomás 34 Designermode für Damen, Hüte, Taschen, Ketten, Regenschirme. Weitere Filiale in der Király u. 39. Mo–Fr 11–19.30, Sa 11–18 Uhr. Dohány u. 16–18. www.latomas.hu.

🌿 **Printa 26** Designshop, Galerie und Café hinter desolater Fassade. Verkauft wird nur ökologisch Unbedenkliches, ausgeschenkt wird Fair-Trade-Kaffee. Mo–Fr 11–19, Sa 12–18 Uhr. Rumbach S. u. 10. www.printa.hu. ■

Concerto Hanglemezbolt 11 CDs und Vinyl mit klassischer Musik. Mo–Fr 12–19 Uhr. VII., Dob u. 33.

Tisza 36 Die ungarische Schuhmarke aus realsozialistischer Zeit produziert seit ihrem Relaunch Kult-Schuhe und Taschen im Retro-Design mit dem stilisierten „T". Mo–Fr 10–19, Sa 9–13 Uhr. VII., Károly krt. 1. www.tiszacipo.hu.

Lokalmeile Ráday utca

Tour 13: Josefstadt (Józsefváros) und Franzenstadt (Ferencváros)

Südöstlich des Kleinen Rings liegen die Pester Bezirke Josefstadt und Franzenstadt, die seit dem 18. Jh. die Namen der beiden Habsburgerkaiser tragen. Seit Jahren wird hier heftig saniert – neue Miethäuser wurden gebaut, Adelspaläste renoviert, Lokalmeilen und neue Treffpunkte entstanden – und donauabwärts schoss am Ufer ein großer Kulturbezirk aus dem Brachland.

Die **Josefstadt**, Budapests 8. Bezirk, lebt die Gegensätze: Während der innere Teil zwischen Kleinem und Großen Ring sich als begehrtes Wohnviertel mit Adelspalais und Universitätsgebäuden zeigt, ist das stadtauswärts bis zum Kerepeser Friedhof gelegene Magdolna-Viertel ein Armenquartier mit hohem Roma- und Obdachlosenanteil. Ein Sanierungs- und Bildungsprogramm soll hier in Zukunft für Schwung sorgen. Südlich davon, hinter dem Corvin-Kino, ist der Neuanfang schon gemacht: Mitteleuropas größtes Stadtentwicklungsprojekt *Corvin Sétány* (Corvin-Promenade) schuf aus desolaten, geschwärzten Gründerzeitbauten mit Einschusslöchern von 1956 einen nüchtern-modernen Wohn- und Bürobezirk mit Hotels und Shopping-Mall.

Die **Franzenstadt**, Ferencváros, die sich südlich der Üllői út bis zur Donau ausbreitet, war nach den schweren Schäden durch die große Flut 1838 ein unansehnlicher Arbeiter- und Industriebezirk, nur bekannt durch den lokalen Fußballclub *Ferencváros*. Seit 1990 wurde der Bezirk erfolgreich revitalisiert: Die 1,5 km lange Ráday utca, die einstige Hauptstraße, ist heute verkehrsberuhigt und eine beliebte Ausgehmeile.

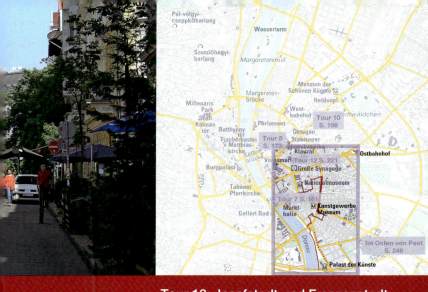

Tour 13: Josefstadt und Franzenstadt

Südlich des Ferenc körút entstand das Millennium City Center mit Mittelklassehotels, Bürotürmen und Wohnhäusern mit kleinen Parks, deren Mieten für die früheren Bewohner oft unerschwinglich geworden sind. Höhepunkt dieses Areals sind die imposanten neuen Kulturbauten am Donauufer.

Spaziergang

Startpunkt unserer Tour ist der Kálvin tér (Ⓜ 3 blau), von wo uns die verkehrsberuhigte Baross utca zwischen den gläsernen Bürotürmen hindurch direkt vor die kuppelbekrönte Fassade des **Wenckheim-Palais** führt. Dieses Schmuckstück des Späthistorismus ließ sich Frigyes Graf Wenckheim, Enkel des berühmten österreichischen Generals Radetzky, 1890 bauen. Seit 1931 beherbergt es die nach dem Sozialreformer Ervin Szabó (1877–1918) benannte öffentliche Budapester Stadtbibliothek *(Fővárosi Szabó Ervin könyvtár)*, die den großen Ballsaal, Empfangssäle und den früheren Speisesaal mit holzgeschnitzter Wendeltreppe als Lese- und Ausstellungssäle nutzt (Mo–Fr 10–20, Sa 10–16 Uhr, www.fszek.hu).

Nicht nur die Wenckheims, auch die anderen führenden Adelsfamilien Ungarns errichteten im letzten Drittel des 19. Jh. hier in der Nachbarschaft des kurz zuvor vollendeten Nationalmuseums (→ S. 165) ihre Paläste. Insgesamt 33 an der Zahl, was dem Quartier den Namen **Palaisviertel** *(Palotanegyed)* gab. Die meisten stehen in den Straßen um das Nationalmuseum – in der Bródy Sándor utca, der Múzeum utca und am → **Pollack Mihály tér** –, wohin sich ein Abstecher durch die Ötpacsirta utca lohnt. Wieder zurück, erreichen wir über die von Palaisbauten gesäumte Reviczky utca (Familie Pálffy Nr. 2, Pejacsevich Nr. 3, Károlyi Nr. 6, Bánffy Nr. 5 und 7) den Mikszáth Kálmán tér.

Der stimmungsvolle, nach einem Novellisten des 19. Jh. benannte Platz (Denkmal rechts in der Ecke) ist im Sommer mit seinen Biergärten die gute Stube des Viertels.

Weiter geht es entlang der Krúdy Gyula utca bis zum kleinen Lőrinc pap tér, auf dem sich das 2009 als Boutiquehotel wiederbelebte neobarocke **Zichy-Palais** (1899) und die **Herz-Jesu-Kirche** der Jesuiten (**Jézus Szíve templom**, 1890) gegenüberstehen. Nicht zufällig – Graf Nándor Zichy, Bauherr des Palasts und in der Platzmitte als Statue zu sehen, war überzeugter Katholik und wählte bewusst diese Adresse.

Überhaupt häuften sich in diesem Teil der Josefstadt ab den 1890ern katholische Einrichtungen, was ihm den Beinamen *Klein-Vatikan* einbrachte. Nach 1945 zwangsverstaatlicht, sind die Institute längst wieder in Kirchen- und Ordenshand und die Gebäude aufwendig renoviert. Etwa in der Horánszky utca, der wir Richtung Norden folgen. Am repräsentativsten ist der neugotische Backsteinbau von 1898 in der parallelen Szentkirályi u. 28, der heute von der Rechtswissenschaftlichen Fakultät der Katholischen Péter-Pázmány-Universität genutzt wird. Einst war hier der Sitz der 1848 gegründeten St.-Stephanus-Gesellschaft, des ältesten ungarischen Verlags.

Am Ende der Horánszky utca nach rechts, steuern wir direkt auf den **Gutenberg tér** zu, der vom imposanten Jugendstilhaus **Gutenberg-Otthon** beherrscht wird. Den Bau, der stilistisch dem Palais Gresham (→ S. 173) ähnelt, gab die Vereinigung der ungarischen Buchdrucker 1906 in Auftrag; unten waren Geschäfte und Büros, oben Apartments. Links davon, in dem weinroten Eckgebäude, wurde 1877 ein **Rabbinerseminar** eröffnet, in dem bis heute – mittlerweile als Universität – Thora und Talmud studiert werden (www.or-zse.hu); seine Fachbibliothek birgt der größten Judaica-Sammlungen Europas.

Nur ein paar Schritte noch, und wir stehen am Großen Ring. Uns gegenüber liegt der weite **Rákóczi tér** mit der zu wuchtig geratenen Metrostation für die neue Linie 4. Die Rückseite des Platzes begrenzt eine der fünf historischen Markthallen (→ Einkaufen S. 83).

Die nächsten Ziele unserer Tour befinden sich am Südende des Josef-Rings, weshalb man am einfachsten vom Rákóczi tér mit Straßenbahn 4 oder 6 zwei Haltestellen bis *Corvin-negyed* fährt. Die Tram hält direkt vor dem **Corvin-Kino (Corvin Mozi)**, das bei seiner Eröffnung 1923 das größte Budapests war (→ Kinos S. 73). Gedenktafeln erinnern daran, dass sich hier und in einer nahen Kaserne Widerstandszentren des Volksaufstands von 1956 befanden. Hinter dem Kino liegt der Eingang zur *Corvin-Plaza*-Shoppingmall, die zum neuen Stadtviertel **Corvin-Promenade (Corvin Sétány)** gehört. In der Práter utca 11 nördlich des

Juwel des Jugendstils –
das Kunstgewerbemuseum

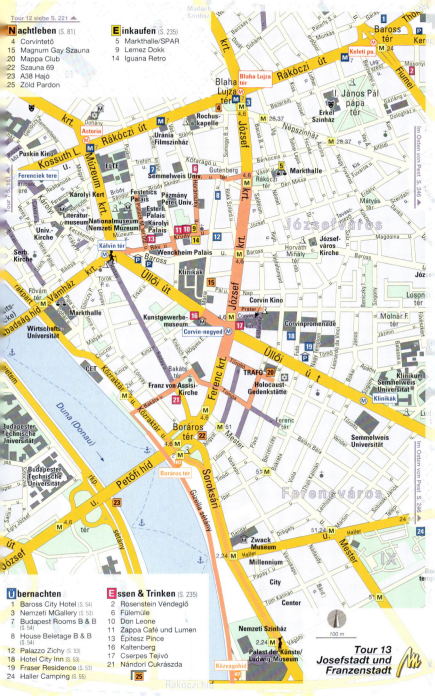

Kinos erinnert ein Denkmal an Ferenc (Franz) Molnárs Jugendroman „Die Jungen von der Paul-Straße" (1906), der in Ungarns Schulen zur Pflichtlektüre zählt; er handelt vom Kampf zweier Jugendbanden in der Budapester Josefstadt.

An der Kreuzung Großer Ring/Üllői út sticht die mit grünen Keramikziegeln gedeckte Jugendstilkuppel des → **Kunstgewerbemuseums (Iparművészeti Múzeum)** ins Auge, das allein wegen seiner Architektur einen Besuch wert ist.

Zurück am Großen Ring, biegen wir nach einem kurzen Stück am Ferenc körút links in die Tűzoltó utca ein. An der Ecke zur Liliom utca hat sich in einem Umspannwerk von 1909 das **TRAFÓ**, ein Kultur- und Kunstzentrum etabliert, das einen festen Platz in Budapests Kultur- und Nachtleben hat (→ S. 68). Eine Straßenecke weiter wurde eine Synagoge aus den 1920ern mit Anbauten in moderner, dekonstruktivistischer Architektur zu einer → **Holocaust-Gedenkstätte** umgestaltet. Diese erinnert an die 600.000 ungarischen Holocaust-Opfer und fördert die überfällige Aufarbeitung des Themas im Land. Die Namen der Opfer sind im frei zugänglichen Innenhof auf einer hohen schwarzen Wand, einer Art „Klagemauer", eingraviert.

In der Liliom utca nach Süden und dann rechts, geht es entlang der Tompa utca wieder stadteinwärts über den Ferenc körút zur **Franz-von-Assisi Kirche (Assisi Szt. Ferenc templom)**, die mit ihrem 66 m hohen Turm inmitten des baumbestandenen Bakáts tér aufragt. Der neoromanische Bau von 1879 ist ein Werk von Miklós Ybl, die Fresken im Inneren schufen Károly Lotz und Mór Than. Die Bakáts utca führt uns von hier direkt an das begrünte Donauufer mit seiner langen Promenade.

Flussaufwärts erblicken wir das 2011 errichtete walförmige Stahl-Glas-Konstrukt des **CET**, das aus einem alten Lagerhauskomplex entstand. Es soll als Kultur- und Freizeitarena dienen, ist aber noch nicht eröffnet. Donauabwärts folgt die architektonisch belanglose Petőfi-Brücke. Sie führt hinüber in den Budaer Stadtteil **Lágymányos**, der als Gelände für die Weltausstellung Wien-Budapest 1996 vorgesehen war. Nachdem das Projekt aus finanziellen Gründen gescheitert war, wurde das Areal zum Campus der Technischen Universität ausgebaut.

Die letzte Station unserer Tour ist Budapests jüngster Kulturbezirk und Zentrum des Millennium City Centers. Er liegt donauabwärts kurz vor der **Rákóczi híd**, einer Brücke von 1996, die durch ihre roten Leuchtmasten auffällt. 1,5 km entlang der Donauuferpromenade Gízella sétány sind es bis dorthin. Schneller geht es mit Tram 2, die unterhalb der Brückenrampe der Petőfi híd hält. Vorbei an vielen Neubauten und dem im Stammwerk des berühmten Spirituosenhändlers untergebrachte → **Zwack-Museum** erreichen wir an der Station *Millenniumi Kulturális Központ* das

Holocaust-Gedenkstätte

Gelände des Kulturbezirks mit dem → **Nationaltheater (Nemzeti Színház)** und dem → **Palast der Künste (Művészetek Palotája)** nebenan. Dieser birgt einen großen Konzertsaal und ein Festivaltheater; in den donauseitigen Teil ist das → **Ludwig-Museum zeitgenössischer Kunst (Ludwig Kortárs Művészeti Múzeum)** eingezogen.

Mit Tram 2 kehren wir von hier wieder ins Zentrum von Pest zurück.

Sehenswertes

Palais am Pollack Mihály tér: Einst bildeten die Stadtpaläste direkt hinter dem Nationalmuseum eine schmucke Häuserzeile, doch der 1969 an Stelle der nationalen Reitschule hochgezogene Hauptsitz des Ungarischen Rundfunks *Magyar Rádió* zerstörte das Ensemble. Das Gebäude ganz links ist das **Festetics Palais** (1865), das Miklós Ybl plante. Seine Prunksäle werden für Veranstaltungen genutzt, im Dachgeschoss ist die deutschsprachige *Andrássy Universität Budapest* zu Hause. Das backsteinrote **Esterházy Palais** von 1865 birgt den Marmorsaal des Ungarischen Rundfunks, der für Konzerte genutzt wird. Ganz rechts steht das schlossartige **Károlyi Palais** von 1865, abermals ein Werk im Neorenaissancestil von Miklós Ybl.

Kunstgewerbemuseum (Iparművészeti Múzeum): Der 1896 von Ödön Lechner (sein Denkmal steht rechts vom Eingang) und Gyula Pártos errichtete Bau ist ein Hauptwerk des ungarischen Jugendstils – besonders beeindruckend sind die mit bunter, folkloristischer Zsolnay-Keramik verkleideten Fassaden und Dächer (→ Foto S. 230). Für den von einem Glasdach überspannten Innenhof des U-förmigen Baus ließen sich die Architekten vom Orient inspirieren und umgaben ihn mit zweistöckigen, ganz in Weiß gehaltenen Arkaden.

Den Grundstock des Museumsbestands bildet die für die Wiener Weltausstellung 1872 zusammengetragene Kunsthandwerk-Sammlung, die nach der des Londoner Victoria-und-Albert-Museums und des Wiener Museums für Angewandte Kunst (MAK) die drittälteste Europas ist. Die Budapester Sammlung umfasst Glas- und Keramikwaren mit schönen Stücken der Manufakturen Herend und Zsolnay, kostbare Goldschmiedearbeiten aus der Esterházy-Kollektion, Textilkunst, Leder- und Papierarbeiten sowie Teppiche und Möbel vom Biedermeier bis zur Sezession. Die 400 kostbarsten Stücke sind in der Dauerschau *Collectors and Treasures* im 1. Obergeschoss zu sehen. In den übrigen Geschossen sind Wechselausstellungen zu sehen.

Di–So 10–18 Uhr. Dauerschau 1500 Ft, erm. 750 Ft, Wechselausstellungen 1000–2000 Ft, Kombitickets erhältlich. Mit Budapest Card 20 % Nachlass. IX., Üllői út 33–37. www.imm.hu. Ⓜ 3 blau Corvin-negyed oder Ⓣ 4 und 6.

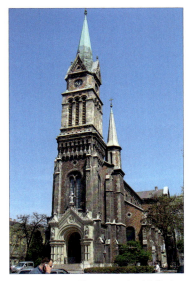

Franz-von-Assisi Kirche

Holocaust-Gedenkstätte (Holokauszt Emlékközpont): Die modern gemachte Ausstellung in den unterirdischen Museumsräumen spürt der Radikalisierung des Antisemitismus in Ungarn ab 1920 nach, erzählt Einzelschicksale, berichtet über das Verhältnis des Horthy-Regimes zu Hitler-Deutschland (angeblich soll die Orbán-Regierung zuletzt auf die Darstellung Einfluss genommen haben) sowie die Deportationen ab 1944. Für Sonderausstellungen wird der schön renovierte Innenraum der historischen Synagoge genutzt.

Di–So 10–18 Uhr. Eintritt 1400 Ft, erm. 700 Ft, mit Budapest Card 50 % Nachlass. IX., Páva u. 39. www.hdke.hu. Ⓜ 3 blau Corvinnegyed, Ⓣ 4 und 6.

Zwack Unicum Múzeum: Das dem Kräuterbitter *Unicum* (→ S. 65) gewidmete Museum spannt den Bogen von der Erfindung des berühmten Gebräus am Kaiserhof Josephs II. über die Verstaatlichung der Brauerei 1948, die Flucht der Familie Zwack nach Amerika und deren Rückkehr nach Ungarn noch vor der Wende. Den Beginn macht eine Filmvorführung (20 Min., auch deutsch), zum Schluss gibt es alkoholhaltige Kostproben. Ein riesiger Zwack-Shop *(Mintabolt)* fehlt natürlich nicht.

Mo–Fr 10–17 Uhr. Eintritt 1800 Ft, erm. 1000 Ft. IX., Soroksári út 26 (Eingang in der Dandár utca). www.zwack.hu. Ⓣ 2, 24.

Nationaltheater (Nemzeti Színház): Nach jahrelanger Standortsuche ging der Neubau 2001 in nur 15 Monaten über die Bühne. Von Norden her kommend leitet ein steinerner Vorhang zu dem heftig kritisierten Entwurf von Mária Siklós, der in verspielter, postmoderner Manier Elemente des Historismus, der Antike und der organischen Architektur (→ S. 33) kombiniert. Als bauhistorisches Zitat liegen gar Teile der Fassade des früheren Nationaltheaters in dem vorgelagerten künstlichen See, von dem aus das Gebäude wie ein geflügeltes Schiff anmutet. Die seltsame Stufenpyramide **Zikkurat** dient mit ihrer spiralförmigen Rampe außen als Aussichtsturm und innen als Kunstgalerie.

XI., Bajor Gizi Park 1. www.szinhaz.hu (→ Theater S. 70). Ⓣ 2, Ⓣ 24, H 7 Közvágóhíd híd.

Palast der Künste (Művészetek Palotája MÜPA): Im Gegensatz zum benachbarten Nationaltheater entschied sich Architekt Gábor Zoboki außen für einen schlicht-modernen, mit beige-braunen Kalksteinplatten verkleideten Bau, der sich mit Glasfassade und hoher Säulenhalle zur Innenstadt hin öffnet. Einen Kontrast dazu bildet das Innere, das mit bauchigen, warmen Holzverkleidungen, verwinkelten Ecken und einem Sternenhimmel an der Decke überaus traditionell anmutet. Die Perle des Palasts ist der 1800 Sitzplätze fassende, Béla Bartók gewidmete **Nationale Konzertsaal (Bartók Béla Nemzeti Hangversenyterem BBNH)** mit seiner hervorragenden Akustik. Das kleinere **Festivaltheater (Fesztivál Színház)** bietet 450 Personen Platz (→ Klassische Musik S. 69). Der tagsüber geöffnete Palast bietet neben einem Buchladen, zwei CD-Shops, einer Café-Bar und einem Sommerrestaurant auch eine Panoramaterrasse. Abends wird das Areal in bunten Farben angestrahlt.

IX., Komor Marcell utca 1. www.mupa.hu. Ⓣ 2, Ⓣ 24, H 7 Közvágóhíd híd.

Ludwig-Museum zeitgenössischer Kunst (Ludwig Kortárs Müveszeti Múzeum): Rund 200 Kunstwerke des Aache-

Nationaltheater

ner Kunstsammlerpaars Irene und Peter Ludwig legten 1989 den Grundstein für das erste ungarische Museum, das nur zeitgenössische Kunst sammelt. Diese wird in Dauer- und Sonderausstellungen auf drei Geschossen präsentiert. Neben Werken von Andy Warhol, Roy Lichtenstein, Jasper Johns, Georg Baselitz, Markus Lüpertz, Joseph Beuys und Arnulf Rainer ist vorwiegend mittelosteuropäische Gegenwartskunst zu sehen.

Di–So 10–20 Uhr. Dauerausstellung frei, Eintritt Sonderausstellung 800–1300 Ft. IX., Komor Marcell utca 1. www.ludwigmuseum.hu. Ⓣ 2, Ⓣ 24, H 7 Közvágóhíd híd.

Praktische Infos → Karte S. 231

Essen & Trinken

Rosenstein Vendéglő 2 Der jüdische Familienbetrieb beim Ostbahnhof unter der Regie von Tibor Rosenstein und seinem Sohn Robi sind eine Institution. Gemütlich-elegantes Ambiente, große Auswahl an köstlichen traditionell-ungarischen und jüdischen Gerichten (2500–4800 Ft); Service top. Mo–Sa 12–23 Uhr. VIII., Mosonyi u. 3, ✆ +36 (1) 3333492. www.rosenstein.hu. Ⓜ 2 rot Keleti pu.

Kaltenberg 16 Schon seit 1985 serviert das bayerische Spezialitätenrestaurant im Gewölbekeller einer alten Tabakfabrik Schweinshaxe & Co. und hausgebrautes Bier. Günstige Preise. Livemusik ab 18 Uhr. Tägl. 11.30–23 Uhr. IX., Kinizsi u. 30–36, ✆ +36 (1) 2159792. www.kaltenberg.hu.

Fülemüle 6 In dem gutbürgerlichen Josefstädter Traditionslokal „Nachtigall" steht ungarische und jüdische Küche auf der Karte. Freundlicher Service. Hauptgericht 2500–5000 Ft. Mo–Do 12–22, Fr/Sa 12–23 Uhr, im Sommer oft nur abends. VIII., Kőfaragó u. 5, ✆ +36 (1) 2667947. www.fulemule.hu.

Épitesz Pince 13 Der „Architektenkeller" liegt im Untergeschoss des Palais Almássy (1877), dem Sitz der Architektenkammer. Ein Besuch lohnt, wenn die Terrasse im Innenhof geöffnet ist. Die Küche ist traditionell und unspektakulär, die Portionen sind groß, die Preise günstig. Mo–Do 11–22, Fr/Sa 11–24 Uhr. VIII., Ötpacsirta u. 2, ✆ +36 (1) 2664799. www.epiteszpince.hu.

Don Leone 10 Kleines gemütliches Kellerlokal mit italienisch-ungarischer Küche zu fairen Preisen – das 2-Gänge-Mittagsmenü kostet 790 Ft. Freundliches Personal, im Sommer schöne Terrasse am Platz. Mo–Fr 10–24, Sa/So 12–24 Uhr. VIII., Krúdy Gyula u. 2, ✆ +36 (1) 9506701. www.donleone.hu.

Cserpes Tejivó 17 Ein Molkereibetrieb hat die gute alte „Milchbar" wiederbelebt und daraus eine kreative Edel-Fastfood-Kette rund um Milchprodukte gemacht. Es gibt köstliche Joghurts, Milchshakes & Co., aber auch Fruchtsalate, Sandwiches und süßes Gebäck – alles aus frischen, regionalen Zutaten. Mo–Sa 7.30–22, So 9–20 Uhr. VIII., Corvin köz.

Zappa Café 11 Frank Zappa soll in der beliebten Studentenkneipe einst aufgetreten sein – ein Wandgemälde erinnert daran. Moderate Preise, am schönsten sitzt man auf der Terrasse am Platz. Mo–Fr 10–24, Sa/So 12–24 Uhr. VIII., Mikszáth K. tér 2, www.zappacaffe.hu.

Lumen 11 Die winzige Café-Galerie, die auf wenigen Quadratmetern Werke junger Fotokünstler, eine eigene Kaffeerösterei und eine Bar vereinte, hat sich vergrößert und bietet jetzt auch warme Küche, Bier und Wein an. Minimalistisches Design. Mo–Fr 8–22, Sa 9–22 Uhr. VIII, Mikszáth K. tér 2, www.lumenkave.hu.

»› Unser Tipp: Nándori Cukrászda 21 Die Konditorei ist eine der besten der Stadt. Die köstlichen Torten, Pralinen und sommerlichen Eisspezialitäten gibt es zum Mitnehmen, im Sommer stehen draußen auch ein paar Tische. Mo–Sa 7.30–18 Uhr. Ráday u. 53. www.nandori.hu. ‹‹‹

Einkaufen

Lemez Dokk 9 Kleiner Musikladen zum Stöbern. CDs und Vinyl mit Jazz, Rock, Blues, Folk und Beat. Mo–Fr 11–19, Sa 10–14 Uhr. VIII., Horánszky u. 27.

Iguana Retro 14 Kunterbunter Secondhandladen; Mode, Schuhe, Schmuck, Taschen, CDs, Vinyl; sehr schräg. Mo–Fr 11–19, Sa 10–14 Uhr. VIII., Krudy Gyula u. 11.

SPAR-Supermarkt 5 in der Markthalle. Mo 6–16, Di–Fr 6–18, Sa 6–13 Uhr. VIII., Rákóczi tér 7–9.

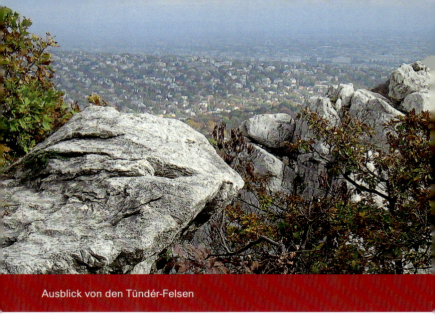

Ausblick von den Tündér-Felsen

Tour 14: In die Budaer Berge (Budai-Hegység)

Im Westen wird Buda vom 400 bis 500 m hohen Budaer Bergland umschlossen, dessen Ausläufer bis in die Stadt reichen und schon seit gut 100 Jahren ein begehrtes und teures Wohngebiet sind. Mit 270 km Spazierwegen und Mountainbike-Routen, Aussichtspunkten, Spiel- und Sportplätzen locken die bewaldeten Höhen die Budapester am Wochenende in Scharen ins Grüne.

Wer Lust auf viel Grün und frische Luft verspürt oder einfach raus aus der Stadt möchte, hat es in Budapest leicht: Das Budaer Bergland liegt noch innerhalb der Stadtgrenzen und ist mit öffentlichen Verkehrsmitteln einfach und schnell zu erreichen – dabei kommen auch eine Zahnradbahn, eine Schmalspurbahn und ein Sessellift zum Einsatz.

Die wegen ihrer Fernsehsender und Aussichtstürme wichtigsten Orientierungspunkte der Budaer Berge sind der **Széchenyi-Berg** (Széchenyi-hegy, 482 m) und der nordwestlich folgende, höchste Gipfel **Johannes-Berg** (Jánoshegy, 527 m). Weiter im Norden, getrennt durch das Hűvösvölgyi (Kühles Tal), erhebt sich der **Dreigrenzenberg** (Hármashatár-hegy, 496 m). Eine Besonderheit dieser nördlichen Budaer Berge sind die ausgedehnten Höhlensysteme, von denen die **Szemlőhegyi-** und die **Pálvölgyi-Höhle** touristisch erschlossen sind.

Tour 14: In die Budaer Berge

Rundtour

Ausgangspunkt der Rundwanderung ist der Széll Kálmán tér (Ⓜ2 rot, K 4, 6). Ab hier geht man 10 Minuten zu Fuß entlang dem Szilágyi Erzsébet fasor (oder fährt zwei Stationen mit Tram 59 oder 61) bis zur Talstation der 1874 erbauten → **Zahnradbahn (Fogaskerekű vásut)** am Városmajor-Park. Mit dieser geht es meist gemeinsam mit Mountainbikern 15 Minuten bergan bis zur Endstation auf dem Széchenyi-hegy. Dort angekommen, folgen wir den Pfeilen Richtung → **Kindereisenbahn (Gyermekvasút)**, deren Bahnhof nach wenigen Minuten durch einen Park erreicht ist. Wer will, kann nun mit dem Zug bis zur Station János-hegy fahren, aussichtsreicher ist allerdings der Weiterweg zu Fuß. Man wandert zunächst etwa 800 m parallel zu den Schienen bis zur Haltestelle Normafa. Hier geradeaus weiter erreichen wir über die Eötvös-út den **Normafa-lejtő (Normafa-Abhang)**, eine steile Wiese, die bei entsprechender Schneelage zum Skifahren und Rodeln genutzt wird (in den 1970ern gab es sogar einen Skilift) – ihren eigenartigen Namen erhielt die Wiese von einer Opernsängerin, die hier unter einem Baum (ung. *fa*) eine Arie aus Bellinis „Norma" geträllert haben soll.

Ab hier folgen wir dem mit einem blauen, runden Pfeil markierten Wanderweg Richtung János-hegy. Nahezu eben geht es über aussichtsreiche Wiesen, durch Buchen- und Eichenwälder, vorbei an einem Kinderspielplatz und mehreren Sendemasten dahin, bis wir nach 1,8 km auf die Bergstation eines → **Doppelsessellifts (Libegő)** treffen. Bevor wir mit diesem wieder talwärts schweben, steht noch die Besteigung von Budapests höchster Erhebung an: Über steile Treppen geht es auf den 529 m hohen **(Johannesberg János-hegy)**, auf

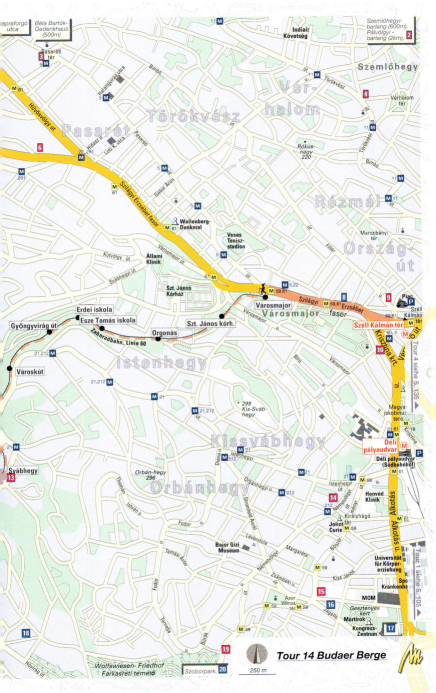

dem sich der schmucke → **Elisabethturm (Erzsébet-kilátó)** mit vier Aussichtsplattformen erhebt. Wer nicht mit dem Sessellift zurück ins Tal möchte, kann mit der Kindereisenbahn weiterfahren – ihre Haltestelle „János-hegy" liegt rund 700 m weiter westlich (Wegweiser). Man kann die 262 Höhenmeter zur Talstation des Sesselifts in Zugliget auch zu Fuß absteigen; allerdings ist der Weg südlich der Lifttrasse steil und teils rutschig und führt an den Felsabbrüchen Tündér-szikla (Trittsicherheit!) vorbei. Von der Talstation geht es mit Bus 291 bis zur Haltestelle Budagyöngye, wo man in die Straßenbahn 61 umsteigt, um mit dieser zum Széll Kálmán tér zurückzukehren. Nur eine Haltestelle weiter (K 61 Nagyajtai utca) befindet sich linker Hand in einem Grünstreifen das **Raoul-Wallenberg-Denkmal**, das Imre Varga 1987 für den schwedischen Diplomaten und „Retter der Juden" (→ Kasten S. 223) schuf.

Sehenswertes

Zahnradbahn (Fogaskerekű vasút): Die 4 km lange Schwabenbergbahn (Linie Nr. 60) wurde 1874 nach dem Vorbild der Rigi-Bahn im schweizerischen Luzern errichtet und war damit die zweitälteste Zahnradbahn Europas. 1929 wurde die Strecke elektrifiziert, die nostalgischen Waggons stammen noch aus den 1960er-Jahren. 400 m von der vorletzten Station *Művész út* entfernt führen zwei neobarocke Freitreppen zum **Széchenyi-kilátó (Széchenyi-Aussichtspunkt)**. Die südlichen Ausläufer des Sváb-hegy tragen seit 1860, nach dem Tod des Grafen István Széchenyi, dessen Namen.

Tägl. 5–23 Uhr, Mo–Fr alle 15–20 Min., BKV-Fahrscheine sind gültig, für ein Fahrrad ist ein zusätzlicher Fahrschein zu lösen. XII., Szilágyi Erzsébet fasor 16. Ⓣ 59 oder 61 ab Ⓜ 2 rot Széll Kálmán tér.

Kindereisenbahn (Gyermekvasút): Die beliebte Schmalspurbahn wird seit 1948 von 8- bis 14-jährigen Kindern (ursprünglich den Pionieren der kommunistischen Jugendorganisation) betrieben, die unter Aufsicht der Erwachsenen alle Aufgaben mit Ausnahme des Lokführers übernehmen dürfen. Die 11 km lange Strecke schlängelt sich ab Széchenyi-hegy (Endstation der Zahnradbahn) durch Laubwälder, vorbei an der Haltestelle János-hegy und um den 454 m hohen Nagy-Hárshegy (Großer Lindenberg) bis zur Endstation im Hűvösvölgy(-Tal), dessen weiter Wiesengrund ein beliebtes Picknickziel ist. Tram 61 bringt von dort zurück zum Széll Kálmán tér.

Mai bis Ende Aug. tägl. 10–17, sonst Di–So 10–16 Uhr. Abfahrt immer etwa zur vollen Stunde, Fahrzeit 45 Min., einfach 700 Ft, hin/zurück 1400 Ft, erm. 350/700 Ft. Sa/So verkehrt auch eine Dampflok (Nostalgiezuschlag 200 Ft). Nur Bargeld. II., Hűvösvölgy. www.gyermekvasut.com. Ⓣ 61 ab Ⓜ 2 rot Széll Kálmán tér.

Sessellift Zugliget (Zugligeti Libegő): Auf einem der wenigen Sessellifte Ungarns liegt einem bei der Talfahrt die Stadt zu Füßen. Bus 291 verbindet die Talstation mit dem Nyugati pu. (Ⓜ 3 blau).

Tägl. 9.30–16 Uhr. Ticket einfach 850 Ft, hin/zurück 1400 Ft, erm. 550/850 Ft. XII., Zugligeti út 97.

Elisabethturm (Erzsébet-kilátó): Der 1910 eröffnete 24 m hohe Turm auf dem Gipfelplateau des János-hegy ist Kaiserin und Königin Sisi gewidmet. Sein Stil erinnert an die Fischerbastei, was nicht verwundert, wurde er doch vom selben Architekten, Frigyes Schulek, entworfen. Von den Plattformen genießt man einen eindrucksvollen, weiten Rundblick über die Wälder hinweg bis zur Donau, an deren Ufer das Parlamentsgebäude zu erkennen ist.
Tägl. 8–20 Uhr, Eintritt frei.

Sehenswürdigkeiten abseits der Tour

Szemlő-hegyi-Höhle (Szemlő-hegyi-Barlang): Der Eingang zu der 1930 entdeckten, 2 km langen und konstant 12 °C kalten Höhle befindet sich mitten im bebauten Gebiet südwestlich oberhalb von Óbuda. Im Höhleninneren sind auf einem 250 m langen Besichtigungsweg schön illuminierte Kalkgebilde zu bewundern – sogenannte Erbsensteine und Gipskristalle, die über Jahrhunderte von den Thermalquellen geschaffen wurden. In einem anderen Trakt wird die Höhlenluft zur Linderung von Atemwegsbeschwerden genutzt.

Mi–Mo 10–16 Uhr. Eintritt (nur mit Führung) 1000 Ft, erm. 800 Ft, Kombiticket mit Pálvölgyi-Höhle 1650/1170 Ft, mit Budapest Card 50% Nachlass. II., Pusztaszeri út 35. Ⓣ 17 ab Margit híd bis Kolosy tér, dann Bus 29 bis Szemlő-hegyi-barlang.

Pálvölgyi-Tropfsteinhöhle (Pálvölgyi-barlang): Ungarns mit 19 km Länge zweitgrößte Höhle liegt nordwestlich der Szemlőhegyi-Höhle in den südlichen Ausläufern des Hármashatár-hegy. Im Rahmen der Führung gelangt man auf einem 500 m langen Weg vorbei an imposanten Stalaktiten, die ihrer Form nach an Tiere erinnern. Die Höhlentemperatur beträgt ganzjährig 11 °C.

Di–So 10–16 Uhr. Eintritt 1200 Ft, erm. 960 Ft, mit Budapest Card 50% Nachlass. II., Szépvölgyi út 162. www.palvolgyibarlang.hu. Ⓣ 17 ab Margit híd bis Kolosy tér, dann Bus 65 bis Pálvölgyi cs.

Pasarét: Der in den Budaer Bergen gelegene Stadtteil, Anfang des 19 Jh. noch „Sauwiese" genannt, wurde in der Zwischenkriegszeit zum Villenviertel, in dem sich u. a. Komponisten und Schriftsteller wie Béla Bartók (s. u), Ernö Dohnányi und Antal Szerb niederließen. Nach dem Vorbild der Stuttgarter Weißenhofsiedlung entstand ab 1931 in der **Napraforgó utca** eine Bauhaus-Mustersiedlung mit 22 von den damals führenden ungarischen Architekten entworfenen Villen. Trotz zahlreicher Umbauten blieb ihr ursprünglicher Charakter erhalten und lohnt auch wegen der grünen Lage den Spaziergang. Bauhaus-Architektur aus den 1930ern kennzeichnet auch die Kirche **Pasaréti templom** (1934) und den Busbahnhof von 1937 (nettes Bistro!), beide am Pasaréti tér im Zentrum des Stadtteils.

Bus 5 (ab Ⓜ 2 Széll Kálmán tér) bis Pasaréti tér, von dort 500 m entlang der Pasaréti út bis ans Ende des Sportplatzes – hier beginnt die Napraforgó utca.

Béla-Bartók-Gedenkhaus (Bartók Béla Emlékház): Seit 1932 bewohnte der im heutigen Rumänien geborene ungarische Komponist Béla Bartók (1881–

Elisabethturm am János-hegy: Panoramablick auf vier Geschossen

1945) eine Villa in Pasarét – bis 1940, als er in die USA emigrieren musste und dort nur fünf Jahre später verstarb. Bartók war ein musikalisches Wunderkind, hatte ab 1899 in Budapest Klavier studiert und 1908–34 an der Musikakademie als Professor gewirkt. Animiert durch seinen Freund Zoltán Kodály, widmete er sich der Erforschung traditioneller Volksmusik, die er auf ausgedehnten Reisen durch den Donauraum und den Vorderen Orient sammelte. Mit Bauernmöbeln stattete er auch seine Villa aus, im 2. Stock sind drei original möblierte Zimmer erhalten, auch sein Bösendorfer-Flügel und seine Schreibmaschine sind zu sehen. Der Konzertsaal eine Etage tiefer wird für hochkarätige Kammermusikkonzerte genutzt (Termine siehe Website). Im Garten steht Bartók selbst, von Imre Varga in Bronze gegossen.

Di–So 10–17 Uhr. Eintritt 1200 Ft, erm. 600 Ft. II., Csalán út 29. www.bartokmuseum.hu. Bus 5 ab Széll Kálmán tér (Ⓜ 2 blau) bis Pasaréti tér, dann die steile Csévi utca 10 Min. bergauf.

Wolfswiesen-Friedhof (Farkasréti temető): Der 1894 gegründete Friedhof liegt an den bewaldeten Hängen der Budaer Berge 3 km westlich des Gellértbergs. Er ist die bevorzugte letzte Ruhestätte der Kunstschaffenden, unter ihnen Béla Bártók (1988 aus den USA überführt), Zoltán Kodály, der Dirigent Sir Georg Solti und die Keramikkünstlerin Margit Kovács. Das Innere der großen Aufbahrungshalle *(Ravatalozó)* stammt von Imre Makovecz, dem Meister der organischen Baukunst (→ S. 33), und erinnert mit seinem Holzrippengewölbe an einen Brustkorb (nur bei Beerdigungen geöffnet).

Tägl. 7.30–19, im Winter bis 17 Uhr. XII., Németvölgyi út 99. Ⓜ 2 rot Széll Kálmán tér, dann Ⓣ 59 bis Farkasréti temető. Im Friedhof grüner Wegweiser zur Künstlerparzelle *(Művesz parcella).*

Busbahnhof Pasaréti tér

Praktische Infos → Karte S. 238/239

Essen & Trinken

Bajai Halászcsárda 🔢 Das freundliche Landgasthaus am Svábhegy wird seinem Namen „Fischgasthaus" gerecht – etwa bei der köstlichen Fischsuppe (2990 Ft) oder der gemischten Fischplatte für zwei (7900 Ft). Gute Auswahl an ungarischen Weinen. Schöner Gastgarten. Mo–Sa 11.30–22, So 11.30–17 Uhr, im Sommer bis 20 Uhr. XII., Hollós u. 2, ✆ +36 (1) 2755245. www.bajaihalaszcsarda.com. Zahnradbahn oder Bus 21 ab Ⓜ 2 rot Széll Kálmán tér jeweils bis Svábhegy.

Praktische Infos 243

Normakert 11 Im „Skihaus/Síház" am Svábhegy kehrten einst die Wintersportler ein, heute ist es ein familienfreundliches Ausflugsrestaurant mit einer großen Grillterrasse im Sommer. Die Küche ist international, Di–Fr gibt es ein günstiges Tagesmenü (950 Ft), Hauptgerichte kosten 2000–3000 Ft. Das Lokal informiert auch über Wanderwege im Budaer Bergland, die gleich nebenan starten, und verleiht Fahrräder. Sa/So oft recht voll. Tägl. (außer Mo) 11–23 Uhr. XII., Eötvös út 59, ✆ +36 (1) 3977151. www.normakert.hu. Ⓜ 2 rot Széll Kálmán tér, dann Bus 21.

Náncsi Néni 1 Beliebtes rustikales Traditionsgasthaus weitab am grünen Rand der Stadt, vom Besitzer nach seiner Großmutter, die „Tante Náncsi" gerufen wurde, benannt. Ungarische Hausmannskost in mittlerer Preislage. Der lauschige, baumbestandene Garten ist im Sommer schnell belegt. Tägl. 12–23 Uhr. II., Ördögárok u. 80, ✆ +36 (1) 3972742, www.nancsineni.hu. Ab Ⓜ 2 rot Széll Kálmán tér mit Ⓣ 61 bis Endstation, dann Bus 157 bis Nagyrét utca.

Remíz 6 Die von Touristen und Budapestern geschätzte Café-Brasserie bei der Straßenbahnremise erfreut mit zwangloser Atmosphäre und einem stimmungsvollen Biergarten. Gute ungarisch-internationale Küche, am besten sind Torten und Kuchen. Hauptgericht 2800–4000 Ft. Tägl. 12–23 Uhr. II., Budakeszi út 5, ✆ +36 (1) 2751396. www.remiz.hu. Bus 22 ab Ⓜ 2 rot Széll Kálmán tér bis Szépilona.

🍃 **Villa Bagatelle** 14 Der weiße, stilvoll renovierte Bau von 1929 beherbergt im Erdgeschoss eine Bäckerei, die handgemachtes Sauerteigbrot verkauft (Mo–Fr 7–19, Sa/So 8–12 Uhr), und im 1. Stock ein nettes Café-Bistro mit herrlicher Patisserie, Kaffee aus eigener Röstung, großem Frühstücksangebot, Snacks und Salaten (Mo–Fr 8–19, Sa/So 9–18 Uhr). XII., Némétvölgyi út 17, ✆ +36 (1) 2134190. www.villa-bagatelle.hu. Ab Ⓜ 2 rot Széll Kálmán tér Ⓣ 59 bis Királyhágó tér. ■

Vadrózsa 4 Die „Wildrose" in der schmucken Neobarockvilla am noblen Rosenhügel gilt seit Jahren als verlässliche Adresse für exklusives Speisen (Hauptgericht ca. 7000 Ft). Spezialitäten sind Gänseleber sowie Wild- und Fischgerichte, die in intimer Atmosphäre auf feinstem Porzellan serviert werden. Abends Klaviermusik. Tägl. 12–15, 19–24 Uhr. II., Pentelei Molnár u. 15, ✆ +36 (1) 3265817. www.vadrozsa.hu. Bus 11 ab Ⓜ 2 rot Batthyány tér bis Vend utca.

Ezüstponty 19 Der „Silberkarpfen" ist ein rustikales, preiswertes Traditionswirtshaus; seine Markenzeichen sind Fischgerichte und im Sommer die große Grillterrasse. Tägl. 12–23 Uhr. XII., Némétvölgyi út 96, ✆ +36 (1) 3191632. www.ezustponty vendeglo.hu. Ⓣ 59 ab Ⓜ 2 rot Széll Kálmán tér bis Vas Gereben utca.

Origo 3 Café-Bar-Bistro, das gelungen in den Bauhaus-Busbahnhof integriert wurde. Modern-puristisches Design, großes Frühstücksangebot, Snacks, eine Handvoll günstige Hauptspeisen. Bunt gemischtes Publikum, Terrasse. Tägl. 7.30–24 Uhr. II., Pasaréti út 100, ✆ +36 (1) 3766039. Bus 5 ab Ⓜ 2 rot Széll Kálmán tér.

Szamos Budai Cukrászda 15 Kleine Konditorei des bekannten Marzipanherstellers mit Wintergarten und Sommerterrasse. Ein Tipp sind die Creme- und Mignonschnitten. Tägl. 10–19, im Sommer bis 20 Uhr. XII., Böszörményi út 44–46. www.szamos.hu. Ⓣ 59 ab Ⓜ 2 rot Széll Kálmán tér bis Apor Vilmos tér.

Szépkilátás Cukrászda 13 Die winzige Konditoreifiliale „Zur schönen Aussicht" gehört zur Szamos-Marzipandynastie. Innen eine nostalgische Puppenstube, draußen sitzt man herrlich im Park unter Kastanien. Tägl. 9–19, im Sommer bis 20 Uhr. XII., Szépkilátás u. 1, unweit der Zahnradbahnstation Svábhegy.

Auguszt Cukrászda 9 Für viele Budapester Schleckermäuler bäckt die Familie Auguszt – inzwischen in fünfter Generation – die besten Kuchen und Torten der Stadt. Einer ihrer Läden liegt hinter der Markthalle beim Mammut-Einkaufszentrum. Di–Fr 10–18, Sa 9–18 Uhr. II., Fény u. 8. Ⓜ 2 Széll Kálmán tér.

🍃 **Artigiana Gelati** 10 Für viele die beste Eisdiele der Stadt, 3 Min. zu Fuß vom Széll Kálmán tér. Rund 30 verschiedene Sorten (220 Ft/Kugel), wie Walnuss-Gorgonzola, Feige und After Eight, manche auch vegan. Nur wenige Sitzplätze. Di–Fr 10.30–19.30, Sa/So bis 20.30 Uhr. XII., Csaba u. 8. ■

Daubner Cukrászda 2 Einer der besten Zuckerbäckerläden Ungarns mit herrlichen Eis-, Kuchen- und Konfektspezialitäten. Etwas abgelegen, trotzdem immer Warteschlangen vor der Theke. Tägl. 9–19 Uhr. II., Szépvölgyi út 50. Ⓣ 17 ab Margit híd bis Kolosy tér, dann Bus 65 bis Ürömi utca.

Budaer Berge → Karte S. 238/239

Beliebtes Ausflugsziel: Szentendre nördlich von Budapest

Ausflüge außerhalb des Zentrums

Neben Römerresten in Aquincum und Attraktionen in den Budaer Bergen sind in den äußeren Bezirken Budapests weitere Sehenswürdigkeiten zu entdecken, die mit Bus und Straßenbahn gut erreichbar sind.

Im Süden Budas

→ Karte „Budapest Übersicht"

Budafok-Tétény heißt der im Südwesten der Stadt gelegene XXII. Bezirk. Donauschwaben betrieben hier im 19. Jh. regen Weinanbau, und noch heute durchzieht ein 60 km langes Kellersystem den karstigen Untergrund. Der berühmteste Produzent süffiger Tropfen aus Budafok ist die Sektkellerei *Törley*, die hier seit 1882 ansässig ist. Budafoks meistbesuchte Attraktion ist der **Memento-Park**, ein ca. 8 km südlich des Gellértbergs gelegenes einzigartiges Freilichtmuseum. 3 km weiter südlich trifft man auf das moderne, vielbesuchte **Tropicarium**, und weitere 3 km stadtauswärts steht das barocke **Schloss Nagytétény** mit einer Außenstelle des Kunstgewerbemuseums.

Diese drei Sehenswürdigkeiten lassen sich zu einer Route verbinden, wenn man vom Memento-Park mit Buslinie 150 zum Tropicarium und von dort mit Bus 33 weiter zum Schloss Nagytétény fährt.

Memento-Park

Monumentale Statuen von Revolutionären, Politikern und Helden, die zu Zeiten des Staatssozialismus prominente Plätze in Budapest zierten, sind seit 1993 in einem Denkmalpark *(Szoborpark)* an der Straße 7 Richtung Plattensee (Balatoni út) versammelt.

Von der als Eingangstor gedachten Ziegelfassade grüßen Lenin, Marx und Engels, dahinter stehen verstreut weitere 42 Statuen und Ehrentafeln, die als Auftragsarbeiten zwischen 1950 und 1986 für die Stadt geschaffen wurden. Bis zu 10 m hohe Figuren mit heroischer Miene und klobigen Gliedmaßen, darunter der sowjetische Soldat vom Befreiungsdenkmal am Gellértberg (S. 129), das Béla-Kun-Memorial aus Chrom und Kupfer von Imre Varga (1986) und ein Nachbau der Tribüne vom Aufmarschgelände am Felvonulási tér (S. 211). Eine Ausstellung in einer Holzbaracke beschäftigt sich mit dem Volksaufstand 1956 und den ersten Jahren nach der Wende 1989; in einem Kino sind Ausschnitte aus einem Film zu sehen, der in der Kádár-Zeit zur Ausbildung von Spitzeln, Agenten und Polizisten diente (engl. Untertitel). Souvenirjägern sei der Museumsshop *Red Star Store* empfohlen, der Denkmalkopien, sowjetische Marschmusik, Spielzeug-Trabis und sonstige realsozialistische Memorabilia feilbietet.

Tägl. 10 Uhr bis Sonnenuntergang. Eintritt 1500 Ft, mit Budapest Card 20 % Nachlass. XXII., Balatoni út/Ecke Szabadkai utca. www.mementopark.hu. Tram 4 bis Újbuda-központ, dann Bus 150 bis Memento-Park (alle 20–30 Min.). Direktbus tägl. um 11 Uhr ab Ⓜ Deák tér (inkl. Eintritt und Führung 4900 Ft).

Tropicarium und Palast der Wunder (Csodák palotája)

Die beiden familientauglichen Attraktionen finden sich im *Campona* Shopping Center: Im **Tropicarium**, mit 3000 m² die größte Anlage ihrer Art in Mitteleuropa, spaziert man durch einen Urwald voller exotischer Vögel, die sich im freien Flug nähern, überquert auf einer Holzbrücke ein Alligatorenbecken, bestaunt Schlangen, Leguane, Schildkröten und Seidenaffen, entdeckt Stabschrecken und andere Insekten. In riesigen Aquarien tummeln sich farbenprächtige Fische und acht Haie, die am besten vom Glastunnel aus zu beobachten sind. Ein Tipp ist die Haifütterung donnerstags um 15 Uhr. Eine Besonderheit ist das große Rochenbecken, an dem man die Fische mit der Hand füttern darf.

Der interaktive **Palast der Wunder**, 2012 vom Millénaris Park hierher gezogen, bietet mit zahlreichen Experimenten (vor allem für Kinder) Wissenschaft zum Anfassen (Erklärungen in Englisch).

Tägl. 10–20 Uhr. **Tropicarium**: Eintritt 2300 Ft, erm. 1900 Ft, mit Budapest Card 30 % Nachlass. **Palast der Wunder**: Eintritt 1950 Ft, erm. 1550 Ft. XXII., Nagytétényi út 37–43. www.tropicarium.hu, www.csopa.hu. Tram 6 bis Móricz Zs. kőrtér, dann Bus 33 bis Lépcsős utca.

Schlossmuseum Nagytétény (Nagytétényi Kastélymúzeum)

Das von der Adelsfamilie Száraz-Rudnyánszky Mitte des 18. Jh. beauftragte Barockschloss ist eines der schönsten Ungarns und der bedeutendste Bau in Nagytétény, einem eingemeindeten Vorort am südlichen Stadtrand. Sein prächtiger Park reichte einst bis zur Donau, wurde aber durch den Bau der Eisenbahn zerschnitten und danach nochmals verkleinert. Nach den schweren Kriegsschäden wurde das zweiflügelige Kastély, das stilistisch mit Schloss Gödöllő (→ S. 249) verwandt ist, umfassend renoviert und dient seither als Außenstelle des Kunstgewerbemuseums. Die Dauerschau *Europäisches Mobiliar von der Gotik bis zum Biedermeier* erstreckt sich über rund 30 Schlossräume und präsentiert in chronologischer Abfolge Möbel, Ofenkacheln, Teppiche, Uhren und Gemälde. Dazu gibt es Wechselausstellungen.

Di–So 10–18 Uhr. Dauerschau 800 Ft, erm. 400 Ft, Sonderschauen 800/400 Ft, Kombiticket 1000/500 Ft. XXII. Kastélypark u. 9–11. www.nagytetenyi.hu. Tram 6 bis Móricz Zs. kőrtér, dann Bus 33 bis Petőfi S. utca/Kastélymúzeum.

Im Osten von Pest

→ Karte S. 246 „Im Osten von Pest"

bzw. „Budapest Übersicht"

Inseln der Ruhe inmitten des öden Industriegebiets im Osten der Stadt sind der **Kerepeser Friedhof** und der schon weit außerhalb des Zentrums gelegene

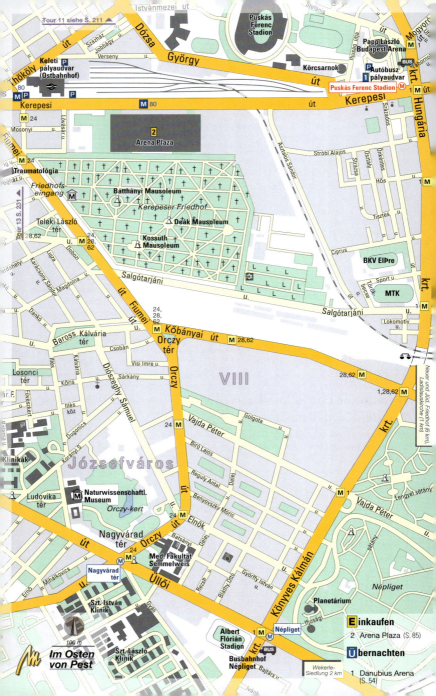

Neue Stadtfriedhof mit dem benachbarten Jüdischen Friedhof. Wer mit der Straßenbahnlinie 28 dorthin fährt, passiert auch die Ladislauskirche im Zentrum von Kőbánya, die einen Stopp lohnt. Weiter südlich, in Kispest, ist die idyllische Arbeitersiedlung Wekerle einen Abstecher wert, Eisenbahnfreunde zieht es in den Norden Pests.

Kerepeser Friedhof (Kerepesi temető)

Die von alten, hohen Bäumen, Arkaden und prunkvollen Grabdenkmälern gezierte parkähnliche Begräbnisstätte an der Fiumei út südlich des Ostbahnhofs (offizieller Name *Fiumei úti sírkert* – „Gräbergarten") ist seit 1847 der Prominentenfriedhof von Budapest. Am eindrucksvollsten ist das mächtige Mausoleum für den Nationalhelden Lajos Kossuth, ein Werk von Alajos Stróbl. Imposant sind auch die Grabmonumente für Ferenc Deák, Vater des „Ausgleichs" von 1867, für Lajos Batthyány, Ungarns ersten Ministerpräsidenten, und József Antall, den ersten Regierungschef nach der Wende 1989. In der Künstlerparzelle fällt das Mausoleum für die beliebte Volksschauspielerin Lujza Blaha ins Auge. Ungarns kommunistische Prominenz fand ab 1958 im monströsen „Pantheon der Arbeiterbewegung" (Munkásmozgalmi) ihren letzten Ruheplatz. Das **Bestattungsmuseum** *(Kegyeleti Múzeum)* zeigt u. a. historische Särge und Trauerkleidung aus dem 19./20. Jh.

Friedhof: ab 7 Uhr bis Abenddämmerung, Eingang Fiumei út, dort auch Übersichtstafeln mit wichtigen Namen.

Bestattungsmuseum: Mo–Do 9–17, Sa 10–14 Uhr, Eintritt frei. VIII., Fiumei ú 16. www.nemzetisirkert.hu. Ⓜ 2 rot Keleti pu., dann Ⓣ 24 bis Közvágóhíd.

Naturwissenschaftliches Museum (Természettudományi Múzeum)

Es ist eines der ältesten naturhistorischen Museen Europas (gegr. 1802), doch seine Sammlungen, die auch Geologie und Mineralien umfassen, werden modern, interaktiv und kinderfreundlich präsentiert. Die Palette reicht von präparierten Tieren bis zu nachgebildeten Höhlen, man spaziert über ein Korallenriff, sieht das tonnenschwere Knochengerüst eines Wals von der Decke schweben und kann sich umfassend über die Tier- und Pflanzenwelt Ungarns informieren. Untergebracht ist das alles auf dem Areal einer historischen Militärakademie, auf dem auch für einen Dinosauriergarten à la Jurassic Parc Platz war.

Mi 10–18 Uhr, Kassenschluss 16.30 Uhr. Eintritt 1600 Ft, erm. 800 Ft. Dinogarten 400 Ft extra (lohnt nicht). VIII., Ludovika tér 6. www.nhmus.hu. Ⓜ 3 blau Nagyvárad tér.

Neuer Friedhof (Új köztemető), Jüdischer Friedhof (Izraelita temető)

Das riesige, unübersichtliche Areal des **Neuen Friedhofs** im Südosten Pests (X. Bezirk Kőbánya) ist wegen seiner abgelegenen *Parzelle 301* bekannt, auf der die Führer und Opfer des Volksaufstands von 1956, unter ihnen auch Imre Nagy, von den Kommunisten heimlich in Massengräbern verscharrt wurden (→ Stadtgeschichte). Nach einer nachträglichen feierlichen Beisetzung 1990 wurden die Ehrendenkmäler und hölzernen Grabstelen errichtet. Die Parzelle liegt vom Haupteingang aus am linken hinteren Ende des Friedhofs, gut 2 km weit entfernt; für den Weg dorthin kann man auch den Friedhofsbus *(Temető járat)* nehmen.

Nördlich schließt der heute größte **Jüdische Friedhof** Ungarns an (gegr. 1891). Neben einer Zeremonienhalle mit kugelförmigen Kuppeln ist die Rabbiner- und Künstlerparzelle mit bekannten Namen der jüdischen Welt sehenswert, darunter das bis heute von Pilgern aufgesuchte Grab des Rabbiners Simon Oppenheim. Vornehme und reiche Mitglieder der jüdischen Gemeinde ließen entlang der Friedhofsmauer prächtige Mausoleen im Jugendstil errichten. Das bekannteste ist die mit türkischen Fliesen und Blumenmotiven verzierte Gruft der Familie Schmidl von 1903, ein Werk Ödön Lechners und seines Schülers Béla Lajta.

Ab 7 Uhr bis Abenddämmerung. Der Jüdische Friedhof hat einen eigenen Eingang in der Kozma u. 6. Ab Blaha Lujza tér (Ⓜ 2 rot) Ⓣ 28 bis Új köztemető bzw. Izraelita temető (Fahrzeit ca. 40 Min.).

Ladislauskirche von Kőbánya (Szt. László templom)

Ein architektonischer Leckerbissen ist das nach 1890 am Szent László tér gebaute Gotteshaus, an dem Jugendstilmeister Ödön Lechner gotische und traditionelle ungarische Stilelemente kombinierte. Bunte Zsolnay-Keramik schmückt das Dach, im Inneren sind Altar und Kanzel sehenswert – meisterliche Schnitzwerke vom Beginn des 20. Jh.

Mo–Sa 8–12/15–19, So 8–19 Uhr. X., Szt. László tér 25. Ⓣ 28 oder 62 ab Blaha Lujza tér/Népszínház utca (Ⓜ 2 rot).

Wekerle-Siedlung (Wekerletelep)

In Kispest, südlich der Franzenstadt, entstand 1909–26 eine nach dem damaligen Ministerpräsidenten benannte autonome Gartenstadt für 20.000 Arbeiter und Angestellte. Das soziale Wohnprojekt wurde von mehreren Architekten geplant, die sich von traditionellen ungarischen und siebenbürgischen Bauformen inspirieren ließen. Die wenig gepflegte, aber immer noch sehenswerte Siedlung erstreckt sich auf einem quadratischen Areal, von den vier äußeren Ecken führen Alleen (Pannónia und Hungária út) auf den zentralen Hauptplatz (Kós Károly tér) zu, eine baumbestandene Parkfläche. Um diese gruppieren sich neben transsylvanischen Tordurchgängen die wichtigsten Gebäude, wie Schule, Kirche, Post. An den anderen rechtwinklig und diagonal zu den beiden Alleen angelegten Straßen reihen sich Einfamilien- und Miethäuser mit Veranden, hölzernen Giebeln und bunten Ziegeldächern. Wer hier herumflaniert, fühlt sich nicht nur wegen des vielen Grüns fernab der Großstadt.

Ⓜ 2 rot Blaha Lujza tér/Népszínház utca, dann Bus 99 bis Kós Károly tér.

Wekerle-Siedlung – ländliche Architektur inmitten der Stadt

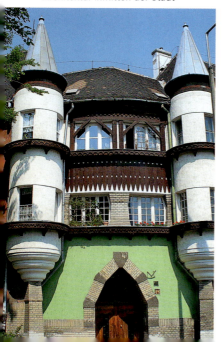

Park für ungarische Eisenbahngeschichte (Vasúttörténeti Park)

Das Freilichtmuseum auf einem alten Werksgelände der Ungarischen Staatsbahnen rund 3 km nördlich des Stadtwäldchens versammelt rund 100 historische Lokomotiven, Schienenautos, Draisinen, Schneepflüge und Waggons, darunter Ungarns älteste Dampflok (1870) sowie ein Speisewagen des Orient-Express von 1912. Gegen Aufpreis kann man viele der alten Fahrzeuge benutzen, mit der Minieisenbahn fahren oder sich auf einer Lokdrehscheibe drehen lassen.

Mitte März bis Dez. Di–So 10–15 April–Okt. bis 18 Uhr. Eintritt 1200 Ft, erm. 700 Ft. www.mavnosztalgia.hu. XIV., Tatai u. 95. Ⓜ 2 rot Keleti pu., dann Bus 30 bis Rokolya utca.

Ausflüge in die Umgebung

Königsschloss Gödöllő (Gödöllői Királyi Kastély)

30 km oder eine knappe Bahnstunde nordöstlich von Budapest liegt eines der schönsten ungarischen Schlösser, das Barockjuwel Gödöllő, einst Lieblingsschloss von Kaiserin und Ungarns Königin Sisi, heute vielbesuchte Attraktion.

Barockbaumeister Andreas Mayerhoffer errichtete 1733–49 die zum Prototyp ungarischer Adelssitze gewordene Anlage samt großem Landschaftspark für Graf Antal Grassalkovich, einen Vertrauten Kaiserin Maria Theresias. Berühmt wurde das Anwesen, als es Franz Joseph I. und seine Frau Elisabeth „Sisi" 1867 von Ungarn als Krönungsgeschenk erhielten. Sisi schätzte Gödöllő, wo ihr alle Wünsche von den Augen abgelesen und die Salons in ihrer Lieblingsfarbe Lila ausgestattet wurden – die Monarchin verbrachte hier mehr Zeit als am Hof in Wien. 1920–44 nutzte Reichsverweser Miklós Horthy das Schloss, nach 1945 wurde es zum Soldatenquartier und Altersheim und verfiel zusehends.

Seit 1990 wird Gödöllő mit EU-Mittel sukzessive wieder instandgesetzt und das touristische Angebot erweitert, zuletzt etwa um Falknereivorführungen. Das **Schlossmuseum** *(Kastélymúzeum)* präsentiert in etwa 30 großteils originalgetreu rekonstruierten Räumen eine mit Porträts, Historiengemälden und Möbeln bestückte Dauerausstellung über die Grafen Grassalkovich, die königliche Epoche in Gödöllő, das Leben von Sisi und ihren Kindern Rudolf und Gisela sowie über die Ära Horthy. Höhepunkte sind die Prunktreppe, die barocke Schlosskirche und der weißgoldene Rokoko-Prunksaal. Nur Sa/So und mit Führung zugänglich ist das **Barocktheater** *(Barock színház)* von 1785, eines der ältesten Ungarns. Im restaurierten **Barockstall** wird ein 3D-Film zur Reitkultur des Adels gezeigt (Do–So, 45 Min.) Der 28 Hektar große **Schlosspark**, ein englischer Garten, ist tagsüber frei zugänglich. Bemerkenswert darin sind zwei Bauten: der barocke **Königspavillon** *(Királydombi pavilon)* von 1760 auf dem künstlichen Krönungshügel, dessen Inneres 54 Kopien von Herrscherporträts zieren, und der einstige **Schutzbunker** *(Horthy-bunker)* von Admiral Horthy (mit Führung zu besichtigen).

April bis Ende Okt. tägl. 10–18 Uhr, Nov. bis Mitte Jan. sowie Mitte Feb. bis Ende März tägl. 10–16 Uhr. Schlossmuseum 2200 Ft, erm. 1100 Ft, Fam. 4600 Ft; Sonderschauen ca. 1200/600 Ft, auch Kombitickets erhältlich. Audioguide (dt.) 600 Ft. Extra kosten das Barocktheater (1100/650 Ft), der 3D-Film (900/450 Ft) und der Horthy-Bunker (700/450 Ft). 2100 Gödöllő, ✆ +36 (28) 430864. www.kiralyikastely.hu.

Hin und weg **Bahn**: mit Vorortlinie H 8/ H 9 ab Örs vézer tere (Ⓜ 2 rot) bis Gödöllő Szabadság tér, Fahrzeit 45 Min. **Bus**: Volánbus ab Busbhf. Népstadion (Ⓜ 2 rot Puskás F. Stadion). **Auto**: ab Budapest über die Autobahn M 3 oder die Nationalstraße 3.

Veranstaltungen Klassische Konzerte zweimal pro Monat, Krönungsfest im Juni, Adventsmarkt und Adventskonzerte.

Essen & Trinken Kaffeespezialitäten und Torten gibt's im eleganten Schlosscafé im Erdgeschoss.

Szentendre (St. Andreas)

Das malerische Städtchen am Donauknie mit seinen verwinkelten Plätzen und schmalen, kopfsteingepflasterten Gassen ist ein beliebtes Ziel und in der Hochsaison von Touristen überrannt. Kaum 40 Min. benötigt die Vorortlinie H 5 vom Budapester Batthyány tér bis ins 20 km donauaufwärts gelegene Szentendre, dessen mediterrane Atmosphäre den serbischen und griechischen Zuwanderern des 17. Jh. zu verdanken ist.

Im frühen 20. Jh. entwickelte sich Szentendre zum Künstlerstädtchen – Galerien, Ausstellungen und Souvenirläden prägen das verkehrsberuhigte Zentrum. In dessen Mitte liegt der dreieckige, von barocken Bürgerhäusern umstandene Hauptplatz **Fő tér**, den die serbisch-orthodoxe Kirche (1752) überragt. In der malerischen Görög utca, die vom Fő tér zur Donau führt, lädt das 2011 neu gestaltete **Margit-Kovács-Museum**, das Ungarns berühmtester, 1977 verstorbener Keramikerin gewidmet ist, zum Besuch ein (tägl. 10–18 Uhr, Eintritt 1000 Ft). Entlang der Alkotmány utca erreicht man vom Fő tér den Burghügel, auf dem sich die katholische Pfarrkirche erhebt. Von hier hat man den schönsten Blick über die verschachtelte Dachlandschaft. Im **Szamos-Marzipanmuseum** in der Dumtsa Jenő u. 12 ist das Ungarische Parlament in Marzipan zu bewundern (tägl. 9–19/20 Uhr, Eintritt 400 Ft) – und in der Konditorei nebenan kann man die süßen Werke gleich vernaschen.

5 km nordwestlich von Szentendre (Bus ab HÉV-Station Szentendre/Bussteig 7) befindet sich das größte ungarische **Freilichtmuseum** *Szabadtéri Néprajzi Múzeum (Skanzen)*, das anhand von wieder aufgebauten und original möblierten Gebäuden (Bauerngehöfte, Mühlen, Kirchen ...) die Volksbaukunst der ungarischen Regionen aus dem 18./19. Jh. präsentiert (April bis Ende Sept. Di–So 9–17 Uhr, Nov. bis Mitte Dez. Sa/So 10–16 Uhr. Eintritt 1700 Ft, erm. 850 Ft. www.skanzen.hu).

Information Tourinform, Juni bis Ende Aug. Mo–Fr 9–17.30, Sa/So 10–16 Uhr; sonst Mo–Fr 9–16, Sa/So 10–14 Uhr. Dumtsa Jenő u. 12, ✆ +36 (26) 317965. www.szentendre.hu (nur ung.).

Hin und weg Bahn: Vorortlinie H 5 ab Budapest Batthányi tér (Ⓜ 2 rot), Fahrzeit 40 Min., dann noch 1 km bis ins Zentrum. **Schiff (Mahart)**: Mai bis Ende Sept. 1-mal tägl. außer Mo ab Budapest Vigadó tér oder Batthányi ter bis Szentendre und zurück. Hinfahrt 90 Min., Rückfahrt 60 Min. Ticket hin/zurück 2500 Ft. www.mahartpassnave.hu. **Fahrrad**: ab Buda auf dem Radweg bis Szentendre in rund 90 Min.

Essen & Trinken Aranysárkány, der traditionelle „Goldene Drache" unweit des Fő tér ist eine bekannte Adresse. Koch Attila Mähr jr. und sein Team zaubern köstliche ungarische und österreichische Spezialitäten. Menüs 3600–5400 Ft. Tägl. 12–22 Uhr. Alkotmany u. 1a, ✆ +36 (26) 301479. www.aranysarkany.hu.

Labirintus Restaurant & Weinmuseum, im Keller kann man ungarische Weine verkosten, die Gaststätte darüber serviert deftige ungarische Kost, manchmal mit Zigeunermusik untermalt. Im Sommer speist man im schattigen Innenhof. Hauptgericht um 3000 Ft. Bogdányi u. 10 (Fußgängerzone), ✆ +36 (26) 317054. www.bor-kor.hu.

Im Freilichtmuseum

- ABRUZZEN
- ALENTEJO
- ALGARVE
- ANDALUSIEN
- APULIEN
- DODEKANES
- IONISCHE INSELN
- KRETA
- LISSABON & UMGEBUNG
- MARKEN
- SARDINIEN
- SIZILIEN
- TENERIFFA
- TOSKANA

CASA FERIA
Land- und Ferienhäuser

Nette Unterkünfte bei netten Leuten

CASA FERIA
die Ferienhausvermittlung
von Michael Müller

Im Programm sind ausschließlich persönlich ausgewählte Unterkünfte abseits der großen Touristenzentren.

Ideale Standorte für Wanderungen, Strandausflüge und Kulturtrips.

Einfach www.casa-feria.de anwählen, Unterkunft auswählen, Unterkunft buchen.

Casa Feria wünscht
Schöne Ferien

www.casa-feria.de

Etwas Ungarisch

Betonung & Aussprache

Alle ungarischen Wörter werden auf der **ersten Silbe** betont. Ausgesprochen werden die Wörter im Prinzip so, wie sie geschrieben werden. Hier die wichtigsten Abweichungen von der deutschen Sprache:

Vokale mit einfachen oder doppelten Akzenten werden lang ausgesprochen:

á = langes a
a = wie in Washington – eher wie ein O
é = lang wie in Wege
e = ä, wie in weg
í = lang wie in siezen
i = wie in sitzen
ó = lang wie in Pose
o = wie in Posse
ő = lang wie in mögen
ö = wie in können
ú = lang wie nur
u = wie in null
ű = lang wie fühlen
ü = wie in füttern

Konsonanten

c = tz
cs = tsch, wie in deutsch
dz wie in azzuro
dzs wie in Jeans
gy = dj, wie in Adjektiv
ly = j, wie in Jahr
ny = nj, wie in Sonja
r = Zungen-r
s = sch
sz = ß
z = s
zs = sch, wie in Journalist
v = w, w
ty = tj, wie in Antje

Ein paar ungarische Eigenarten

„Das Wichtigste zuerst" ist den Ungarn ein beliebtes Motto: Immer wird die erste Silbe eines Wortes betont, das Datum wird als Jahr, Monat und Tag angegeben (→ Datum), der Familienname wird vor dem Vornamen genannt. So nennt sich Ferenc Sípos: Sípos Ferenc. Noch ungewohnter ist mitunter der Name seiner Ehefrau: Traditionellerweise behält sie im Ungarischen nicht einmal ihren Vornamen. Sie wird zwar noch damit angeredet, offiziell aber trägt sie den kompletten Namen ihres Mannes, wobei dem Ende des Namens ein „né" (ung. *Frau von*) angehängt wird. So nennt sich Mária Kovács als frischgebackene Ehefrau von Ferenc Sípos auf der Visitenkarte Sípos Ferencné. Mittlerweile aber nutzen die ungarischen Frauen immer öfter die Möglichkeit, nach der Heirat ihren kompletten Mädchennamen beizubehalten.

Elementares, Grüße & Small Talk

ja/nein	igen/nemi-	*gen/nem*
bitte	kérem	*ke-räm*
danke (schön)	köszönöm (szépen)	*kö-ßö-nöm (ße-pän)*

Etwas Ungarisch 253

danke (umgangssprachlich)	kösz	köß
Entschuldigung	bocsánat	bo-tscha-not
Ich wünsche Ihnen …	kívanok	ki-wa-nok
guten Morgen (bis 9 Uhr)	jó reggelt (kívánok)	jo räg-gält ki-wa-nok
guten Tag (9 bis 19 Uhr)	jó napot (kívánok)	jo no-pot ki-wa-nok
guten Abend (ab 19 Uhr)	jó estét (kívánok)	jo äsch-tet ki-wa-nok
gute Nacht	jó éjszakát (kívánok)	jo ej-ßo-kat ki-wa-nok
auf Wiedersehen	Viszontlátásra	wiß-ßont la-tasch-ro
Wiedersehen	Viszlát	Wiß-la-t
Hallo/Tschüß (eine Person)	Szervusz/Szia	ßär-wuß/ßi-ja
Hallo/Tschüß (mehrere P.)	Szervusztok/Sziasztok	ßär-wuß-tok/ßi-joß-tok
Wie geht es Ihnen (Dir)?	Hogy van (vagy)?	hodj won (wodj)?
Danke, gut!	Köszönöm jól!	kö-ßö-nöm jol
Alles klar! Okay!	Jól van!	jol won

Verständigung

Ich verstehe Sie (nicht)	(Nem) értem	näm er-täm
Ich spreche (nicht)	(Nem) beszélek	näm bä-ße-lek
…ungarisch	…magyarul	mo-djo-rul
Sprechen Sie …	Beszél …	bä-ßel
Deutsch/Englisch?	németül/angolul?	ne-mä-tül/an-go-lul
Französisch/Russisch?	franciául/oroszul?	fran-zi-a-ul/o-ro-ßul
Ich heiße	A nevem	O nä-wem

Hinweise

geöffnet/geschlossen	nyitva/zárva	njit-wa/sar-wo
drücken/ziehen	tolni/húzni	tol-ni/hus-ni
Öffnungszeiten	Nyitvatartás	Njit-wa-tor-tasch
Eingang/Ausgang	Bejárat/Kijárat	bä-ja-rot/kih-ja-rot
(Eintritt) verboten!	Tilos (a belépés)!	tih-losch (o bä-leh- pesch)
Polizei	Rendőrség	Rend-öhr-scheg

Krankheit & Notfall

Hilfe!	Segítség!	schä-giht-scheg
Ich brauche einen Arzt!	Szeretnék egy orvost!	ßä-rät-nek ädj or-wost
Hier habe ich Schmerzen!	Itt fáj!	itt faj
Ich habe Fieber	Lázas vagyok	la-sasch wa-djok
Ich habe Durchfall	Hasmenésem van	hasch-mä-ne-schäm wan

254 Etwas Ungarisch

Zahnarzt	fogorvos	*fog-or-wosch*
Krankenhaus	kórház	*kor-has*
Rufen Sie bitte	Kérem, hívja fel a	*ke-räm, hiw-ja fäl a*
... die Polizei!	... a rendőrséget!	*a ränd-ör-sche-gät!*
... einen Arzt!	... az orvost!	*as or-woscht!*
... den Pannendienst!	„sárga angyalt"!	*schar-ga an-djalt*

Fragen & Wünsche

Wo ist ... (das Museum)?	Hol (a múzeum)? oder	*hol a mu-sä-um*
	Hol van ... (a múzeum)	*hol won a mu-sä-um*
Wann findet ...(das Konzert) statt?	Mikor van ... (a koncert)?	*mi-kor (a kon-zärt)won*
Wie viel kostet das?	Mennyibe kerül?	*män-nji-bä kä-rül*
Wer? Was? Wie?	Ki? Mi? Hogy?	*Ki? Mi? Hodj?*
Warum?	Miért?	*mi-ert*
Ich möchte ...	Szeretnék ...	*ßä-rät-nek ...*
Haben Sie ...?	Van ...?	*Wan*

Wochentage & Tageszeiten

Montag	hétfő	*het-fö*
Dienstag	kedd	*käd*
Mittwoch	szerda	*ßär-do*
Donnerstag	csütörtök	*tschü-tör-tök*
Freitag	péntek	*pen-täk*
Samstag	szombat	*ßom-bot*
Sonntag	vasárnap	*wa-schar-nap*
Tag (Sonne)	nap	*nop*
Woche	hét	*het*
Monat	Hónap	*ho-nop*
Jahr	év	*ew*
gestern	tegnap	*täg-nop*
heute	ma	*ma*
morgen	holnap	*hol-nop*
morgens	reggel	*räg-gäl*
mittags	délben	*del-bän*
abends	este	*äsch-tä*
nachts	éjszaka	*ej-ßa-ka*

Etwas Ungarisch 255

Datum & Uhrzeit

Im Ungarischen wird immer zuerst das Jahr, dann der Monat, zuletzt der Tag angegeben. Der 15. März 2007 heißt also 2007 március 15. Oder 2007 03. 15. Bei der Angabe der Uhrzeit schreibt man immer die kommende volle Stunde. 6:30 Uhr schreibt sich auf Ungarisch also ½7. 18.45 Uhr ist ¾19.

Wie spät ist es?	Hány óra (van)?	hanj o-ro won
Stunde/Minute	óra/perc	o-ro/pärtz
Es ist ein/neun Uhr	Egy/Kilenc óra	Edj/ki-länz o-ro
viertel neun (8:15 Uhr)	negyed kilenc (n9)	nä-djäd ki-länz
halb neun (8:30 Uhr)	fél kilenc (f9)	fäl
dreiviertel neun (8:45 Uhr)	háromnegyed kilenc (h9)	ha-romnä-djäd ki-länz

Unterwegs

Flughafen	repülőtér	rä-pü-löh-ter
(Bus-)Bahnhof	(autóbusz-) pályaudvar	(auto-buß)pal-jo-ud-wor
Haltestelle	megálló	mäg-al-lo
Tram/Bus/Zug	Villamos/busz/vonat	Will-lo-mosch/buß/wo-not
Wann fährt ... ab?	Mikor indul ... ?	mi-kor in-dul
Fahrkartenschalter	(jegy)pénztár	(jä-dj)päns-tar
Bitte eine Fahrkarte nach ...	Jegyet ... kérem szépen	jä-djät ...ke-räm ße-pän
Wo soll ich aussteigen (nach ...)?	Hol kell kiszállnom (... felé)?	hol käll ki-ßal-nom (... fäle)
Wo muss ich umsteigen (nach ...)?	Hol kell átszállnom (... felé)?	hol käll at-ßal-nom(... fäle)
Abfahrt/Ankunft	indulás/érkezés	in-du-lasch/er-kä-sesch
Hinfahrt/Rückfahrt	csak oda/oda-vissza	tschok-o-do/o-do-wiß-ßo
links/rechts	balra/jobbra	bol-ro/jobb-ro
Norden/Süden	észak/dél	ä-ßok/däl
Westen/Osten	Nyugat/kelet	nju-got/ke-let

Im Hotel & Restaurant

Hotel/Pension	Szálloda/panzio	ßal-lo-do/pon-si-o
Einzelzimmer	egyágyas szoba	ädj a-djosch ßo-bo
Doppelzimmer	kétágyas szoba	ket a-djosch ßo-bo
... mit Bad (Dusche)	fürdő szobával (zuhannyal)	für-dö ßo-ba-wol-(su-chonj-njol)
... mit Frühstück	... reggelivel	ßoba räg-gä-li-wäl
Das ist zu teuer	Túl drága	tul dra-go.
Die Speisekarte bitte!	Az étlapot, kérem!	as et-lo-pot, ke-räm
Guten Appetit!	Jó étvágyat!	jo et-wa-djot
Prost! (auf Sie)	Egészségére!	ä-ge-sche-ge-rä
Prost! (auf dich)	Egészségedre!	ä-ge-sche-gäd-rä
Ich möchte zahlen	Fizetni szeretnék	fi-sät-ni ßä-rät-nek

Zur Speisekarte und den ungarischen Spezialitäten siehe Kapitel „Essen und Trinken".

Zahlen & Gewichte

0	nulla	*nulla*
1	egy	*ädj*
2	kettő	*kät-tö*
3	három	*ha-rom*
4	négy	*nedj*
5	öt	*öt*
6	hat	*hot*
7	hét	*het*
8	nyolc	*njolz*
9	kilenc	*ki-länz*
10	tíz	*tis*
11	tizenegy	*ti-sän-ädj*
12	tizenkettő	*ti-sän-kät-tö*
13	tizenhárom	*ti-sän-ha-rom*
19	tizenkilenc	*ti-sän-ki-länz*
20	húsz	*huß*
21	huszonegy	*hu-ßon-ädj*
22	huszonkettő	*hu-ßon-kät-tö*
23	huszonhárom	*hu-ßon-ha-rom*
30	harminc	*hor-minz*
40	negyven	*nädj-wän*
50	ötven	*öt-wän*
60	hatvan	*hot-won*
70	hetven	*hät-wän*
80	nyolcvan	*njolz-won*
90	kilencven	*ki-länz-wän*
100	száz	*ßas*
101	százegy	*ßas-ädj*
102	százkettő	*ßas-kät-tö*
110	száztíz	*ßas-tis*
111	száztizenegy	*ßas-tis-än-ädj*
200	kétszáz	*ket-ßas*
500	ötszáz	*öt-ßas*
1000	ezer	*ä-sär*
1100	ezeregyszáz	*ä-sär-ädj-ßas*
2000	kétezer	*ket-ä-sär*
5000	ötezer	*öt-ä-sär*
10.000	tízezer	*tis-ä-sär*
ein paar	egy pár	*ädj pa-r*
Kilogramm	kiló	*ki-lo*
½ kg	fél kiló	*fel ki-lo*
¼ kg	Negyed kiló	*nä-djäd ki-lo*

Unverbesserlich aktiv

Die Wanderführer aus dem Michael Müller Verlag

- für Familien, Einsteiger und Fortgeschrittene
- ausklappbare Übersichtskarte für die Anfahrt
- genaue Weg-Zeit-Höhen-Diagramme
- GPS-kartierte Touren (inkl. Download-Option für GPS-Tracks)
- Ausschnittswanderkarten mit Wegpunkten
- Konkretes zu Wetter, Ausrüstung und Einkehr

Übrigens: Unsere Wanderführer gibt es auch als App für iPhone™, WindowsPhone™ und Android™

- Allgäuer Alpen
- Andalusien
- Bayerischer Wald
- Chiemgauer Alpen
- Eifel
- Elsass
- Gardasee
- Gomera
- Korsika
- Korsika Fernwanderwege
- Kreta
- La Palma
- Ligurien
- Madeira
- Mallorca
- Münchner Ausflugsberge
- Östliche Allgäuer Alpen
- Pfälzerwald
- Piemont
- Provence
- Rund um Meran
- Sächsische Schweiz
- Sardinien
- Schwarzwald Mitte/Nord
- Schwarzwald Süd
- Sizilien
- Spanischer Jakobsweg
- Teneriffa
- Toscana
- Westliche Allgäuer Alpen
- Zentrale Allgäuer Alpen

Abruzzen • Ägypten • Algarve • Allgäu • Allgäuer Alpen • Altmühltal & Fränk. Seenland • Amsterdam • Andalusien • Andalusien • Apulien • Athen & Attika • Australien – der Osten • Azoren • Bali & Lombok • Baltische Länder • Bamberg • Barcelona • Bayerischer Wald • Bayerischer Wald • Berlin • Berlin & Umgebung • Bodensee • Bretagne • Brüssel • Budapest • Bulgarien – Schwarzmeerküste • Chalkidiki • Chiemgauer Alpen • Cilento • Cornwall & Devon • Dresden • Dublin • Comer See • Costa Brava • Costa de la Luz • Côte d'Azur • Cuba • Dolomiten – Südtirol Ost • Dominikanische Republik • Ecuador • Eifel • Elba • Elsass • Elsass • England • Fehmarn • Franken • Fränkische Schweiz • Fränkische Schweiz • Friaul-Julisch Venetien • Gardasee • Gardasee • Genferseeregion • Golf von Neapel • Gomera • Gomera • Gran Canaria • Graubünden • Griechenland • Griechische Inseln • Hamburg • Harz • Haute-Provence • Havanna • Ibiza • Irland • Island • Istanbul • Istrien • Italien • Italienische Adriaküste • Kalabrien & Basilikata • Kanada – Atlantische Provinzen • Kanada – der Westen • Karpathos • Kärnten • Katalonien • Kefalonia & Ithaka • Köln • Kopenhagen • Korfu • Korsika • Korsika Fernwanderwege • Korsika • Kos • Krakau • Kreta • Kreta • Kroatische Inseln & Küstenstädte • Kykladen • Lago Maggiore • La Palma • La Palma • Languedoc-Roussillon • Lanzarote • Lesbos • Ligurien – Italienische Riviera, Genua, Cinque Terre • Ligurien & Cinque Terre • Liparische Inseln • Lissabon & Umgebung • Lissabon • London • Lübeck • Madeira • Madeira • Madrid • Mainfranken • Mainz • Mallorca • Mallorca • Malta, Gozo, Comino • Marken • Mecklenburgische Seenplatte • Mecklenburg-Vorpommern • Menorca • Midi-Pyrénées • Mittel- und Süddalmatien • Mittelitalien • Montenegro • Moskau • München • Münchner Ausflugsberge • Naxos • Neuseeland • New York • Niederlande • Niltal • Norddalmatien • Norderney • Nord- u. Mittelengland • Nord- u. Mittelgriechenland • Nordkroatien – Zagreb & Kvarner Bucht • Nördliche Sporaden – Skiathos, Skopelos, Alonnisos, Skyros • Nordportugal • Nordspanien • Normandie • Norwegen • Nürnberg, Fürth, Erlangen • Oberbayerische Seen • Oberitalien • Oberitalienische Seen • Odenwald • Ostfriesland & Ostfriesische Inseln • Ostseeküste – Mecklenburg-Vorpommern • Ostseeküste – von Lübeck bis Kiel • Östliche Allgäuer Alpen • Paris • Peloponnes • Pfalz • Pfälzer Wald • Piemont & Aostatal • Piemont • Polnische Ostseeküste • Portugal • Prag • Provence & Côte d'Azur • Provence • Rhodos • Rom & Latium • Rom • Rügen, Stralsund, Hiddensee • Rumänien • Rund um Meran • Sächsische Schweiz • Salzburg & Salzkammergut • Samos • Santorini • Sardinien • Sardinien • Schleswig-Holstein – Nordseeküste • Schottland • Schwarzwald Mitte/Nord • Schwarzwald Süd • Schwäbische Alb • Shanghai • Sinai & Rotes Meer • Sizilien • Sizilien • Slowakei • Slowenien • Spanien • Span. Jakobsweg • St. Petersburg • Steiermark • Südböhmen • Südengland • Südfrankreich • Südmarokko • Südnorwegen • Südschwarzwald • Südschweden • Südtirol • Südtoscana • Südwestfrankreich • Sylt • Teneriffa • Teneriffa • Tessin • Thassos & Samothraki • Toscana • Toscana • Tschechien • Tunesien • Türkei • Türkei – Lykische Küste • Türkei – Mittelmeerküste • Türkei – Südägäis • Türkische Riviera – Kappadokien • Umbrien • Usedom • Venedig • Venetien • Wachau, Wald- u. Weinviertel • Westböhmen & Bäderdreieck • Wales • Warschau • Westliche Allgäuer Alpen und Kleinwalsertal • Westungarn, Budapest, Pécs, Plattensee • Wien • Zakynthos • Zentrale Allgäuer Alpen • Zypern

Reisehandbuch   MM-City   MM-Wandern

Promenade im Burgviertel

Am Gipfel des Gellértbergs

Register

Die (in Klammern gesetzten) Koordinaten verweisen auf die beigefügte Budapest-Karte.

Akademie der
  Wissenschaften 69, 176
Állatkert (Zoo) 214
Alpár, Ignác 31
Amphitheater der
  Bürgerstadt (B2) 148
Amphitheater der
  Militärstadt (B2) 143
Andrássy út 194
Andrássy, Gyula 25, 194
Anjou,
  Károly Robert von 21
Anonymus-Denkmal 210
Anreise 34
  mit dem Bus 36
  mit dem eigenen
    Fahrzeug 37
  mit dem Flugzeug 34
  mit dem Schiff 38
  mit der Bahn 35
Antall, József 28
Apotheken 91
Appartements 47
Aquaworld 88
Aquincum 20, 148

Arany, János 165
Árpád 21
Ärztliche Versorgung 90
Ausgleich 1867 24
Autobahngebühren 37
ÁVO (AVH),
  Geheimpolizei 26

Baden 86
Bahnhöfe 36
Barabás, Miklós 31
Barock 30
Bartók, Béla 67, 241
Batthyány tér (A3) 134
Batthyány, Lajos 24
Bauhaus 33
Bebo, Carlo 30
Bécsi kapu (A3) 104
Behinderte 91
Béla IV. 21, 155
Belváros (Innenstadt)
  (B4) 158, 170
Bem József tér 136
Benczúr, Gyula 31
Bergl, Johann 30
Bibliotheca Corviniana 23

Bier 65
Blaha Lujza tér (C4) 226
Blaha, Lujza 226
Botschaften 91
Budaer Berge 236
Budaer Reformierte
  Kirche (B3) 134
Budafok-Tétény 244
Budai Vigadó (A4) 137
Budapest-Card 40
Budapestinfo Pont 94
Burg Vaydahunyad
  (Vaydahunyadvár) (C3) 214
Burgpalast (A4) 114
Burgtheater (Várszínház)
  (A4) 118
Burgviertel (A4) 102
Busbahnhof 37

Camping 55
CET 232
Clark, Adam 132
Clark, William T. 30
Contra Aquincum 172
Corvin tér (A4) 137
Corvin-Kino (C5) 230

Register

Corvin-Sétány (C5) 228, 230
Corvinus, Matthias
 (Hunyadi, Mátyás) 22
Cseh, László 154
Csontváry Kosztka,
 Tivadar 33

Deák Ferenc tér 181
Deák, Ferenc 25
Demszky, Gábor 28
Dohnányi, Ernő (Ernst) 68
Dokumente 92
Dominikanerinnenkloster
 (Ruine) (B2) 155
Donaubrücken 17
Donaukorso (Dunakorzó) 173
Drogen 92
Duna Palota (B4) 182
Dunapark Ház 156

Einkaufen 82
Einwohner 18
Eislaufen 89
Elisabeth (Erzsébet), Sisi 25
Elisabethbrücke
 (Erzsébethíd) 128
Elisabeth-Denkmal (B4) 127
Elisabethstadt
 (Erzsébetváros) (C3) 218
Elisabethturm
 (Erzsébet-kilátó) 240
Eötvös, Lóránd 164
Erkel, Ferenc 67
Erster Weltkrieg 25
Erzherzog Joseph 182
Erzsébet körút
 (Elisabeth Ring) 222
Erzsébet tér 181
Erzsébet-kilátó
 (Elisabethturm) 240
Erzsébetváros
 (Elisabethstadt) (C3) 218
Essen und Trinken 56
EU-Beitritt 28
Eugen,
 Prinz von Savoyen 116
Eurolines 36
Evangelisch-Lutherische
 Kirche 186
Experidance 70

Fahrkarten 39
Falk Art Fórum 193
Falk Miksa utca (B3) 185
Feiertage 92
Felsenkirche
 (Szikla templom) 130

Felvonulási tér (C3) 211
Ferenciek tere 159
Ferencváros
 (Franzenstadt) (C6) 228
Feszl, Frigyes 31, 176
Finta, József 33
Fischerbastei 109
Flohmärkte 84
Flughafen (Budapest Liszt
 Ferenc) 34
Fő tér (Óbuda) (B2) 145
Fő utca (Hauptstraße) 158
Folklore 69
Formel 1 89
Förster, Ludwig 224
Fővam tér 160
Franz Joseph I.
 (Ferenc József) 24
Franzenstadt
 (Ferencváros) (C6) 228
Franziskanerkirche 163
Franz-von-Assisi Kirche
 (Assisi Szt. Ferenc
 templom) 232
Freiheitsbrücke
 (Szabadsághíd) 129
Fußball 89

Ganz, Abraham 139
Geld 92
Gellért (Gerhard),
 Bischof 21
Gellért-Bad (B5) 87, 130
Gellértberg
 (Gellérthegy) (B5) 122
Geologisches Institut
 (D3) 216
Gerbeaud 176
Géza 21
Ghetto 220
Gödöllő 249
Gozsdu-Hof (B4) 223
Grabmal für
 Abdurrahmán 106
Große Markthalle (Központi
 Vásárcsarnok) 164
Große Synagoge (Dóhany
 utca Zsinagóga) (B4) 224
Großer Ring (Nagykörút) 19
Gulaschkommunismus 27
Gundel, Károly 215
Gutenberg-tér 230
Gyurcsány, Ferenc 28

Hadik, András 110
Hajógyári-Sziget 147
Hajós, Alfréd 155, 199

Hármashatárhegy
 (Dreigrenzenberg) 236
Haustiere 93
Hauszmann, Alajos 31
Heldenplatz
 (Hősök tere) 208
Herbergen 48, 54
Herend 85
Herzl Tivadar tér 221
Hess András tér 104
HÉV 41
Hild, József 30
Historismus 31
Holocaust-Denkmal 221
Horthy, Miklós 25
Hősök tere
 (Heldenplatz) 208
Hostels 54
Hotels 47
Hungarika 85
Hungaroring 89
Hunyadi, János 22
Hűvösvölgyi
 (Kühles Tal) 236

Information 93
Innenstadt (Belváros)
 (B4) 158, 170
Institut français (B4) 133
Internet 94

Jagiello, Ludwig
 (Lajos) II. 22
János-hegy
 (Johannesberg) 237
Japanischer Garten
 (Japánkert) (B1) 152
Johannesberg
 (János-hegy) 17, 237
Jókai tér (B3) 198
Jókai, Mór 163, 198
Josefstadt
 (Józsefváros) 228
Joseph II. 23
Joseph, Palatin nádor 24
József Nádor ter (B4) 182
Jubiläumspark
 (Jubileumi Park) (B5) 125
Jüdischer Friedhof 247
Jüdisches Viertel 218
Jugendstil 32

Kádár, János 27
Kálmán, Imre 68
Kálvin tér (B1) 161
Kapuzinerkirche 134
Károlyi kert (B4) 162

262 Register

Károlyi, Mihály 25
Kasinos 81
Kassák, Lajos 146
Kerepeser Friedhof 247
Kettenbrücke
 (Széchenyi lánchíd) 137
Kinder 94
Kindereisenbahn
 (Gyermekvasút) 240
Kinos 72
Király utca (Königsgasse) 219
Király-Bad 87
Kirche zu den Wundmalen
 des Hl. Franziskus (B3) 138
Kiskörút (Kleiner Ring) 158
Kispest 247
Klassizismus 30
Klauzál tér (C4) 222
Kleine Königstochter
 (Kiskirály lany) 173
Kleiner Ring
 (Kiskörút) 17, 158, 161
Klezmer 70
Klima 94
Klothildenpaläste (B4) 163
Kőbánya 247, 248
Kodály köröd 199
Kolosy tér (B2) 143
Konzerte 68
Kossuth, Lajos 24
Kovács, Margit 33, 107
Küche 62
Kun, Béla 25

Ladislauskirche 248
Lágymányos (B6) 232
Lajta, Béla 33
Landnahme 21
Lechner, Ödön 32
Lehár, Ferenc (Franz) 68
Leopoldstadt
 (Lipótváros) (B3) 180
Lipótváros
 (Leopoldstadt) (B3) 180
Liszt Ferenc tér 197
Liszt, Franz 163
Liszt-Musikakademie
 (Zeneakadémia) (C4) 200
Literatur 95
Lothringen, Karl V. von 22
Lotz, Károly 31
Lukács-Bad 87
Lustspieltheater
 (Vígszínház) (B3) 185
Lutz, Carl 223
Luxemburg, Sigismund
 (Zsigmond) von 21

Madách Theater (Madách
 Szinház) (C4) 222
Madách, Imre 223
Magyar Állami Operaház
 (Ungarische Staatsoper) 68
Magyar Nemzeti Bank
 (Ungarische
 Nationalbank) (B4) 184
Magyaren 21
Mai, Manó (Emanuel) 197
Makovecz, Imre 33, 242
Március 15. tér (B4) 172
Margaretenbrücke
 (Margit híd) 154
Margareteninsel
 (Margitsziget) (B2) 150
Maria Theresia 23
Maria-Magdalena-Kirche
 (Magdolna templom) 106
Markthallen 83
Marton, László 33, 173, 185, 197
Matthiasbrunnen 120
Matthiaskirche
 (Mátyástemplom)
 (A4) 107
Mayerhoffer, Andreas 30
Mietwagen 43
Millénaris Park (A3) 139
Millennium 25
Millenniumsdenkmal 212
Mittelalterliche
 Synagoge 109
Moderne 33
Mohács 22
Mongolen 21
Műemlék 102
Munkácsy, Mihály 31

Museen und Ausstellungen
 Bartók-Gedenkhaus
  (Bartók Béla Emlékház)
  241
 Budapest Galéria,
  Óbuda 144
 Budapest Galéria,
  Pest 163
 Ernst Múzeum (B4) 197
 Ethnographisches
  Museum (Néprajzi
  Múzeum) (B3) 190
 Evangelisches
  Landesmuseum
  (B4) 186
 Felsenkrankenhaus
  (Sziklakórház) (A4) 111
 Haus des Terrors
  (Terror Háza) (C3) 200
 Haus des ungarischen
  Jugendstils 188
 Holocaust Gedenkstätte
  (Holokauszt
  Emlékközpont) (C5) 234
 Hopp-Museum für
  Ostasiatische Kunst
  (C3) 202
 Jüdisches Museum
  (Zsidó Múzeum) 225
 Kassák-Museum 146
 Kleinzeller Museum
  (Kiscelli Múzeum) (A1)
  146
 Kovács-Museum 250
 Kunstgewerbemuseum
  (Iparművészeti
  Múzeum) (C5) 233
 Liszt-Gedenkmuseum
  (C3) 202
 Ludwig-Museum
  zeitgenössischer Kunst
  (Ludwig Kortárs
  Műveszeti Múzeum) 234
 Memento Park 244
 Museum der Schönen
  Künste
  (Szepművészeti
  Múzeum) (C3) 212
 Naturwissenschaftliches
  Museum
  (Természettudományi
  Múzeum) 247
 Óbudai Múzeum 145
 Óbudai Társaskör 144
 Palast der Wunder
  (Csodák palotája) 245
 Panoptikum 129
 Park für ungarische
  Eisenbahngeschichte
  (Vasúttörténeti Park)
  248
 Petőfi-Literatur museum
  (Petőfi Irodalmi
  Múzeum) 163
 Ráth Múzeum
  (C3) 202, 203
 Schlossmuseum
  Nagytétény
  (Nagytétényi
  Kastélymúzeum) 245
 Südostasiatisches Gold
  Museum (Délkelet-
  ázsiai Aranymúzeum)
  (C3) 203
 Telefonmuseum (A4) 110
 Textilmúzeum (B1) 144

Register 263

Tropicarium 245
Ungarische Nationalgalerie (Magyar Nemzeti Galéria) (B4) 118
Ungarisches Landwirtschaftsmuseum (Mezőgazdasági Múzeum) (C3) 214
Ungarisches Nationalmuseum (Magyar Nemzeti Múzeum) (B4) 165

Museumsring (Múzeum körút) (B4) 162

Nachtleben 76
Nagy Imre tér (A3) 136
Nagy, Imre 27
Nationalbibliothek Széchenyi (B4) 120
Nationaltheater (Nemzeti Színház) (C6) 234
Nepauer, Matthäus (Máté) 30
Neuer Friedhof 247
Neues Theater (Új Színház) 195
Notrufe 97
Nullkilometerstein 133
Nyugati pályaudvar (Westbahnhof) (B3) 190
Nyugati tér (B3) 186

Óbuda (A1) 142
Óbuder Kirche St. Peter und Paul (B1) 144
Öffnungszeiten 97
Oktogon 198
Oppenheim, Simon (Rabbiner) 247
OrangeWays 36
Orbán, Viktor 28
Organische Architektur 33
Országház (Parlament) (B3) 188
Orthodoxe Synagoge 224
Osmanische Grabsteine 117

Paál, László 32
Palais Drechsler 195
Palais Gresham (B4) 173
Palais New York 225
Palais Péterffy 178
Palaisviertel (Palotanegyed) 229

Palast der Künste (Művészetek Palotája) (C6) 234
Palatin nádor 23
Palatinus-Strandbad (B2) 88, 152
Pálinka 65
Pálvölgyi-Tropfsteinhöhle (Pálvölgyi-barlang) (A1) 241
Paprika 85
Parken 42
Parlament (Országház) (B3) 188
Parzelle 301 247
Pasarét 241
Pasaréti templom 241
Paur, Georg (György) 30, 171, 176
Pecz, Samu 31
Pensionen 47
Pesti Est 77
Pesti Vigadó (Pester Redoute) (B4) 176
Petőfi, Sándor 24, 163, 172
Pfeilkreuzler 26
Pollack, Mihály 30
Post 97
Postsparkasse (B3) 188
Privatunterkünfte 54

Ráday utca 162
Raizen-Bad (B4) 127
Rákóczi híd (B5) 232
Rákóczi tér (C4) 230
Rákóczi út 221
Rákóczi, Ferenc II. 23
Rákosi, Mátyás 26
Reformierte Kirche (Református templom) (B3) 164
Reisezeit 94
Religion 18
Renaissance 29
Revolution 24
Revolutionsdenkmal 216
Rippl-Rónai, József 33
Rochuskapelle (C4) 221
Römai-Strandbad 88
Romantik 30
Rosenhügel (Rózsadomb) 136
Rotta, Angelo 223
Rubik, Ernő 131
Rudas-Bad (B4) 87, 128
Rumbach-Synagoge 224

Salami 85
Sándor-Palais (A4) 115
Schickedanz, Albert 31
Schulek, Frigyes 31, 107, 240
Schulek, Frigyes 31, 107
Schwule und Lesben 81
Segwaytouren 45
Sekt 64
Semmelweis, Ignác Fülöp 127
Serbisch-Orthodoxe Kirche (Szerb ortodox templom) (B4) 160
Sessellift Zugliget (Zugligeti Libegő) 240
Shopping Malls 84
Sowjetdenkmal (B5) 184
Sport 86
St.-Anna-Kirche (Szt. Anna templom) (B3) 137
St.-Michaels-Kirche 160
Stadtrundfahrten 44
Stadtwäldchen (Városliget) (C3) 208
Standseilbahn (Sikló) (B4) 118
Status-Quo-Synagoge 224
Stephan I. (Szent István) 21, 187
Stephansbasilika (Szent István bazilika) (B4) 186
Stephanskrone 189
Stróbl, Alajos 32
Strom 98
Stüler, Friedrich August 176
Süleyman II. 22, 139
Symphonieorchester 68
Szabadság tér (B5) 182
Széchenyi kilátó (Széchenyi Aussichtspunkt) 240
Széchenyi tér (B4) 173
Széchenyi, Ferenc 24
Széchenyi, István 24
Széchenyi-Bad 87
Székely, Bertalan 31
Szemlő-hegyi-Höhle (Szemlőhegyi-Barlang) (A2) 241
Szent István (Stephan, der Heilige) 21
Szent István bazilika (Stephansbasilika) (B4) 186
Szent István Park 156
Szentendre 250
Szervita tér 171
Szinyei Merse, Pál 32
Szomory Dezső tér 172

Register

Tabán (B4) 122
Tanzhaus 70
Tárnok utca (A4) 103
Taxi 42
Technische Universität (B5) 130
Telefonieren 98
Terézváros (Theresienstadt) (C3) 194
Than, Mór 31
Theater 70
Theresienstadt (Terézváros) (C3) 194
Theresienstädter Kirche 197
Thermae Maiores (B1) 146
Toiletten 99
Tokajer 65
Tóth Árpád Sétány (A4) 106
TRAFÓ (C5) 232
Trianon 25
Trinkgeld 58
Türbe des Gül Baba (A3) 139
Turul 119

Übernachten 46
Ungarische Staatsoper (Magyar Állami Operaház) (B4) 68, 199
Ungarisch-Orthodoxe Kathedrale 172
Unicum 65
Universitätskirche (Egyetem templom) (B4) 164
Unterwegs in Budapest 39
 mit Bus und Tram 41
 mit dem Fahrrad 43
 mit dem Linienschiff 41
 mit der Metro 40
 zu Fuß 44

Váci utca (B4) 175
Varga, Imre 33, 145
Városliget (Stadtwäldchen) (C3) 208
Városligeti-tó 209
Vasarely, Victor 33, 146
Veli Bej-Bad 87
Veranstaltungen 74
Vigadó tér 173
Vígszínház (Lustspieltheater) (B3) 185
Víziváros (Wasserstadt) (A3) 132
Volksaufstand 27
Vörösmarty tér 174
Vörösmarty, Mihály 120, 174
Vorwahlen 98

Wagner, Otto 31, 220
Wallenberg, Raoul 223
Wasserstadt (Víziváros) (A3) 132
Wasserturm (Víztorony) (B2) 152
Wein 64
Wekerle-Siedlung (Wekerletelep) 248
Weltkulturerbe 27
Wenckheim-Palais 229
Westbahnhof (Nyugati pályaudvar) (B3) 190
Wolfswiesen-Friedhof (Farkasréti temető) 242

Ybl Miklós tér (B4) 123
Ybl, Miklós 31

Zahnradbahn (Fogaskerekű vasút) 240
Zala, György 32
Zeitungen/Zeitschriften 99
Zeneakadémia (Franz-Liszt-Musikakademie) (C4) 200
Zentenariumsdenkmal (B3) 151
Zentrales Rathaus (Központi Városháza) (B4) 174
Zichy, Schloss (Óbuda) 145
Zitadelle (B5) 128
Zoll 99
Zoo (Állatkert) (C2) 214
Zsolnay 85
Zweiter Weltkrieg 26

Die in diesem Reisebuch enthaltenen Informationen wurden von den Autoren nach bestem Wissen erstellt und von ihnen und dem Verlag mit größtmöglicher Sorgfalt überprüft. Dennoch sind, wie wir im Sinne des Produkthaftungsrechts betonen müssen, inhaltliche Fehler nicht mit letzter Gewissheit auszuschließen. Daher erfolgen die Angaben ohne jegliche Verpflichtung oder Garantie der Autoren bzw. des Verlags. Autoren und Verlag übernehmen keinerlei Verantwortung bzw. Haftung für mögliche Unstimmigkeiten. Wir bitten um Verständnis und sind jederzeit für Anregungen und Verbesserungsvorschläge dankbar.

ISBN 978-3-89953-861-8

© Copyright Michael Müller Verlag GmbH, Erlangen 2007, 2009, 2012, 2014. Alle Rechte vorbehalten. Alle Angaben ohne Gewähr. Druck: Stürtz GmbH, Würzburg.

Aktuelle Infos zu unseren Titeln, Hintergrundgeschichten zu unseren Reisezielen sowie brandneue Tipps erhalten Sie in unserem regelmäßig erscheinenden Newsletter, den Sie im Internet unter **www.michael-mueller-verlag.de** kostenlos abonnieren können.